# Verjährungsbeginn im Wirtschaftsstrafrecht

**Europäische Hochschulschriften Recht**

European University Studies in Law

Publications Universitaires Européennes de Droit

Band/Volume **6081**

Manuel Köchel

# Verjährungsbeginn im Wirtschaftsstrafrecht

Eine Untersuchung der nachtatbestandlichen Unrechtsphase anhand einiger ausgewählter Delikte des Wirtschaftsstrafrechts

PETER LANG

**Bibliografische Information der Deutschen Nationalbibliothek**
Die Deutsche Nationalbibliothek verzeichnet diese Publikation in der Deutschen Nationalbibliografie; detaillierte bibliografische Daten sind im Internet über http://dnb.d-nb.de abrufbar.

Zugl.: Bayreuth, Univ., Diss., 2018

D 703
ISSN 0531-7312
ISBN 978-3-631-78210-1 (Print)
E-ISBN 978-3-631-78211-8 (E-PDF)
E-ISBN 978-3-631-78212-5 (EPUB)
E-ISBN 978-3-631-78213-2 (MOBI)
DOI 10.3726/b15303


Peter Lang – Berlin · Bern · Bruxelles · New York · Oxford · Warszawa · Wien



Diese Publikation wurde begutachtet.

www.peterlang.com

*Meinen Eltern*

# Vorwort

Die vorliegende Arbeit wurde im März 2017 als Dissertation an der Rechts- und Wirtschaftswissenschaftlichen Fakultät der Universität Bayreuth angenommen. Literatur und Rechtsprechung konnten bis 2016 berücksichtigt werden.

Mein tiefer Dank gilt meinem verehrten Doktorvater, Prof. Dr. Nikolaus Bosch, der mir während ihrer Entstehung mit Rat und Tat zur Seite stand und mir hinsichtlich der inhaltlichen Ausrichtung stets die nötige wissenschaftliche Freiheit gewährte. Nicht minder zu Dank verpflichtet bin ich Prof. Dr. Brian Valerius für die Erstellung des Zweitgutachtens. Danken möchte ich außerdem meinen Freunden Anja Schlepper und Thomas Grädler, die zum Gelingen dieser Arbeit erheblich beigetragen haben.

Schließlich danke ich von ganzem Herzen meiner wunderbaren Frau Katrin Köchel, die in mühevoller Kleinarbeit noch so manchen Fehlerteufel auf der Zielgeraden aus dem Manuskript verbannte und mir darüber hinaus stets eine wertvolle Stütze war.

Unmöglich wäre die Anfertigung dieser Dissertation gewesen, hätte ich nicht seit Jahren auf die Unterstützung meiner Eltern Ingrid und Harald Köchel zählen können, die mich angespornt und in umfassender Weise unterstützt haben. Ich weiß, dass sie für meine juristische Ausbildung, meine menschliche Entwicklung und mein persönliches Glück so manche Entbehrung auf sich genommen haben. Ihnen widme ich diese Arbeit.

Frankfurt am Main, im Januar 2019
*Manuel Köchel*

# Inhaltsverzeichnis

# Abkürzungsverzeichnis

| | |
|---|---|
| a. A. | andere(r) Ansicht |
| a. a. O. | am angegebenen Ort |
| a. F. | alte Fassung |
| AbgO | Abgabenordnung |
| abl. | ablehnend |
| ABS | Asset Backed Securities |
| Abs. | Absatz |
| abw. | abweichend |
| AktG | Aktiengesetz |
| Alt. | Alternative |
| Anm. | Anmerkung |
| AO | Abgabenordnung |
| Art. | Artikel |
| AT | Allgemeiner Teil |
| Aufl. | Auflage |
| AÜG | Arbeitnehmerüberlassungsgesetz |
| Ausg. | Ausgabe |
| Az. | Aktenzeichen |
| BayObLG | Bayerisches Oberstes Landesgericht |
| BayObLGSt | Entscheidungen des Bayerischen Obersten Landesgerichts in Strafsachen |
| BB | Betriebsberater |
| Bd. | Band |
| BeckOK | Beck'scher Onlinekommentar |
| BeckRS | Beck-Rechtsprechung |
| BGB | Bürgerliches Gesetzbuch |
| BGE | Entscheidungen des Bundesgerichts (Schweiz) |
| BGH | Bundesgerichtshof |
| BGHR | BGH-Rechtsprechung |
| BGHSt | Entscheidungen des Bundesgerichtshofs in Strafsachen |
| BGHZ | Entscheidungen des Bundesgerichtshofs in Zivilsachen |
| BKR | Zeitschrift für Bank- und Kapitalmarktrecht |
| BRD | Bundesrepublik Deutschland |
| BSK | Basler Kommentar |
| Bsp. | Beispiele(n) |
| bspw. | beispielsweise |
| BT | Besonderer Teil |
| BT-Drs. | Bundestags-Drucksache |
| BVerfG | Bundesverfassungsgericht |
| BVerfGE | Entscheidungen des Bundesverfassungsgerichts |

| | |
|---|---|
| cap. | capitulum |
| bzw. | beziehungsweise |
| d. h. | das heißt |
| DDR | Deutsche Demokratische Republik |
| ders. | derselbe |
| DesignG | Designgesetz |
| dbzgl. | diesbezüglich |
| dies. | dieselbe |
| DNotZ | Deutsche Notar-Zeitschrift |
| DStr | Deutsches Strafrecht |
| DStR | Deutsches Steuerrecht |
| DStZ | Deutsche Steuer-Zeitung |
| DtZ | Deutsch-deutsche Rechts-Zeitschrift |
| DZWiR | Deutsche Zeitschrift für Wirtschafts- und Insolvenzrecht |
| E 1962 | Entwurf eines Strafgesetzbuchs E 1962. Auch als Drucksache des Bundestages IV/650 |
| ebd. | ebenda |
| EFG | Entscheidungen der Finanzgerichte |
| EGStGB | Einführungsgesetz zum Strafgesetzbuch |
| Einl. | Einleitung |
| EMRK | Europäische Menschenrechtskonvention |
| EStG | Einkommensteuergesetz |
| etc. | et cetera |
| EU | Europäische Union |
| EuGH | Gerichtshof der Europäischen Union |
| evtl. | eventuell |
| f. | folgende |
| ff. | fortfolgende |
| FD-StrafR | Fachdienst Strafrecht |
| FG | Finanzgericht |
| Fn. | Fußnote(n) |
| FS | Festschrift |
| GA | Goltdammer's Archiv für Strafrecht |
| gem. | gemäß |
| GenG | Genossenschaftsgesetz |
| GewStG | Gewerbesteuergesetz |
| GG | Grundgesetz |
| ggf. | gegebenenfalls |
| ggü. | gegenüber |
| GmbH | Gesellschaft mit beschränkter Haftung |
| GmbHG | Gesetz betreffend die Gesellschaften mit beschränkter Haftung |
| GmbHR | GmbH-Rundschau |
| Gr. | Gruppe |

| | |
|---|---|
| GrS | Großer Senat für Strafsachen |
| grds. | grundsätzlich |
| GRUR | Gewerblicher Rechtsschutz und Urheberrecht |
| GS | Gedächtnisschrift |
| GWG | Geldwäschegesetz |
| h. L. | herrschende Lehre |
| h. M. | herrschende Meinung |
| Hb. | Handbuch |
| HGB | Handelsgesetzbuch |
| HIV | Humane Immundefizienz-Virus |
| Hrsg. | Herausgeber |
| Hs. | Halbsatz |
| HWSt | Handbuch Wirtschaftsstrafrecht |
| i. d. R. | in der Regel |
| i. d. S. | in diesem Sinne |
| i. E. | im Ergebnis |
| i. S. d. | im Sinne des |
| i. Ü. | im Übrigen |
| i. V. m. | in Verbindung mit |
| insb. | insbesondere |
| InsO | Insolvenzordnung |
| JA | Juristische Arbeitsblätter |
| JGG | Jugendgerichtsgesetz |
| JR | Juristische Rundschau |
| JuS | Juristische Schulung |
| JW | Juristische Woche |
| JZ | Juristenzeitung |
| Kap. | Kapitel |
| KG | Kammergericht |
| KK | Karlsruher Kommentar |
| K/K | Karlsruher Kommentar zum Gesetz über Ordnungswidrigkeiten |
| K/N/P | Kindhäuser/Neumann/Paeffgen |
| KO | Konkursordnung |
| KWG | Kreditwesengesetz |
| Lb. | Lehrbuch |
| LG | Landgericht |
| lib. | liber |
| lit. | littera |
| Lit. | Literatur |
| LK | Leipziger Kommentar zum StGB |
| m. w. Bsp. | mit weiteren Beispielen |
| m. w. N. | mit weiteren Nachweisen |

| | |
|---|---|
| MDR | Monatsschrift für Deutsches Recht |
| MK | Münchner Kommentar zum StGB |
| MStG | Militärstrafgesetz |
| NJ | Neue Justiz |
| NJW | Neue Juristische Wochenschrift |
| Nr. | Nummer |
| NStZ | Neue Zeitschrift für Strafrecht |
| NStZ-RR | Neue Zeitschrift für Strafrecht-Rechtsprechungsreport |
| NZS | Neue Zeitschrift für Sozialrecht |
| NZV | Neue Zeitschrift für Verkehrsrecht |
| NZWiSt | Neue Zeitschrift für Wirtschafts-, Steuer- und Unternehmenstrafrecht |
| o. g. | oben genannten |
| OHG | Offene Handelsgesellschaft |
| OLG | Oberlandesgericht |
| OWiG | Ordnungswidrigkeitengesetz |
| PatG | Patentgesetz |
| PStR | Praxis Steuerstrafrecht |
| PublG | Publizitätsgesetz |
| RAO | Reichsabgabenordnung |
| RegE | Regierungsentwurf |
| RG | Reichsgericht |
| RGBl. | Reichsgesetzblatt |
| RGSt | Entscheidungen des Reichsgerichts in Strafsachen |
| RGZ | Entscheidungen des Reichsgerichts in Zivilsachen |
| Rn. | Randnummer |
| Rspr. | Rechtsprechung |
| RStGB | Reichsstrafgesetzbuch |
| s. | siehe |
| S. | Seite(n) |
| s. u. | siehe unten |
| S/W/S | Satzger/Schluckebier/Widmaier |
| S/S | Schönke/Schröder |
| SchlHA | Schleswig-Holsteinische Anzeigen |
| SchwarzArbG | Gesetz zur Bekämpfung der Schwarzarbeit und illegalen Beschäftigung |
| SchwStGB | Schweizerisches Strafgesetzbuch |
| SDÜ | Schengener Durchführungsübereinkommen |
| SGB | Sozialgesetzbuch |
| SK | Systematischer Kommentar zum StGB |
| sog. | sogenannte(r) |
| Stbg | Steuerberatung |
| StGB | Strafgesetzbuch |

| | |
|---|---|
| StPO | Strafprozeßordnung |
| StraFo | Strafverteidiger Forum |
| StRG | Gesetz zur Reform des Strafrechts |
| StV | Strafverteidiger |
| SubvG | Subventionsgesetz |
| u. a. | unter anderem |
| UrhG | Urheberrechtsgesetz |
| UrhR | Urheberrecht |
| Urt. | Urteil |
| UStG | Umsatzsteuergesetz |
| v. | von/vom |
| v. a. | vor allem |
| VAG | Versicherungsaufsichtsgesetz |
| Var. | Variante |
| vgl. | vergleiche |
| Vorbem. | Vorbemerkung |
| VRS | Verkehrsrechts-Sammlung |
| VStGB | Völkerstrafgesetzbuch |
| VwVfG | Verwaltungsverfahrensgesetz (Bund) |
| W/B | Wandtke/Bullinger |
| wistra | Zeitschrift für Wirtschafts- und Steuerstrafrecht |
| z. B. | zum Beispiel |
| ZAkDR | Zeitschrift der Akademie für deutsches Recht |
| ZfW | Zeitschrift für Wasserrecht |
| ZInsO | Zeitschrift für das Gesamt Insolvenzrecht |
| ZIP | Zeitschrift für Wirtschaftsrecht |
| zit. | zitiert |
| ZRP | Zeitschrift für Rechtspolitik |
| ZStW | Zeitschrift für die gesamte Strafrechtswissenschaft |
| z. T. | zum Teil |
| ZUR | Zeitschrift für Umweltrecht |

# §1 Einführung

## I. Anlass und Zielsetzung der Arbeit

Das Institut der Verjährung ist in nahezu allen modernen Strafrechtsordnungen etabliert und im nationalen Recht finden sich in der aktuellen Verjährungsdebatte keine Vertreter, die der Verjährung die Daseinsberechtigung absprechen möchten[1]. Während die Begründung des staatlichen Strafens über die Zeit umfangreich analysiert wurde, ist das Erlöschen dieses Strafanspruchs eher selten Gegenstand einer ausführlichen Debatte gewesen. Auch wenn in den letzten Jahren zunehmend der Blick auf diesen Themenbereich gerichtet wurde, gilt dies nicht für die Konkretisierung einer nachtatbestandlichen Deliktsphase. Jene Nachzone ist weiterhin der Rechtsprechung und Kommentarliteratur überlassen.

Die Verwirklichung eines Straftatbestandes umschreibt regelmäßig ein mehrschichtiges Geschehen[2]. Das Strafgesetzbuch differenziert dabei weder explizit zwischen der Vollendung und der Beendigung der Tat, noch findet sich eine Definition der beiden Begriffe. Die Straftatbestände des Strafgesetzbuches umschreiben die Begehung einer vollendeten Tat und in dem für die Verjährung relevanten § 78a StGB wird die Beendigung einer Tat normiert. Vollendet ist die Tat nach allgemeiner Meinung, wenn und soweit alle Merkmale des gesetzlichen Tatbestands erfüllt sind[3]. In Ergänzung dazu soll die Beendigung[4] einen Zeitraum umfassen, der diesem Zeitpunkt – abhängig von der jeweiligen Deliktsart – tatbestandlich nachfolgt und das dazwischenliegende tatsächliche Geschehen mit berücksichtigt[5]. Vor dem Hintergrund einer Voll- und

---

1 Ein Überblick über die Ausgestaltung der Verjährung im internationalen Vergleich findet sich bei *v. Stackelberg*, in FS: Bockelmann, 760 ff.

2 Unter Berücksichtigung der subjektiven Komponente des Tatplans und der objektiven Gefährdung des jeweiligen Rechtsguts wird von Vorbereitungshandlung, Versuch, Vollendung und Beendigung gesprochen, vgl. *Walther*, NStZ 2005, 657 sowie *Eser/Bosch*, in: S/S, Vorbem. §§ 22, Rn. 1. Die von *Maurach/Gössel/Zipf*, AT 2, § 39, Rn. 1 unterschiedenen sechs Phasen lassen sich auf die genannten vier ohne inhaltliche Verluste reduzieren.

3 Vgl. BGHSt 3, 43; für die Literatur: *Eser/Bosch*, in: S/S, Vorbem. §§ 22 ff., Rn. 2; *Przybyla*, 94.

4 Zum Streit über die Bestimmung dieses Begriffs unter §2 VI. 3, S. 69.

5 Vgl. dazu nur *Brüning*, NStZ 2006, 254 f. und *Furtner*, MDR 1965, 431.

Beendigungsphase gewinnt die Vorschrift des § 78a StGB Bedeutung, da der Normgeber in § 78a S. 1 StGB auf den ersten Blick die Beendigungslehre der herrschenden Meinung normativ verankert.

Die grundlegende Aufgabe der Arbeit besteht darin, die Strafverfolgungsverjährung unter besonderer Berücksichtigung einer nachtatbestandlichen Unrechtsphase am Beispiel des Wirtschaftsstrafrechts, zu untersuchen[6]. Die entscheidende Besonderheit des Wirtschaftsstrafrechts für die vorliegende Arbeit liegt an der häufig zeitlichen Streckung des deliktischen Gesamtgeschehens und der damit unmittelbar zusammenhängenden Bestimmung einer nachtatbestandlichen Unrechtsphase[7]. Als Beispiele seien nur die über mehrere Jahre nicht abgeführten Steuern bzw. Sozialversicherungsbeiträge (§ 370 AO bzw. § 266a StGB), die Implementierung schwarzer Kassen im Konzernverbund (§ 266 StGB) oder der durch kontinuierliche Vorlage unrichtiger Dokumente verwirklichte Subventionsbetrug (§ 264 StGB) zu nennen. Zahlreiche Wirtschaftsstrafdelikte (Betrug, Untreue, Vorenthalten und Veruntreuen von Arbeitsentgelt) sehen eine Höchststrafe von bis zu fünf Jahren vor, sodass nach § 78a Abs. 3 Ziff. 4 StGB die Verjährungszeit ebenfalls fünf Jahre beträgt. Aufgrund umfangreicher Vertragsgeflechte, Einschaltung von Scheinfirmen und der zum Teil zeitlich deutlich nachfolgenden Prüfungsverfahren der Behörden, werden potentielle Straftaten erst Jahre nach ihrer ersten Verwirklichung aufgedeckt, sodass die Verjährungsrelevanz von Nachtatverhalten eine besondere Beachtung verdient.

## II. Forschungsstand

Bei der Untersuchung der Strafverfolgungsverjährung – mit dem besonderen Augenmerk auf einer nachtatbestandlichen Unrechtsphase – ist im Ausgangspunkt zwischen den benannten grundlegenden Konzepten der Beendigungslehre und der Rechtfertigung des Verjährungsinstituts zu differenzieren. Vor kurzem ist eine umfangreiche Abhandlung erschienen, welche die Begründung des Verjährungsinstituts anhand einer chronologischen Aufarbeitung dieses Prinzips beschreibt und ausgewählte Probleme des geltenden Rechts behandelt[8].

---

6 Von *Jescheck* und *Wessels/Beulke* auch als „Nachzone" tituliert, vgl. *Jescheck*, in: FS Welzel, 683; *Wessels/Beulke*, Rn. 592. *Dallmeyer* spricht von „nachtatbestandlichem Unrecht", vgl. *Dallmeyer*, ZStW 124 (2012), 713, *Beling* von „Nachsphäre", vgl. *Beling*, 246 f. und *Gelbert* von „Außenzone", vgl. *Gelbert*, DStr 1943, 3.

7 Zu verschiedenen Gestaltungsmöglichkeiten langfristig geplanter Wirtschaftskriminalität etwa *Gallandi*, wistra 1993, 255 ff.

8 *Asholt*, Verjährung im Strafrecht, 2016.

Jene Darstellung zieht Schlussfolgerungen anhand der Schnittstelle zwischen Zeit und Recht und setzt das Ergebnis dazu in den Kontext der allgemeinen und besonderen Fragen des Verjährungsrechts. Das Verhältnis von Verjährung und Steuerstrafrecht wurde ausführlich im Rahmen der vorsätzlichen Steuerverkürzung behandelt[9]. In dieser Monographie werden die allgemeinen Anforderungen an eine Ausdehnung der nachtatbestandlichen Unrechtsphase diskutiert. Die Arbeit erschien zu einer Zeit, in der das Konstrukt der Fortsetzungstat im verjährungsrechtlichen Kontext noch nicht aufgegeben war[10].

Jüngeren Datums ist eine Arbeit, welche sich mit der Möglichkeit der erneuten Verwirklichung der Steuerhinterziehung nach bereits vollendeter Steuerhinterziehung auseinandersetzt[11]. Die Arbeit beschäftigt sich zwar intensiv mit dem Exklusivitätsverhältnis von § 370 AO und der Begünstigung nach § 257 StGB sowie den Spezifika des Steuerstrafrechts, ein Rekurs auf die allgemeine Verjährungs- und Beendigungsdogmatik findet jedoch nicht statt.

Einen anderen Ansatz hat in jüngerer Zeit eine weitere Dissertation verfolgt[12]. Diese Arbeit untersucht in dem verjährungsrechtlichen Kontext die Verfassungsmäßigkeit des § 78a StGB im Hinblick auf strafrechtliche Verfassungsprinzipien – namentlich den Bestimmtheitsgrundsatz, den Gleichheitssatz und das allgemeine Schuldprinzip (Art. 103 Abs. 2 GG). Die Analyse endet entgegen der allgemeinen Tendenz, den Beginn der Verjährungsfrist möglichst weit hinauszuzögern, in der Überlegung, die Vorschrift des § 78a StGB verfassungskonform auszulegen und zumindest bezogen auf den Verjährungsbeginn auf die „Vollendung der Tat" abzustellen.

Ebenfalls neueren Datums ist eine Abhandlung, welche die Debatte um die Existenzberechtigung einer Beendigungsphase umfänglich aufgreift[13]. Zwar geht der Verfasser auf das Verhältnis von § 78a StGB zu der Beendigungsdoktrin der herrschenden Meinung ein, allerdings weniger vor dem Hintergrund nachträglicher Erfolge bzw. sich anschließendem Verhalten, sondern generell zur Verabschiedung eines allgemeinen Beendigungsbegriffs.

---

9 *Kiel*, Die Verjährung bei der vorsätzlichen Steuerverkürzung, 1989.

10 Zu der Aufgabe dieses Konstrukts mit Nachweisen aus Rechtsprechung und Literatur und zur Bedeutung für die nachtatbestandliche Unrechtsphase unter §2 VII. 3. c) aa), S. 122.

11 *Witte*, Gibt es eine Steuerhinterziehung nach einer vollendeten Steuerhinterziehung?, 2004.

12 *Nazarian*, Der Beginn der Strafverfolgungsverjährung – § 78a StGB, 2010.

13 *Hsueh*, Begriff der Tatbeendigung im Strafrecht, 2013.

Soweit eine nachtatbestandliche Deliktszone Gegenstand wissenschaftlicher Darstellung wurde, erfolgte dies häufig entweder im Wesentlichen aus dem Aspekt des Erfolgs- oder des Verhaltensunwerts heraus[14], selten allerdings unter beiden Gesichtspunkten gemeinsam. Trotz entsprechender Ansätze bleibt zu konstatieren, dass eine ausführliche Abhandlung dieser Thematik bis dato unterblieben ist[15].

Die vorliegende Untersuchung setzt sich daher das Ziel, die in letzter Zeit häufiger angestoßene Frage einer vertieften Auseinandersetzung mit der Lehre vom nachtatbestandlichen Unrecht genauer zu beleuchten.

## III. Gang der Untersuchung

Die Analyse der nachtatbestandlichen Unrechtsphase widmet sich eingangs dem Grundkonzept des Verjährungsinstituts und dessen gesetzlicher Verankerung. Im weiteren Fortgang des zweiten Teils wird die Auswirkung des Eintritts zeitlich gestreckter Erfolge auf die Beendigungsphase bei verschiedenen Tatbeständen beleuchtet, um damit Erkenntnisse über die unterschiedlichen Deliktsstrukturen zu erhalten. Zudem wird das der Vollendung nachfolgende Handlungsunrecht in die Untersuchung mit einbezogen. Folglich gilt es auf der Basis dieser Befunde einen zweigliedrigen verjährungsrechtlichen Beendigungsbegriff zu formulieren.

Im dritten Teil werden die herausgearbeiteten Resultate auf Tatbestände aus dem Bereich des Wirtschaftsstrafrechts übertragen. Die Analyse orientiert sich hierbei schwerpunktmäßig an den beiden Unwertkomponenten des Erfolgs- und Handlungsunwerts. So werden neben dem Betrug samt seiner Derivate auch der Untreuetatbestand und die Bestechungsdelikte nachtatbestandlich analysiert. Wie sich zeitlich andauernde Erklärungspflichten auf die Strafverfolgungsverjährung auswirken, wird im Bereich des Steuerstrafrechts und dem Vorenthalten und Veruntreuen von Arbeitsentgelt zu betrachten sein. Schlussendlich erfolgt ein Rekurs auf die ordnungswidrigkeitenrechtliche Verjährungsvorschrift des § 31 Abs. 3 OWiG und deren Gemeinsamkeiten respektive Unterschiede zu § 78a StGB.

---

14 Ausführlich zu dem Verhältnis des Zeitablaufs zum Erfolg etwa *Schmitz*, Unrecht und Zeit, 2001 und für das Verhaltensunrecht bspw. *Welp*, Vorangegangenes Tun als Grundlage einer Handlungsäquivalenz der Unterlassung, 1968.

15 *Kühl*, in: FS Roxin, 673; *ders.*, JZ 1978, 551 sowie *Saliger*, in: K/N/P, § 78a, Rn. 33.

# §2 Verjährung im Wirtschaftsstrafrecht

Mit der Verwirklichung eines Straftatbestandes obliegt dem Staat als Inhaber der Staatsgewalt nicht nur das Recht, sondern grundsätzlich auch die Pflicht zur Verfolgung einer Straftat. Dieses Gebot findet in der Verjährung eine entsprechende Einschränkung, wenn infolge Zeitablaufs entweder die Straftat nicht mehr verfolgt oder das Urteil nicht mehr vollstreckt wird. Der von Amts wegen zu berücksichtigende Eintritt der Verjährung führt nach überwiegendem Verständnis zu einem Prozesshindernis[16]. Je nach Verfahrensstadium, unabhängig davon, ob die Verjährung vor oder nach der Eröffnung der Hauptverhandlung eingetreten ist, stellt das Gericht das Verfahren durch Beschluss nach § 206a StPO oder durch Prozessurteil nach § 260 Abs. 3 StPO ein[17].

## I. Der Aufbau des 5. Abschnitts

Das StGB unterscheidet im 5. Abschnitt zwischen Strafvollstreckungs- (§§ 79–79b StGB) und Strafverfolgungsverjährung (§§ 78–78c StGB). Diese sich gegenseitig ausschließenden Institute[18] haben zur Folge, dass der Staat die Tat nach einem bestimmten Zeitraum nicht mehr verfolgen kann[19]. Unterschiede ergeben sich namentlich im Rahmen des jeweiligen Anknüpfungspunktes der beiden Erscheinungsformen. Die Möglichkeit, die Straftat im Wege des Ermittlungsverfahrens bzw. gerichtlichen Erkenntnisverfahrens zu verfolgen, beginnt nach § 78a StGB mit der Beendigung der Tat und endet für die Verfolgungsverjährung mit der

---

16 Vgl. nur RGSt 66, 328; BGHSt 50, 139 und *Mitsch*, in: MK, § 78, Rn. 1 m. w. N. Zur Auseinandersetzung über die Rechtsnatur der Verfolgungsverjährung unter §2 III. 2, S. 33.

17 Zu weiteren Einzelheiten auch *Sternberg-Lieben/Bosch*, in: S/S, Vorbem. §§ 78 ff., Rn. 3 ff.

18 Die Vollstreckungsverjährung schließt sich dem Ende der Verfolgungsverjährung unmittelbar an, sodass ein verjährungsfreier Zeitraum nicht entstehen kann. Allerdings besteht im Rahmen einer Teilrechtskrafterstreckung die Möglichkeit, dass die Strafvollstreckungsverjährung bezüglich der rechtskräftig verhängten Rechtsfolgen zu laufen begonnen hat, während die Strafverfolgungsverjährung zwar im Ablauf evtl. gehemmt, aber im Übrigen noch nicht abgelaufen ist, vgl. *Schmid*, in: LK, § 79, Rn. 2.

19 Zur strittigen Problematik, welche Rechtsfolgen eintreten sollen, sobald die Rechtskraft nachträglich durch Wiedereinsetzung in den vorigen Stand oder Wiederaufnahme des Verfahrens durchbrochen wird, vgl. *Saliger*, in: K/N/P, § 78, Rn. 7 und ausführlich auch *Gössel*, NStZ 1988, 537 ff.

Rechtskraft des Urteils[20]. Den Beginn der Strafvollstreckungsverjährung hat der Gesetzgeber nach § 79 Abs. 6 StGB auf den Zeitpunkt des Eintritts der Rechtskraft der Entscheidung festgelegt.

Beide Verjährungsformen beruhen lediglich auf dem Zeitablauf. Dennoch wird in der Strafrechtswissenschaft der Schwerpunkt des Diskurses auf die Strafverfolgungsverjährung gelegt. Als Hauptursache dieser Beobachtung wird hierfür der Umstand angeführt, die Strafvollstreckungsverjährung setze ein rechtskräftiges Urteil voraus, welches aber nur nach einer erfolgreichen Strafverfolgung ergehen könne[21]. Die vorliegende Arbeit setzt sich im Wesentlichen mit der nachtatbestandlichen Unrechtsphase und deren Zusammenspiel mit § 78a StGB auseinander. In diesem Rahmen spielen Aspekte der Strafvollstreckungsverjährung keine entscheidende Rolle, sodass diese nur am Rande diskutiert werden sollen.

## II. Die Geltung der Verjährung in anderen Gesetzen

Nach Art. 1 EGStGB beanspruchen die §§ 78 ff. StGB Geltung für sämtliche bundesrechtliche[22] Strafvorschriften einschließlich des Jugendstrafrechts (§§ 2 Abs. 2, 4 JGG) und des Nebenstrafrechts, sofern nichts Abweichendes bestimmt ist[23]. Als praktisch relevante Sondervorschriften sind die §§ 376, 396 AO zu berücksichtigen[24]. Das Regelungskonzept der Verjährung im Bereich der Vorschriften des OWiG nach §§ 31 bis 34 OWiG ist mit einigen Abweichungen auf das StGB abgestimmt. Da die Erkenntnisse aus Rechtsprechung und Lehre aus dem Bereich der Ordnungswidrigkeiten auch Auswirkungen auf die Verjährung nach dem StGB nach sich ziehen[25], wird an entsprechender Stelle darauf einzugehen sein[26].

---

20 Vgl. BGHSt 20, 200; *Sternberg-Lieben/Bosch*, in: S/S, Vorbem. §§ 78 ff., Rn. 1 ff. Entscheidend ist die Rechtskraft des Strafausspruchs, vgl. OLG Bremen, NJW 1956, 1248 oder die Entscheidung über die Strafaussetzung zur Bewährung, vgl. BGHSt 11, 394.

21 Vgl. *Radke*, 4. Zu der praktischen Relevanz der Strafverfolgung *Henning*, wistra 2000, 323.

22 Spezifische landesrechtliche Vorschriften hat der Gesetzgeber mit Ausnahme der Pressegesetze nach Art. 1 Abs. 2 EGStGB nicht vorgesehen.

23 Entsprechende strafrechtliche Sonderbestimmungen über die Verjährung von Pressedelikten enthalten die Pressegesetze der Länder. Die als leges specialis anzusehenden einschlägigen Vorschriften verdrängen die in ihrem Anwendungsbereich korrespondieren Vorschriften des StGB, vgl. *Ricker/Weberling*, Kap. 49 Rn. 32 ff.

24 Eingängig zu der Verjährung der Steuerdelikte unter §3 VII., S. 202.

25 Dazu im einzelnen auch *Dannecker*, NStZ 1985, 49 ff.

26 Vgl. dazu Punkt §3 IX., S. 221. Auf die Verjährung von DDR-Alttaten und die Verfolgungs- und Vollstreckungsverjährung auf dem Gebiet der EU sei hier nur verwiesen.

## III. Der Rechtsgrund des Instituts der Verfolgungsverjährung

Die Auslegung eines Tatbestands ist nicht nur zulässig, sondern erwünscht[27]. Zur Verwirklichung des Gesetzlichkeitsprinzips ist es dabei unumgänglich, die selten eindeutigen Begriffe der entsprechenden Norm zu konkretisieren, zumal bereits die Feststellung der Eindeutigkeit das Ergebnis einer Auslegung ist[28]. Die Diskussion über die Einteilung und die Reihenfolge[29] der dabei heranzuziehenden Methoden ist seit jeher stetig im Wandel. Insbesondere weil die Frage nach den Grenzen der nachtatbestandlichen Unrechtsphase nicht ohne den Sinn und Zweck der Verjährung beantwortet werden kann[30]. Über die Rechtsnatur der Verjährung schweigt das Gesetz, sodass der Auslegung der in Rede stehenden Normen ein noch größeres Gewicht beizumessen ist[31].

Jeweils ausführlicher und m. w. N. *Saliger*, in: K/N/P, Vorbem. §§ 78 ff., Rn. 18 und *Schmid*, in: LK, Vorbem. § 78, Rn. 3

27 Vgl. nur beispielhaft, *Rudolphi*, in: SK-StGB, § 1, Rn. 28 und *Schmitz*, in: MK, § 1, Rn. 70.

28 Vgl. *Lenckner/Eser/u.a.*, in: S/S, § 1, Rn. 36. Im Zusammenhang mit § 211 StGB hat die Rechtsprechung schon mehrfach entschieden, dass bei der Auslegung auf die Vorstellungen der Bewohner in der Rechtsgemeinschaft der BRD abzustellen ist, BGH, NStZ 1995, 79; BGH, StV 2004, 332.

29 Zwar hat das BVerfG vorgegeben, dass unter den Auslegungsmethoden grds. keiner der Vorrang einzuräumen ist. Eine Ausnahme ist im Bereich des Strafrechts insbesondere im Hinblick auf Art. 103 Abs. 2 GG für die grammatikalische Auslegung vorzunehmen, vgl. BVerfGE 105, 157. Während die überwiegende Ansicht von einer „Synthese" der verschiedenen Interpretationsmuster ausgeht, lassen sich zahlreiche kritische Stimmen dazu finden, vgl. *Lenckner/Eser/u.a.*, in: S/S, § 1, Rn. 44 und *Schmitz*, in: MK, § 1, Rn. 90 ff. jeweils m. w. N. für die entsprechende Position.

30 Diese Problematik wird im weiteren Verlauf der Untersuchung an Bedeutung gewinnen, vgl. Punkt §2 VII. 2. b) dd) (3), S. 112.

31 Daran ändert auch der durch Art. 21 Nr. 67 EGStGB eingeführte § 263 Abs. 3 StPO nichts. Der Sonderausschuss hat im Rahmen dieser Reform eine eindeutige rechtliche Qualifikation der Verjährung offengelassen, um die Klärung dieser Frage der Rechtslehre und Rechtsprechung zu überlassen, vgl. Zweiter Schriftlicher Bericht, BT-Drs. 5/4095, 43. Würde man dieser Abstimmungsmodalität daher mehr Bedeutung einräumen, würde dies die gesetzgeberische Intention konterkarieren, vgl. auch *Schmid*, in: LK, Vorbem. § 78, Rn. 7.

Erschwert wird die exakte Zuordnung zu dem materiellen Recht bzw. Verfahrensrecht durch die Verjährungsvorschriften. Die Ausrichtung der Verjährungsfristen an der Schwere der Tat spricht einerseits für eine materiell-rechtliche Einordnung, da weniger schwere Taten früher verjähren als schwerwiegende Taten und insbesondere die Verbrechen des Mordes nach § 211 StGB und des Völkermordes gem. §§ 5, 6 VStGB keiner Verjährung unterliegen[32]. Andererseits sind die Vorschriften über die Unterbrechung und das Ruhen der Verjährung (§§ 78b, 78c StGB) dem Verfahrensrecht zuzuordnen[33]. Die Begründungsansätze über den Sinn und Zweck der Verjährung gehen nicht nur aufgrund dieser normativen Überlegungen auseinander[34].

### *1. Die Funktion des Rechts und seiner Sanktionswirkung*

Die Aufgabe des Rechts besteht allgemein formuliert darin, die widerstreitenden Interessen innerhalb der Gemeinschaft auszugleichen und damit den Zusammenhalt derselben zu bestärken[35]. Dieser Grundgedanke kann dabei in weitere fünf Subkategorien unterteilt werden:

- Organisation und Limitierung sozialer Herrschaft (Verfassungsfunktion),
- Verhaltenssteuerung (Ordnungsfunktion),
- Gestaltung der Lebensbedingungen (Planungsfunktion),
- Rechtspflege (Überwachungsfunktion), sowie
- Bereinigung von Konflikten (Sanktionsfunktion)[36].

Ohne der Rechtfertigung des Verjährungsinstituts vorzugreifen, ist die Einordnung der Verjährung unter einen dieser Punkte für das Verständnis der Funktion des Rechts und der Unterfunktion der Verjährung von Bedeutung. Die Sanktionsfunktion als Ausprägung der Konfliktvermeidungsfunktion fußt in

---

32 Damit weisen die Vorschriften der § 78 Abs. 2 bis 4 StGB und § 79 Abs. 2 bis 4 StGB eine materielle Komponente vergleichbar mit dem strafbefreienden Rücktritt vom Versuch und der tätigen Reue nach vollendeter Tat auf, vgl. *Mitsch*, in: MK, § 78, Rn. 1.

33 So *Schmid*, in: LK, Vorbem. § 78, Rn. 7.

34 Eine umfangreiche Besprechung der Begründungstheorien findet sich u. a. bei *Fischer*, Strafverfolgungsverjährung, 6 ff. und *Lorenz*, 91 ff.

35 In diese Richtung *Rehbinder*, Rn. 96. Zu der Sonderfunktion des Strafrechts im Bereich des Gesamtstrafrechts *Baumann*, 8 ff.

36 Zu diesem Ergebnis kommt *Llewellyn* in seiner Funktionenlehre, die anstatt einer empirischen Überprüfung eher als ein Instrumentarium für die Beschreibung von Verhalten und Struktur in sozialen Gruppen zu sehen ist, vgl. *Llewellyn*, Yale Law Journal 459 (1939/40), 1355 ff.

dem Ansatz, das Gruppenleben in der Gemeinschaft zu erleichtern. Als Folge eines vorangegangenen Normverstoßes soll die Konfliktbereinigung vielmehr der Wiederherstellung des Zusammenlebens der Gemeinschaft, als deren Erhaltung dienen[37]. In diese Kategorie ist die Strafverfolgungsverjährung einzuordnen. Das Gesetz sieht eine Einschränkung der weiteren Verfolgung der Tat vor, wenn die Strafverfolgungsverjährung eingetreten ist. Ab diesem Zeitpunkt ist der Staat daran gehindert, Strafen und andere Maßnahmen, mit Ausnahme der Sicherungseinziehung nach § 76a Abs. 2 S. 1 StGB zu verhängen[38]. Der Verzicht auf eine Sanktion des Delinquenten nach dem Ablauf der gesetzlichen Verjährungsfrist dient daher der Funktion des Rechts, Konflikte zu bereinigen.

## 2. *Die Funktion der Verfolgungsverjährung*

Die Argumentationsmuster für eine Legitimation des Strafverzichts nach einem gewissen Zeitablauf sind zahlreich[39]. Wie die nachfolgenden Ausführungen zeigen, hängt die Rechtfertigung des Verjährungsinstituts mit der Rechtsnatur der Verjährung zusammen, weshalb die beiden Punkte im Folgenden gemeinsam behandelt werden[40].

### *a) Objektive Theorie*

Die Legitimation der Verjährung wird von Befürwortern der objektiven Theorie[41] auf eine negative Veränderung der Gesellschaft im Umfeld der Straftat zurückgeführt. Die Beeinträchtigung des rechtlichen Gleichgewichts durch die Straftat nehme im Lauf der Zeit stetig ab, sodass auch das Vergeltungsbedürfnis der Allgemeinheit schwinde. Die Gegenstimmen treten diesem Ansatz angesichts der Opferperspektive mit der Erklärung entgegen, der Betroffene fühle sich nach einem langen Zeitraum nichtsdestotrotz in seinem Rechtskreis beeinträchtigt. In

---

37 Vgl. *Rehbinder*, Rn. 97.

38 Zum selbständigen Einziehungsverfahren, vgl. BT-Drs. 10/1286, 6.

39 Vgl. dazu *Bloy*, 181 ff. und *Grisch*, 39 ff. Eine Zusammenstellung samt Quellenangaben findet sich aus früherer Zeit u. a. auch bei *Baumann*, 30 f. sowie *Lorenz*, GA 1966, 371.

40 Mit identischer Vorgehensweise *Grisch*, 39 ff. und *Nazarian*, 113 ff. Mit einer Trennung zwischen der rechtlichen Einordnung und den Begründungsansätzen für das Institut der Verjährung, vgl. *Radke*, 4 ff. und 18 ff. Vereinzelt verknüpfen Vertreter die einzelnen Gesichtspunkte. So wird die Verjährung z. T. als Prozesshindernis eingestuft und für ihre Legitimation sowohl auf formelle, als auch auf materielle Argumente zurückgegriffen, vgl. *Mitsch*, in: MK, § 78, Rn. 1.

41 Soweit ersichtlich nur von *Rehberg/Donatsch* aus dem schweizerischen Recht als Erwägungsgrund angeführt, vgl. *Rehberg/Donatsch*, 340.

erster Linie bei schweren Delikten ist zudem auch nicht von einem weichenden Vergeltungsbedürfnis der Gesellschaft auszugehen[42].

### *b) Subjektive Theorie*

Andere Stimmen[43] rücken das Individuum mit der Überlegung in den Vordergrund, dass nach einer entsprechenden Dauer eine veränderte Persönlichkeit vor Gericht steht, die nicht mehr mit dem ursprünglichen Straftäter vergleichbar ist. Es ist nicht auszuschließen, dass der Straftäter den Weg zurück in die Legalität gefunden hat. Die gedankliche Wahrnehmung der Tat verblasst durch den zunehmenden zeitlichen Abstand[44]. Schließlich ist der Täter aufgrund der lang andauernden Angst vor Sanktion ausreichend bestraft[45].

Beizupflichten ist der Überlegung, die geistige Nähe zu der Tat schwinde mit Ablauf der Zeit. Legt man aber wie die Vertreter dieser Ansicht das Hauptaugenmerk auf das Individuum, so hängt das jeweilige Rechtsempfinden, wie jener nach langer Zeit noch zu seiner Tat steht, stark von der Persönlichkeit desselben ab. Mag ein Ersttäter im Rahmen einer begangenen leichteren Straftat, bei welcher das Ende der Verfolgungsverjährung bereits nach drei Jahren eingetreten ist, selbst nach Jahrzehnten noch an seinen damaligen Fehltritt denken, so wird der Wiederholungstäter bei einer vergleichbaren Straftat selbige bereits nach wenigen Monaten verdrängt haben können[46]. Insbesondere im Rahmen der Wirtschaftsstrafdelikte[47] begehen die Akteure meist ein oder mehrere gleich

---

42 In diesem Sinn *Fischer*, Strafverfolgungsverjährung, 9 und *Huggenberger*, 17.

43 So auch jeweils aus dem schweizerischen Recht mit ähnlicher Begründung: *Boller*, 16; *Huggenberger* 17 f., sowie *Trachsel* 34 f.

44 Vgl. u. a. *Boller*, 16.

45 So mit entsprechendem Verweis *Müller*, in: BSK StGB I, Vorbem. Art. 70, Rn. 33 und auch im deutschen Recht, *Mitsch*, in: MK, § 78, Rn. 3.

46 Kritisch auch unter dem Aspekt, dass eine etwaige eintretende Selbstkritik keine Voraussetzung für den Eintritt der Verjährung darstellt, vgl. *Radke*, 9 f.

47 Beispielhaft kann auf etwaige Steuerstraftaten durch langjährige Abgabe unrichtiger Steuererklärungen, das über Jahre hinweg mit Schwarzgeld geführte Konto oder das im Wege eines Kapitalanlagebetrugs implementierte Schneeballsystem hingewiesen werden, bei welchen sich die Beteiligten nicht an jede relevante Handlung erinnern werden. Dies gilt gerade in Fällen, in denen aufgrund der Umstände des Einzelfalles keine Tateinheit i. S. d. § 52 Abs. 1 StGB mehr vorliegt und divergierende Verjährungsfristen angelaufen sind.

gerichtete Delikte über einen längeren Zeitraum, sodass die einzelne Handlung für sich genommen rasch in Vergessenheit geraten kann[48].

### c) *Institut des materiellen Rechts*

Teile der rechtswissenschaftlichen Literatur sehen die Grundlage der Verjährung im materiellen Recht[49], sei es als Unrechts-[50] oder aber als persönlicher Strafaufhebungsgrund[51]. Neben der These, das Vergeltungsbedürfnis der Allgemeinheit besteht nach dem Ablauf der Verjährungsfrist nicht mehr, wird darüber hinaus mit den Strafzwecken der General-[52] und Spezialprävention[53] argumentiert. Je länger die Straftat zurückliegt, desto schwächer wird die Erinnerung der Gesellschaft an die Tat, sodass eine kollektive Abschreckung nicht mehr erforderlich ist. Die Notwendigkeit einer Maßregelung entfällt nach dieser Auffassung auch unter individuellen Präventionsaspekten, da aufgrund einer angenommenen charakterlichen Entwicklung eine Abschreckung bzw. Besserung nicht mehr vonnöten ist[54]. Eine Vereinbarkeit der Ausübung des staatlichen Strafanspruchs vor dem Hintergrund der zwischenzeitlich erfolgten Eingliederung des Täters in die Gesellschaft wäre unter dem verfassungsrechtlichen Gesichtspunkt der Verhältnismäßigkeit nicht mehr gewährleistet, da eine Verfolgung mehr Schaden als Nutzen hervorrufen würde[55]. Mit dem Untergang des Strafverfolgungsanspruchs muss korrespondierend dem Sinn und Zweck der Strafe entsprechend auch „das

48 *Grisch* stellt dagegen auf den Gedanken ab, dass ein Schuldbewusstsein der Betroffenen gerade im Bereich des Wirtschaftsstrafrechts selten vorzufinden sei, vgl. *Grisch*, 46.

49 Soweit ersichtlich war *Feuerbach* einer der ersten, der den Grundstein für diese Entwicklung angestoßen hat, vgl. *Feuerbach*, 71.

50 Aus der materiellen Strömung etwa *Bloy*, 251 sowie *Lorenz*, 56; nicht ganz eindeutig, aber mit dem Postulat, der Strafverfolgungsanspruch sei erloschen, *v. Stackelberg*, in FS: Bockelmann, 765.

51 Vgl. *v. Liszt/Schmidt*, 451 und *Radke*, 23 ff.

52 Mit diesem Oberbegriff wird der Allgemeinheit vor Augen geführt, dass sich das Recht im Sinne eines effektiven Rechtsgüterschutzes durchsetzen wird und welche Sanktionen derjenige erwartet, der sich über die Verbotsnormen hinwegsetzt. Dabei wird üblicherweise zwischen positiver und negativer Generalprävention differenziert, vgl. *Stree/Kinzig*, in: S/S, Vorbem. §§ 38, Rn. 3.

53 Die spezialpräventive Funktion der Strafe soll den Täter als Individuum ansprechen und ihn von der Begehung künftiger Straftaten abhalten, wobei auch hier zwischen der positiven wie der negativen Individualprävention unterschieden wird, vgl. *Stree/Kinzig*, in: S/S, Vorbem. §§ 38 ff., Rn. 7.

54 In diesem Sinn *Lorenz*, 56 und *Rund*, 25.

55 So *Rund*, 25.

Verbrechen rechtlich getilgt" sein und demzufolge von einem materiell rechtlichen Instrumentarium gesprochen werden[56]. Der Vorteil dieser Ansicht ist zudem darin zu sehen, dass die materielle Auffassung auf alle Arten der Verjährung anwendbar ist[57].

Bemängelt wird indes, dass die starren Fristen dem abnehmenden Vergeltungsbedürfnis nicht gerecht werden. Eine Erklärung für Konstellationen, in denen ein Delikt am letzten Tag der Strafverfolgungsfrist von mehreren Jahrzehnten noch zur Anklage gebracht werden könne, allerdings einen Tag später gänzliche Straffreiheit eintreten würde, kann nicht überzeugen[58]. Dieser Kritikpunkt verkennt allerdings, dass dem Gesetzgeber ein Pauschalisierungsspielraum einzuräumen ist. Das Gesetz sieht vor, dass spätestens mit dem Ablauf der jeweiligen Frist das strafrechtliche Geschehen als verarbeitet anzusehen ist. Mit einer Regelung, welche die unterschiedlichen Verjährungsfristen wiederum in Zeiträume aufteilen würde, wäre der Rechtsanwendung wenig geholfen[59]. Dem Instrument der Verjährung haftet es an, dass ein fixer Zeitpunkt bestimmt werden muss, um endgültige Rechtssicherheit zu gewährleisten. Dies wird auch in den anderen beiden Rechtsgebieten erkannt[60]. Nichtsdestotrotz kann allein das

---

56 Mit dieser Schlussfolgerung *Lorenz*, 56.

57 Ebd.

58 Dies gilt bspw. für die erschwerten Begehungsweisen des erpresserischen Menschenraubs (§ 239a Abs. 3 StGB), der Geiselnahme (§ 239b Abs. 2 StGB) und der Brandstiftung mit Todesfolge (§ 306c StGB), wenn diese unterbrochen wurden (§ 78c Abs. 3 S. 2 StGB), vgl. *Schmid*, in: LK, Vorbem. § 78, Rn. 9. In eine ähnliche Richtung argumentiert *Mitsch*: Der Eintritt der Verjährung und ihre Rechtsfolge resultieren nicht allein in dem zeitlichen Abstand, welcher mit der gesetzlichen Frist übereinstimmt. Die Mechanismen des Ruhens und der Unterbrechung können die Frist effektiv auf eine Weise ausdehnen, dass das Verhältnis zwischen Zeitablauf und Ausschluss der Strafbarkeit nicht mehr harmoniert. Treten im Hinblick auf den Grundtatbestand des § 242 StGB Unterbrechungen auf, sodass die zeitliche Grenze der absoluten Verjährung erreicht wird, während es hinsichtlich der Qualifikation nach § 244 StGB zu keiner Unterbrechung kommt, würden beide Delikte trotz unterschiedlicher krimineller Energie gleichzeitig verjähren, so *Mitsch*, in: MK, § 78, Rn. 1. Vgl. auch *Sauer*, 333.

59 Zu der Korrelation zwischen den Verjährungsfristen und dem Grad der Beeinträchtigung der strafrechtlich geschützten Rechtsgüter, vgl. auch *Volk*, 226.

60 Sowohl im Zivilrecht (vgl. §§ 194 ff. BGB), als auch im Öffentlichen Recht (vgl. § 53 Abs. 2 VwVfG für den Verwaltungsakt; die Verjährung von Ansprüchen aus einem öffentlichen Vertrag richten sich nach den zivilrechtlichen Bestimmungen, dazu auch *Guckelberger*, 611) kennt das Gesetz keine mit dem Zeitablauf einhergehende stufenweise Abschwächung der Rechtsposition. Dagegen spricht auch nicht die Konzeption einer sukzessiven Verjährung, dazu vgl. weiter unten §2 VII. 7. e), S. 147.

Vergessen der Tat aus dem Gedächtnis der Öffentlichkeit diese Rechtsfigur nicht rechtfertigen, da zu viele weitere Faktoren zu berücksichtigen sind, die dieser These die Allgemeingültigkeit absprechen können[61].

### *d) Prozessuale Betrachtungsweise*

Unter prozessualen Gesichtspunkten führen Stimmen[62] hauptsächlich die mit dem Ablauf der Zeit eintretende erschwerte Beweissituation an. Je weiter sich das Verfahren von dem vermeintlich strafrechtlich relevanten Verhalten entfernt, desto schwieriger kann das Gericht die Maxime der Wahrheitsfindung nach § 244 Abs. 3 StPO einhalten und eine tragfähige Urteilsgrundlage schaffen[63]. Neben dem pragmatischen Argument, die Nichtverfolgbarkeit verjährter Straftaten führe zu einer Entlastung der Justiz, wird aus systematischer Sicht auch der Einigungsvertrag zur Deutschen Einheit angeführt[64]. Während Art 315 Abs. 1 bis Abs. 3 EGStGB für das materielle Strafrecht die modifizierte Anwendbarkeit des § 2 StGB vorsieht, sind für den Bereich der Verjährung in Art. 315a EGStGB Sonderregelungen festgeschrieben, die ansonsten in Art. 315 EGStGB hätten normiert werden müssen[65].

---

Die einzelnen Teilakte verjähren hier gänzlich, d. h. ab einem fixen Zeitpunkt findet die während eines Dauerdelikts verjährte Phase im Rahmen des Urteilsspruchs keine Berücksichtigung mehr.

61 Bereits mehrfach wurde darauf hingewiesen, spektakuläre bzw. prominente Verbrechen dürften nach diesem Verständnis nie oder erst viele Jahrzehnte später verjährt sein, vgl. *Bloy*, 188 und *Radke*, 11. *Grisch* legt speziell für das Wirtschaftsstrafrecht dar, dass dieser psychologische Prozess stark von den beteiligten Akteuren abhängt. Während das Öffentlichkeitsinteresse vermeintlich rasch verblasst, ist bei den Betroffenen zu differenzieren. Während der monetäre Schaden für juristische Personen oder entsprechende Finanzinstitute leichter auszugleichen ist, kann es für natürliche Personen (insbesondere den Kleinanlegern) den finanziellen Ruin bedeuten, vgl. *Grisch*, 41. In die ähnliche Richtung tendiert auch das Argument *Bockelmanns*, allerdings ohne den wirtschaftsstrafrechtlichen Bezug, vgl. *Bockelmann*, Niederschrift Bd. 2, 329.

62 Um nur einige der Vertreter dieser Betrachtungsweise zu nennen: *Calvelli-Adorno*, NJW 1965, 275; *Henkel*, 232; *König*, NStZ 1991, 566; *Krey*, JA 1983, 234; *Mitsch*, in: MK, § 78, Rn. 1; *Sternberg-Lieben/Bosch*, in: S/S, Vorbem. §§ 78 ff., Rn. 3.

63 So etwa *Henkel*, 232 und *Mitsch*, in: MK, § 78, Rn. 4.

64 Zu Ersterem *Bloy*, 190 und bzgl. des Einigungsvertrags, *König*, NStZ 1991, 566; *Rieder*, DtZ 1992, 163; *Schneiders*, MDR 1990, 1051. Kritisch dazu *Radke*, 29 ff.

65 Vgl. dazu Art. 8 des Einigungsvertrages vom 31.8.1990, BGBl. II 1990, 889.

Die Kritiker werfen dem Grundgedanken des Beweismittelverlusts vor, dem Grundsatz des „in dubio pro reo" zuwiderzulaufen. Die gleichfalls in Art. 6 Abs. 2 EMRK niedergelegte Unschuldsvermutung bezieht sich dabei nach allgemeiner Auffassung auch auf die Beweiswürdigung[66]. Befinden sich die Organe der Rechtspflege in einem Beweisnotstand, so ist der Angeklagte freizusprechen. Deshalb stellt der „in dubio pro reo" Grundsatz ein taugliches Mittel gegen die Beweisvergänglichkeit dar. Ein zusätzlicher Rückgriff auf die Verjährung ist daher nicht erforderlich[67].

Die Erfahrungen in der Praxis zeigen allerdings die Möglichkeit einer effektiveren Verteidigung, soweit auf entlastende Umstände[68] hingewiesen werden kann, denen von Seiten des Richters nachgegangen werden muss. Trotz der Beweisverteilung zugunsten des Angeklagten wird die Verteidigungsgrundlage mit zunehmendem Zeitablauf durchweg schwieriger[69]. In einzelnen Konstellationen kann dem Täter sogar durch die Formulierungen des materiellen Rechts de facto eine Beweislast aufgebürdet werden[70]. Die Aufklärungsproblematik wiegt im Kontext der Urteilsfällung noch schwerer als im Rahmen der Heranziehung der korrekten Beweismittel. Ein inhaltlich unzutreffendes Urteil beruht in erster Linie auf einer nicht oder nur schwer erkennbaren Einschätzung des

66 Das Gericht muss demzufolge alle von ihm für möglich gehaltenen Geschehensabläufe in die Würdigung der Tat mit einbeziehen und bei der Urteilsfindung diejenige zu Grunde legen, welche sich für den Angeklagten am günstigsten darstellt, vgl. BGHSt 19, 36; BGH, StV 1990, 9. Diese Unschuldsvermutung führt jedoch nicht zu einer zwingenden Unterstellung, der Sachverhalt eines strafrechtlich relevanten Verhaltens habe sich nicht so zugetragen, bevor dieser rechtskräftig bestätigt oder widerlegt wurde, vgl. BGHSt 34, 210. Hinsichtlich der Frage, ob dieser Grundsatz auch auf die Verteilung der Beweislastregel anzuwenden ist, besteht Streit, vgl. *Ott*, in: KK-StPO, § 261, Rn. 56 m. w. N.

67 Ohne Relevanz ist diese Überlegung für die Strafvollstreckungsverjährung, da die Beweislage bei einem bereits rechtskräftig vorliegenden Urteil nicht mehr zu berücksichtigen ist, vgl. *Schmid*, in: LK, Vorbem. § 78, Rn. 9.

68 Dies sind u. a. etwaige Rechtfertigungs- und Entschuldigungsgründe. Zur beweisrechtlichen Problematik in Fällen, bei denen es um die Pflichtwidrigkeit der Einrichtung einer schwarzen Kasse im Rahmen des Untreuetatbestandes geht, vgl. *Bosch*, JA 2009, 233. Auch kann der Beweismittelverlust eine Rolle spielen, etwa bei der Frage, ob ein tatbestandsausschließendes Einverständnis der beteiligten Organe hinsichtlich der Einrichtung einer derartigen Kasse vorlag.

69 Vgl. *Gleß*, GA 2006, 692. Diese allerdings mit dem Fokus auf solche Strafverfahren, in denen zwischen der Handlung und dem Erfolg eine erhebliche zeitliche Differenz besteht.

70 So auch *Gleß*, GA 2006, 692, Fn. 13.

zugrundeliegenden Sachverhalts. Derartigen Fehlprognosen entgegenzuwirken wird aber eine pauschale Gewährung der Straffreiheit gerechter als die alleinige Anwendung des Zweifelsatzes[71].

Ob durch die drohende Verjährung die Effizienz der Strafverfolgungsbehörden gesteigert wird und dadurch das Strafverfahren rascher abgewickelt wird, darf bezweifelt werden[72]. Eine unnötige Verzögerung des Strafverfahrens resultiert in einem Verstoß gegen die EMRK, sodass ein Verweis auf die Verjährung nicht erforderlich ist[73]. Diesem Argument mag man für gravierende und in gerichtlichen Verfahren schwer nachweisbare Unzulänglichkeiten zustimmen. Den Strafverfolgungsbehörden wird häufig ein Ermessensspielraum bzw. eine Einschätzungsprärogative eingeräumt[74]. So hat die Staatsanwaltschaft im Rahmen der Anklageerhebung nach § 152 Abs. 2 StPO einen Beurteilungsspielraum über die Frage nach dem Vorliegen des erforderlichen Anfangsverdachts. Selbstverständlich sind auch diese Ermessensentscheidungen der Strafverfolgungsbehörden justitiabel. Allerdings müssen dafür alle relevanten Tatsachen vorgetragen werden, aus denen sich die sachfremden bzw. willkürlichen Erwägungen ergeben haben sollen[75]. Dieser Nachweis wird in der Praxis häufig nur schwer zu führen sein. Die Rationalisierung der Ermittlungstätigkeit kann demzufolge als Begründungsansatz auch nur bedingt überzeugen.

### *e) Kombinationsansätze*

Neben der materiell-rechtlichen und der prozessualen Betrachtungsweise hat sich eine weitere Ansicht herausgebildet, welche sich zwischen diesen beiden

71 Vgl. *Bloy*, 183.

72 So aber *Bemmann*, JuS 1965, 338; *Fischer*, Strafverfolgungsverjährung, 13 f.; *Klug*, JZ 1965, 152; *Mitsch*, in: MK, § 78, Rn. 4. Auch die Rechtsprechung hat zum Teil auf die Funktion der Strafverfolgungsverjährung hingewiesen, gegen die Untätigkeit der Behörden vorzubeugen, vgl. BGHSt 11, 396; 12, 335; abw. aber BGH, JR 1985, 244.

73 *Grisch* hält die These über die Disziplinierung der Behörden für „unhaltbar", da eine derartige Missachtung der Rechte des Beschuldigten in einem Verstoß gegen Art. 6 Abs. 1 EMRK sowie Art. 31 Abs. 3 EMRK resultiert, vgl. *Grisch*, 47. Im nationalen Recht wird diese Verfahrensbeschleunigung aus Art. 2 Abs. 2 S. 2 GG abgeleitet, vgl. BVerfG, StV 1992, 122.

74 Vgl. BVerfG, NJW 1984, 1452; BGHSt 37, 48, 51. Dazu auch *Diemer*, in: KK-StPO, § 152, Rn. 8.

75 Vgl. BGH, NStZ 2005, 519.

positioniert[76]. Die Vertreter[77] greifen für die Rechtfertigung ihres Ansatzes die bestehende Kritik der anderen Ansätze auf und folgern daraus, die Verjährung beinhaltet neben der prozessualen auch eine materielle Komponente[78]. Der Schwerpunkt wird dann entweder vorwiegend auf den materiellen[79] oder den prozessualen[80] Charakter gelegt.

Aufgrund einer Vermischung[81] der Vorzüge der beiden Hauptströmungen wird diese kombinierte Lehre allerdings konturlos[82]. Hat man sich einmal zu

---

76 Ferner finden sich noch Autoren, die sich gänzlich außerhalb dieser Argumentationsstränge wiederfinden. Von manchen Stimmen soll die Verjährung weder dem materiellen noch dem prozessualen Recht, sondern neben beiden angesiedelt werden, vgl. *Grünwald*, 373; *ders.*, MDR 1965, 522. Wieder andere ordnen die Verjährung dem Verfahrensrecht zu, aber unter der Prämisse, dass keine sonstigen Folgen an diese Einordnung zu knüpfen sind, vgl. *Arndt*, JZ 1965, 147; *ders.*, NJW 1961, 14; *Benda*, 24; dagegen: *Krey*, 116.

77 Die einzelnen Stimmen weichen gerade innerhalb dieser Ansicht deutlich voneinander ab. Dennoch lassen sich u. a. folgende Vertreter dieser Gruppierung zuordnen: *Jescheck/Weigend*, AT, § 86 I 1; *Lackner*, in: Lackner/Kühl, § 78, Rn. 1; *Moser*, GA 1954, 301 ff.; *Rudolphi/Wolter*, in: SK-StGB, Vorbem. § 78, Rn. 10; *Welzel*, 262.

78 So explizit *Rudolphi/Wolter*, in: SK-StGB, Vorbem. § 78, Rn. 10.

79 Mit Nachweisen für beide Ansätze *Schmid*, in: LK, Vorbem. § 78, Fn 11. *Radke* stellt zumindest fest, dass der Verjährung trotz der Qualifikation als materielles Instrument ein prozessrechtlicher Reflex anhaftet, der aber keine „Zwitterstellung" begründen könne, vgl. *Radke*, 34.

80 Eine Akzentuierung des prozessualen Charakters wird bspw. von *Rudolphi/Wolter* favorisiert. Die Aufgabe des Strafverfahrens – die Wiederherstellung des Rechtsfriedens – löst sich von selbst, indem die entsprechenden Fristen abgelaufen sind. Aufgrund der damit eintretenden Redundanz eines Prozessendes ist die Verjährung vordergründig ein Verfahrenshindernis. Als bloßer unmittelbarer Rechtsreflex erlöscht jedoch gleichzeitig auch der materielle Strafanspruch des Staates, vgl. *Rudolphi/Wolter*, in: SK-StGB, Vorbem. § 78, Rn. 10. Nach dem Konzept von *Jescheck/Weigend* ist die Verjährung gleichfalls vordergründig dem prozessualen Recht zuzuordnen. Insbesondere der Rekurs auf die Unterbrechung und das Ruhen der Verjährung an bestimmte Anknüpfungspunkte im Strafverfahren sprechen dafür, den Schwerpunkt der Verjährung in den prozessualen Folgen zu sehen. Schließlich äußert sich das prozessuale Element in dem Abschluss des Verfahrens, bei welchem der Täter nicht verurteilt oder freigesprochen wird, sondern das Verfahren lediglich eingestellt wird, vgl. *Jescheck/Weigend*, AT, § 86 I 1. Zu Unrecht werden Letztere von *Nazarian* primär dem materiellen Teil zugeordnet, vgl. *Nazarian*, 117.

81 Vergleichbar ist diese Vorgehensweise mit der aus dem Handelsrecht bekannten „Rosinentheorie". Diese anhand des § 15 Abs. 1 HGB diskutierte Problematik beschreibt das juristische Phänomen, in einem Gedankenaustausch nur die für die eigene Seite positiven Argumente gelten zu lassen und die anderen geflissentlich auszublenden; ausführlich zur handelsrechtlichen Problematik, vgl. u.a. *Preuß*, in: Oetker-HGB, § 15, Rn. 29 ff.

82 So *Schreiber*, 25 f.

der Überlegung bekannt, die Verjährung als Verfahrenshindernis einzuordnen, kann es nicht überzeugen, noch materielle Aspekte zuzulassen. Jede weitere Überlegung, ob der Strafanspruch des Staates trotz Einstellung materiell rechtlich noch fortbestehe, ist „zweckwidrig und sinnlos"[83]. Die These einer beidseitigen Betrachtung resultiert stets in der Favorisierung einer der beiden Theorien, sodass am Ende doch zwangsläufig eher der formelle oder der materielle Part überwiegt.

Die Rechtsordnung kennt jedoch Institute, die sowohl materiell-rechtliche, als auch verfahrensrechtliche Elemente aufweisen[84]. Zudem geht der Einwand fehl, wenn dem materiellen Erlöschen des Strafanspruchs keinerlei Rechtswirkungen mehr beigemessen wird. Auch von Stimmen, die sich i. Ü. gegen die Kombinationslehre aussprechen, wird eine andere Beurteilung der Tat trotz Eintritts der Verjährung nicht angenommen. Das Geschehen bleibt weiterhin Anknüpfungspunkt für entsprechende strafrechtliche Folgewirkungen[85].

### *f) Bewertung*

Eine abschließende Antwort auf die Frage der Herleitung der Strafverjährung kann und soll in dieser Untersuchung nicht gefunden werden. Die vorangegangene Darstellung hat gezeigt, dass für die Rechtfertigung der Verjährung auch Überlegungen zum Sinn und Zweck der Bestrafung angeführt werden. Inwieweit die Lehre vom Strafzweck für die nachtatbestandliche Unrechtsphase Bedeutung gewinnt, zeigt der folgende Abschnitt.

#### *aa) Die Hilflosigkeit der Rechtsprechung*

Die gerichtlichen Entscheidungen haben nicht zu einer Klärung der Legitimation der Verjährung beitragen können. Ein Blick in die Verjährungsrechtsprechung zeigt, dass das Reichsgericht anfangs der materiell-rechtlichen Ansicht folgte[86],

---

83 Ebenda. *Schreiber* beruft sich dabei auf die Rechtsprechung des BGH, ohne allerdings eine konkrete Fundstelle zu nennen, vgl. *Schreiber* 25.

84 So bspw. der im Zivilrecht zu verortende Prozessvergleich, welchem nach ganz h. M. in Rechtsprechung und Literatur eine Doppelnatur im Sinne einer Prozesshandlung und einem materiellen Vergleich nach § 779 BGB zugesprochen wird, vgl. BGHZ 79, 71 = NJW 1981, 823; BGHZ 142, 84, 88 = DNotZ 1999, 985; *Zeising*, JZ 2011, 353.

85 Die Tat bleibt rechtswidrig und schuldhaft, sodass sie etwa als Strafschärfungsgrund bzw. als Anknüpfungspunkt für Begünstigung und Hehlerei herangezogen werden kann, vgl. BVerfG 25, 269, 287, 294 und aus der Literatur: *Arndt*, JZ 1965, 147; *Sternberg-Lieben/Bosch*, in: S/S, Vorbem. § 78, Rn. 6 und *Schmid*, in: LK, Vorbem. § 78, Rn. 9.

86 So etwa RGSt 6, 38; 12, 436; 14, 384; 23, 408. Nicht ganz eindeutig: RGSt 30, 31; 40, 90.

später der gemischt materiell-rechtlich prozessualen Theorie[87] und schließlich dem verfahrensrechtlichen Charakter den Vorrang einräumte[88]. Dem haben sich im Nachgang auch der BGH und das BVerfG angeschlossen[89]. Das StGB und das VStGB sehen für die Strafverfolgungsverjährung verschieden lange (für Mord und Völkermord sogar eine Unverjährbarkeit) Fristen vor, die eine Strafverfolgung und Strafklage verhindern, wobei eine Hemmung oder Unterbrechung der Verjährung nur im Rahmen des Verfahrensrechts stattfindet. Die anderen Erwägungen, die auf den konkreten Fall bezogen unterschiedlichstes Gewicht aufweisen können, sind indes nur Folgeerscheinungen und haben keinen Einfluss auf das Fortbestehen des staatlichen Strafanspruchs[90]. Diese Unstetigkeit in der Rechtsprechung ist Ausdruck der schwierigen rechtlichen Einordnung des Verjährungsinstituts.

*bb) Die argumentative Auseinandersetzung mit den Verjährungsansätzen*

Die Subjektive Theorie weist in den wesentlichen Grundfragen eine weitgehende Übereinstimmung mit der materiellen Strömung auf. Statt wie die Subjektive Theorie auf einer Fixierung des Individuums, liegt die Maxime der materiellen Sichtweise auf der gesellschaftlichen Komponente, da mit dem Verstreichen einer längeren Zeitspanne das Sühnebedürfnis der Gesellschaft schwindet. Beiden Ansätzen ist gemeinsam, dass diese keine konkreten Aussagen in Bezug auf die Folgen des Zeitablaufs treffen[91]. Die Objektive Theorie stellt nur eine Umschreibung des Phänomens des schwindenden Vergeltungsbedürfnisses nach einem entsprechenden Zeitablauf dar, sodass dieser Gesichtspunkt neben der Argumentation bzgl. der Herstellung des Rechtsfriedens verblasst.

Insgesamt lassen sich die Argumente auf den möglicherweise eintretenden Beweismittelverlust, die erhöhte Gefahr von Fehlurteilen und das erforderliche zeitliche Korrelat zwischen der Tat und der Bestrafung, sowohl das Sühnebedürfnis des Opfers als auch das der Gesellschaft, sowie den persönlichen Schuldvorwurf des Delinquenten ausreichend berücksichtigt, reduzieren[92]. Zum Teil will man festgestellt haben, dass gerade im Bereich des Wirtschaftsstrafrechts das

87 Vgl. RGSt 41, 167; 46, 274; 59, 199; 65, 82; 66, 328.

88 Vgl. RGSt 76, 64; 76, 160.

89 Vgl. nur beispielhaft BGHSt 2, 306; 4, 137; 8, 245; 21, 26; 23, 368; 28, 56; 29, 168 und BVerfGE 1, 418; 25, 287 ff. Abweichend u. a. LG Hamburg, NStZ 1981, 141.

90 So zusammengefasst die Begründung des BVerfG, BVerfGE 25, 269 ff.

91 Vgl. bspw. *Lorenz*, 56 für die materielle Sichtweise: „Nach Zeitablauf *kann* [Hervorhebung durch den Verfasser] der Täter ein anderer geworden sein, […]".

92 So auch schon *Bloy*, 181; *Grisch*, 40 und *Radke*, 4.

Argument der Beweisvergänglichkeit zu vernachlässigen ist[93]. Die überwiegend schriftliche Dokumentation verliert im Gegensatz zu den Zeugenaussagen nicht an Beweiskraft. Aber auch in diesem Teilgebiet des Strafrechts sind ausreichend Fälle denkbar, in denen die Aussagen der Beteiligten u. U. von Bedeutung sind[94].

Gleiches lässt sich auch für die Gefahr von Fehlurteilen festhalten. Es ist hinreichend nachvollziehbar, dass aufgrund der zunehmenden Schwierigkeit, das Tatgeschehen wahrheitsgetreu zu rekonstruieren, zwischen einem längeren Zeitablauf und dem Risiko einer ungerechtfertigten Verurteilung eine gewisse Abhängigkeit besteht[95]. Diese Vermutung kann aber ohnehin für sich genommen keine Relation zwischen der unterschiedlichen Länge der Verjährungsfristen gestaffelt nach der Schwere der Tat und der Berechtigung der Verjährung liefern. Bei konsequenter Fortführung hätte dies zur Folge, dass bei schweren Straftaten die Gefahr eines inhaltlich unzutreffenden Urteils geringer einzuschätzen wäre als bei Delikten mit einer geringeren Strafandrohung[96]. Dass dieses Wechselverhältnis nicht begründet werden kann, bedarf keiner näheren Erläuterung. Als Ausgangsbasis für die weitere Diskussion kann daher allenfalls noch die zeitliche Dimension des Rechts eine Rolle spielen.

#### *cc) Vergleich des rechtlichen Ursprungs der Verjährung im Zivil- und Strafrecht*

Will man den Zeitablauf als tragendes Fundament für die Legitimation der Verjährung heranziehen, rückt der rechtliche Ursprung der strafrechtlichen Verjährung in den Fokus der Betrachtung. Dieser fußt im Wesentlichen auf der ursprünglich engen Verflechtung zwischen dem Zivil- und Strafrecht[97]. Im

---

93 Mit dieser Überlegung *Grisch*, 46.

94 Man denke an die intern geführten Beratungen über Preisabsprachen in Kartellverfahren oder die einzelnen Beratertätigkeiten, die bei der Frage nach einer möglichen Strafbarkeit wegen Beihilfe zu entsprechenden Bestechungsdelikten auftauchen. Gerade weil eine schriftliche Dokumentation vermieden werden soll, werden derartige Treffen häufig mündlich abgehalten.

95 Vgl. auch *Bloy*, 183.

96 Mit diesem Ergebnis auch *Radke*, 8.

97 Zu dieser Verflechtung, *Kaufmann H.*, Strafanspruch, 43. Eine eigenständige strafrechtliche Legitimation der Verjährung hat sich lange Zeit nicht entwickeln können, sodass der Verjährung aus strafrechtlicher Sicht ein zivilrechtlicher Ansatz zu Grunde gelegt wurde, vgl. *Radke*, 8. Beispielhaft kann dafür die Untersuchung *Pufendorfs* herangezogen werden. Dieser überträgt nach einem Diskurs über die zivilrechtliche Ersitzung deliktisch erlangter Sachen diese Grundsätze direkt im Anschluss an seine Überlegung auf die strafrechtliche Verjährung. Sowohl das Postulat, privatrechtliche Ansprüche nicht zeitlich unbegrenzt geltend machen zu können, als auch die

Privatrecht soll die Verjährung vordergründig dem Interessenausgleich zwischen dem Schuldner und dem Gläubiger dienen[98]. Erst daran anschließend soll der öffentlich stiftende Nutzen v. a. in der Gewährleistung von Rechtssicherheit und -frieden zutage treten[99]. In der strafrechtlichen Wissenschaft und in der Rechtsprechung wird für eine Rechtfertigung der Verjährung häufig auf den Rechtsfrieden Bezug genommen[100]. Während im Zivilrecht im Grundsatz bipolare Rechtsverhältnisse bestehen, sind es im Strafrecht multipolare Rechtsverhältnisse[101]. Demzufolge können auch die Überlegungen zur zivilrechtlichen Verjährung nicht unreflektiert übernommen werden.

*dd) Lehre vom Strafzweck als Anknüpfungspunkt*

Die Unverhältnismäßigkeit der Bestrafung nach einer gewissen Zeit könnte sich auch aus dem Zweck der Strafe ergeben[102]. Seit dem Altertum kursieren drei Grundauffassungen zu der Frage nach dem Sinn der Strafe, die auch heute noch mit unterschiedlichen Akzentuierungen diskutiert werden: die absolute, die relative und die Vereinigungstheorie[103]. In der Diskussion mehren sich Stimmen, wonach diese traditionelle Gegenüberstellung der drei Grundauffassungen nicht

---

einhergehende Besänftigung der Öffentlichkeit nach der Straftat, sollen gewährleisten, dass der inzwischen bestehende Rechtsfriede nicht wieder erschüttert wird, vgl. *Pufendorf*, lib. IV cap. XII § 2.

98 Konkret fast ausschließlich zugunsten des Schuldners, vgl. BGHZ 122, 244 und aus der Literatur u. a. *Peters/Jacoby*, in: Staudinger, Vorbem. §§ 194–225, Rn. 5; *Piekenbrock*, 326 ff.

99 Vgl. RGZ 120, 355, 358; BGHZ 59, 72, 74 und *Piekenbrock*, 317 f. sowie *Schlüchter/Duttge/Klumpe*, JZ 1997, 999, m. w. N.

100 Aus der Rechtsprechung vgl. BGHSt 10, 34; 14, 32; BGH, NStZ-RR 1998, 206; BGH, NStZ-RR 2003, 73. Im Zusammenhang mit der Verjährung und dem „ne bis in idem“ Grundsatz des Art. 54 SDÜ spricht der EuGH auch von „Bürgerfrieden“, vgl. EuGH, NJW 2006, 3404. Für die Literatur *Dallmeyer*, ZStW 124 (2012), 711; *Franzen/Gast/Joecks*, § 376 AO, Rn. 4; *Hassemer*, 143; *Nazarian*, 118; *Schlüchter*, NStZ 1990, 183; *Schmid*, in: LK, Vorbem. § 78, Rn. 9; *v. Stackelberg*, in FS: Bockelmann, 765; *Volk*, 204, 225; *Wulf*, Stbg 2008, 445 ff.

101 Da der Staat im Strafrecht eine stärkere Stellung als im zivilrechtlichen Verfahren einnimmt, muss man vier Akteure unterscheiden: Den Staat, den Täter, das Opfer und die Gesellschaft.

102 Mit dieser Herangehensweise auch *Bloy*, 187 und *Radke*, 9.

103 Ausführliche Darstellung des Streitstandes bei *Joecks*, in: MK, Einl., Rn. 47 ff. Aus früherer Zeit auch v. *Hippel*, Lb. des Strafrechts, 56 ff. Zu der Unterscheidung zwischen dem Zweck der Strafe und der Aufgabe des Strafrechts, vgl. *Radtke*, in: MK, Vorbem. §§ 38 ff., Rn. 28. Neben den soeben angesprochenen Aspekten der Spezial- und

mehr dem aktuellen Forschungsstand entspricht. Eine „doppelspurige Legitimation des staatlichen Strafens" resultiert einerseits aus dem Bedürfnis, das friedliche Zusammenleben zu gewährleisten und andererseits aus dem Gedanken der Gerechtigkeit, dem Täter einen spürbaren Nachteil zuzufügen[104].

Unter spezialpräventiven Gesichtspunkten ist festzuhalten, dass der Bewährungsgedanke aufgrund seiner Abhängigkeit von der konkreten Person keine allgemeingültige Aussage über den Zweck der Verjährung zu liefern vermag[105]. Eine Rolle spielt in diesem Zusammenhang die nachvollziehbare Überlegung, die Strafe müsse der Tat „auf dem Fuße folgen"[106]. Häufig finden sich Ansätze, die eine effektive Bestrafung dann annehmen, wenn zwischen der strafbaren Handlung und dem daraus resultierenden Urteil eine möglichst kurze Zeitspanne auszumachen ist[107]. Ähnliche Überlegungen lassen sich allerdings auch aus dem Blickwinkel der Generalprävention heranziehen[108]. Wird das Vertrauen der Bevölkerung in eine funktionierende Strafrechtspflege durch ein zügiges Verfahren gestärkt, so ist die Abschreckungswirkung für andere Täter höher, je kürzer die bestrafte Tat zurückliegt[109].

Eine Erkenntnis kann aus dieser Überlegung abgeleitet werden: Im Privatrecht dient die Verjährung wie im Strafrecht auch der Wiedergewinnung des Rechtsfriedens. Sowohl in der zivilrechtlichen als auch in der strafrechtlichen Verjährung bedarf es keines zusätzlichen Verhaltens der Beteiligten, um den Verjährungszeitpunkt eintreten zu lassen[110]. Einzig der Zeitablauf setzt den Eintritt

---

Generalprävention tritt für die Vereinigungstheorien noch der Vergeltungsgedanke hinzu, vgl. *Miebach*, in: MK, § 46, Rn. 49.

104 So ausdrücklich *Weigend*, in: LK, Einl., Rn. 66. Dieser auch mit Verweis auf weitere Vertreter jener aktuellen Entwicklung. Stimmen aus dem Lager der „Vereinigungstheorien" stellen teilweise ausschließlich auf spezial- und generalpräventive Erwägungen ab und sprechen dem Strafrecht eine Vergeltungsfunktion als zu berücksichtigenden Strafzweck gänzlich ab, vgl. *Roxin*, AT I, § 3, Rn. 8–10 und 44 ff.

105 Zur Kritik unter §2 III. 2. b), S. 34.

106 Vgl. *Radke*, 1; dazu auch *Piekenbrok*, 225 f. Dies gilt gleichfalls für den zu Unrecht Beschuldigten. Auch dieser hat ein Interesse daran, seine fehlende Strafbarkeit so rasch wie möglich festgestellt zu wissen.

107 Dieser treffende Aspekt wird u. a. bei *Berz*, NJW 1982, 729 f.; *Bruns*, Strafzumessungsrecht, 498 f.; *Roxin*, Strafverfahrensrecht, 102 f.; *Schroth*, NJW 1990, 30 angedeutet.

108 Dies wird sowohl von *Bloy* als auch von *Radke* zumindest nicht explizit herausgearbeitet, vgl. *Bloy*, 187 f. und *Radke*, 10 f.

109 So etwa *Berz* im Zusammenhang mit der Beschleunigung des Strafverfahrens, *Berz*, NJW 1982, 729 f.

110 Zwar stellt die Verjährung im Zivilrecht ein unechtes Gestaltungsrecht dar, welches der Einredeberechtigte zur Sicherung seines Rechts erheben muss. Allerdings ist dies

der Verjährung voraus, sodass man geneigt sein könnte diesen als Legitimation der Verjährung genügen zu lassen[111]. Seit geraumer Zeit hat man die Verjährung für den Bereich des Strafrechts mit der Überlegung begründet, dass der Vorwurf ab einem gewissen Zeitpunkt „für die irdische strafende Gerechtigkeit abgetan sei“[112]. Aus dem Wesen der Unvergänglichkeit der Schuld kann eine Begründung der Verjährung durch das alleinige Verstreichen einer Frist allerdings nicht genügen[113]. Die frühzeitige Existenz dieses Institut lässt den Rückschluss zu, dass es dem Rechtsgefühl der Allgemeinheit seit jeher entspricht, eine Straftat ungesühnt zu belassen, wenn eine entsprechende zeitliche Distanz erreicht wurde[114]. Auf der Basis dieser sozialen Komponente, kann das strafrechtliche Geschehen nicht auf einen konkreten Zeitpunkt fixiert werden, sondern bedarf stets auch einer sich mit der Zeit variierenden Komponente. Sowohl das Verhältnis der Gesellschaft zum Täter als auch die Einstellung desselben zu seiner Tat unterliegen einem stetigen Wandel.

Allerdings reicht dieser Aspekt für sich genommen nicht aus, um das Institut der Verjährung ausreichend zu begründen. Würde man bei dieser These stehenbleiben, so hätte man gegenüber denjenigen Stimmen[115], die ein Erlöschen des Strafanspruches proklamieren, keine zusätzliche Erkenntnis gewonnen[116].

### *ee) Rechtsfriedenorientierte Begründung des Verjährungsinstituts*

Obwohl sich der Gedanke des Rechtsfriedens recht häufig im Schrifttum und in der Rechtsprechung wiederfindet, bleiben diejenigen, die sich auf ihn berufen

---

nur ein prozessualer Gesichtspunkt, der nichts daran zu ändern mag, dass letztlich auch hier der bloße Zeitablauf ausreichend ist, vgl. *Jauernig*, § 194 BGB, Rn. 3 f.

111 Zu jenem Schluss kommen insoweit die konsequenten Vertreter der materiell-rechtlichen Theorie, vgl. *Rund*, 25.

112 So wörtlich *Pawlowski*, NJW 1969, 594. Als übergeordneten Gesichtspunkt für die nachträgliche Verlängerung der Verjährungsfristen führt dieser den Aspekt der Gerechtigkeit an, vgl. *Pawlowski*, NJW 1969, 595.

113 Vgl. RGSt 76, 160; *Lorenz*, 32 mit Verweis auf *Reimer*, in: Das kommende deutsche Strafrecht (AT) von Gürtner, 157 f.

114 Vgl. insoweit *Bockelmann*, Niederschriften Bd. 2, 330.

115 Vgl. bspw. *Lorenz*, 32; *v. Stackelberg*, in FS: Bockelmann, 764.

116 So auch *Bloy*, 186. *Bockelmann* zieht einen Vergleich zwischen dem „ewigen Richter“ und dem „irdischen Richter“ heran, um zu bestärken, dass sich nach einem längeren chronologischen Prozess die Justiziabilität der Tat verbietet. Daraus muss zwangsläufig die Einordnung als Verfolgungshindernis erfolgen, vgl. *Bockelmann*, Niederschrift Bd. 2, 330.

einer Begründung für seine Wiederherstellung meist schuldig[117]. Während die älteren Stimmen[118] auf das Vergessen rekurriert haben, wird aktuell nur der Begriff des „Rechtsfriedens" genannt[119]. Das Vergessen als alleiniges Merkmal für die Herstellung dieses Zustandes wird zwar unter Verweis auf den Umgang mit spektakulären Verbrechen nicht als taugliche Komponente erachtet[120], die eigentlich entscheidende Erkenntnis aus diesem Gedanken kann aber dennoch gezogen werden. Jeder Straftat haftet es an, dass ihr jeweiliger sozialer Bezug zur gegenwärtigen gesellschaftlichen Situation immer mehr an Relevanz einbüßt. Mit Recht wird darauf hingewiesen, dass damit nicht die faktischen Auswirkungen des Verbrechens gemeint sind[121]. Der Relevanzverlust dient vielmehr der Verarbeitung und der Wiederherstellung des sozialen Friedens[122]. Ausgehend von der Aufgabe des Strafrechts[123], das aktuelle Zusammenleben zu gewährleisten, fällt die Verarbeitung der Unrechtsvergangenheit nicht darunter[124].

Natürlich kann dem entgegengehalten werden, dass eine etwaige Entrüstung auf Seiten des Opfers oder der Gesellschaft nach Ablauf der Verjährungsfrist wiederauflebt oder diese über die Jahre erst gar nicht abgenommen hat, da die

---

117 Vgl. die einzelnen Nachweise bereits bei Fn. 100, S. 44.

118 In diesem Sinn bspw. *Lorenz*, 56 und *Schäfer*, Niederschrift Bd. 2, 333.

119 So etwa *Dallmeyer*: „[…] der zentrale Zweck des mit der Verjährung entstehenden Verfahrenshindernisses ist letztlich klar: Es soll Rechtsfrieden bewirken.", vgl. *Dallmeyer*, ZStW 124 (2012), 711. Mit kurzer Begründung jeweils auch *Rudolphi/Wolter*, in: SK-StGB, Vorbem. § 78, Rn. 10 und *Schmid*, in: LK, Vorbem. § 78, Rn. 9.

120 Während *Radke* als prominentes Beispiel die Ermordung von Hans-Martin Schleyer oder John F. Kennedy heranführt, stellt *Bloy* auf Rosa Luxemburg oder Walther Rathenau ab, vgl. *Radke*, 11 und *Bloy*, 188.

121 Dies wäre bei den meisten Delikten, insbesondere den Verletzungs- und Tötungsdelikten auch gar nicht denkbar, vgl. *Bloy*, 189.

122 Zum gleichen Ergebnis gelangt *Schmid*: Er [d.h. der Rechtsfriede – Hervorhebung durch den Verfasser] stellt sich als ein Zustand dar, in dem es des Strafverfahrens nicht mehr bedarf, weil das geschehene Verbrechen typischerweise nicht mehr friedensstörend nachwirkt.", vgl. *Schmid*, in: LK, Vorbem. § 78, Rn. 9. Dieser Vorgang wird von *Radke* auch als „Geschichtswerdungsprozeß" und von *Bloy* als „Verbrechensbewältigungsprozeß" tituliert, vgl. *Radke*, 11 und *Bloy*, 189.

123 Nach dem Verständnis *Roxins* liegt die Hauptaufgabe des Strafrechts darin, „seinen Bürgern ein freies und friedliches Zusammenleben unter Gewährleistung aller verfassungsrechtlich garantierten Grundrechte zu sichern", *Roxin*, AT I, § 2, Rn. 7 m. w. N.

124 Mit dem Hinweis, die verspätete Strafe kann kein geeignetes Mittel mehr zur Erreichung des Strafzwecks darstellen, *Merkel*, 244. Ein tatsächliches Vordringen im Wege eines geschichtlichen Vergessens wird aufgrund der zu knappen Fristen für kaum vertretbar gehalten, vgl. *Bemmann*, JuS 1965, 338.

Verarbeitung der Tat im Einzelfall nicht stattgefunden hat[125]. Haben sich die Verhältnisse im Laufe der Zeit derart verändert, dass die Tat allenfalls noch als geschichtlicher Vorgang relevant ist, so ist der Strafprozess mit der Wiederherstellung des Rechtsfriedens obsolet geworden[126]. Ein Wiederaufgreifen des Verfahrens bzw. eine dennoch erfolgende Verurteilung würden über die dem Strafverfahren zugeteilte Aufgabe hinausgehen und dem intendierten Strafzweck zuwiderlaufen[127]. Sollte der einmal eingestellte Rechtsfriede tatsächlich noch einmal umschlagen, so liegt der Fokus nicht auf der Gestaltung des gegenwärtigen Zusammenlebens, sondern auf der Vergangenheitsbewältigung. Dass dies nicht mehr von der Zielsetzung des Strafrechts umfasst wird, wurde soeben dargelegt. Sollte sich der Rechtsfriede in der zweiten Alternative erst gar nicht von selbst einstellen, so sieht das Gesetz ausreichende Möglichkeiten vor, das strafrechtliche Geschehen vor eine staatliche Stelle zu bringen[128]. Nehmen die Beteiligten diese Mittel nicht in Anspruch, so hat der Distanzierungsvorgang ein Ende gefunden und das Geschehen bedarf keiner strafrechtlichen Aufarbeitung mehr.

Diese Schlussfolgerung liefert zudem eine tragfähige Rechtfertigung für die nach der Schwere des jeweiligen Delikts abgestuften Verjährungsfristen[129]. Je größer der vom Gesetzgeber festgelegte Strafrahmen angesetzt wurde, desto länger soll der Prozess dauern bis sich der Rechtsfriede wieder einstellen wird. Mord und Völkermord beeinträchtigen das rechtliche Gleichgewicht derart gravierend, dass die Bewältigung der Straftat nie abgeschlossen wird[130].

---

125 In diesem Sinn etwa *Bemmann*, allerdings nur in der Konstellation, dass nach dem Einstellen des Rechtsfriedens dieser wieder beeinträchtigt wird, vgl. *Bemmann*, JuS 1965, 337. Darunter wird man die Ausnahmefälle zählen können, die bei *Schmid* nicht unter den Begriff „typischerweise“ subsumierbar wären, vgl. *Schmid*, in: LK, Vorbem. § 78, Rn. 9.

126 In diese Richtung auch *Radke*, 11 f.

127 *Schmidhäuser* weist in diesem Zusammenhang ebenfalls darauf hin, dass ein Einschreiten der staatlichen Organe nach dem Erreichen dieses Ziels nicht mehr geboten ist, vgl. *Schmidhäuser*, in: FS Schmidt, 516.

128 Neben der Möglichkeit, die Ermittlungsbehörden über den einschlägigen Sachverhalt durch eine Strafanzeige jederzeit in Kenntnis zu setzen, kommt je nach Delikt ein Klageerzwingungsverfahren nach § 172 StPO bzw. die aktive Beteiligung am Verfahren im Wege der Nebenklage nach § 395 ff. StPO in Betracht.

129 So bereits *Bloy*, 189 und *Radke*, 12 und diese jeweils mit Verweis auf *v. Bar*, 390, welcher jedoch der Komponente des Vergessens den Vorrang einräumt.

130 Dazu mit vergleichbarem Ergebnis *Radke*, 12, während *Bloy* diesen Aspekt nicht zur Sprache bringt. Letzterer legt dagegen dar, weshalb eine strafzweckorientierte Verjährungslehre dem Postulat der Rechtssicherheit ebenfalls gerecht wird, vgl. *Bloy*, 190.

Dieser rechtsfriedenorientierte Ansatz steht korreliert mit der eingangs erwähnten aktuell wiederauflebenden Diskussion um die unterschiedlichen Strafzwecke. Der Gedanke des Rechtsfriedens steht sowohl im Einklang mit der bisherigen Konzeption im Rahmen der Spezial- bzw. Generalprävention, als auch im Rahmen der „doppelspurigen Legitimation des staatlichen Strafens“[131].

Entgegen diesen Ansätzen wird vorliegend die Rechtfertigung der Verjährung aus dem Blickwinkel der vier beteiligten Akteure am Strafverfahren betrachtet. Damit ergibt sich nach der hier vorgeschlagenen Interpretation folgendes zusammengefasstes Bild[132]:

- Der Staat schafft sich durch das Institut der Verjährung eine Möglichkeit, sein „Nichtinteresse an der Strafverfolgung“ zu erklären[133]. Insgesamt bleibt die Tat jedoch rechtswidrig sowie schuldhaft und kann als Ausgangspunkt für weitere Straffolgen relevant werden[134].
- Aus gesellschaftlicher Sicht entfällt das Strafbedürfnis mit zunehmender Zeit, weil eine spätere Auseinandersetzung mit der Tat der originären Aufgabe – der Sicherung des friedvollen Zusammenlebens unter größtmöglicher individueller Freiheit – des Strafrechts zuwiderläuft.
- Vergleichbares gilt auch aus der Perspektive des Opfers. Neben der friedensstiftenden Funktion tritt hier aber noch der von der Rechtsprechung anerkannte Gedanke der Genugtuung stärker in den Vordergrund.
- Die Betrachtung des Täters lässt sich als Spiegelbild der drei übrigen Punkte erläutern. Sowohl die Gesellschaft als auch das Opfer empfinden es als „gerecht“, wenn dem Täter, aufgrund der durch ihn verursachten Erschütterung des Rechtsfriedens ein fühlbares Übel zugefügt wird. Von den Fällen

---

131 Für die Generalprävention *Radke*, 10 und für die Zweispurigkeit *Weigend*, in: LK, Einl., Rn. 66.

132 Die oben (Fn. 101, S. 44) vorgenommene Auflistung der vier Akteure trägt den Entscheidungen aus der Praxis Rechnung. Noch nicht berücksichtigt sind dabei Fälle, in denen der Delinquent so geschickt vorgeht, dass seine (Dauer-)Straftat nicht offen zutage tritt. Wie diese Fälle verjährungsrechtlich zu behandeln sind, wird erst im Verlauf der Untersuchung behandelt, vgl. unter §2 VII. 2. b) gg), S. 115. Dem BGH zufolge umfasst der Begriff des Schuldausgleichs sowohl die Sühne aus der Perspektive des Täters als auch die Vergeltung als Kompensation aus Opfersicht, vgl. *Theune*, in: LK, Vorbem. §§ 46–50, Rn. 35 und 37 m. w. N. aus der Rechtsprechung.

133 So wörtlich bereits *Reimer*, in: Das kommende deutsche Strafrecht (AT) von Gürtner, 157 f. und später auch BVerfGE 25, 294; OLG Frankfurt/Main, NJW 1988, 2901; *Radke*, 12; *Schmid*, in: LK, Vorbem. § 78, Rn. 9; *Volk*, 200 ff.

134 Die Verweise aus Rspr. und Lit. bei Fn. 85, S. 41.

einer Rückwirkung abgesehen, darf der Straftäter darauf vertrauen, nach dem Ablauf der Verjährungsfrist in den Genuss der Straffreiheit zu gelangen bzw. darauf, dass jene Rechtsfigur überhaupt zu seinen Gunsten bestehen bleibt[135].

Der letztendlich entscheidende Gesichtspunkt bei der Frage nach der generellen Berechtigung der Verjährung ist, ob man den Eintritt der Rechtsfolge auf einen bestimmten Sachverhalt noch identisch beurteilt, selbst wenn dazwischen eine entsprechende Zeit verstrichen ist. Dies hat der Gesetzgeber mit der Einführung pauschaler Verjährungsfristen für die jeweiligen Deliktsgruppen positiv entschieden. Flankiert wird diese Überlegung neben dem rechtsstaatlichen Gebot der Rechtssicherheit mit spezial- und generalpräventiven Gesichtspunkten[136].

*ff) Schlussfolgerung für die hiesige Untersuchung*

Entscheidend für die vorliegende Untersuchung ist weniger, wie das Institut der Verjährung zu rechtfertigen ist bzw. welche formalen Auswirkungen der Eintritt derselben auf den Prozessablauf hat. Vielmehr ist es Aufgabe dieser Arbeit zu klären, aus welcher subjektiven Zwecksetzung heraus der Strafanspruch des Staates überhaupt der Verjährung unterliegt, um damit weitere Erkenntnisse für die Bestimmung und Konkretisierung einer nachtatbestandlichen Unrechtsphase zu gewinnen.

Eine klare Entscheidung des Gesetzgebers zu der Rechtfertigung der Verjährung lässt sich ebenfalls nicht ausmachen[137]. Da die Gerichte verjährte Taten (wenn auch nicht in ihrer vollen Schwere[138]) im Rahmen der Strafzumessung

---

135 Vgl. RGSt 24, 428; *Rudolphi/Wolter*, in: SK-StGB, Vorbem. § 78, Rn. 5; *Schumann*, StV 1992, 393. Ein weiterer Aspekt, der sich schon länger bei manchen Autoren findet, ist in einer vermeintlichen Selektion der durch die Behörden zu verfolgenden Straftaten zu sehen. Dieser von *v. Hippel*, Strafrecht, Bd. II, 556, stammende Einwand, der später erneut von *Bemmann*, JuS 1965, 338, angesprochen wurde, zieht die Schlussfolgerung, dass eine Verfolgung aller jemals begangenen Taten den Justizapparat überlasten würde. Zutreffend wird dieser an der praktischen Strafökonomie angelehnten These vorgehalten eine Begründung, weshalb dann gerade der Verjährung diese Aufgabe zuteilwerde, wird nicht geliefert.

136 Der Gedanke der Rechtssicherheit wird im Rahmen der Kritik an der materiellen Beendigungslehre an Bedeutung gewinnen.

137 Im E 1962 wird vordergründig auf das mit dem Zeitablauf abnehmende Bestrafungsbedürfnis abgestellt. Während dem Faktor der Beweisvergänglichkeit eine entsprechende Beachtung eingeräumt wird, sollen täterbezogene Gesichtspunkte keine Rolle spielen, BT-Drs. 4/650, 257.

138 Dies würde ansonsten mittelbar zu einer praktischen Entwertung des Verjährungsinstitutes führen, vgl. BGH, StV 1994, 423.

berücksichtigen, wäre eine verlässliche Antwort auf die Frage nach den Auswirkungen einer verjährten Tat für etwaige strafrechtliche Anknüpfungspunkte wünschenswert[139].

## IV. Entwicklung der Verjährungsvorschriften

Eine Bestimmung des Verjährungsbeginns bei zeitlich gestreckten Deliktsverläufen hat die Rechtsprechung und Wissenschaft bereits im Rahmen der Vorgängervorschrift des § 78a StGB beschäftigt. So war das Bestreben erkennbar den Verjährungsbeginn entgegen dem Wortlaut zeitlich hinauszuzögern[140].

### *1. Reichsstrafgesetzbuch von 1871*

Das für das Deutsche Reich erste gesamtdeutsche Reichsstrafgesetzbuch vom 15. Mai 1871 hat die unterschiedlichen Partikularfassungen zu einem einheitlichen Abschnitt zusammengeführt. Die Verjährung ist in hiesigem Zusammenhang nur im Hinblick auf § 67 Abs. 4 StGB a. F. von Interesse. Dieser hatte folgenden Wortlaut[141]:

> § 67 Abs. 4 StGB a. F.: „*Die Verjährung beginnt mit dem Tage, an welchem die Handlung begangen ist, ohne Rücksicht auf den Zeitpunkt des eintretenden Erfolgs.*“

Trotz der bereits frühzeitig geäußerten Bedenken hat der Wortlaut dieser Norm beinahe ein Jahrhundert keine Änderung erfahren[142]. Während bspw. in Sachsen[143] auf den Tag der Begehung abgestellt wurde, haben sich die preußischen Staaten[144] auf den Zeitpunkt des vollendeten Delikts bzw. der beendeten Versuchshandlung festgelegt[145]. Die Fassung des Art. 111 des sächsischen StGB hat für den Lauf der Strafverfolgungsfrist den Tag bestimmt, an welchem der Täter die Tat beendigt hatte[146]. Zwar tauchte in diesem Kontext bereits der Begriff der

---

139 Zu dieser Problematik *Gillmeister*, NStZ 2000, 346 f.

140 Vgl. *Schmitz*, 216 m. w. N. aus Rechtsprechung und Literatur.

141 Siehe RGBl., 1871, 139 und u. a. *Otto*, in: FS Lackner, 715.

142 Vgl. *Kiel*, 9.

143 Gesetz- und Verordnungsblatt für das Königreich von Sachsen, 1855, 210 f.

144 Gesetzessammlung für die Königlichen Preußischen Staaten, 1851, Nr. 3375, 101–178.

145 Hat man dabei den Beginn der Verjährung auf den Tag der Begehung festgelegt, wurde – mit Ausnahme von Sachsen – auf den Zeitpunkt rekurriert, an dem das verwirklichte Delikt seine juristische und tatsächliche Vollendung gefunden hatte, vgl. *Besler*, 199 und zur Ausnahme im Königreich Sachsen, *Loening*, 51.

146 Der Wortlaut war wie folgt ausgearbeitet: „*Die fünfzehnjährige Frist beginnt mit dem Tage, an welchem der Thäter die That beendigt hat, ohne Unterschied, ob überhaupt,*

Beendigung auf, allerdings war zumindest insoweit unstreitig, dass für den Verjährungsbeginn allein auf das Verhalten bzw. die Vorstellung des Delinquenten abzustellen ist[147]. Eine Berücksichtigung etwaiger Erfolge fand nicht statt[148].

## 2. *Die widersprüchliche Auslegung des § 67 Abs. 4 a. F. StGB*

Entgegen dieser vordergründig eindeutigen Richtungsentscheidung des historischen Gesetzgebers entwickelte sich über die Auslegung des § 67 Abs. 4 a. F. StGB eine breite Debatte[149]. Diese entzündete sich nicht nur hinsichtlich der hier im Vordergrund stehenden Unrechtsphase zwischen Vollendung und Beendigung, sondern für den Zeitraum vor der Verwirklichung sämtlicher Tatbestandsmerkmale. Aufgrund dieser Historie ist es nicht verwunderlich, wenn sich die wesentliche Auseinandersetzung um solche Fälle drehte, bei denen der tatbestandliche Erfolg einen Teil des deliktischen Gesamtgeschehens ausmachte. Namentlich sind das jene fahrlässigen Erfolgsdelikte, bei denen zwischen der körperlichen Aktivität und dem Eintritt des Erfolgs eine große Zeitspanne liegt.

### *a) Reine Tätigkeitstheorie*

Die Vertreter[150] der strengen Tätigkeitstheorie sind sich, mit unterschiedlicher Begründung, über die folgende Grundaussage einig: als Handlung i. S. d. § 67 Abs. 4 StGB a. F. könne nur das Verhalten des Täters bzw. dessen nach außen

---

*und ob an diesem, oder an einem späteren Tage, der nach dem Gesetzes zur Annahme der Vollendung der Tat nötige Erfolg der Handlung eingetreten ist.*", Gesetz- und Verordnungsblatt für das Königreich Sachsen vom Jahre 1855, 210 f.

147 Eine Relevanz des Beendigungsbegriffs in dieser Vorschrift, welche mit der später von *Hälschner* eingeführten Terminologie vergleichbar wäre, kann nicht festgestellt werden, vgl. dazu ausführlicher unter §2 VI., S. 67.

148 Vgl. insoweit bereits *Beseler*, 199 und *Loening*, 59. Dies folgte zusätzlich aus den Motiven zum Reichsstrafgesetzbuch, vgl. *Höinghaus*, 89.

149 Bereits *Welp* selbst hat eine Differenzierung zwischen der reinen und der erweiterten Tätigkeitstheorie vorgenommen, vgl. *Welp*, 338. *Kiel* reduziert diese Differenzierung auf die beiden Hauptströmungen der Tätigkeits- und Erfolgstheorie und geht stattdessen noch ausführlicher auf die „berichtigende Auslegung" von *Jagusch* ein, vgl. *Kiel*, 12 ff. und dieser mit Verweis auf *Jagusch*, in: LK, 7. Auflage, § 67, Rn. 1 ff. Als Ergebnis seiner Auslegung kam *Jagusch* zu der Schlussfolgerung, man müsse den Beginn der Verjährung auf denjenigen Zeitpunkt fixieren, in dem sich der Täter das erste Mal einer möglichen Strafverfolgung ausgesetzt hat.

150 So etwa *Allfeld*, 307; *Kitzinger*, 203 ff.; *Koopmann*, 14; *v. Liszt/Schmidt*, 454; *Pudor*, GA 1909, 189; *Quabeck*, 30; *Rund*, 52 ff.; *Salomon*, 20 ff.

in Erscheinung tretender Wille in Betracht kommen. Die restlichen Verwirklichungsstufen des Straftatbestands müssen der Erfolgskomponente zugeschrieben werden, sodass deren spätere Realisierung keinen Einfluss mehr auf die Strafverfolgungsverjährung hat.

Dabei wurden als Argumente teils die historische Auslegung anhand des Art. 111 des sächsischen StGB[151], teils der Gesetzeswortlaut[152] ins Feld geführt. Andere Ansätze konnten sich ebenfalls nicht durchsetzen[153]. Die Gegenstimmen haben ihrerseits eingewandt, diese nicht zwingende Wortlautauslegung sei deshalb nicht zielführend, da die Verjährungsfrist bereits abgelaufen sein könne, bevor die Tat überhaupt zu einem Gegenstand der Strafverfolgung gemacht werden könne[154]. Das Argument, die Tat könne ohne ihre vollständige Verwirklichung noch nicht verjähren, ist nach den Vertretern in der Literatur eine unzulässige „Begriffsjurisprudenz" aus dem Bereich zivilrechtlicher Überlegungen über die Verjährung[155]. Das geltende Recht zeigt, dass ein materiell-rechtlicher Strafanspruch nicht erst entstehen muss, um erlöschen zu können: Die Verjährungsfrist ruht gem. § 78b Nr. 2 Hs. 2 StGB nicht, wenn eine Tat nicht verfolgt werden kann, weil bspw. ein Strafantrag nicht vorgelegen hat. Wird der

---

151 Neben dieser chronologischen Betrachtung hat *Loening* auch die Motive des Gesetzgebers entsprechend hervorgehoben, vgl. *Loening*, 15.

152 In diese Richtung bspw. *Allfeld*, 307 und *v. Liszt/Schmidt*, 454.

153 *Kitzinger* appelliert aus Anlass einer Entscheidung des Reichsgerichts an das Gerechtigkeitsgefühl der Rechtsanwender. In diesem Fall wurde der Verjährungsbeginn auf den Zeitpunkt des Ausbruchs eines Brandes abgestellt, selbst als dieser Erfolg erst einige Jahre später nach dem Konstruktionsfehler des Handwerkers ausbrach, vgl. RGSt 9, 154 ff. Nach der Erfolgstheorie würde der Handwerker demzufolge noch nach Jahrzehnten strafrechtlich zur Verantwortung gezogen werden können, wenn er das Delikt fahrlässig begangen hätte, nicht dagegen, wenn er vorsätzlich den Brand verursacht hätte, vgl. *Kitzinger*, 214 f. Das fahrlässige Begehungsdelikt weise – im Gegensatz zum vorsätzlichen Begehungsdelikt, wo allein aufgrund des Verhaltens bereits eine Versuchsstrafbarkeit im Raum stehe – im Zeitpunkt der reinen Tätigkeit noch keine für sich genommene strafbare Handlung auf. Mit der Schlussfolgerung, dass ein und dasselbe Delikt in gewissen Fallgestaltungen bei vorsätzlicher Begehung grds. früher verjährt sei, als wenn es fahrlässig begangen wurde, kommt sie der Tätigkeitstheorie sehr nahe.

154 Vgl. insoweit *Wahlen*, 40 ff. *Lübke* führt hingegen den Interessenschutz des Verjährungsinstituts heran. Dem Schutz des Geschädigten wird es vielmehr gerecht, den Lauf der Verjährungsfrist erst nach Abschluss der gesamten verbrecherischen Tätigkeit beginnen zu lassen. Darüber hinaus ist die Bestimmung des Zeitpunkts der Willensbetätigung im Einzelfall nur schwer zu ermitteln, vgl. *Lübke*, 20 f.

155 Vgl. *Bruns*, NJW 1958, 1260; *Gleß*, GA 2006, 705; *Kitzinger*, 213 f,

erforderliche Strafantrag zu spät geltend gemacht, kann die Tat nie strafrechtlich verfolgt werden[156]. Nachdem die Tätigkeitstheorie schon im Lauf der Zeit ihre Anhänger verloren hat, hat sie mit der Strafrechtsreform Ende des 20. Jahrhunderts ihr Ende gefunden[157].

### b) Erweiterte Tätigkeitstheorie

Als erweitert ist ein anderer Ansatz deshalb zu qualifizieren, weil deren Vertreter[158] ein besonderes Augenmerk auf die Phase nach der aktiv begangen Handlung legen. Nach jener Auffassung ist die strafbare Handlung bei einer Aktivität in der nachfolgenden Unterlassungsphase erst mit dem Verlust der Erfolgsabwendungsmöglichkeit abgeschlossen[159]. Die Verjährung i. S. d. § 67 Abs. 4 StGB a. F. beginnt dieser Variante zufolge also entweder mit dem Abschluss des Verhaltens oder in Fallgestaltungen, bei denen auf dieses Verhalten eine beachtliche Unterlassungszone folgt, mit dem Wegfall der Möglichkeit, den drohenden Erfolg noch zu verhindern.

Wegen eines zeitlichen Auseinanderfallens der verbrecherischen Absicht und dem Eintritt des tatbestandlichen Erfolges kann unter Umständen ab dem Vorliegen der Voraussetzungen eines beendeten Versuchs eine passive Phase entstehen, in der es der Täter bewusst unterlässt, die Abwendung des von ihm in Gang gesetzten Kausalverlaufs zu verhindern. Dies gilt für die Vorsatz- wie die Fahrlässigkeitstat[160]. Bis zu diesem Moment, in dem der Täter nach seiner Vorstellung keine weitere Ausführungshandlung mehr benötigt, um den Erfolg eintreten zu lassen, stellt der Straftatbestand für ihn ein Verbot für die Vornahme weiterer rechtsverletzender Handlungen dar[161]. Den Vorzug der erweiterten Tätigkeitstheorie sehen die Befürworter[162] in dem Fokus auf dem Handlungsunwert,

---

156 Vgl. dazu das Bsp. bei *Gleß*, GA 2006, 705.

157 Mit diesem Zwischenergebnis auch *Gleß*, GA 2006, 705. *Schmitz* stellt dafür „ganz eindeutig" auf das Bestreben der herrschenden Meinung ab, die Verjährung entgegen dem Wortlaut des Gesetzes später beginnen zu lassen, vgl. *Schmitz*, 217. *Kühl* führt ein Argument von *Schröder* heran, vgl. *Kühl*, 163: Das Sühnebedürfnis der Allgemeinheit bedürfe vor dessen Ablauf das Vorliegen einer kompletten Straftat, vgl. *Schröder*, JZ 1959, 31.

158 In diese Strömung lassen sich mit unterschiedlichen Nuancen *Granderath*, 175; *Mezger*, JW 1938, 495 f.; *Kühl*, 164; *Scheufele*, 80 f. und *Welp*, 322 ff. einordnen.

159 Vgl. *Granderath*, 175 und *Welp*, 337 ff.

160 So *Welp*, 322.

161 In diesem Sinn, *Maihofer*, GA 1958, 298.

162 Die Hervorhebung des Handlungsunwertes gegenüber dem Erfolgsunwert entsprach der damals herrschenden Meinung in Rechtsprechung und Literatur, vgl. *Bruns*, NJW

wohingegen eine mehr erfolgsunrechtsbezogene Betrachtung mit Problemen im Hinblick auf den Verjährungsbeginn des Versuchs zu kämpfen hätte[163].

### c) *Erfolgstheorie*

Die damalige[164] überwiegende Ansicht in Rechtsprechung[165] und Literatur[166] hat sich entgegen des Wortlauts nach § 67 Abs. 4 StGB a. F. für die Erfolgstheorie entschieden. Demzufolge konnte die Verjährungsfrist erst mit dem Eintritt des (ersten) tatbestandlichen Erfolges einsetzen. Als Erfolg im Sinne der früheren Vorschrift blieben lediglich solche Umstände außer Betracht, die dem Tatbestand sein spezielles Gepräge gaben oder außerhalb des gesetzlichen

---

1958, 1258; *Kohlrausch-Lange*, § 67 V. *Welp* nennt dies auch die Akzentuierung des Handlungsunwertes, *Welp* 340.

163 Mit diesem Argument, *Welp*, 340. Ausführlicher zu dieser Problematik im Zusammenhang mit der Verjährung unter Punkt §2 IV. 2. e), S. 57.

164 *Kiel* hat sich in seiner Dissertation dieser Auslegungsmöglichkeit mit dem Argument angeschlossen, das Verhalten und der Erfolg würden eine „unauflösliche Einheit" bilden, vgl. *Kiel*, 14 ff. und 19 ff.

165 Das RG hat bereits am 15.02.1881 entschieden, die Verjährung der unterlassenen Bilanzaufstellung nach § 210 Nr. 3 KO a. F. beginnt erst mit der Zahlungseinstellung, vgl. RGSt 3, 351. In einem Urteil vom 30.12.1881 ging das RG davon aus, die Strafverfolgungsverjährung bei der Anstiftung wird akzessorisch zur Verjährung der Haupttat bestimmt, vgl. RGSt 5, 283 ff. Schließlich ergingen hinsichtlich der fahrlässigen Brandstiftung noch Entscheidungen, in denen der Verjährungsbeginn auf den Zeitpunkt des Ausbruchs des Brandes festgelegt wurde, auch wenn dieser Erfolg erst Jahre bzw. Jahrzehnte später eingetreten ist, vgl. RGSt 9, 154 ff.; 26, 262 ff. Dieser Auslegung ist im Lauf der Zeit auch der BGH gefolgt, vgl. BGHSt 11, 121, allerdings zu Recht etwas restriktiver, wenn der Angeklagte die Tat nach verständiger Lebenserfahrung nicht mehr im Gedächtnis haben konnte und musste, vgl. RGSt 75, 34 sowie 298. Diese Überlegung hat das LG Stade aufgegriffen und den Wegfall der Strafbarkeit auf den Moment verlagert, von dem an für den Täter die Möglichkeit entfallen war, auf den durch ihn pflichtwidrig geschaffenen Zustand in einer Weise einzuwirken, dass der Erfolg noch vermieden werden konnte, vgl. LG Stade, NJW 1958, 1311 f. Insgesamt ist es nicht treffend, die Rechtsprechung lediglich einem Ansatz konkret zuzuordnen, als sich auch Entscheidungen finden lassen, die unter der konsequenten Erfolgstheorie aufzuführen sind. Dies verkennt *Nazarian*, wenn sie unter der von ihr bezeichneten „erweiterten Erfolgstheorie" nur Vertreter der Strafrechtswissenschaft aufführt, vgl. *Nazarian*, 105.

166 In diese Strömung lassen sich mit teils unterschiedlichen Begründungen folgende Vertreter einordnen: *Binding*, Grundriss AT, § 117 III.3.a.; *Lübke*, 20 ff.; *v. Olshausen*, § 67 Anm. 9) ff.; *Schreiber*, 68; *Wahlen*, 40 ff.; *Wen Tsun*, 33.

Tatbestandes lagen[167]. Für die Berücksichtigung des Erfolges wurde argumentativ zudem die personale Unrechtslehre angeführt. Bemängelt wurde in diesem Zusammenhang, dass die wörtliche Auslegung der Trennung zwischen Handlungs- und Erfolgsunwert nicht gerecht werden würde. Diese dem Wortlaut folgende Auslegung würde zu dem unbefriedigenden Ergebnis gelangen, dass dem Erfolg im Bereich der Strafverfolgungsverjährung keinerlei Bedeutung beigemessen würde[168].

### d) *Konsequente Erfolgstheorie*

Die konsequente[169] Erfolgstheorie[170] verlagert den Zeitpunkt der Strafverfolgungsverjährung noch weiter nach hinten, indem in gewissen Konstellationen

---

167 Beispielhaft sind das zum einen die erfolgsqualifizierten Delikte, zum anderen die Bereicherung im Rahmen des § 263 StGB, vgl. *Schreiber*, 68.

168 Mit diesem Argumentationsmuster spricht sich *Kiel* für die Erfolgstheorie aus. Allerdings räumt dieser ein, dass diese Deutungsmöglichkeit alles andere als zwingend ist, vgl. *Kiel*, 20.

169 Da die Grenzen zwischen der Erfolgstheorie und ihrer konsequenten Fortsetzung von den jeweiligen Vertretern nicht immer eingehalten werden, könnte man die beiden Ausprägungen auch zusammenfassen. Allerdings veranschaulicht die Differenzierung zwischen den Positionen die beschriebene Problematik, sodass mit *Nazarian* eine Vierteilung vorgenommen wird, vgl. *Nazarian*, 100 ff.

170 Aus dem Schrifttum soweit ersichtlich, *Gelbert*, DStr 1943, 7; *Hau*, 144; *Jescheck*, Lb. 1969, 579; *Winkler*, 145. Allerdings ist bei *Gelbert* fraglich, ob sich dieser seinem Aussagegehalt bewusst gewesen ist: Die Verjährung beginnt seiner Auffassung zufolge „nur dann mit dem Akt der formellen Vollendung, wenn die Straftat lediglich deshalb erst später beendet wird, weil unabhängig von neuem Handeln, Dulden oder Unterlassen des Täters weitere Ereignisse nach dem frühesten Zeitpunkt der formellen Vollendung fallen, die aber kein tatbestandsmäßiges Verhalten mehr erfordern", vgl. *Gelbert*, DStr 1943, 7. Dieser verweist dabei augenscheinlich auf *Mezger*, der dies „ähnlich" sehen solle, vgl. *Gelbert*, DStr 1943, Fn. 77. Allerdings führt *Mezger* zu der Tätigkeits- bzw. Unterlassungsphase nach der Vollendung folgendes aus: „U n m ö g l i c h aber ist das weitere Hinausschieben des Beginns nach § 67 Abs. 4 StGB a. F. dann, wenn die Tat ‚vollendet' ist und sie lediglich deshalb erst später ‚beendet' wird, weil unabhängig von neuem Handeln des Täters weitere Ereignisse in den Rahmen der Tatbestandsverwirklichung fallen (…). Ist es schon zweifelhaft, ob mit dem Verjährungsbeginn bis zum Erfolgseintritt zugewartet werden darf (…), so geht es keinesfalls an, nach ‚Vollendung' des gesamten Tatbestandes einschließlich des Eintritts des Erfolgs noch weiter zuzuwarten und außerdem noch die (objektive) ‚Beendigung' der Tat abwarten zu wollen. Dies verträgt sich nicht mit dem Wesen und Zweck der Verjährung.", vgl. *Mezger*, JW 1938, 496. Nach dem hiesigen Verständnis ist *Mezger* daher vielmehr der erweiterten Tätigkeitstheorie zuzuordnen, da er wie die Vertreter

der Eintritt des letzten tatbestandsmäßigen Erfolges entscheidend sein soll. Als Argument gegen die erweiterte Tätigkeitstheorie wird geltend gemacht, dass diese zu sehr an die Schuld des Täters anknüpft. Die Verjährung ist unabhängig davon zu bestimmen, ob sie mit Gründen der materiellen Gerechtigkeit vereinbar sei. Die Auswirkung des Zeitablaufs auf eine taugliche Strafverfolgung ist erst dann möglich, wenn der rechtswidrige Erfolg „voll und ganz eingetreten ist“[171].

#### *e) Bewertung*

Festzustellen ist, dass die Rechtsprechung schon früh die Absicht erkennen ließ, den Beginn der Strafverfolgungsverjährung zeitlich möglichst weit nach hinten zu schieben[172]. Der Vorgängernorm des § 67 Abs. 4 StGB a. F. war unzweifelhaft zu entnehmen, dass die Verjährung den Eintritt des Erfolges ausdrücklich nicht berücksichtigen soll[173]. Nichtsdestotrotz hat das Reichsgericht bereits frühzeitig auf den jeweiligen Erfolg des Tatbestandes zurückgegriffen. Dieses Vorgehen ist umso kritischer zu würdigen, wenn die Erfolgstheorie als Erfolg jenen im Sinne der herrschenden Beendigungslehre versteht[174]. Damit würde sie nämlich den Lauf der Verjährungsfrist von nicht mehr tatbestandsmäßigen Erfolgen abhängig machen[175]. Um dieser Gefahr vorzubeugen, muss statt auf den Eintritt des letzten Erfolges des jeweiligen Deliktes auf den Eintritt des letzten tatbestandsmäßigen Erfolgs rekurriert werden.

Die Erfolgs- und die erweiterte Tätigkeitstheorie kamen sowohl bei den vorsätzlichen als auch den fahrlässigen Delikten zu identischen Ergebnissen, sofern der Täter bis zum Erfolgseintritt neben der objektiven auch die subjektive

---

dieser Strömung die Verjährung nur dann über die Vollendung hinaus erstrecken möchte, wenn die weiteren Erfolge dem Täter strafrechtlich wirksam zugerechnet werden können. Aus diesen Überlegungen heraus sind deshalb ebenso die Verweise von *Kühl*, 164 und *Nazarian*, 105 auf die selbigen mit Vorsicht zu genießen. Zumindest der Zuordnung *Mezgers* in die Strömung der erweiterten Erfolgstheorie kann nicht zugestimmt werden.

171 In diesem Sinn *Winkler*, 144 f., i. E. auch *Jescheck*, Lb. 1969, 579; *Lackner*, in: Lackner/Maassen, § 67, Rn. 3.

172 Einen Überblick über die Entwicklung der Rechtsprechung zur Verjährung findet sich bei *Lorenz*, 20 ff.

173 Vgl. den Wortlaut des § 67 Abs. 4 StGB a. F.

174 Dazu unter Punkt §2 VI., S. 67 ff.

175 Vgl. dazu auch kritisch *Hruschka*, GA 1968, 206, Fn. 43; *Kühl*, 164 f. und *Mezger*, JW 1938, 496.

Abwendungsmöglichkeit aufrechterhalten hat[176]. Zu divergierenden Ergebnissen gelangen die beiden abgeschwächten Theorien nur noch in Fällen, bei denen zwar die aktive bzw. passive Phase der Tat abgeschlossen ist, aber der tatbestandsmäßige Erfolg nicht innerhalb der Verjährungsfrist eingetreten ist[177].

In Erklärungsnot sind die Vertreter der Konstruktion einer nachfolgenden Unterlassungsstrafbarkeit allerdings bei solchen Fällen geraten, in denen der Täuschende nicht mehr aktiv den Irrtum aufrechterhielt bzw. weiter intensivierte, sondern nur noch die Verhinderung der Schadenseintritte unterließ. Die Befürworter der erweiterten Tätigkeitstheorie behalfen sich mit einer Garantenpflicht aus Ingerenz, welche auch bei denjenigen Delikten, deren nachfolgende Unterlassungsphase nicht dem tatbestandlichen Vollendungsverhalten gleichsteht, begründet werden könnte[178]. Für den Verjährungsbeginn des Versuchs mussten die Vertreter der Erfolgstheorie auf den Eintritt des Erfolgs als ausschlaggebenden Zeitpunkt gänzlich verzichten. Ihre Anhänger greifen in Folge dessen auf die reine Tätigkeitstheorie zurück, indem sie den Abschluss der körperlichen Kraftentfaltung heranziehen[179]. Als Ergebnis dieser Debatte folgte die Überlegung, dass ein stimmiges Resultat nur mit Hilfe einer Reformierung des Verjährungsrechts zu erreichen ist[180].

Zusammengefasst ist der entscheidende Unterschied zwischen der erweiterten Tätigkeitstheorie und den Erfolgstheorien die Hervorhebung des Handlungsunwerts durch die Tätigkeitstheorie(n)[181]. Neben dem Wortlaut des § 67

---

176 So bspw. *Welp* für die fahrlässigen Erfolgsdelikte, sofern der Täter sowohl die körperliche als auch die psychische Abwendungsmöglichkeit im Hinblick auf den Erfolgseintritt behalten hat, *Welp*, 339. *Kühl* legt das für die vorsätzliche Verwirklichung anhand der Dauerdelikte, der Steuerverkürzung, sowie des Anstellungs- und Rentenbetrugs dar, *Kühl*, 165 ff.

177 Mehr als ein Jahrhundert später stellt sich die identische Problematik weiterhin und ist nach der aktuellen Gesetzeslage offensichtlich nicht zufriedenstellend gelöst, vgl. mit Hinweis auf die Entscheidungen über den Einsturz des Daches der zugeschneiten Eissporthalle in Bad Reichenhall und dem Flughafenfall des LG Düsseldorf *Gleß*, GA 2006, 689 ff., dazu unter §2 VII. 2. b) gg), S. 115.

178 In diesem Sinn *Kühl*, 169; *Mezger*, JW 1938, 495. Dem Einwand, der Täter könne durch gezielte Beeinflussung der Tatumstände die Verjährungsfristen ins Leere laufen lassen, kann man den Gedanken der omissio libera in causa entgegenhalten, vgl. *Welp*, 339.

179 Vgl. bspw. nur *Lackner*, in: Lackner/Maassen, § 67 Anm. 3a; *Lorenz*, 86.

180 Vgl. *Schreiber*, 69.

181 Für diesen Ansatz sprechen sich *Kühl*, 172; *Welp*, 340 und *Würtenberger*, ZAkDR 1941, 401 f. aus. Mit dem Hinweis, die Stärkung des Handlungsunwertes entspreche der damaligen Tendenz in der Strafrechtswissenschaft, vgl. *Bruns*, NJW 1958, 1258; *Kohlrausch-Lange*, § 67 V.

Abs. 4 StGB a. F. spricht auch das Merkmal des Unrechtsbewusstseins als Ausprägung des Schuldprinzips für die erweiterte Tätigkeitstheorie. Ein persönlicher Vorwurf kann dem Täter in zeitlicher Hinsicht nur so lange zur Last gelegt werden, wie er den Eintritt des Erfolges noch beeinflussen kann. Hat dieser die tatsächliche Möglichkeit verloren, aus eigenem Betreiben heraus den Erfolg noch abzuwenden, so widerspricht es dem individuellen Schuldgrundsatz auch das nicht mehr beeinflussbare Geschehen mit einzubeziehen[182].

Als Erkenntnis aus dem früheren Streit um die Interpretation des § 67 Abs. 4 StGB a. F. ist für die hier relevante Frage nach der Unrechtsphase somit der Schluss zu ziehen, dass die Rechtsprechung und Stimmen in der Literatur z. T. die Verjährung erst dann haben beginnen lassen, nachdem keine tatbestandlich relevante Handlung oder Unterlassung mehr vorgenommen wurde. Dass dies mehr als problematisch ist, wurde eben dargelegt.

### 3. *Die misslungene Nachfolgeregelung des aktuellen § 78a StGB*

In Anlehnung an E 1962 wird der Beginn der Strafverfolgungsverjährung wie folgt festgelegt[183]:

> § 78a StGB: „*Die Verjährung beginnt, sobald die Tat beendet ist. Tritt ein zum Tatbestand gehörender Erfolg erst später ein, so beginnt die Verjährung mit diesem Zeitpunkt.*"

Die Vorschrift scheint auf den ersten Blick wenig zielführend. Nachdem bereits die Vorgängervorschrift des § 67 Abs. 4 StGB a. F. unbefriedigend war, wird dem – eigentlich zur Klärung des jahrelang geführten Streits – eingeführten § 78a StGB weiterhin das Prädikat „technisch missglückt"[184] bzw. „unglückselig"[185] zugeschrieben. Unbestritten ist seitdem, dass der Gesetzgeber mit der

182 *Kitzinger* hat in seiner Monographie erörtert, dass eine Strafe dann nicht ihren Zweck erfüllt, wenn sie statt dem ursprünglichen Täter eine verwandelte Persönlichkeit trifft und die Sanktion dem schuldhaften Verhalten zu spät nachfolgt, vgl. *Kitzinger*, 60 f.

183 BT-Drs. 7/550, 11 und 215. Zur Historie der Formulierung des § 78a StGB, siehe auch *Kiel*, 7 ff. und *Schmitz*, 218 ff.

184 So bspw. *Lackner*, in: Lackner/Kühl, § 78a, Rn. 1; *Mitsch*, in: MK, § 78a, Rn. 1; a. A. *Maurach*, 953; *Maurach/Gössel/Zipf*, AT 2, § 75, Rn. 21, die § 78a StGB als „dankenswert klare Vorschrift" geschätzt haben wollen. Allerdings muss diesen zugutehalten werden, dass zu diesem Zeitpunkt die Änderung gem. Art. 18 Nr. 46 EGStGB von der Formulierung „das strafbare Verhalten" in „die Tat" noch nicht abzusehen war, vgl. *Kiel*, 31.

185 Vgl. *Bernsmann*, StV 2003, 526.

jetzigen Formulierung den Beginn der Verjährung gegenüber § 67 Abs. 4 StGB a. F. nach hinten verlagert hat[186].

Während der Gesetzgeber in der Vorgängernorm noch auf die „Handlung“ abstellte, hat er sich in der aktuellen Version auf den weiten Begriff der „Tat“ festgelegt. Die dazugehörigen Verben haben auch insofern eine Änderung erfahren als die Handlung noch „begangen“ werden musste, hingegen die Tat nun „beendet“ sein muss.

Um den Beginn der Verjährungsfrist zu bestimmen, greift die aktuelle Formulierung auf die Begriffe „Tat“, „deren Beendigung“ und einen ggf. später eintretenden „zum Tatbestand gehörenden Erfolg“ zurück. Da nach der Definition des § 11 Abs. 1 Nr. 5 StGB der tatbestandsmäßige Erfolg bereits Teil der Tat ist, drängt sich die Vermutung auf, Satz 2 bestätige nur die Aussage des Satz 1, sodass Satz 2 ins Leere laufen würde[187].

### *a) Uneinheitliche Auslegungsvarianten*

Einige Literaturstimmen[188] legen Satz 1 des § 78a StGB untechnisch aus, indem sie als ersten Anknüpfungspunkt für den Beginn der Verfolgungsverjährung auf die Beendigung des „tatbestandsmäßigen Verhaltens“ abstellen (Verhaltenskomponente). Tritt ein zu diesem Verhalten gehöriger Erfolg ggf. erst später ein, so beginnt der Lauf der Verjährungsfrist erst ab diesem Zeitpunkt (Erfolgskomponente).

Diese Deutungsmöglichkeit wird durch Bezugnahme auf den Willen des historischen Gesetzgebers untermauert[189]. In der Begründung zum E 1958[190] sollte speziell auf die Beendigung des strafrechtlich relevanten Verhaltens abgestellt werden[191]. Diese Fokussierung auf das Verhalten des Täters wurde auch konsequent im darauffolgenden E 1962[192]

---

186 Vgl. auch *Schmitz*, 218, wonach der Gesetzgeber, die zu § 67 Abs. 4 StGB a. F. ergangene Rspr. bestätigt hat.

187 Vgl. *Schmid*, in: LK, § 78a, Rn. 1.

188 Vgl. *Fischer*, § 78a, Rn. 3; *Hsueh*, 149 f.; *Kühl*, JZ 1978, 549; *ders.*, in: FS für Roxin, 670; *Lackner*, in: Lackner/Kühl, § 78a, Rn. 1; *Mitsch*, in: MK, § 78a Rn. 5; *Otto*, in: FS Lackner, 715; *v. Stackelberg*, in FS: Bockelmann, 766.

189 Vgl. *Schmitz*, 219. Zur historischen Entwicklung noch eingehender, *Kiel*, 22 ff.

190 Entwurf des Allgemeinen Teils eines Strafgesetzbuchs nach den Beschlüssen der Großen Strafrechtskommission, 1958.

191 Vgl. E 1958, 124.

192 Entwurf eines Strafgesetzbuchs – E 1962, BT-Drs. 4/650.

fortgeführt[193]. Schließlich wurde diese Passage scheinbar unreflektiert in § 78a S. 2 StGB übertragen und sollte erst durch das EGStGB seine aktuelle Fassung erlangen[194]. Wie allerdings aus der Begründung hervorgeht, sollte die letztendlich getroffene Anpassung nur redaktioneller Natur sein[195].

Einzelnen Stimmen[196] zufolge liegt das Hauptaugenmerk der Betrachtungsweise auf der Formulierung über die Beendigung der Tat. Mit diesem Rückgriff auf die Beendigungslehre sei ein Begriff aus der Dogmatik der Dauerdelikte in das Strafgesetzbuch eingeführt worden[197]. Da die Beendigung der Tat regelmäßig nach der Vollendung eintritt, hätte die Anwendung des § 78a StGB zur Folge, dass der in Satz 2 umschriebene Zeitpunkt vor dem in Satz 1 genannten Ausgangspunkt den Verjährungsbeginn auslöst.

Wieder andere bemühen sich, Satz 2 eine eigenständige Bedeutung beizumessen, indem als praktischer Anwendungsbereich für den Erfolg im Sinne der Vorschrift nur die Verwirklichung des Erfolgs bei den erfolgsqualifizierten Delikten verbleibt[198]. Sowohl für die Strafbarkeit als auch für die materielle Beendigung des Grunddelikts kommt es nach dieser Ansicht nicht auf den Eintritt des qualifizierenden Erfolgs an. Ansonsten könnte für den Fall, dass das Grunddelikt bereits verjährt ist und die schwere Folge noch nicht eingetreten ist, nur noch auf Grund des ggf. vorhandenen Fahrlässigkeitstatbestands bestraft werden.

### *b) Der pragmatische Ansatz der herrschenden Meinung*

Der Bundesgerichtshof[199] und die herrschende Lehre[200] stellen auf die tatsächliche Deliktsbeendigung ab, mithin auf den Zeitpunkt, in dem die auf

---

193 Vgl. BT-Drs. 4/650, 33 mit Begründung ab 259: „Mit dieser Vorschrift schließt sich der Entwurf der Auslegung an, die § 67 Abs. 4 StGB in der Praxis erfahren hat"; vgl. auch *Fischer*, § 78a, Rn. 2.

194 Vgl. BGBl. I 1969, 738.

195 Vgl. die Ausführungen zum EGStGB, BT-Drs. 7/550, 215: „Es handelt sich nur um eine redaktionelle Änderung, durch die § 78a dem allgemeinen Sprachgebrauch [...] angepasst wurde".

196 Vgl. *Kühl*, JZ 1978, 549.

197 Dem im Wesentlichen folgend auch *Rüping*, GA 1985, 438.

198 Vgl. *Rudolphi/Wolter*, in: SK-StGB, § 78a, Rn. 4 und in diesem Sinn auch *Saliger*, in: K/N/P, § 78a, Rn. 8.

199 Seit RGSt 40, 405; BGHSt 24, 220; 27, 342; 28, 379; BGH, NJW 1998, 2373; NStZ 1983, 559; NStZ-RR 2009, 13.

200 Vgl. u. a. *Sternberg-Lieben/Bosch*, in: S/S, § 78a, Rn. 1; *Fischer*, § 78a, Rn. 3; *Nazarian*, 6 f.; *Rüping*, GA 1985, 438.

Tatbegehung gerichtete Tätigkeit ihr „endgültiges Ende gefunden" hat. Nimmt der Täter nach Vollendung des Delikts weitere, auf vorangegangenem Vorsatz beruhende, Handlungen vor so beginnt der Lauf der Verjährungsfrist erst mit deren Abschluss[201]. Für die Absichtsdelikte die Verjährungsfrist bspw. auch mit der Erreichung des erstrebten Ziels zu laufen beginnen[202]. Allgemeiner formuliert: Jegliches Verhalten, welches zur Festigung oder Vertiefung des tatbestandsmäßigen Erfolgs beitragen soll, nicht jedoch die bloße Erlangung der erstrebten, aber außertatbestandlichen Bereicherung[203]. Die Delikte des Betrugs, der Untreue, der Steuerhinterziehung und des Vorenthaltens und Veruntreuens von Arbeitsentgelt zeichnen häufig durch einen zeitlich gestreckten Deliktsverlauf aus. Soll die Verjährung erst mit dem „endgültigen Ende der Rechtsgutsverletzung" beginnen, führt dies regelmäßig zu dem Ergebnis, dass die Tat erst Jahrzehnte nach ihrer Vollendung verjähren würde.

## 4. *Bewertung*

Dem Gesetzgeber ist es nicht gelungen, die bereits bei der Vorgängervorschrift bestehenden Unklarheiten zu beseitigen[204]. Die Überlegung, als Erfolg i. S. d. § 78a S. 2 StGB nur jenen eines erfolgsqualifizierten Tatbestands zu verstehen, kann angesichts des allgemeinen Verständnisses über die Dogmatik der Erfolgsdelikte nicht überzeugen. Die Vertreter bleiben eine Begründung schuldig, aus welchem Grund das spezifische Unrecht der Erfolgsqualifikation keinen bereits zum Tatbestand des qualifizierten Delikts bezogenen Erfolg darstellt und damit nicht Teil der Tat i. S. d. § 11 Abs. 1 Nr. 5 StGB sein kann[205].

Nicht zwingend ist die Schlussfolgerung, welche von Stimmen über die Einführung eines Begriffs aus der Beendigungsdogmatik gezogen wird. Zutreffend wird auf die sprachliche Eigenart des Ausdrucks „Verhalten" hingewiesen[206]: im

201 Vgl. BGHSt 24, 218; 28, 169; BayObLGSt 1995, 139 f.

202 So etwa BGH, NStZ 1984, 409.

203 Vgl. dazu BGH, NStZ 1993, 538 und *Jähnke*, in: LK, § 78a, Rn. 3.

204 Die weiteren Ansätze aus der Literatur zur Auslegung des § 78a StGB wurden bewusst vernachlässigt, da aus diesen keine weiteren Erkenntnisse im Hinblick auf den Untersuchungsgegenstand gezogen werden können.

205 Das OLG Düsseldorf hat in seiner Entscheidung sogar proklamiert, dies wäre unbestritten, vgl. OLG Düsseldorf, NJW 1989, 537. Aber auch die h. L. geht von der Prämisse aus, dass die erfolgsqualifizierten Delikte mit dem Eintritt der schweren Folge beendet sind, vgl. *Sternberg-Lieben/Bosch*, in: S/S, § 78a, Rn. 3; *Lackner*, in: Lackner/Kühl, § 78a, Rn. 4; *Schmid*, in: LK, § 78a, Rn. 16.

206 Vgl. *Schmitz*, 220 und Fn. 146, der im selben Atemzug auch die Überlegungen von *Kiel* zu Recht als nicht ganz widerspruchsfrei deklariert. *Kiel* legt über zahlreiche Seiten die

Zusammenhang mit diesen Begriffen und der Absicht des Gesetzgebers, die bis dato bestehende Formulierung des § 67 Abs. 4 a. F. StGB zu vereinfachen, lässt sich präzise nur formulieren, dass ein Verhalten nur „beendet", aber nicht „vollendet" werden kann. Nicht zu überzeugen vermag die These, wonach ein Abstellen auf das „tatbestandsmäßige Verhalten" die Bedeutung des § 78a StGB wieder auf die frühere Rechtsprechung reduzieren würde[207]. Mit der Einführung hat der Gesetzgeber zweifellos festgelegt, dass der Beginn der Verjährung bei Erfolgsdelikten keinesfalls vor dem Eintritt eines tatbestandlichen Erfolgs eintreten soll[208]. Am praxistauglichsten ist in diesem Kontext die Ansicht des Bundesgerichtshofs, welcher, ohne weitere Zuordnung zu den beiden Sätzen des § 78a StGB, auf die Tatbeendigung abstellt[209].

Obgleich sich Literaturstimmen bemühen, den beiden Sätzen des § 78a StGB eine widerspruchsfreie konsistente Auslegung beizumessen, ist dem Gesetzgeber ein redaktionelles Versehen zu unterstellen[210]. Auf der Basis dieser Entwicklung ist es überzeugend in der Aussage des Satz 1 das Handlungselement und in Satz 2 das Erfolgselement der Tat zu sehen.

## V. Das Nebeneinander des Erfolgs- und Handlungsunrechts für die Verjährung

Untersuchungen, die sich mit einer Korrelation zwischen dem Unrecht und dem Faktor Zeit auseinandersetzen, sind selten zu finden[211]. Für die vorliegende

---

Entwicklungsgeschichte des § 78a StGB samt der Anpassung an den Sprachgebrauch dar, um dann dennoch auf die Beendigung abstellen zu wollen, vgl. *Kiel*, 20 ff. und 31.

207 Vgl. *Schmid*, in: LK, § 78a, Rn. 2 mit dem schwachen Argument, es sei „durchaus sinnvoll", auf die Beendigung der Tat abzustellen.

208 Vgl. §2 IV. 3, S. 59.

209 Vgl. dazu BGHSt 27, 342; 28, 379 mit der Formulierung: „Die Verjährung beginnt, sobald die Tat – die Verwirklichung des Tatbestandes unter Einschluß des tatbestandsmäßigen Erfolges – beendet ist."

210 In diese Richtung argumentieren *Asholt*, 541; *Schmitz*, 219 sowie *v. Stackelberg*: in FS Bockelmann, 765 f. *Dallmeyer* stellt darüber hinaus die These auf, dass sich allein mit dieser Auslegung eine vollständig widerspruchsfreie Lösung begründen lässt, vgl. *Dallmeyer*, ZStW 124 (2012), 712. *Nazarian* kommt im Rahmen einer näheren Auseinandersetzung mit dem Sprachgebrauch zu der Schlussfolgerung, § 78a StGB lasse sowohl eine technische als auch eine untechnische Auslegung im Sinne der „Tatvollendung" zu, vgl. *Nazarian*, 96.

211 Autoren, die sich in ihren Monographien mit der Konzeption zwischen der Verjährung und dem Unrecht als solchem auseinandersetzen, sind *Asholt*, 430 ff.; *Schmitz*, 13 ff. und 243 ff. und *Bloy*, 203, wobei bei letzterem diese Frage nicht den Schwerpunkt

Arbeit ist dieses Verhältnis von Bedeutung, da die Strafverfolgungsverjährung nach § 78a S. 2 StGB spätestens mit dem Eintritt des tatbestandsmäßigen Erfolgs und in den übrigen Fällen mit der „Beendigung" der Tat zu laufen beginnt. Gemeint sind insofern nicht diejenigen Fälle, bei denen die Zurechnung einer Risikohandlung zu einem deutlich später eintretenden Erfolg problematisiert wird[212]. Während einige Straftatbestände[213] explizit auf die Zeit als Entscheidung des Gesetzgebers bei der Strafwürdigkeit eines Verhaltens abstellen, wird dies bei anderen Delikten erst bei näherer Betrachtung erkennbar[214].

### 1. *Die Lehre vom personalen Unrecht*

Die tradierte Doktrin folgte der Überlegung, dass alle inneren Deliktsbestandteile der Schuld, die objektiven Merkmale des Tatbestands hingegen dem Unrecht zuzuordnen sind[215]. Nachdem sich im Hinblick auf die Tatbestände mit überschießender Innentendenz die Überlegung durchgesetzt hat, dass die Rechtswidrigkeit ein objektives Urteil mit umfasst, Gegenstand dieses Urteils aber auch subjektive Elemente darstellen, hat die finale Handlungslehre den Weg zur personalen Unrechtslehre bereitet[216]. Die personale Unrechtslehre geht von einem

---

der Untersuchung ausmacht. *Asholt* postuliert in Einklang mit der hiesigen Auffassung „Die Unterscheidung der Verjährung des Handlungs- und Erfolgsunrechts bietet die Möglichkeit, den Verjährungsbeginn [...] klarer herauszuarbeiten, so *Asholt*, 434.

212 Mit der These, eine zufriedenstellende Bewältigung dieses Problems sei de lege lata nicht zu finden, *Gleß*, GA 2006, 704. Dazu auch unter §2 VII. 2. b) gg), S. 115.

213 So stellen etwa die §§ 109, 109a StGB wörtlich auf die Zeit als Tatbestandsmerkmal ab und eine mittelbare Berücksichtigung findet bspw. die „fortgesetzte Begehung" in § 263 Abs. 3 S. 1 Nr. 1, 2, Abs. 7 StGB und die Untreue in § 266 Abs. 2 StGB.

214 Nach der h. M. wird zur Ermittlung des materiellen Schadens als Grundlage der Strafzumessung zwischen einer Steuerverkürzung auf Dauer und auf Zeit unterschieden, vgl. *Schmitz/Wulf*, in: MK, § 370 AO, Rn. 108 ff.; *Rolletschke*, DStZ 2006, 78 ff. Entscheidend bei dieser Frage ist, für welchen Zeitraum die Steuer dem Fiskus vorenthalten wird und damit die Höhe des entstehenden Schadens, vgl. *Schmitz/Wulf*, in: MK, § 370 AO, Rn. 108. Trotz einer Entscheidung des BGH aus dem Jahr 2008 (vgl. BGHSt 53, 221 ff.) ist in diesem Kontext noch ungeklärt, inwieweit sich der entstandene monetäre Schaden mit dem Umfang des vom Delinquenten verwirklichten Erfolgsunrechts deckt. Vor jenem Urteil sollte das Unrecht der Tat davon abhängen, ob der Anspruch des Fiskus dauerhaft entfällt oder nur für einige Zeit vereitelt wird. Von diesem Dogma hat sich der BGH in der zitierten Entscheidung verabschiedet. Ausführlicher dazu unter §2 VII. 2. b), S. 97.

215 Zu der Entwicklung der Unrechtsdogmatik *Zielinski*, 17 ff. Zur Abgrenzung des Unrechtstatbestands von anderen Tatbestandsbegriffen, vgl. *Kühl*, 46 f.

216 Dazu u. a. *Gallas*, in: FS Bockelmann, 155 ff.; *Kaufmann*, in: FS Welzel, 393 ff.

dualistischen Unrechtsbegriff aus, welcher sich in einen Handlungs- und einen Erfolgsunwert untergliedert[217]. Im Fokus dieser Lehre steht der Handlungsunwert, der als die im Widerspruch zur Rechtsordnung stehende Willensbetätigung aufgefasst wird[218]. Das Erfolgsunrecht korreliert mit der Handlungskomponente insofern, als das Verhalten auf einer Beeinträchtigung des Soziallebens gerichtet sein muss[219]. Trotz kritischer Stimmen ist dem Erfolg eine Unrechtsrelevanz zuzuschreiben[220]. Die Untrennbarkeit des Erfolgs mit gewissen Wertungsentscheidungen des Gesetzgebers zeigt sich insbesondere im Rahmen der unterschiedlich hohen Strafrahmen und der Strafzumessung[221]. Daneben tritt als generalpräventiver Zweck die Überlegung, dass die durch den Erfolgseintritt herbeigeführte Erschütterung des Rechtsfriedens der Gesellschaft das Erfordernis der strafrechtlichen Schutznormen vor Augen führt[222]. Da es nicht überzeugt, die Vorstellung des Täters von dem geplanten Erfolg bei der Gesamtgewichtung des Unrechtsgehalts der Tat zu berücksichtigen[223], wird für die fortlaufende

217 Vgl. BGHSt 20, 266; BGH, NStZ 1986, 162; BGH, NStZ 1987, 405 und aus der Literatur *Eisele*, in: S/S, Vorbem. §§ 13 ff., Rn. 52/53; *Roxin*, AT I, § 10, Rn. 88 und *Schmitz*, 13 f. m. w. N. Die Parallelbegriffe lauten Handlungs- und Erfolgsunrecht.

218 Neben dem prominentesten Beispiel – der Strafbarkeit des Versuchs – zeigt dies auch die Wertung des § 18 StGB, wonach den Täter die Strafschärfung nur dann treffen darf, wenn ihm hinsichtlich des Eintritts der schweren Folge wenigstens ein Fahrlässigkeitsvorwurf angelastet werden kann, vgl. auch *Gleß*, GA 2006, 696. Zu diesem Aspekt ebenso *Wolter*, 46 f. Über die exakte Verknüpfung dieser Pflicht- und Interessenverletzung wird seit geraumer Zeit kontrovers diskutiert. Während zum Teil der Erfolgsunwert als Teil des Handlungsunwertes angesehen wird, stellen andere diese beiden Unrechtselemente auf gleicher Stufe gegenüber, vgl. zu beiden Positionen etwa *Gallas*, in: FS Bockelmann, 155, 161 ff. sowie *Rehr-Zimmermann*, 94 ff.

219 Selbst die Untersuchungen, die sich ausführlich mit dem Stellenwert des Erfolgsunrechts für das Unrecht auseinandergesetzt haben, können als Ergebnis nur festhalten, dass eine Bewertung bzgl. des Unrechts der Tat auch ohne die Berücksichtigung des Erfolgs abgegeben werden kann. In diese Richtung *Krümpelmann*, 82 ff., 91 und *Degener*, ZStW 103 (1991), 357, 364 ff.

220 Dazu *Walter*, in: LK, Vorbem. § 13, Rn. 19.

221 Zu Ersterem *Krümpelmann*, 82 ff. und 87 ff. und zu der Berücksichtigung der beiden Unwertmerkmale, *Schäfer/Sander/van Gemmeren*, 574 ff. m. w. N. aus der Rechtsprechung. Über das im Einzelfall anzuwendende Strafmaß lassen sich auch die Friktionen mit dem Schuldprinzip harmonisieren. *Krauß* hat dies an der personalen Unrechtslehre insofern kritisiert, als der Eintritt des Erfolges in manchen Fällen vom Zufall abhängt und sich damit nicht als Werk des Täters realisiert, vgl. *Krauß*, ZStW 76 (1964), 62 f.

222 Mit diesem Gedankengang schon *Schaffstein*, in: FS Welzel, 561 f. m. w. N.

223 In diese Richtung aber etwa *Horn*, in: SK, § 46, Rn. 47.

Untersuchung neben der Handlung auch der Erfolg als entscheidende Größe für die Bestimmung des Unrechtsgehalts einer Straftat herangezogen. Das Erfolgsunrecht hat keinen Einfluss mehr über die Rechtswidrigkeit der Tat, dennoch lässt der Erfolg Rückschlüsse auf die Höhe verwirklichten Unrechts zu[224].

## 2. *Der Faktor Zeit als unrechtsergänzendes Merkmal*

Die strafrechtliche Bewertung einer Tat unter dem Blickwinkel des Unrechts kann unter zwei Komponenten gefasst werden[225]: ein vom zeitlichen Faktor nicht zu berücksichtigendes Unrechtselement, sowie eine zeitbezogene Unrechtskomponente. Dieser Rückgriff auf eine weitere Unterteilung des Unrechts wird dabei mit dem Begriffspaar vom „quantitativen" und „qualitativen" Unrechtselement vorgenommen[226].

In der vorliegenden Arbeit wurde gezeigt, dass der Ablauf einer bestimmten Zeitspanne zu einem Ausschluss der Strafbarkeit führt[227]. Das Werturteil über einen konkreten vergangenen Vorgang ändert nichts an dem daraus resultierenden Unrechtsgehalt. Die zeitliche Distanz hat keine Auswirkung auf die rechtliche Würdigung des Geschehens. Davon zu trennen ist die Frage, ob diesem Unrecht auch noch Jahre später eine vollstreckbare Strafe folgen muss[228]. Das

---

224 So *Jescheck*, Lb. 1969, 162 f. und *Eisele*, in: S/S, Vorbem. §§ 13 ff., Rn. 58 m. w. N.; a. A. *Horn*, in: SK, § 46, Rn. 47. *Gallas* veranschaulicht die Bedeutung des Erfolgs an den Amtsdelikten. Eine lediglich am Gedanken des Rechtsgüterschutzes orientierte Auslegung wird dem Wesen des Unrechts nicht gerecht. Vielmehr muss auch die subjektive Komponente des Unrechts bei der Erfolgsbestimmung berücksichtigt werden, vgl. *Gallas*, GA 1957, 318. Nichtsdestotrotz wird in den Monographien, die sich ausführlich mit dem Verhältnis von personaler Unrechtslehre und Verjährung auseinandersetzen, der Schwerpunkt auf den Verhaltensunwert gelegt, vgl. *Hsueh*, 67; *Kühl*, 172 f.; *ders.*, JZ 1978, 552 und *Schmitz*, 229.

225 Mit diesem Verständnis *Bloy*, 204.

226 Ebd.

227 Dazu die zusammengefassten Ergebnisse unter §2 III. 2. f) ee), S. 46. Vergleichbar mit den Rechtsfolgen der zivilrechtlichen Verjährung ändert sich durch den bloßen Zeitablauf auch in der strafrechtlichen Verjährung nichts an der Bewertung der Tat als solcher. Die Verjährung des BGB gewährt dem Verpflichteten nur eine Einrede, von der er im Prozess Gebrauch machen muss, vgl. *Peters/Jacoby*, in: Staudinger, Vorbem. §§ 194–225, Rn. 5. Diese Feststellung war bereits im römischen Recht in Gestalt der usucapio zu beobachten welche als eine Vorgängervariante der Ersitzung die erste Form der Rechtsänderung durch Zeitablauf darstellte vgl. *Piekenbrock*, 30.

228 Diese Antwort hängt u. a. davon ab, ob die Voraussetzungen einer Strafbarkeit weggefallen sind bzw. inwieweit eintretende Erfolge noch zu berücksichtigen sind.

Maß des verwirklichten Handlungs- bzw. Erfolgsunrechts hängt bei bestimmten Deliktsgruppen von der zeitlichen Dauer der Rechtsgutsverletzung ab[229].

Auf der Basis einer verjährungsorientierten Interpretation der personalen Unrechtslehre bemisst sich das Gesamtunrecht einer Tat, neben den traditionellen Charakteristika des Handlungs- und Erfolgsunrechts, zusätzlich auch nach einer zeitlichen Komponente. Sind der Handlungs- und Erfolgsunwert nicht mehr in der Öffentlichkeit erkennbar, werden sie von der Vergeschichtlichung als unrechtsbegrenzender Größe verdrängt.

Je nach Deliktsgruppe bzw. Sachverhaltsgestaltung kommt den beiden unrechtsbegründenden Faktoren eine unterschiedliche Akzentuierung zu. Ob es allerdings Voraussetzung für den Beginn der Verjährungsfrist ist, dass sowohl das Handlungs-, als auch das Erfolgsunrecht vollständig nicht mehr vorliegen, ist damit noch nicht entschieden.

## VI. Analyse und Kritik an der aktuellen Beendigungsdoktrin

Ausgehend von den aufgezeigten historischen und teleologischen Überlegungen gilt es im Folgenden, das Verhältnis zwischen der Verfolgungsverjährung und dem allgemeinen Beendigungsbegriff zu klären. Im Anschluss daran wird auf einer zweiten Stufe auf die Auslegung auf Tatbestandsebene zurückzugreifen sein.

### *1. Uneinheitlichkeit der Beendigungsterminologie*

Vertreter der Literatur weisen den Begriffen der Voll- und Beendigung erläuternde Attribute zu[230]. In älteren Schriften findet man zur (vermeintlichen) Präzisierung Zusätze wie „tatsächliche“[231], „faktische“[232] bzw. „sachliche“[233] Beendigung und „rechtliche“[234] bzw. „juristische“[235] Vollendung. Zutreffend wurde in diesem Kontext darauf hingewiesen, dass diese Auswahl nicht zielführend ist[236].

---

229 Vgl. die Ergebnisse von *Schmitz*, 243 ff.

230 Zu diesen Unsicherheiten auch *Kühl*, JuS 2002, 730.

231 Vgl. *König*, 1 ff. und *Przybyla*, Fn. 409 auch mit den lateinischen Übersetzungen: Beendigung als ‚delictum finitum‘ und Vollendung als ‚delictum perfectum‘; *Martin*, NJW 1953, 289.

232 Vgl. *Martin*, NJW 1953, 289.

233 Vgl. den Nachweis bei *Winkler*, 2 Fn. 6.

234 Vgl. *Furtner*, JR 1966, 169 ff.

235 Vgl. *König*, 1 ff.; *Martin*, NJW 1953, 289.

236 Neben *Kühl*, 17 weisen auch *Hruschka*, GA 1968, Fn. 42 und *Przybyla*, 93 darauf hin, dass der Sprachgebrauch dazu verleiten könnte, die Vollendung umschreibe einen

Von „formeller und materieller Vollendung“[237] bzw. „formeller und materieller Beendigung“[238] zu sprechen, ist ebenfalls wenig aussagekräftig. Dieser Ansatz verleitet zu der Annahme, dass es sich jeweils um zwei Unterarten desselben Begriffs handelt[239]. Wenn aus „formeller Vollendung“[240] und „materieller Beendigung“[241] kein über die Definition der beiden Begriffe hinausgehender Rückschluss gezogen werden kann[242], muss diesen Begriffspaarungen auch der zusätzliche Bedeutungsgehalt abgesprochen werden.

Sinnvoller ist dagegen die teilweise vorgenommene Unterscheidung in eine „tatbestandsinterne“ und eine „tatbestandsexterne“ Beendigung[243]. Während eine interne Phase dann vorliegt, wenn das Geschehen nach der Vollendung weiterhin als tatbestandsmäßig angesehen werden kann, soll der externe Zeitrahmen auch Ereignisse umfassen, die außerhalb des Straftatbestandes liegen.

## 2. *Entwicklung des Beendigungsdogmas*

Nach aktuellem Kenntnisstand hat *Hälschner*[244] als erster den Terminus in die Strafrechtswissenschaft eingeführt und diesen Begriff zunächst geprägt[245]. Die Erkenntnis, dass bei Dauerdelikten und fortgesetzten Straftaten das jeweilige Delikt über die Vollendung hinaus auszudehnen ist, wurde später auf jene Tatbestände erweitert, die eine Absichtskomponente aufweisen oder als Erfolg nicht die endgültige Rechtsgutsverletzung voraussetzen[246].

---

juristischen Terminus, während die Beendigung hingegen nur einen tatsächlichen Zustand beschreibt.

237 So aber *Jescheck*, Lb. 1969, 342 und *Welzel*, 112 und 188.

238 Vgl. *Furtner*, JR 1966, Fn. 1 und 2.

239 In diesem Sinne auch *Winkler*, 2 der i. E. ebenfalls lediglich die Begriffe Vollendung und Beendigung ohne weitere Zusätze verwendet.

240 Vgl. insoweit *Dallmeyer*, ZStW 124 (2012), 713 und *Kühl*, 18.

241 Vgl. *Dallmeyer*, ZStW 124 (2012), 713; *Kühl*, 18; *Stratenwerth*, JZ 1961, 95 ff.

242 Dazu unter §1 I, S. 1.

243 Mit dieser Unterscheidung *Mitsch*, Jura 2009, 535 f.

244 Ursprünglich hatte dieser nur die Absicht, eine Beschreibung für die erstmalige und letztmalige Vollendung eines Dauerdelikts oder einer fortgesetzten Tat zu finden, vgl. *Hälschner*, GA 1860, 449 ff. Der Begriff findet sich auch in Art. 111 des sächsischen StGB, allerdings nur dem allgemeinen Sprachgebrauch Rechnung tragend, siehe §2 IV. 1, S. 51.

245 Vgl. nur *Bitzilekis*, ZStW 99 (1987), 724, *Przybyla*, Fn. 397, *Schmitz*, 191. Nicht ganz präzise daher *Kiel*, 42, der auf einen Auszug von *Beling* verweist, vgl. *Beling*, 247.

246 Mit weiteren Nachweisen dazu *Nazarian*, 94 und *Schmitz*, 191 sowie *Mezger*, JW 1938, 494 f., dieser auch m. w. N. aus der Rspr. *Nazarian* geht zudem davon aus, dass mit

Während die ursprüngliche Deutung des Begriffs das bloße tatbestandsmäßige Verhalten erfasste, taucht die Rechtsfigur der Beendigung mittlerweile in zahlreichen Erscheinungsformen auf[247]: So wird die Möglichkeit der Tatbeteiligung während der Beendigungsphase vielfach bejaht. Unterschiedlich beurteilt wird dagegen, ob die Verwirklichung qualifizierender Umstände bis zur Tatbeendigung noch möglich ist. Bei der Feststellung der Gegenwärtigkeit des Angriffs in den §§ 32 ff. StGB wird ebenfalls auf den Beendigungsbegriff zurückgegriffen. Ferner findet diese Ausdehnung der Deliktsphase im Rahmen der Konkurrenzproblematik und insbesondere im Kontext der Strafverfolgungsverjährung Beachtung.

### 3. *Tatbestandlicher (normativer) oder materieller (faktischer) Beendigungsbegriff*

Mit Blick auf die zahlreichen Konstellationen, in denen der Beendigung eine entscheidende Bedeutung beigemessen wird, ist es nicht verwunderlich, dass neben der begrifflichen Harmonisierung dieser Thematik[248] auch über den Bedeutungsgehalt des Ausdrucks „Beendigung" weiterhin Streit besteht[249]. Im Kern stellt sich die Frage, ob und inwieweit eine Loslösung des Beendigungsbegriffs vom Tatbestand geboten ist.

#### *a) Uneinheitlichkeit der Rechtsprechung*

Schon die Rechtsprechung ist bei der Anwendung des Beendigungsbegriffs nicht einheitlich. In einigen Entscheidungen wird eine faktische Betrachtungsweise

---

der Entscheidung des Großen Strafsenats zur Aufgabe der Figur des fortgesetzten Delikts dem Beendigungsbegriff die „schöpferische Grundlage" genommen wurde, vgl. *Nazarin*, 95.

247 Vgl. auch *Kühl*, 18 f., *Bitzilekis*, ZStW 99 (1987), 724 und *Nazarian*, 93, m. w. Bsp.

248 Während z. T. auf das Begriffspaar eines tatbestandsbezogenen bzw. materiellen Beendigungsbegriffs zurückgegriffen wird, sprechen andere von einer faktischen bzw. normativen Betrachtung der Tatbestände, vgl. *Saliger*, in: K/N/P, § 78, Rn. 6 f. einerseits und *Hillenkamp*, in: LK, Vorbem. § 22, Rn. 20 ff. andererseits. Auch der BGH greift z. T. auf den Begriff des materiellen Beendigungsbegriffs zurück, vgl. BGH, NJW 2008, 3077.

249 Daher kann insoweit *Dallmeyer* nicht vollumfänglich zugestimmt werden, wenn dieser von einem „etablierten Beendigungsbegriff" spricht, *Dallmeyer*, ZStW 124 (2012), 713. Als gesichert kann man den Beendigungsbegriff vor diesem Hintergrund nicht unbedingt betrachten. Kritisch zum derzeitigen Beendigungsbegriff *Cordes/Sartorius*, NJW 2013, 2635 f.

zugrunde gelegt: Der Betrug wird dann als beendet angesehen, „wenn der Täter den Vorteil erlangt“[250] oder bei sukzessiver Schadensentwicklung das letzte schädigende Ereignis eingetreten ist[251]. Das unerlaubte Entfernen vom Unfallort ist beendet, sobald der Täter „das Ziel seiner Fahrt erreicht oder sich doch vom Unfallort genügend weit abgesetzt und sich dadurch in Sicherheit gebracht hatte“[252]. Werden die Delikte der Bestechung und Bestechlichkeit dergestalt begangen, dass der Bestechende zunächst den Vorteil gewährt und der Amtsträger im Anschluss daran die pflichtwidrige Diensthandlung vornimmt, so beginnt nach einem aktuellen Urteil des BGH die Strafverfolgung beider Straftaten erst mit der Vornahme der Diensthandlung[253]. Die Beendigung soll bei Delikten, denen eine Trennung zwischen Vollendung und Beendigung immanent ist, eintreten, „wenn das Tatgeschehen über die eigentliche Tatbestandserfüllung hinaus seinen tatsächlichen Abschluss gefunden hat“[254].

Andere Urteile deuten hingegen auf eine normative Auslegung des Beendigungsbegriffs hin: Um von einer Beendigung eines Delikts sprechen zu können, sind nach entsprechenden Entscheidungen solche Verhaltensweisen erforderlich, „in denen noch das Tatunrecht tatsächlichen Ausdruck findet, die sich der Sache nach noch als Bestandteil des Unrechts darstellen können“[255] bzw. „der Angriff auf das betroffene Rechtsgut [...] seinen unabänderlichen Abschluß

---

250 So etwa OLG Stuttgart, NJW 1974, 914.

251 In diesem Sinne BGHSt 27, 343; 46, 159.

252 Mit dieser Feststellung BayObLG, NJW 1980, 412.

253 Dem Urteil lag folgender Sachverhalt zugrunde: Der Amtsträger hatte in den Jahren 1994/95 Bestechungsgelder angenommen, um dem Begünstigten verwaltungsrechtliche Entscheidungen in Gestalt einer Baugenehmigung zu erteilen. Tatsächlich erteilt wurde die Baugenehmigung allerdings erst im Mai 1999. Nachdem das LG das Verfahren eingestellt hatte, weil nach dessen Rechtsauffassung die Verjährung 1995 zu laufen begonnen hatte und die Tat demzufolge 2005 verjährt war, hat der BGH auf die Vornahme der letzten rechtswidrigen Diensthandlung abgestellt, sodass die Verjährung erst im Jahr 1999 zu laufen begonnen hatte, vgl. BGH, NStZ 2008, 567. Mit Recht kritisch *Dann*, NJW 2008, 3076 ff. und *Mitsch*, Jura 2009, 534 ff. Ausführlich zu der Verjährung der Bestechungsdelikte §3 VI., S. 195.

254 Vgl. BayObLG, NJW 1980, 412.

255 So wurden für eine Beendigung der Verletzung von Privatgeheimnissen nach § 203 StGB Verhaltensweisen als ausreichend erachtet, die zu einer Offenbarung des Geheimnisses führen können. Entgegen der Vorinstanz war es für die Beendigung der Qualifikation des Abs. 5 nicht mehr erforderlich, dass der Täter die erstrebte Zuwendung auch noch empfangen muss, vgl. BGH, NStZ 1993, 538 und die Vorinstanz LG München I, 3.11.1992, Az.: 345 Js 22007/91.

gefunden hat"[256]. Ob diese unterschiedlichen Auslegungen von der Rechtsprechung erkannt werden, wird zu Recht in Zweifel gezogen[257].

### *b) Meinungsspektrum der Strafrechtsliteratur*

In der Literatur finden sich ebenfalls Vertreter, die eine normative Verortung des Beendigungsbegriffs vorschlagen. Auseinander gehen die Meinungen innerhalb dieses Ansatzes darüber, wie diese Verortung erfolgen kann. Anlässlich der tatbestandlichen Auslegung wollen einige Autoren für die Bestimmung des Beendigungszeitpunktes auf einen Maßstab zurückgreifen, der sich noch durch den Wortlaut des jeweiligen Tatbestandes begrenzen lässt. Den rechtsstaatlichen Anforderungen des Art. 103 Abs. 2 GG trägt es umso mehr Rechnung, je enger die Einbindung im Tatbestand verankert sei[258].

Dieser „Einbindung" in den Tatbestand kann ein Ansatz gegenübergestellt werden, der eine sog. „Anbindung" in dem Sinne favorisiert, dass der Beendigungslehre „keine starre, übersteigerte Bindung an den Gesetzeswortlaut"[259] auferlegt werden soll[260]. Es reicht aus, wenn der nachtatbestandliche Zeitraum „durch den ihm [gemeint ist der Tatbestand – Anmerkung des Verfassers] innewohnenden Verbotssinn materiell erfaßt" wird[261].

Diesen Überlegungen steht wie in der Rechtsprechung auch ein faktisch geprägter Ansatz entgegen. Die Vertreter schließen sich z. T. wortwörtlich der Rechtsprechung an bzw. ähneln dieser zumindest sehr stark[262].

---

256 Die Beendigung eines Raubs tritt nach dieser Entscheidung nicht immer erst in dem Zeitpunkt ein, in dem der Täter seine Herrschaft über die Beute endgültig gesichert hat. Wenn der Angriff auf das entsprechende Rechtsgut schon vorher seinen unabänderlichen Abschluss gefunden hat, ist bereits damit die Tat beendet, vgl. BGH, NJW 1985, 814. Ähnlich auch LG Wiesbaden, NJW 2002, 512 für den Tatbestand der Untreue: „Beendet ist eine Tat, wenn die von dem jeweiligen Straftatbestand bekämpften Rechtsgutsverletzungen in dem von den Tätern angestrebten Umfang eingetreten sind.".

257 In diesem Sinne auch, *Hillenkamp*, in: LK, Vorbem. § 22, Rn. 21.

258 Dieser Strömung lassen sich u. a. *Dallmeyer*, ZStW 124 (2012), 716; *Kühl*, AT, § 14, Rn. 27; *ders.*, JuS 2002, 731 f.; *Küper*, JZ 1981, 251 f.; *ders.*, JuS 1986, 869 und *Roxin*, AT II, § 26, Rn. 262 zuordnen. Ausdrücklich abl. jedoch BGHSt 52, 303.

259 So wörtlich *Wessels/Beulke*, Rn. 592.

260 Mit dem treffenden Begriffspaar der An- und Einbindung *Hillenkamp*, in: LK, Vorbem. § 22, Rn. 22 f.

261 So ausdrücklich *Jescheck*, in: FS für Welzel, 691.

262 In der Kommentarliteratur findet man den Hinweis, die materielle Beendigung tritt dann ein, „wenn das Tatgeschehen über die eigentliche Tatbestandserfüllung hinaus

### *c) Schlussfolgerung für die vorliegende Untersuchung*

Vermehrt findet sich die Schlussfolgerung, eine aussagekräftige These bzw. ein Konsens über die Fassung des Beendigungsbegriffs könne nicht gefällt werden. Sei es die Erkenntnis, dass zumindest das Problem sprachlich erfasst[263] oder dass über die endgültige Subsumtion wieder diskutiert werden kann[264].

Inkonsequent sind Vertreter einer faktischen Auslegung des Beendigungsbegriffs, wenn einerseits zugegeben wird, dass das materielle Unrecht zumeist im Tatbestand des jeweiligen Delikts abschließend vom Gesetzgeber festgeschrieben ist, sich andererseits das Tatunrecht aber nicht zwingend in der normativen Fixierung niederschlagen soll[265]. Diese Distanzierung vom gesetzlichen Tatbestand rechtfertigen die Befürworter mit dem Argument, das materielle Unrecht der Tat vertiefe sich insofern, als die Beeinträchtigung des Rechtsguts zusätzlich perpetuiert bzw. intensiviert werde[266]. Diesem Ansatz der herrschenden Meinung ist zu widersprechen[267]. Nach der oben erwähnten Lehre vom personalen Unrecht besteht das Unrecht neben der Erfolgs- auch aus einer Handlungskomponente[268].

---

seinen tatsächlichen Abschluss gefunden hat, insb. etwaige mit der Tat verknüpfte Absichten zur Realisierung gekommen sind", vgl. *Eser/Bosch*, in: S/S, Vorbem. § 22, Rn. 4 und *Sternberg-Lieben/Bosch*, in: S/S, § 78a, Rn. 1 m. w. N. Mit ähnlicher Formulierung auch *Rudolphi*, in: SK-StGB, Vorbem. § 22, Rn. 7 auch m. w. N. Etwas zu undifferenziert ist das Beispiel von *Rudolphi*, der den Unterschied zwischen den § 331 ff. StGB und den §§ 203 und 271 StGB und die relevante Frage nach dem Auseinanderfallen von Vollendung und Beendigung damit begründet, dass die Vorteilsgewährung bzw. Vorteilsannahme im Rahmen der Straftaten im Amt noch tatbestandliches Unrecht verwirklichen, vgl. *Rudolphi/Wolter*, in: SK-StGB, § 78a, Rn. 3a. Jedenfalls im Zusammenhang mit der Qualifikation des Abs. 5 ist auch die monetäre Bereicherung des Täters Tatbestandsmerkmal. Die Besonderheit ist hier allerdings, dass die erstrebte Bereicherung nach h. M. nicht rechtswidrig sein muss und damit auch nicht tatbestandsmäßig ist, vgl. dazu BGH, NStZ 1993, 539; *Sternberg-Lieben/Bosch*, in: S/S, § 78a, Rn. 2.

263 So *Dallmeyer*, ZStW 124 (2012), 716.

264 In diesem Sinn *Hillenkamp*, in: LK, Vorbem. § 22, Rn. 23.

265 So aber *Saliger* mit dem wenig überzeugenden Verweis auf das vermeintlich unbefriedigende Ergebnis, dem Täter Straffreiheit in Aussicht zu stellen, bevor dessen strafbares Verhalten auch insgesamt seinen Abschluss gefunden hat, vgl. *Saliger*, in: K/N/P, § 78a, Rn. 7.

266 Vgl. BGH, NJW 2008, 3077; *Hau*, 31 f.; *Jescheck*, in: FS Welzel, 685 ff.; *Saliger*, in: K/N/P, § 78a, Rn. 6.

267 Im Ergebnis auch *Asholt*, 549.

268 Dazu die Ausführungen unter §2 V. 1, S. 64.

Insbesondere die mehrheitliche Betonung des Handlungsunwertes kann mit der Bestimmung des Beendigungsbegriffs durch die herrschende Meinung nicht in Einklang gebracht werden[269]. Deren Fokussierung auf das geschützte Rechtsgut resultiert demnach in einer Verschiebung der Interpretation des Unrechtsinhalts schwerpunktmäßig auf die Erfolgskomponente.

### 4. *Die ursprüngliche Bestimmung des Beendigungszeitpunkts anhand ausgewählter Formulierungsversuche*

Im Folgenden werden die Bemühungen skizziert einen allgemeinen Beendigungsbegriff zu formulieren. Soweit dabei auf Aspekte der Strafverfolgungsverjährung Bezug genommen werden kann, sind die Ergebnisse auch daran zu untersuchen.

#### *a) Die rechtsunsichere Lehre von der „natürlichen Anschauung"*

Im Rahmen der Delikte, bei denen der Gesetzgeber für die Bejahung der Strafbarkeit auf eine Vorstufe des vollständigen Verbrechens abgestellt hat, ist ein Beendigungszeitraum „nach der natürlichen Auffassung des Lebens"[270] zu bestimmen. Auf der Grundlage einer unvoreingenommenen Betrachtung durch einen juristischen Laien soll damit die Zäsur durch das Vorliegen der relevanten Tatbestandsmerkmale unberücksichtigt bleiben und eine Aussage über den tatsächlichen Abschluss des Geschehens geliefert werden[271].

Mehrfach wurde anhand von gerichtlichen Entscheidungen belegt, wie rechtsunsicher und willkürlich mit diesem Kriterium umgegangen wurde[272]. Zwar ist dem Rechtsanwender ein praktikables Instrumentarium an die Hand gegeben, da es insbesondere als „weitestes Abgrenzungskriterium" anzusehen ist[273]. In Bezug auf die Merkmale des Erfolgs- und Handlungsunwertes enthält

269 Vgl. die Nachweise bei Fn. 224, S. 66.

270 So wörtlich u. a. BGH, NJW 1964, 1810; BGH GA 1969, 348. Mit ähnlichem Ansatz auch *König*, 6, welcher auf den „konkreten Lebensvorgang" rekurriert, aber ohne eine konkrete Aussage über Grenzen und Inhalt dieser Gegenüberstellung von Tatbestand und Lebensvorgang zu machen.

271 Mit dieser Überlegung *Binding*, Hb. I, 582 und Fn. 36 auf 583.

272 *Honig* kritisiert das Kriterium der „natürlichen Anschauung" anhand der Konkurrenzen als untauglich, da „grundsätzlich gleichliegende Fälle nicht in gleicher Weise entschieden werden", *Honig*, 57. *Kühl* legt anhand von BGH-Entscheidungen zu gewissen Diebstahlkonstellationen dar, wie beliebig dieses Orientierungsmittel verwendet wurde, *Kühl*, 26 f.

273 Mit diesem Ergebnis auch *Winkler*, 26.

die allgemeine Formel der natürlichen Anschauung jedoch keinen Hinweis, sodass dieser Lehre für die vorliegende Untersuchung keine Relevanz beigemessen werden kann.

### *b) Die Weite des Kriteriums von der endgültigen Rechtsgutsverletzung*

Ein taugliches Kriterium die natürliche Anschauung einzugrenzen, kann in der Lehre der endgültigen Rechtsgutsverletzung gesehen werden. Diese Auslegung setzt bei der Fixierung des Beendigungszeitpunkts den Schwerpunkt auf die objektive Rechtsgutsverletzung. Zusammengefasst lässt sich diese Auffassung[274] wie folgt konkretisieren: Soweit in Konstellationen, in denen sich der rechtsgutsbezogene Erfolgsunwert erst im Anschluss an die Vollendung vollständig realisiert, das materielle Unrecht[275] der Tat den Zeitpunkt der Vollendung überdauert, ist für die Beendigung auf die endgültige Rechtsgutsverletzung abzustellen. Vorausgesetzt wird dabei, dass dieser Erfolg vom jeweilig geschützten Rechtsgut erfasst wird[276] und von einem entsprechenden „Verletzungswillen" getragen wird[277].

Mit dieser subjektiven Einschränkung folgt gegenüber dem Merkmal der „natürlichen Anschauung" ein deutlich erhöhtes Maß an Rechtssicherheit. Die nach außen in Erscheinung tretende Beeinträchtigung der geschützten Rechtsgüter kann anhand objektiver Umstände erfasst werden[278]. Dadurch wird eine tragfähige Begründung zum einen für diejenigen Delikte gefunden, bei welchen sich die Strafbarkeit des Täters bereits aus einer Teilverwirklichung der gesamten

---

274 Bspw. *Winkler*, 20: „Die weitergehende Rechtsgutsverletzung (d. h. die über die Vollendung hinausgehende) kann den Beendigungsraum (d. h. die Zeit zwischen Vollendung und Beendigung) markieren, der Abschluß der Rechtsgutsverletzung die Beendigung selbst fixieren.". Auch *Schmidhäuser*, Lb. AT, 471: „Materiell beendet ist es [gemeint ist das Delikt – Anmerkung durch den Verfasser] aber erst dann, wenn der Täter sein weiterreichendes rechtsgutsverletzendes Ziel erreicht hat und wenn der volle Unrechtsgehalt verwirklicht ist, der den Hintergrund für jedes rechtsgutsverletzende Verhalten abgibt." Dazu auch *Hau*, 32, m. w. N.

275 Zum Unrechtsbegriff und zum Begriff des Rechtsguts, *Mezger*, 197 ff. *Kühl* hat in seiner Monographie auch den augenscheinlich bestehenden Unterschied zwischen der h. M. und *Jescheck*, Lb. 1969, 342 aufgelöst, der sich wesentlich um die Geschichte des Begriffs vom Rechtsgut gedreht hat, *Kühl*, 28 f.

276 In diesem Sinn *Stratenwerth*, JZ 1961, 95 ff. m. w. N.

277 So wörtlich, *Winkler*, 28. *Stratenwerth* nennt diese zusätzliche Voraussetzung unter Verweis auf die Rechtsprechung auch das „konkrete Vorhaben des Täters", *Stratenwerth*, JZ 1961, 95.

278 So *Kühl*, 32.

Rechtsgutsverletzung ergibt[279], zum anderen aber auch für Dauerdelikte und solche Deliktsbegehungen, die sich durch eine willentliche Fortführung des rechtswidrigen Zustandes auszeichnen[280].

Zwar ist das Kriterium der endgültigen Rechtsgutsverletzung noch rechtssicherer als das der „natürlichen Anschauung", so gelangt dieser Konkretisierungsversuch einer Beendigungsphase doch an seine Grenzen, wenn der Beendigungszeitpunkt von Absichtsdelikten zu bestimmen ist[281]. Unter verjährungsrechtlichen Gesichtspunkten ist dieser Gedanke aus einem weiteren Grund abzulehnen. Die Ermittlung des Beendigungszeitpunktes über eine endgültige Rechtsgutsverletzung vermittelt in unzulässiger Weise den Vorrang des Rechtsgüterschutzes, im Ergebnis des Erfolgsunwerts[282]. Will man der Gefahr vorbeugen, handlungsgeprägte Delikte über die Konstruktion einer Beendigungsphase in reine Erfolgsdelikte zu wandeln, so muss bei der Konkretisierung dieser Nachzone der Handlungsunwert mit einbezogen werden. Die Anhänger dieser Methode verkennen daher, dass nicht jedes rechtsgutsverletzende Verhalten auch strafrechtlich vertyptes Unrecht darstellt[283].

---

279 Vgl. *Schmidhäuser*, Lb. AT, 471.

280 Vgl. *Kiel*, 60.

281 Der Vorzug der Lehre von der endgültigen Rechtsgutsverletzung hat sich in der Praxis als gering erwiesen. *Kühl* hat anhand einiger ausgewählter Beispiele dargelegt, dass in den meisten Fällen die Kriterien der natürlichen Anschauung und der endgültigen Rechtsverletzung zu identischen Ergebnissen gelangen. Auch nach einer alltäglichen Betrachtung liegt das Ende des strafrechtlichen Geschehens regelmäßig in der endgültigen Beeinträchtigung des Rechtsguts, vgl. *Kühl*, 31 f.

282 Für die Beendigung des Diebstahls über die Vollendung hinaus wird von der Rspr. und der h. L. meist auf die Sicherung der Beute abgestellt, vgl. nur BGHSt, 4, 133; 20, 196; BGH, VRS 13, 350; *Kindhäuser*, in: K/N/P, § 242, Rn. 127. Ob diese Verlagerung des Schwerpunkts auf die Rechtsguts- bzw. Erfolgskomponente auch von diesen Vertretern erkannt wird, mag bezweifelt werden. Man müsste daher folgerichtig auch hier die Frage stellen, ob unter Beachtung der deliktsspezifischen Handlungsmodalitäten das Delikt als solches auch noch weiter verwirklicht wird, vgl. in eine ähnliche Richtung *Kühl*, 59.

283 Auf den ersten Blick ist *Winkler* insoweit noch zuzustimmen, als dieser für das „Wie" der Tatbestandsverwirklichung auf „die tatbestandliche Umschreibung" abstellt, vgl. *Winkler*, 37. Wenn selbiger im gleichem Abschnitt jedoch wiederum dem „Wertverletzungstypus" den Vorrang vor dem „Verhaltenstypus" einräumt, so scheint bei ihm für die Bestimmung der Beendigungsphase der Erfolgsunwert eine hervorgehobene Stellung einzunehmen, vgl. *Winkler*, 38.

### c) Die Beliebigkeit der Lehre von der Absichtsverwirklichung

Eine Beendigungsphase kann die Lehre von der Absichtsverwirklichung nur für solche Delikte bilden, deren endgültige Erfüllung nicht mehr von einer Verwirklichung der erforderlichen Absicht abhängt[284]. Diese Delikte sind vollendet, wenn die tatbestandlich erforderliche Absicht bejaht werden kann, ohne dass die Absicht noch verwirklicht werden muss.

Die Monographien[285] differenzieren zu Recht zwischen solchen Absichtsdelikten, die auf eine Perpetuierung des vom Tatbestand mitgeschützten Rechtsguts abzielen[286] und denjenigen, bei denen die Verwirklichung der Absicht keinen konkreten Bezug zum gesamten Unrechtstatbestand aufweist[287]. Während für die Delikte der ersten Differenzierungsgruppe gegenüber der Auslegung über das Kriterium der endgültigen Rechtsgutsverletzung keine neuen Erkenntnisse hervorgebracht werden können[288], mangelt es im Hinblick auf die übrigen Absichtsdelikte an einer am Gesetz orientierten Begrenzungsmöglichkeit[289]. Ebenso wie bei der Lehre von der endgültigen Rechtsgutsverletzung erfolgt eine Korrektur über den Verletzungswillen[290]. Für die Frage, welche Geschehnisse mit in die Beendigungsphase mit einzubeziehen sind, ist auf den Tatbestand zurückzugreifen. Bezieht sich die Absicht nicht auf das tatbestandlich geschützte Rechtsgut, so ist diese Lehre gleichermaßen wie die Lehre der natürlichen Anschauung dem Vorwurf der Beliebigkeit ausgesetzt[291].

284 So *Welzel*, der sich am intensivsten für diese Theorie eingesetzt hat, *Welzel*, 188. Das Kriterium hatte auch Einzug in die Lehrbücher gefunden, vgl. *Jescheck*, Lb. 1969, 342.

285 Vgl. dazu *Hau*, 29 ff.; *Kühl*, 32 ff.; *Przybyla*, 109 ff. und ähnlich auch *Welzel*, 22.

286 Darunter fallen etwa Delikte wie §§ 242, 267 StGB. Nimmt wie bei § 211 Abs. 2 Gr. 3 Alt. 2 StGB die Absicht Bezug auf ein davon abweichendes Rechtsgut, so erfährt durch dessen Verwirklichung die am Eingangsdelikt vollendete Rechtsgutsverletzung keine Steigerung. Der Mord ist in diesem Kontext bereits mit dem Tod des Opfers voll- und auch beendet und nicht erst mit der Begehung der zusätzlichen Straftat, vgl. *Hau*, 30.

287 Unter diese Gruppe lassen sich bspw. die §§ 253, 263 StGB einordnen, vgl. für den Betrug *Oehler*, 131 ff.

288 *Kühl* legt sowohl für den Deliktstatbestand des Diebstahls, als auch für die Urkundenfälschung dar, dass in beiden Fällen die Innentendenz mit der definitiven Schädigung des Rechtsguts Hand in Hand geht, vgl. *Kühl*, 33 f. mit Verweis auf *Winkler*, 92.

289 Vgl. etwa *Furtner*, JR 1966, 170. Kritisch auch *Stratenwerth*, JZ 1961, 96 f.

290 Dazu *Winkler*, 24 f.

291 Mit ähnlicher Begründung jeweils *Hau*, 31; *Kühl*, 35 und *Winkler*, 27.

### d) *Beendigung als Absichtsverwirklichung im Rahmen der Rechtsgutsverletzung*

Ein Ansatz bestand darin, die Lehre von der verbrecherischen Absicht und der endgültigen Rechtsverletzung zu verknüpfen[292]. Die objektive Rechtsgutsbeeinträchtigung und der Verletzungswille stehen in einem derartigen Abhängigkeitsverhältnis, dass von einer Fortführung des Delikts nur so lange gesprochen werden kann, wie beide Faktoren gleichzeitig vorliegen. Die Notwendigkeit dieser Lehre ist aber insofern überflüssig, als auch die Lehre von der Absichtsverwirklichung den Täterplan für die Ausdehnung der Beendigungsphase verlangt.

Der Ansatz subjektive und objektive Elemente, wie bei der Abgrenzung zwischen Vorbereitungshandlung und Versuch zu kombinieren, ist nicht „mutatis mutandis auf die Endstufen des Verbrechens“ übertragbar[293]. Während die Frage nach dem Versuchsbereich allein von der Tatbestandshandlung abhängt, ist für die Konkretisierung einer Beendigung im Wesentlichen auf die Deliktsstruktur in ihrer Gesamtheit abzustellen[294]. Auch kann diese Kombination einer Absichtsverwirklichung mit der endgültigen Rechtsgutsverletzung nicht diejenigen Sachverhalte der Absichtsdelikte erfassen, in denen die tatbestandlich geforderte Absicht nicht darauf abzielt, die Rechtsgutsverletzung fortzuführen, sondern wie in §§ 253 und 263 StGB auf ein anderes Ziel gerichtet ist. Liegt die Rechtsgutsverletzung nicht mehr vor, ist die Straftat trotz vorliegender Absicht beendet[295].

### e) *Bewertung*

Weder Rechtsprechung noch Schrifttum ist es gelungen, einen belastbaren Beendigungsbegriff zu formulieren[296]. Eine am natürlichen Lebensbereich orientierte Betrachtung findet in der Praxis auf Zustimmung, da sie Raum für Argumentation im Einzelfall bietet. Allerdings ist diese Lehre zu weit und zu rechtsunsicher. Mit der Theorie der endgültigen Rechtsgutsbeeinträchtigung wurde ein objektiv

292 Sinngemäß *Stratenwerth*, AT, 189; *Stratenwerth*, JZ 1961 97 sowie *Winkler*, 27.

293 So aber wörtlich *Winkler*, 28.

294 Vgl. *Hau*, 34, der das Problem der Beendigung als „viel komplexer und vielschichtiger“ betrachtet haben möchte, als die Frage nach dem Versuchsbereich.

295 Vgl. Hau, 34 f.

296 Demzufolge kann der Aussage *Kiels* nicht gefolgt werden, wonach mit den soeben angesprochenen Beurteilungskriterien die „überwiegende Zahl von Straftaten“ bei einer in Frage stehenden nachtatbestandlichen Unrechtsphase überzeugend gelöst werden könnten, vgl. *Kiel*, 62.

eindeutiges Überprüfungskriterium gefunden. Die Lehre von der Absichtsverwirklichung steht im Widerspruch zum tatbestandlichen Beendigungsbegriff. Bei Delikten wie § 263 und § 267 StGB erfüllt die Realisierung der Absicht keine Strafbarkeitsvoraussetzung mehr und weist demzufolge auch keine „objektiv-tatbestandsmäßige Qualität" auf[297]. Das Strafbedürfnis der Gemeinschaft manifestiert sich unabhängig davon, ob die Absicht später noch verwirklicht wird oder nicht[298].

Die untersuchten Lehren zeigen, dass sich vergangene Überlegungen nicht merklich von den aktuellen Umschreibungen eines Beendigungszeitraumes unterscheiden. So ähnelt die Lehre der natürlichen Anschauung im Wesentlichen dem heutigen Verständnis des faktischen Beendigungsbegriffs. Gleiches gilt für die Theorie der endgültigen Rechtsgutsverletzung, wenn bei sukzessiver Schadensentwicklung für den Beendigungsbeginn auf den Eintritt des letzten Ereignisses abgestellt wird[299]. Ebenso könnte man den Ursprung der Rechtsgutsverletzungstheorie in der konsequenten Erfolgstheorie sehen, welche sich zu der Auslegung des § 67 Abs. 4 StGB a. F. etabliert hatte[300].

### 5. *Die systematische Strukturierung der Beendigungsdoktrin*

Ähnlich schwierig wie die Formulierung eines allgemeinen Beendigungsbegriffs ist die Frage nach der Reichweite der Beendigungslehre.

#### *a) Die Gruppeneinteilung von Jescheck*

Um auf die Problematik einer der Vollendung nachfolgenden Beendigungsphase hinzuweisen, wird in der Literatur häufig auf die Einteilung von *Jescheck* zurückgegriffen[301]. Dieser konkretisiert die Beendigung, indem er vier

---

297 In diesem Sinn u.a. *Mitsch*, in: MK, § 78a StGB, Rn. 5 m. w. N. Streckt sich die Vermögenseinbuße nicht über einen längeren Zeitraum, kann der Überlegung der fehlenden Korrelation zwischen Absichtsverwirklichung und Rechtsgutsverletzung zugestimmt werden. Setzt sich das konkrete Geschehen aber aus mehreren Handlungen und Erfolgen zusammen, bedarf dieses Verhältnis einer näheren Untersuchung. Etwas zu undifferenziert deshalb *Oehler*, 131, mit Verweis auf *Zimmerl*, 40.

298 Mit ähnlicher Überlegung auch *Nazarian*, 123 und *Schmitz*, 224.

299 OLG Frankfurt/Main, NJW 2004, 2031 und *Saliger*, in: K/N/P, § 78a, Rn. 13 jeweils m. w. N.

300 Dazu unter §2 IV. 2. d), S. 56.

301 Dabei versteht *Jescheck* unter dem Begriff der Vollendung gleichfalls die Erfüllung jeglicher Tatbestandsmerkmale des entsprechenden Delikts, vgl. *Jescheck*, in: FS Welzel, 685.

Fallgruppen[302] bildet. Zwei der Gruppen berücksichtigen die besondere Deliktsstruktur, die beiden anderen Kategorien die Art und Weise der Begehung.

### *aa) 1. Gruppe*

Eine erste Untergruppe kann für die Absichts-[303], die konkreten und abstrakten Gefährdungs-[304] sowie die echten und unechten Unternehmensdelikte[305] gebildet werden. Um den Rechtsgüterschutz vorzuverlagern, hat der Gesetzgeber bei diesen Straftatbeständen die Vollendungsvoraussetzungen dem eigentlichen Abschluss des Gesamtgeschehens vorangestellt.

Hierbei wird die Abhängigkeit der Beendigungsphase von der Anwendung eines faktischen oder normativen Beendigungsbegriffs deutlich. Als instruktives Beispiel[306] ist auf Delikte zurückzugreifen, bei denen eine entsprechende Bereicherungsabsicht zur Verwirklichung des Qualifikationstatbestands führt. Dies sind u. a. die mittelbare Falschbeurkundung gem. § 271 Abs. 1, 3 StGB oder die Verletzung von Privatgeheimnissen gem. § 203 Abs. 1, 5 StGB. Betrachtet man das Geschehen aus einem tatbestandsbezogenen Blickwinkel, decken sich die Zeitpunkte der Vollendung und Beendigung bereits vor der Verwirklichung der qualifizierenden Absichtskomponente. Denn nach dieser Auffassung – so in

302 Diese Vierteilung wird von *Bitzilekis* und *Patzelt* auf zwei Subkategorien reduziert. Beide greifen dabei auf eine Handlungs- und eine Deliktsstruktur zurück. Zum einen ist als typisches Beispiel für eine iterative Handlungsstruktur das Dauerdelikt heranzuführen, zum anderen wird für die Untersuchung der Deliktsstruktur auf die identischen Tatbestände der Absichts-, Gefährdungs- und Unternehmensdelikte abgestellt, vgl. *Bitzilekis*, ZStW 99 (1987), 725 ff. und *Patzelt*, 132 ff.

303 Diese Delikte sind auch nach *Welzel* die klassischen Fälle, in denen der Gesetzgeber zwischen Vollendung und Beendigung unterscheidet, vgl. *Welzel*, 262.

304 Ähnlich wie bei den Absichtsdelikten wird der gänzliche Unrechtsgehalt durch das tatbestandsmäßige Verhalten noch nicht erfasst. Sowohl bei den konkreten als auch im Rahmen der abstrakten Gefährdungsdelikte kann der strafrechtliche Tatverlauf erst dann als abgeschlossen angesehen werden, wenn das geschützte Rechtsgut beeinträchtigt wurde bzw. die Gefährdung entfallen ist, vgl. *Jescheck*, in: FS Welzel, 686 mit Verweis auf *Stratenwerth*, JZ 1961, 96 und *Winkler*, 19 f.

305 Schlussendlich sind auch die (un-)echten Unternehmensdelikte dieser Kategorie zuzuordnen. Da bei diesen der Versuch und die Vollendung zusammenfallen (§ 11 Abs. 1 Nr. 6 StGB), tritt die Vollendung schon mit Beginn der Ausübung ein, während die Beendigung erst mit der tatsächlichen Beeinträchtigung bzw. der Aufgabe des Vorhabens vorliegt, *Jescheck*, in: FS Welzel, 686.

306 Auf dieses greift auch *Hillenkamp* in seiner Darstellung zurück, vgl. *Hillenkamp*, in: LK, Vorbem. § 22, Rn. 24.

diesen beiden Fällen und im Rahmen der Hehlerei auch die Rechtsprechung[307] – geht mit der zusätzlichen Absicht kein intensiveres Tatunrecht im Sinne einer weiteren Beeinträchtigung des Rechtsguts einher. Legt man dieser Konstellation dagegen eine mehr faktische Betrachtungsweise zugrunde, hat das jeweilige Delikt erst mit der Realisierung der Absicht seinen „tatsächlichen Abschluss" gefunden[308].

Losgelöst von der Korrelation zwischen dem Beendigungsbegriff und der eigentlichen Verletzung der vom Tatbestand geschützten Interessen wurde die Frage aufgeworfen, ob die Beendigungslehre für solche Vorverlagerungen einen zusätzlichen Erkenntnismehrwert liefert[309]. Kritiker sind der Ansicht, die Lehre ist als ergebnisorientiertes Instrument zweckentfremdet worden, um für ausgewählte Deliktsgruppen einen verspäteten Verjährungsbeginn zu rechtfertigen[310].

#### *bb) 2. Gruppe*

Aufgrund der Struktur der jeweiligen Norm muss eine weitere Beendigungszone als zweite Gruppe, die sich durch ihren iterativen Verlauf kennzeichnet, anerkannt werden[311]. So gilt als klassisches Beispiel das Dauerdelikt[312], welches durch fortwährende vom einheitlichen Vorsatz umfasste Handlungen bzw. Unterlassungen unentwegt verwirklicht wird[313]. Daneben treten solche Delikte, die sich durch eine Vielzahl von Einzelakten[314] auszeichnen. Weiterhin solche

---

307 Vgl. BGH, NStZ 1993, 538.

308 Mit diesem offenen Ergebnis auch *Hillenkamp*, in: LK, Vorbem. § 22, Rn. 24.

309 *Bitzilekis* argumentiert, dass die spätere endgültige Rechtseinbuße häufig für sich genommen den Tatbestand des jeweiligen Delikts erfüllt, sodass weder aus dogmatischer noch aus rechtspolitischer Sicht ein Bedürfnis für diesen Ausfluss der Beendigungslehre besteht, vgl. *Bitzilekis*, ZStW 99 (1987), 725 ff., 729.

310 Vgl. in anderem Zusammenhang *Nazarian*, 87.

311 So *Jescheck*, in: FS Welzel, 686 f. mit Verweis auf *Maiwald*, 70 ff.

312 Dazu ist zunächst auf die herkömmlichen Dauerdelikte wie etwa die Freiheitsberaubung, den Hausfriedensbruch und die Verletzung der Fürsorgepflicht abzustellen, vgl. *Hillenkamp*, in: LK, Vorbem. § 22, Rn. 27 mit Verweise auf bspw. *Baumann/Weber/Mitsch*, AT, § 8, Rn. 56; *Otto*, § 18, Rn. 10. Zur Definition auch *Maiwald*, 70 ff. und *Roxin*, AT I, § 10, Rn. 105.

313 Vgl. *Hälschner*, GA 1860, 449 und *Kohler*, GA 1906, 154 f. Im Gegensatz dazu hat das Fortbestehen des herbeigeführten Schadens bei den Zustandsdelikten lediglich zivilrechtliche Auswirkungen, zu der Unterscheidung zwischen Zustands- und Dauerdelikt bereits *Mezger*, JW 1938, 494.

314 Darunter wird man neben den von *Jescheck* angeführten Delikten der Ausübung einer nachrichtendienstlichen Tätigkeit, dem Nachmachen von Geld, der Vornahme von unzüchtigen Handlungen und der Beteiligung an einer Schlägerei auch den

zweiaktigen Tatbestände[315], bei denen die erste relevante Handlung bereits die Vollendung herbeiführt und ein davon zu trennendes zusätzliches weiteres tatbestandsmäßiges Verhalten „sich im Verhältnis zur ersten als Beendigung darstellt“[316].

Damit deckt sich die 2. Gruppe im Wesentlichen mit dem tatbestandlichen Beendigungsbegriff. Wenn zum einen sowohl ein tatbestandsmäßiges Handeln bzw. Unterlassen als auch ein entsprechend zeitgleicher Vorsatz vorliegen, wird regelmäßig eine Verknüpfung zum Tatbestand im Sinne einer Ein- bzw. Anbindung zu bejahen sein.

### *cc) 3. Gruppe*

Der Unterschied zwischen der zweiten und der dritten Gruppe besteht in der Schlussfolgerung, dass den Delikten der zweiten Gruppe ein andauerndes bzw. ein sich wiederholendes Moment innewohnt. Dagegen ist das Auseinanderfallen der Vollendungs- und der Beendungsphase in Fällen der „fortlaufenden Tatbestandsverwirklichung“ in der 3. Gruppe der „zufälligen Gestaltung der Handlung“ geschuldet[317]. Da die fortwährende Verwirklichung eines Tatbestandes stets unter diesen subsumiert werden kann, kann auch diese Gruppe mit dem tatbestandlichen Beendigungsbegriff in Einklang gebracht werden[318].

---

mittlerweile eingefügten Tatbestand der Nachstellung zählen können, vgl. *Jescheck*, in: FS Welzel, 688.

315 Für sich genommen wäre aufgrund der ersten tatbestandlichen Handlung das Delikt der Urkundenfälschung als Absichts- und Gefährdungsdelikt zu qualifizieren. Hat der Delinquent allerdings seine Gebrauchsabsicht im Zeitpunkt des Herstellens gefasst, soll nach z. T. vertretener Ansicht die Urkundenfälschung durch das Herstellen bereits vollendet, aber erst mit dem tatsächlichen Gebrauchen und Täuschen im Rechtsverkehr beendet sein, vgl. *Rudolphi/Wolter*, in: SK-StGB, § 78a, Rn. 3; abl. *Mitsch*, in: MK, § 78a, Rn. 5.

316 So wörtlich *Jescheck*, in: FS Welzel, 687.

317 Mit Verweis auf *Hruschka*, GA 1968, 195 f. und *Hau*, 36 ff., die beide bereits den Unterschied zwischen Handlungs- und Deliktsstruktur herausgearbeitet haben, vgl. *Jescheck*, in: FS Welzel, 688. Wenn *Jescheck* davon spricht, die Delikte aus seiner dritten Gruppe denjenigen der ersten beiden Gruppen „an die Seite zu stellen“, kommt er damit *Schmitz*, 65 und *Kühl*, 64 nahe, die sich dafür aussprechen die Fälle der Handlungseinheit auch unter dem Aspekt des Dauerdelikts zu betrachten, vgl. *Jescheck*, in: FS Welzel, 688. Dazu im weiteren Verlauf der Arbeit §2 VII. 3. c), S. 121.

318 Nach der Rechtsprechung hat das auch für solche Delikte zu gelten, bei denen eine Vermögensgefährdung bereits die Vollendung herbeigeführt hat und erst im weiteren Verlauf das deliktische Geschehen in einer endgültigen Vermögenseinbuße resultiert, vgl. BGH, NStZ 2001, 650; sowie LG Wiesbaden, NJW 2002 1512.

*dd) 4. Gruppe*

Eine Differenzierung zwischen Vollendung und Beendigung kann schließlich bei der fortgesetzten Handlung und der natürlichen Handlungseinheit, welche als „Kunstprodukte der Konkurrenzlehre“ entstammen, vorgenommen werden: „Die Vollendung ist mit der vollen Erfüllung des ersten in diesem Zusammenhang einbezogenen Tatbestandes, die Beendigung mit der Vollendung bzw. Beendigung des letzten gegeben“[319].

### *b) Die Unterscheidung zwischen Verhaltens- und Erfolgsbeendigung*

Eine weitere Möglichkeit der Abgrenzung von Voll- und Beendigung wird in einer Differenzierung zwischen der „Verhaltens- und Erfolgsbeendigung“ gesehen[320]. Entscheidend ist, ob auf das Ende des strafrechtlich relevanten Verhaltens oder den letzten vom Täterwillen umfassten tatbestandsmäßigen Erfolg abzustellen ist[321]. In ihren Grundgedanken knüpft diese Theorie an das Kriterium der endgültigen Rechtsgutsverletzung an. Aufgrund der soeben[322] angedeuteten Kritik an der Außerachtlassung des Handlungsunwertes, werden bei der Ermittlung des Beendigungszeitpunktes nach dieser Konzeption beide Komponenten der personalen Unrechtslehre gleichermaßen mit einbezogen. Im Hinblick auf das Verhaltenselement kommt dabei sowohl eine Fortführung der vollendeten Straftat durch aktives Tun wie auch durch unrechtsrelevantes Unterlassen in Betracht. Dabei sind die Voraussetzungen einer weiterführenden strafrechtlich beachtlichen Unterlassung strenger als es beim aktiven Tun der Fall ist. Aufgrund der Präventivfunktion des Strafrechts, kann das bloße Unterlassen der Wiedergutmachung keine tatbestandlich relevante Qualität mehr aufweisen[323]. Als eine Möglichkeit der Deliktsfortführung kann der reine Kausalverlauf genügen, wenn der entsprechende Erfolg als tatbestandsmäßig einzuordnen ist, d. h. insbesondere vom Willen des Täters mit umfasst ist[324].

---

319 So *Jescheck*, in: FS Welzel, 689. Dass diese zusätzliche Gruppe Überschneidungen mit der zweiten Gruppe hervorruft, wurde festgestellt, vgl. *Kühl*, AT, § 14, Rn. 15 ff.

320 In diesem Sinn *Kühl*, 76 ff., der sich seinerzeit noch mit der Auslegung des § 67 Abs. 4 StGB a. F. als Grundlage seiner Untersuchung beschäftigt hat.

321 Insoweit *Kühl*, 77 mit Verweis auf *Mezger*, JW 1938, 496 und *Stratenwerth*, JZ 1961, 97.

322 Dazu bereits die Kritik an der Theorie der endgültigen Rechtsgutsverletzung, §2 VI. 4. b), S. 74.

323 So etwa *Hau*, 72; *Hruschka*, GA 1968, 198 und *Schröder*, NJW 1966, 1001 f.

324 In diesem Sinn u. a. *Winkler*, 41, Fn. 125 und *Wolff*, Handlungsbegriff, 9 und 11.

Da bei zahlreichen Delikten eine genaue Unterscheidung zwischen Handeln und Unterlassen häufig nicht leicht zu treffen ist, muss letztlich zwischen der Verhaltens- und der Erfolgsbeendigung getrennt werden. Die Frage nach dem Vorrang einer dieser beiden Beendigungszeitpunkte kann erst bei der Lösung von Einzelproblemen getroffen werden[325]. Unter Berücksichtigung dieser Grundgedanken ist für die Frage nach der Strafverfolgungsverjährung die „Hervorhebung des Aktunwertes angebracht, denn dann geht es um die Frage der Strafwürdigkeit, und damit kommt der Täter und sein Verhalten in den Blick“[326]. Dieser Vorrang der damaligen erweiterten Tätigkeitstheorie ist in Fällen, in denen der Täter bspw. nicht mehr aktiv weiter handelt, der Schaden sich aber dennoch vergrößert, um eine Unterlassungskonstruktion zu ergänzen. Erst mit dem Wegfall der Erfolgsabwendungsmöglichkeit wäre die Tat demzufolge beendet und der Lauf der Verjährungsfrist würde in Gang gesetzt werden[327].

### *c) Die Differenzierung zwischen Delikts- und Handlungsstruktur*

Eine Unterscheidung zwischen Voll- und Beendigung lässt in manchen Fällen die Delikts- und Handlungsstruktur zu. Zum einen lässt sich jedes Delikt bzw. jede Deliktsgruppe dahingehend untersuchen, ob die der Vollendung nachfolgenden Geschehnisse noch als Tatbestandsverwirklichung angesehen werden können und erst mit deren Ende die Tat als beendet anzusehen ist. Zum anderen kann allein der strafrechtliche Gesamtvorgang eine entsprechende Nachzone herbeiführen[328].

Selbstverständlich setzt sich die konkrete Straftat im Einzelfall aus der Handlung des Täters und dem entsprechenden Deliktstypus zusammen[329].

---

325 So zusammengefasst *Kühl*, 73 ff.

326 Insoweit wörtlich *Kühl*, 173.

327 Dieses Rekurrieren auf die Erfolgsabwendungsmöglichkeit ist auch bei den fahrlässigen Erfolgsdelikten vorzunehmen, vgl. LG Stade, NJW 1958, 1261 und *Grandérath*, 174.

328 *Hau* verdeutlicht dies an den Körperverletzungsdelikten als einfache Erfolgsdelikte, welche im Grunde mit der Verwirklichung des tatbestandlichen Erfolgs voll- und gleichzeitig beendet sind. Aus der bloßen Tatbestandsstruktur kann noch kein Auseinanderfallen von Voll- und Beendigung festgestellt werden. So gewinnt aber der Zeitfaktor an Bedeutung, wenn das Opfer über einen längeren Zeitraum gefesselt wird und diesem so dauerhaft eine körperliche Misshandlung i. S. d. § 223 StGB zugefügt wird. Gleiches gilt, wenn dem Opfer mehrere Schläge hintereinander zugefügt werden. Im Rahmen dieser tatbestandlichen Handlungseinheit ist diese Körperverletzung mit dem ersten Schlag vollendet, jedoch erst mit dem letzten beendet, vgl. *Hau*, 62.

329 So bereits *Hruschka*, JZ 1969, 609.

Nichtsdestotrotz muss diese Unterscheidung vorgenommen werden, da nur auf diese Weise die doppelschichtige Bedeutung der Tatbeendigung zutreffend erfasst wird: Das „Ob“ und „Wie“ der Beendigung hängt von der Auslegung des Tatbestandes[330] und von der konkreten Deliktsverwirklichung ab.

#### *d) Bewertung*

Konstellationen, in denen die Vollendung und Beendigung auseinanderfallen, sind unter drei Varianten denkbar: Delikts- und Handlungsstruktur und die Kombination beider. Die Schwierigkeit, eine tatbestandliche Nachzone zu konkretisieren, liegt im Wesentlichen an den sich anschließenden ebenfalls ungeklärten Folgeproblemen. So ist beispielsweise bis heute weder ein belastbarer Begriff für das Dauerdelikt gefunden[331], noch hat die Aufteilung in Deliktsgruppen eine widerspruchsfreie Lösung herbeiführen können[332].

### *6. Zwischenergebnis*

Ein allgemeiner, für sämtliche Deliktsgruppen relevanter Beendigungsbegriff kann nicht formuliert werden[333]. Orientiert man sich an der noch herrschenden Meinung und fasst die Beendigungslehre als Auslegung des jeweiligen Tatbestandes auf, so kann entweder ein für sämtliche Tatbestände formulierbarer Begriff nicht ermitteln werden oder die Aussage bleibt so abstrakt, dass sie inhaltslos erscheint.

Ob und inwieweit der Tendenz, einen funktionsspezifischen Beendigungsbegriff zu ermitteln, beizupflichten ist, soll im folgenden Abschnitt dargestellt werden. Sind die Anhänger einer faktisch geprägten Beendigung geneigt, den Verjährungsbeginn nach hinten zu schieben, mehren sich die Stimmen für die Vorverlagerung der Vollendungsstrafbarkeit und damit für einen früheren

---

330 Dies übersieht bspw. *Dallmeyer*, ZStW 124 (2012), 716 und 719, der diese Komponente vernachlässigt, auch wenn er im Lauf seiner Darstellung die Art der Begehung ebenfalls berücksichtigt.

331 So zumindest *Schmitz*, 43: „Der Versuch, das Dauerdelikt nach allgemeinen Kriterien zu beschreiben, muss als gescheitert angesehen werden.“. Dazu aber weiter ausführlich unter §2 VII. 3. c), S. 121.

332 Vgl. *Nazarian*, 85 ff.

333 *Winkler* bezeichnet die Beendigung als einen „Sammeltopf“ für all diejenigen Geschehnisse, die nach der Vollendung noch eine Relevanz für die Strafbarkeit des Täters aufweisen könnten, *Winkler*, 1.

Verjährungsbeginns[334]. Ob sich der Verweis der überwiegenden Ansicht, das Schwinden der generalpräventiven Sanktionswirkung könne erst einsetzen, sobald das vollständige Erfolgsunrecht vorliegt, mit dem Konzept des Rechtsfriedens und der -sicherheit in Einklang zu bringen ist, wird zu erörtern sein. Gerade dabei zeigt sich erneut die Relevanz der Wirtschaftsstrafdelikte. So argumentiert der BGH im Bereich der Korruptionsdelikte, dass die Vornahme der Diensthandlung des Bestochenen das Unrecht der Tat vertiefe und damit die Verjährung hinausgeschoben würde, obwohl die Vornahme der Handlung nicht normativ im Tatbestand verankert ist[335].

### *7. Die Ursache der Beendigungsproblematik anhand typischer Fälle aus dem Bereich des Wirtschaftsstrafrechts*

Das Bestreben der herrschenden Meinung den Verjährungszeitraum möglichst auszudehnen, kann anhand folgender Beispielsfälle, die z. T. schon das Reichsgericht beschäftigt haben, verdeutlich werden:

- Eines der klassischen Beispiele stellt der Rentenbetrug dar: X hat bei seiner Rentenerklärung bewusst falsche Angaben gemacht und bekommt daher monatlich einen zu hohen Betrag ausgezahlt. Die Gutschrift auf seinem Konto nimmt er stillschweigend hin. Fraglich ist, ob diese ratenweise Auszahlung das Hinausschieben des Verjährungsbeginns zur Folge hat. Für die aktuelle Praxis sind vornehmlich solche Sachverhalte relevant, in denen der Rentenberechtigte verstirbt und der Rentenanspruch nach § 102 Abs. 5 SGB VI erlischt. Wenn der zuständige Sachbearbeiter diesen Umstand verkennt und vom Erben des Berechtigten nicht darauf hingewiesen wird, erhält letzterer ggf. über mehrere Jahre hinweg zu Unrecht Auszahlungen, die er für eigene Zwecke verwendet.
- Eine ähnliche Problematik ist im Rahmen des Anstellungsbetrugs zu beobachten: Y täuscht den Arbeitgeber bei seiner Einstellung über beruflich relevante Kriterien und bekommt über einen längeren Zeitraum ein seinen tatsächlichen Qualifikationen nicht entsprechendes Gehalt. Fraglich ist, ob dieser Fall unter verjährungsrechtlichen Gesichtspunkten abweichend von dem angesprochenen Rentenbetrug zu lösen ist.

---

334 So etwa am Beispiel des Konstrukts der Vermögensgefährdung bei Betrug und Untreue, vgl. *Cordes/Sartorius*, NJW 2013, 2636 sowie *Asholt*, 553 und *Dierlamm*, in: MK, § 266, Rn. 241.

335 Zu den Bestechungsdelikten unter §3 VI., S. 195.

- In dem Unternehmen U wird ein System schwarzer Kassen geführt, über die nur der Mitarbeiter M als Bereichsvorstand Kenntnis hat. Über diese Konten werden regelmäßig Bestechungszahlungen getätigt, um bei der Auftragsvergabe einen Wettbewerbsvorteil zu erzielen. Geht man in diesen Fällen von einer Verwirklichung des Untreuetatbestandes im Wege einer Unterlassungskonstruktion aus, so eröffnet sich die anschließende Frage, wann diese Tat(en) voll- und beendet ist (sind).
- Der Gesellschafter G der O-OHG hat im Rahmen der Steuererklärung unzutreffende Angaben gemacht, sodass das Finanzamt aufgrund des zu niedrigen Gewinnfeststellungsbescheids auch die Einkommensteuer der Gesellschafter unzutreffend angesetzt hat. Fraglich ist, ob die Steuerstraftat schon auf der ersten Stufe im Rahmen des Grundlagenbescheides oder erst auf der zweiten Stufe des Folgebescheids als beendet angesehen werden kann. Gleiches gilt für einen Zinsschaden, wenn die Tat erst einige Jahre später im Rahmen einer Betriebsprüfung aufgedeckt wird.
- Der Erziehungsberechtigte E bezieht aufgrund eines Festsetzungsbescheids aus dem Jahr 2000 Kindergeld für sein minderjähriges Kind. Ab 2001 leben beide zusammen im Ausland, ohne diese Tatsache der zuständigen Behörde mitzuteilen. Diese erfährt 2011 von den Vorkommnissen und stellt daraufhin die Zahlung ein. Fraglich ist, wann in diesem Zusammenhang die Verjährung beginnt, wenn E die Umstände lediglich leichtfertig nicht mitgeteilt hat.

## VII. Wirtschaftsstrafrecht unter dem Aspekt der Strafverfolgungsverjährung

Die soeben aufgezählten Beispielsfälle zeigen zeitlich gestreckte Deliktsverläufe im Wirtschaftsstrafrecht. Den Tätern ist dabei häufig daran gelegen über kommunikationslenkende Scheinfirmen bzw. Strohmänner möglichst viele Barrieren zwischen ihnen und den potentiellen Opfern zu errichten, damit die Aufdeckung der Tat möglichst weit aufgeschoben wird. Aber auch die auf unrichtigen Angaben beruhende Gewährung von kontinuierlichen Vorteilen ist eine weiterhin auftretende Konstellation.

### *1. Auswirkungen der Beendigungslehre auf das Institut der Verjährung*

Wenn der Rechtsprechung zufolge die Strafverfolgung erst dann zu laufen beginnt, „wenn das Tatgeschehen über die eigentliche Tatbestandserfüllung hinaus seinen tatsächlichen Abschluss gefunden hat"[336], beinhaltet dies eine zeitlich ausufernde Verjährungsfrist. Zahlreiche Straftaten weisen eine verjährungsrelevante Struktur dergestalt auf, als der Erfolg konstant weiter verwirklicht wird bzw. selbiger im Zeitablauf eine Steigerung erfährt. Wendet man die obige Formel des faktischen Beendigungsbegriffs auf derartige Fälle an, so führt dies zu dem Ergebnis, dass jene Sachverhalte erst nach Jahrzehnten oder gar nie verjähren würden[337]. Eine solche Schlussfolgerung lehnt jedoch auch die Rechtsprechung ab, wenn sie im Rahmen einer Umsatzsteuerhinterziehung davor warnt, die Verjährungsfristen im Hinblick auf § 78 Abs. 3 StGB nicht unnötig zu verlängern[338]. Ein zu weites Verständnis des Tatbegriffs mit einem Abstellen auf die Tatbeendigung als fristauslösendes Ereignis führt letztlich zu einem Unterlaufen der Verjährungsregeln[339].

Mit dem Rückgriff auf den Terminus der Beendigung in § 78a S. 1 kann nicht die Schlussfolgerung gezogen werden, dass ein Begriff aus der allgemeinen Rechtslehre eingeführt wurde[340]. Unzweifelhaft ist lediglich, dass der Verjährungsbeginn nach hinten verschoben wurde, indem tatbestandsmäßige Erfolge mittlerweile von Gesetzes wegen zu berücksichtigen sind.

Noch nicht geklärt ist, wann Delikte mit kontinuierlichem bzw. sich steigerndem Unrechtsgehalt verjähren. Folgt man der konsequenten Beendigungslehre und stellt auf den Abschluss der unrechtserheblichen Gesamttätigkeit ab, würde das zu dem offensichtlich unerwünschten Ergebnis eines Leerlaufens

---

336 Dazu bereits die Nachweise bei Fn. 252, S. 70 und 254, S. 70. Aus jüngerer Zeit, BGH wistra 2012, 35.

337 Mit dieser Schlussfolgerung bereits *Jakobs*, AT 6/82 und *Schmitz*, 215 f.

338 Wollte man eine Steuerhinterziehung erst mit der Aufhebung oder dem Wegfall des Nachprüfungsvorbehalts als beendet ansehen, würde die strafrechtliche Verfolgungsverjährung nicht vor der Aufhebung des Vorbehalts oder dem Ablauf der steuerrechtlichen Festsetzungsfrist beginnen. Diese Abhängigkeit des Beginns der Verjährungsfrist von externen Faktoren widerspricht nach Auslegung des BGH allerdings dem Sinn der Verjährungsfristen des § 78 Abs. 3 StGB, vgl. BGH, NJW 1989, 2141. Kritisch zur Verlängerung der Verjährung über das Maß der absoluten Verjährung auch *Mitsch*, in: MK; § 78a, Rn. 5.

339 Im Rahmen der Diskussion über die Unterbrechungsmöglichkeiten nach § 78c Abs. 1 StGB wurde von der Großen Strafrechtskommission zutreffend auf das Erfordernis eines definitiven Endzeitpunktes der Verjährung hingewiesen, „weil sonst das ganze Prinzip der Verjährung ins Wanken geriete", vgl. *Schafheutle*, Niederschriften Bd. 2 (1955), 351. Dazu ausführlich auch *Schlüchter/Duttge/Klumpe*, JZ 1997, 997 ff.

340 Siehe die Ausführungen unter §2 IV. 4, S. 62.

der Verjährungsfristen führen[341]. Auf der Basis dieser These sind die gewonnen Überlegungen dahingehend zu überprüfen, wann unter verjährungsrechtlichen Aspekten vom Eintritt des tatbestandsmäßigen Erfolgs i. S. d. § 78a S. 2 StGB hinsichtlich der einzelnen Deliktsgruppen und auch der unterschiedlichen Begehungsweisen gesprochen werden kann. Anders formuliert: Hat der Gesetzgeber bei der Umschreibung der jeweiligen Tatbestände das komplette Verhaltens- und Erfolgsunrecht in zeitlicher Hinsicht bereits berücksichtigt oder setzen gewisse Tatbestände voraus, dass entweder das Verhalten oder der Erfolg dauerhaft bzw. zumindest über einen gewissen Zeitraum hinweg verwirklicht werden muss.

### *a) Der Zusammenhang zwischen einer rechtsfriedenorientierten Verjährung und dem Erfolgsunrecht unter Berücksichtigung der Konzeption des Rechtsgüterschutzes*

Der nachfolgende Abschnitt beschäftigt sich mit dem Verhältnis des Erfolgsunrechts und dem Konzept des Rechtsgüterschutzes[342]. Aus der Vorverlagerung

---

341 Entgegen der h. M. machen *Bittmann*, § 21, Rn. 103 und *Möhrenschlage*, in: LK, § 266a, Rn. 114 ebenfalls darauf aufmerksam, dass in Anlehnung an das Steuerstrafrecht die Tathandlungen bei § 266a Abs. 1 und 2 StGB auch am Tag der Fälligkeit nach § 23 SGB IV nicht nur vollendet, sondern auch beendet sind. Ansonsten kann die Tat nach Abs. 1 und 2 u. U. noch 30 Jahre nach ihrer Begehung strafrechtlich verfolgt werden. *Schmitz* führt außerdem noch das Argument des einhergehenden Beweismittelverlusts an, wonach die entsprechende Aufbewahrungsfrist für kaufmännische Unterlagen gem. § 257 Abs. 4 HGB 10 Jahre beträgt, vgl. *Schmitz*, 224, Fn. 173.

342 Das Konzept des subsidiären Rechtsgüterschutzes wird zur Legitimation strafrechtlicher Interdependenzen herangezogen, um im Einzelfall eine „rechtsstaatswidrige Überdehnung pönalisierender Eingriffe zu verhindern", *Roxin*, AT I, § 2, Rn. 50. Damit ist aber noch keine Aussage über die Korrelation zwischen dem Erfolgsunrecht und dem Rechtsgüterschutz getroffen. Der Zusammenhang zwischen diesen beiden Merkmalen lässt sich bei der Aussage *Welzels* erkennen: „Nicht die von der Täterperson abgelöste Erfolgsverursachung (Rechtsgüterverletzung) erschöpft das Unrecht, sondern rechtswidrig ist die Handlung nur als Werk eines bestimmten Täters: Welche Zielsetzung er der objektiven Tat zwecktätig gegeben, aus welcher Einstellung heraus er sie begangen hat, welche Pflichten ihm dabei oblagen, all das bestimmt maßgeblich das Unrecht der Tat neben der etwaigen Rechtsgüterverletzung.", *Welzel*, 62. *Degener* versteht unter dem Begriff des Erfolgs die „verschuldete tatbestandliche Rechtsgutsverletzung", vgl. *Degener*, ZStW 103 (1991), 357. Auf Basis dieses Verständnisses wird der Zusammenhang in Grundzügen deutlich. Die Entwicklung bis hin zur heutigen personalen Unrechtslehre geht von der Überlegung aus, dass neben die Beeinträchtigung des Rechtsguts weitere Faktoren zur Bestimmung des konkreten Unrechts treten. Selbst wenn diese Faktoren mittlerweile den überwiegenden Teil des Gesamtunrechts

der Strafbarkeit in einzelnen Tatbeständen folgt, dass nicht alle mit der Straftat einhergehenden Folgeerscheinungen noch als tatbestandsrelevanter Erfolg angesehen werden können. Beispielhaft erläutert werden kann dies an dem Gebrauchen von Falschgeld[343]. Der Tatbestand des § 147 StGB schützt das öffentliche Interesse an einem verlässlichen Zahlungsverkehr. Das erstmalige Einführen in den monetären Kreislauf vervollständigt den deliktischen Erfolg in vollem Umfang. Zirkuliert dieses Falschgeld nun fortwährend weiter, so bedarf es einer weiteren Begründung, inwieweit die weiteren Rechtsgutsbeeinträchtigungen als tatbestandlicher Geldfälschungserfolg angesehen werden können[344]. Das oben aufgeworfene Beispiel kann exemplarisch für das Steuerstrafrecht herangezogen werden[345]. Nach herrschender Meinung schützt § 370 AO das fiskalische Interesse am vollständigen und rechtzeitigen Aufkommen der einzelnen Steuern[346]. Wenn sich nun nach mehreren Jahren unentdeckter Steuerverkürzung ein entsprechender Zinsschaden gebildet hat, lässt sich dieser unzweifelhaft auf die damalige Tat zurückführen. Wenn das Merkmal der „Rechtzeitigkeit" von der überwiegenden Ansicht auch das Rechtsgut der Steuerhinterziehung unmittelbar beeinflusst, wird man den sich anhäufenden Zinsschaden nur schwer als nicht vom Rechtsgut erfasst ansehen können. Auf der anderen Seite würde das bloße Berücksichtigen des Zinsschadens auch hier zu einer unnötigen Ausuferung der Verjährungsfrist führen.

Basierend auf diesen Überlegungen wurde an der herrschenden Meinung[347] und dem insoweit kongruenten faktischen Beendigungsbegriff kritisiert, dass ein Abstellen allein auf das Kriterium des beeinträchtigten Rechtsguts den

---

ausmachen, ist das Rechtsgut für die Frage nach dem Erfolgsunrecht weiterhin von Bedeutung.

343 Während *Jakobs*, AT 6/83 dies anhand des § 223 StGB verdeutlicht, greift *Schmitz* den Unterschied zwischen Eigentumsrecht und Eigentumsinteresse auf, um anhand dessen das Verhältnis von Rechtsgutsverletzung und Erfolgsunrecht zu verdeutlichen, vgl. *Schmitz*, 68.

344 Bereits hier lässt sich eine weiterführende Frage aufwerfen: Unterstellt, der Täter erkennt nach einiger Zeit durch Zufall einige Scheine in einer Geldkasse wieder, ist fraglich, ob dieser aufgrund seiner ursprünglichen Straftat (etwa im Wege des pflichtwidrigen Unterlassens) verpflichtet wäre, selbige aus der Kasse zu nehmen oder ihm diese Pflicht der Wiederherstellung nicht mehr auferlegt werden könnte.

345 Beispiel Nummer 4 unter §2 VI. 7, S. 86.

346 RGSt 72, 186; BGHSt 36, 102; *Göggerle*, BB 1982, 1853; *Schmitz/Wulf*, in: MK, § 370 AO, Rn. 2 m. w. N. auch zu abweichenden Ansichten.

347 In diesem Sinne zuletzt BGH, NStZ 2012, 513 und aus der Literatur u. a. *Rudolphi*, in: SK-StGB, Vorbem. § 22, Rn. 7.

Verjährungsbeginn unnötig hinauszögern würde[348]. Aufgrund der engen Verflechtung zwischen dem Erfolgsunrecht als integralen Bestandteil der personalen Unrechtslehre und dem in die Kritik geratenen Rechtsgutsverständnis ist letzteres nicht alleiniges Auslegungskriterium für eine nachtatbestandliche Unrechtsphase.

Entgegen dem überwiegenden Verständnis vom Beginn der Verjährungsfrist ist zunächst festzustellen, dass zwischen dem letztmaligen Erfolg und dem letztmaligen tatbestandlichen Erfolg zu unterscheiden ist[349]. Unter dem Gesichtspunkt des Erfolgsunrechts ist schließlich noch das Verhältnis zwischen tatbestandlichem Angriffsobjekt und dahinterstehendem Rechtsgut zu erörtern. Die Vorschriften des StGB schützen des Öfteren nicht ein entsprechendes Rechtsgut, sondern ein entsprechend vorgelagertes Objekt[350]. So wird durch § 242 StGB zwar auch das Eigentum in seiner Eigenschaft als Ausübungsgewalt geschützt, doch sanktioniert die Vorschrift lediglich die Wegnahme einer fremden beweglichen Sache[351]. Behält der Täter die Sache weiterhin in seinem Gewahrsam, wird dem Opfer die Sachen fortwährend vorenthalten und das Rechtsgut weiter beeinträchtigt, ohne dass damit zwingend die Verjährung hinausgeschoben wird.

Daneben ist der Erfolg unter zwei weiteren Gesichtspunkten für die Verjährung von Relevanz: der mutmaßlichen Gefahr der schwindenden Beweismittel und dem übergeordneten Prinzip des Rechtsfriedens. Einige Stimmen in der Literatur rechtfertigen die Berücksichtigung des Erfolgs mit der „beweistechnischen Funktion“ bzw. dessen „Indizfunktion“[352]. Insbesondere aus der letzten Aussage wird die lediglich ergänzende Funktion des Erfolgs deutlich[353]. Für die

---

348 So sinngemäß etwa *Mitsch*, in: MK; § 78a, Rn. 5 sowie *Dallmeyer*, ZStW 124 (2012), 713.

349 Hinsichtlich der sukzessiven Teilnahme wird eine weitere Schwäche des faktischen Beendigungsbegriffs deutlich: Tritt der Gehilfe im Rahmen des § 242 StGB erst nach Vollendung hinzu, wird das Rechtsgut weiter beeinträchtigt, obwohl die Schwelle zum vollständigen Erfolgsunrecht nicht erreicht wird. Der Gehilfe wird aber so bestraft, als hätte er das komplette Unrecht der Haupttat mit verwirklicht.

350 Vgl. *Jakobs*, AT, 6/83.

351 Zum Rechtsgut des § 242 StGB vgl. *Eser/Bosch*, in: S/S, § 242, Rn. 1.

352 Vgl. etwa *Horn*, 98 ff. und 102 f.; *Lüderssen*, ZStW 85 (1973), 294 ff. und *Zielinski*, 209.

353 Auf diese Tatsachen weisen auch *Horn*, 103 und *Degener*, ZStW 103 (1991), 381 f. hin. Namentlich wird die Rolle des Erfolgs im Rahmen der Fahrlässigkeitsdelikte hervorgehoben sowie bei denjenigen Delikten, die eine Versuchsstrafbarkeit vermissen lassen, vgl. *Lüderssen*, ZStW 85 (1973), 295.

Begründung der Verjährung wird ebenfalls auf den drohenden Beweismittelverlust hingewiesen[354].

Eine weitere Aufgabe des Erfolgs besteht darin, die strafrechtliche Gesinnung expressiv werden zu lassen. Der soziale Frieden wird erschüttert und zieht eine „Reiz-Reaktions-Kette" nach sich[355]. Daher ruft ein vollendetes Delikt ein stärkeres Bestrafungs- und Vergeltungsbedürfnis hervor als ein versuchtes Erfolgsdelikt.

### *b) Der Zusammenhang zwischen einer rechtsfriedenorientierten Verjährung und dem Handlungsunrecht unter Berücksichtigung der Wechselwirkung zwischen Tun und Unterlassen*

Mehrfach wurde im Rahmen dieser Arbeit auf die verschiedenen nachtatbestandlichen Begehungsmodalitäten hingewiesen[356]. Aufgegriffen werden kann im Bereich des nachtatbestandlichen Unterlassens das für das Wirtschaftsstrafrecht skizzierte Beispiel vom Anlegen einer schwarzen Kasse[357]. Neben der Frage nach dem Zeitpunkt der Voll- bzw. Beendigung stellt sich das Anschlussproblem, ob mit der ersten Gelegenheit Geld auf dem Konto anzusammeln schon die Vollendung eintritt, sodass ein strafloser Unterlassungsversuch nicht mehr denkbar wäre. Daneben stellt sich bei einer systematischen Implementierung von mehreren Kassen die konkurrenzrechtliche Frage nach der Anzahl der begangenen Straftaten[358]. Bei sich über einen längeren Zeitraum erstreckenden Straftaten findet man in der Rechtsprechung häufig Begründungsansätze für eine Deliktsverwirklichung aus einer Einheit zwischen einem Tun und einem Unterlassen bzw. einem alleinigen Abstellen auf das Unterlassen[359].

Über die Möglichkeit, eine Begehungstat durch nachfolgendes Unterlassen fortwährend zu verwirklichen, finden sich zahlreiche Untersuchungen[360].

---

354 Zu den Einzelheiten unter §2 III. 2. f) bb), S. 42.

355 Wörtlich etwa *Degener*, ZStW 103 (1991), 376.

356 Vgl. §2 IV. 2. e), S. 57.

357 *Bosch* spricht in diesem Zusammenhang von einer „Nagelprobe der Untreuedogmatik", vgl. *Bosch*, JA 2009, 233.

358 Dass diese konkurrenzrechtlichen Fragen sowohl von der Art des durch § 266 StGB geschützten Rechtsguts, als auch von der konkreten Ausgestaltung des Sachverhalts abhängen, zeigen u. a. *Nestler*, in: Internal Investigations, S. 708, Fn. 984 und *Tsagkaraki*, 101 ff. Dazu ausführlich unter §3 V. 3, S. 187.

359 So etwa OLG Frankfurt/Main, NJW 2004, 2031 und BGH, NStZ 2009, 97 f. Beide auch im Zusammenhang mit § 266 StGB und der Implementierung einer schwarzen Kasse.

360 Vgl. die Nachweise bei *Dannecker*, NStZ 1985, 56, Fn. 38.

Während nahezu einhelliger Konsens[361] darüber besteht, dass dem Begehungsdelikt nachfolgenden Unterlassen keine eigenständige Straftatqualität beigemessen wird, weichen die Begründungen voneinander ab. Nachdem sich das sog. „Perpetuierungsmoment der Handlung“ nicht hat durchsetzen können, wird eine Verknüpfung von Handlungs- und Unterlassungskomponenten favorisiert[362].

Zum Teil wird das Vorliegen einer Garantenpflicht verneint, wenn durch das Untätigbleiben die Gefahr oder der Schaden nicht mehr vergrößert werden kann[363]. Dagegen halten andere ein Unterlassungsdauerdelikt auch bei einer bloßen Unrechtskontinuität für möglich[364]. Wieder andere hingegen haben das Problem als Konkurrenzfrage eingestuft[365]. Weitgehend ungeklärt ist, inwieweit der schlichte Kausalverlauf geeignet ist, eine Begrenzung des strafrechtlich relevanten Gesamtgeschehens herbeizuführen. So gelangt man im Rahmen des Erfolgsunrechts zu der aufgeworfenen Frage: Der einmal bewusst unrichtig ausgefüllte Subventionsantrag führt dazu, dass über Jahre hinweg eine unrechtmäßig bewilligte Subvention ausgezahlt wird. Obwohl der Täter keine weiteren aktiven wie passiven Täuschungshandlungen vornimmt, treten weiterhin schadensrelevante Vermögensverfügungen ein. Ein tatbestandlich relevanter Erfolg soll nach manchen Literaturstimmen noch zu einem Zeitpunkt eintreten können, zu dem im Übrigen kein tatbestandliches Verhalten mehr vorliegt[366]. Ob und ggf. welche

---

361 Anders soweit ersichtlich nur *Herzberg*, JuS 1996, 382 f.

362 Statt über eine Unterlassungskonstruktion wurde gleichfalls über ein „Perpetuierungsmoment der Handlung“ nachgedacht, vgl. *Androulakis*, 218. Als Kontinuitätsvoraussetzungen wurde dabei u. a. eine fortwährende Kausalität gefordert bzw. auf den von der überwiegenden Ansicht abzulehnenden dolus subsequens zurückgegriffen, vgl. *Androulakis*, 218 und zu Letzterem auch *Lampe*, ZStW 72 (1960), 93. Diese Überlegungen haben sich aber zu Recht nicht durchsetzen können. *Welp* legt anhand der Fahrlässigkeitsdelikte dar, weshalb die von *Lampe* entwickelten Gedanken nicht einheitlich auf alle Delikte übertragbar sind, vgl. *Welp*, 126 ff. Mit identischem Ergebnis auch *Kühl*, 62.

363 BGHSt 36, 258 und *Kaufmann*, Dogmatik, 228 (Fn. 301).

364 Vgl. in diesem Sinn *Schmitz*, 59. Für eine Garantenpflicht früher bereits *Kohlhaas*, MDR 1951, 373 und *Welp*, 337 ff.

365 Vgl. *Grünwald*, Unterlassungsdelikt, 21 f.

366 In diesem Sinne u. a. *Hau*, 29 und *Kühl*, 76. So auch *Winkler*, 14: „Die Begrenzung der Kausalität eines verbrecherischen Handelns durch die sog. objektive Grenzfunktion des Tatbestandes tritt nicht notwendig mit der erstmaligen Erfüllung des gesetzlichen Tatbestandes ein, sondern erst, wenn die Wirkungen sich nicht mehr in tatbestandsmäßiger Weise vollziehen, also unter Umständen lange nach der Vollendung.“. Daraus

Kriterien neben einem entsprechenden Willen zusätzlich vorliegen müssen, wird nicht weiter diskutiert.

Entscheidend für die Frage, ob eine iterative Handlungs- bzw. Deliktsstruktur vorliegt, kann in vielen Fällen mittels Auslegung des Tatbestandes nicht anhand einer einzigen Pflicht, sondern nur über die Summe vieler einzelner Pflichten ermittelt werden[367]. Dabei hängt der Inhalt der jeweiligen Pflicht von dem Zeitpunkt ab, in dem die gebotene Pflicht erfüllt werden müsste. Veranschaulicht werden kann dies am Lederspray Urteil[368] des BGH im Rahmen der Produkthaftung: In der Praxis teilt sich die Geschäftsführung eines Unternehmens auf verschiedene Ressorts auf[369]. Im gewöhnlichen Geschäftsbetrieb „knüpft die Pflichtenstellung des Geschäftsführers im Allgemeinen an den von ihm betreuten Geschäfts- und Verantwortungsbereich an“[370]. Zwar hebt diese Bereichsaufteilung die Verantwortung der einzelnen Ressortleiter nicht auf, aber sie wird inhaltlich modifiziert[371]. Gerät das Unternehmen in eine Krisen- bzw. Ausnahmesituation, wird die Kompetenzaufteilung gelockert und die Geschäftsführung mündet in einer entsprechenden Generalverantwortung bzw. Allzuständigkeit der Mitglieder. Damit geht eine erneute Modifikation der strafrechtlichen Mitverantwortung einher[372].

Neben dieser zeitlich variablen Handlungspflicht kann sich die Pflicht hinsichtlich des zu vereitelnden Erfolgs ebenso mit dem Zeitablauf ändern[373]. Im

---

kann jedoch mitnichten geschlossen werden, dass auch die Verjährung erst ab diesem Zeitpunkt zu laufen beginnen könne.

367 So auch *Struensee*, 60 f., 66 ff.

368 Vgl. BGHSt 37, 106. Die Geschäftsführer einer GmbH haben ein gesundheitsschädliches Schuhputzmittel auf den Markt gebracht. Nachdem beim Gebrauch des Mittels negative Gesundheitsreaktionen hervorgerufen wurden und die Untersuchungen der Sachverständigen keine relevanten Ergebnisse lieferten, wurde in einer Geschäftsführersitzung beschlossen keine Rückrufaktion zu starten. Es wurden lediglich weitere Untersuchungen veranlasst sowie Warnhinweise an der Ware angebracht.

369 Bspw. Vorstandsvorsitz, Finanzen, Rechnungswesen und Controlling.

370 So der BGH wörtlich im Lederspray-Urteil a. a. O.

371 Vgl. *Schmidt-Salzer*, NJW 1990, 2970.

372 Selbstverständlich kann der einzelne Gesellschafter nicht zwangsläufig auch den Gesellschafterbeschluss aller ersetzen. Ungeachtet dessen wird der einzelne Gesellschafter nur dann von seiner strafrechtlichen Verantwortlichkeit befreit, „wenn er alles ihm Mögliche und Zumutbare getan hätte, um den gebotenen Beschluß zu erwirken“, so der BGH im Lederspray-Urteil a. a. O.

373 Zur Abgrenzung von Tun und Unterlassen am Beispiel des Lederspray Urteils auch *Kuhlen*, in: Achenbach/Ransiek, 92 f.

Beispiel des Lederspray Urteils trifft die Geschäftsführung vor dem Vertrieb des entsprechenden Produkts zunächst die (auch strafrechtlich sanktionswürdige) Pflicht, keine gesundheitsschädlichen Mittel in Umlauf zu bringen. Wird die gesundheitliche Gefahr zunächst nicht erkannt oder wird trotz Kenntnis derselben das Produkt dennoch vertrieben, so muss sich der Unternehmer das Unterlassen eines gebotenen Rückrufs vorwerfen lassen. Während das Rechtsgut der potentiellen Opfer zunächst über die Pflicht, keine aktiv gesundheitsschädlichen Produkte in den Warenkreislauf einzuführen, geschützt werden soll, wandelt sich diese Obliegenheit mit der Vertriebszäsur. Handelt der Täter im Rahmen dieses zeitlich gestreckten Verlaufs zunächst lediglich mit Eventualvorsatz, erlangt dann im weiteren Geschehen jedoch positive Kenntnis, so käme u. U. ein Verjährungsaufschub aufgrund eines zusätzlichen Handlungsunwerts in Betracht. Ähnliche, im Zeitablauf wechselnde Pflichtenrichtungen können auch im Bankensektor auftreten. Eine nach § 266 StGB relevante Pflichtverletzung kann zum einen bei Vornahme des Ursprungsgeschäfts in Betracht kommen, zum anderen müssen die betroffenen Personen fortwährend die Marktsituation überwachen und die einmal getroffene Investitionsentscheidung ggf. korrigieren[374].

An diesen Beispielen wird deutlich, dass weder eine generelle Bejahung, noch eine pauschale Ablehnung der nachtatbestandlichen Unrechtsphase eine treffende Problemlösung bieten kann. Die zahlreichen Faktoren (u. a. die Ausgestaltung des Delikts[375], ggf. zu berücksichtigendes Sekundärrecht[376], die Art und Dauer der jeweiligen Pflichtverletzung[377], die Unrechtskontinuität bzw. -steigerung und der Betrachtungszeitpunkt des Tatverlaufs) sind durchweg zu berücksichtigen, wenn das Geschehen als zeitlich gestreckte Tatbestandsverwirklichung anzusehen ist.

---

374 Dazu auch *Bittmann*, NStZ 2011, 363.

375 Die Vermögensbetreuungspflicht des § 266 StGB kann durch Tun und Unterlassen verletzt werden. Die Frage, ob § 13 Abs. 1 StGB auf dieses Delikt keine Anwendung findet oder ob § 13 Abs. 1 ergänzend herangezogen werden kann, hat der BGH bisher noch offengelassen, vgl. BGHSt 36, 228. Zu der Unterteilung in Vollendung und Beendigung bei unterbliebener Bilanz- und Inventaraufstellung nach § 283 Abs. 1 Nr. 7b StGB, *Maurer*, wistra 2003, 175.

376 Darunter fällt etwa die Berichtigungspflicht nach § 153 AO, vgl. dazu weiter unten §3 VII. 3, S. 211.

377 Nicht einheitlich wird im Rahmen der Pflichtverletzung erörtert, wie geringfügig die zeitliche Unterbrechung dieser Pflicht ausfallen darf, damit noch von einem entsprechenden Dauerdelikt gesprochen werden kann, vgl. *Hafkesbring*, 24 ff. und für den Bereich der Straßenverkehrsdelikte *Seier*, NZV 1990, 129, 131 ff.

Zwar ist damit noch keine konkrete Aussage über den Einfluss auf die Strafverfolgungsverjährung gewonnen. Was jedoch als Zwischenergebnis festgehalten werden kann, ist die Tatsache, dass die Kontinuität der Verwirklichung der Strafnorm unter Zugrundelegung eines tatbestandlichen verjährungsrechtlichen Beendigungsbegriffs zu einem zeitlichen Hinausschieben des Zeitpunkts des Verjährungsbeginns führen kann. Die zeitliche Ausdehnung entbindet aber nicht von einer Prüfung des Einzelfalls, inwiefern das nachfolgende Geschehen entweder als tatbestandsmäßiges Verhalten i. S. d. § 78a S. 1 StGB oder als tatbestandsmäßiger Erfolg i. S. d. § 78a S. 2 StGB gewertet werden kann[378].

### *c) Zusammenfassung*

Die zeitliche Streckung eines deliktischen Gesamtgeschehens kann auf drei Ursachen beruhen: der Ausgestaltung des Tatbestands, der konkreten Tatbegehung und dem sich ggf. im Zeitablauf entwickelnden Erfolg. Diese Konsequenz wollen aber selbst die Anhänger des letzten Ansatzes nicht immer ziehen. Als Ursache kann dabei das Bestreben ausgemacht werden, den spezifischen Deliktstypus auf den in der Rechtsgutsverletzung liegenden Erfolgsunwert zu reduzieren. Da in zahlreichen Fällen das Rechtsgut nach Vollendung ohne weiteres Zutun des Täters weiter perpetuiert bzw. intensiviert wird, gerät diese Lehre in Konflikt mit dem Postulat des Rechtsfriedens. Neben der Differenzierung zwischen dem verwirklichten Erfolgsunrecht und der Rechtsgutsverletzung ist im Einzelfall das Rechtsgut vom konkreten Handlungsobjekt abzugrenzen.

Innerhalb des Handlungsunrechts kann der Zeitablauf dazu führen, dass eine Begehungstat durch fortgesetztes Unterlassen eine zeitliche Streckung erfährt. Neben der konkreten Ausgestaltung des Tatbestands spielen dabei die Faktoren eines ggf. zugrundeliegenden Sekundärrechts und dem eines korrespondieren Erfolgsunrecht eine wesentliche Rolle.

---

378 Dies wurde bereits im Rahmen der 3. Gruppe *Jeschecks* angedeutet, vgl. §2 VI. 5. a) cc), S. 81. Zu undifferenziert und i. E. daher zu weit BGH, NJW 2001, 2106 und LG Wiesbaden, NJW 2002, 1512, wenn für den Beginn der Verjährungsfrist wieder nur auf den Zeitpunkt des letzten Ereignisses abgestellt wird. Dagegen mit etwas fundierterer Begründung der natürlichen Handlungseinheit im konkreten Fall, OLG Frankfurt/Main, NJW 2004, 2031.

## 2. *Verjährungsbeginn aufgrund der Erfolgsstruktur*

In der Lehre vom Tatbestand existiert kein „abgelöstes Erfolgsunrecht“[379]. Der bspw. in einer verkürzten Steuereinnahme des Fiskus liegende Unwert ist daher für die strafrechtliche Beurteilung irrelevant, solange der Erfolg nicht auf einem dazugehörigen Handlungsunrecht basiert[380]. Demnach wird die bereits aufgeworfene These – die Verjährung könne nicht vor Eintritt eines Erfolgs beginnen – insofern widerlegt, als eine Tathandlung schon dann „Geschichte“ werden könne, bevor deren Erfolg eingetreten ist[381].

### *a) Die Untrennbarkeit zwischen Handlung und Erfolg im Bereich der Strafverfolgungsverjährung*

Überträgt man den Gedanken des abgelösten Erfolgsunrechts auf das Konzept der rechtsfriedenorientierten Verjährung, wird der Rechtsfriede durch ein nach außen erkennbares Aufeinandertreffen zwischen dem Handlungs- und dem Erfolgsunrecht gestört. Während das alleinige Vorliegen des Handlungsunrechts im Sinne der Eindruckstheorie bei den Erfolgsdelikten für eine Versuchsstrafbarkeit ausreicht, genügt das bloße Erfolgsunrecht nicht für eine Bestrafung des Täters[382]. Gerade bei Erfolgsdelikten besteht die Gefahr, aufgrund der fortwährenden Schadensvertiefung den Lauf der Verjährungsfrist aufzuschieben. Dabei können die Erfolgsdelikte durch einen zeitlich gestreckten, einen steigerungsfähigen oder einen zeitlich verzögerten Erfolg gekennzeichnet sein. Soweit der Erfolg unmittelbar vollständig vorliegt, ist die Bestimmung des Beendigungszeitpunktes unproblematisch. Ist der Erfolg mit der Vollendung nicht sogleich perfekt, sondern erfährt eine Steigerung oder zeitliche Streckung, ist die Relevanz

---

379 So wörtlich *Wolters/Beckschäfer*, in: FS Herzberg, 146 mit Verweis auf *Roxin*, AT I, § 10, Rn. 88.

380 In diesem Sinne am Beispiel des Todes eines Menschen auch *Schmitz*, 230. Klarstellend festgestellt haben wollen *Wolters/Beckschäfer*, in: FS Herzberg, 146 in diesem Zusammenhang noch, dass damit keine zeitliche Übereinstimmung i. S. d. Koinzidenzprinzips gemeint ist. Es muss lediglich zum Zeitpunkt des Eintritts des tatbestandlichen Erfolgs noch ein strafrechtlich relevantes Handlungsunrecht erkennbar sein. Unter dem hervorgehobenen Aspekt des Rechtsgüterschutzes auch *Wolter*, 27 f.

381 Vgl. *Schlehofer*, NJW 1989, 2024 für den Bereich der zeitlichen Begrenzung der objektiven Zurechnung.

382 *Schmitz* führt in diesem Zusammenhang an, dass der Verstoß gegen die Verbotsnorm „mit der durch die Tat hervorgerufenen Störung des Rechtsfriedens“ gleichgesetzt werden kann, vgl. *Schmitz*, 230.

für die verjährungsrechtliche Nachzone zu erörtern. Vor dem Hintergrund der einstigen rechtsunsicheren Ergebnisse der konsequenten Erfolgstheorie und der berechtigten Kritik an der dominierenden Stellung des Erfolgs bei der Beendigungsdeterminierung, ist die Erfolgskomponente für die der Vollendung nachfolgende Zone restriktiv zu handhaben.

### *b) Delikte mit zeitlich gestrecktem Erfolg*

Die Delikte mit zeitlich andauerndem Erfolg lassen sich erneut aufteilen.

#### *aa) Delikte mit obligatorisch langandauerndem Erfolg als Tatbestandsvoraussetzung*

Am deutlichsten tritt das Erfordernis eines länger währenden Erfolgs als Vollendungsvoraussetzung im Rahmen der Strafvereitlung nach § 258 StGB zu Tage. Der Vereitlungserfolg ist nicht erst dann erreicht, wenn die Verfolgung oder Vollstreckung der Tat ganz oder zum Teil endgültig unmöglich geworden ist. Nach der h. M. liegt der Deliktserfolg vor, wenn die staatliche Sanktionsmöglichkeit für „geraume Zeit" nicht verwirklicht werden kann[383]. Die von der Rechtsprechung vorgeschlagenen Zeiträume variieren dabei zwischen sechs Tagen[384] über eine Woche[385] bis hin zu vierzehn Tagen[386]. Ungeachtet dieser Unsicherheit ist dabei die wesentliche Erkenntnis, dass eine zeitliche Komponente entscheidend für das Vorliegen einer Rechtsgutsverletzung ist, ohne dass sich dieses Element im Zeitablauf unrechtssteigernd auswirken würde[387].

Dabei ist der Unterschied zu den Tatbeständen mit konstitutiv und fakultativ fortwährendem Erfolg erkennbar: Bei Tatbeständen wie dem § 258 StGB tritt eine Vollendungsstrafbarkeit erst dann ein, wenn der Erfolg ein nicht nur unwesentlicher vorübergehender ist. Demgegenüber sind die Straftaten der anderen Delikte bereits zu einem früheren Augenblick vollendet, da die kontinuierliche Dauer des tatbestandlichen Erfolgs schon im Vollendungszeitpunkt festgestellt werden kann.

---

383 Vgl. BGHSt 45, 100 und *Stree/Hecker*, in: S/S, § 258, Rn. 14 m. w. N. Zum Ganzen ausführlich *Vormbaum*, 397 ff.

384 Vgl. BGH, NJW 1959, 495 zu § 346 a. F.

385 Vgl. KG, JR 85, 24 f. und KG, NStZ 1988, 178 f.

386 Vgl. BGH, wistra 1995, 143.

387 So auch *Schmitz*, 87.

### *(1) Vorenthalten und Veruntreuen von Arbeitsentgelt und Steuerhinterziehung*

Sowohl der Tatbestand des Vorenthaltens und Veruntreuens von Arbeitsentgelt, als auch der Tatbestand der Steuerhinterziehung enthalten Regelbeispiele[388] (vgl. § 266a Abs. 4 S. 2 Nr. 2 StGB und § 370 Abs. 3 S. 2 Nr. 4 AO) wonach ein besonders schwerer Fall dann vorliegt, wenn der Täter „unter Verwendung nachgemachter oder verfälschter Belege fortgesetzt Beiträge bzw. Steuern“ nicht oder nichtzutreffend abführt. Diese Fälle der fortgesetzten Deliktsverwirklichung stellen jeweils eine vertiefte Rechtsgutsbeeinträchtigung dar. Schon vor der Aufgabe der Figur der fortgesetzten Handlung war von der h. M. vertreten worden, dass eine fortgesetzte Tat im Sinne der Konkurrenzlehre für die Bejahung der Strafbarkeit nicht erforderlich ist[389]. Für die Vollendung dieser beiden Varianten wird jeweils gefordert, dass der Täter mehrere, aber mindestens zwei selbständige Beitrags- bzw. Steuerhinterziehungen begangen haben muss[390].

Demzufolge ist das Delikt in Gestalt des besonders schweren Falles erst dann vollendet, wenn der Täter die Tat mehrfach begangen hat. Wenigstens für diesen Teilaspekt ist die Dauer des Erfolgs von konstitutiver Art. Verbindet man diesen Gedanken mit der Annahme, dass Regelbeispiele stets einen höheren Unrechtsgehalt aufweisen, so kann die Verjährung über diese Verknüpfung des Merkmals der „fortgesetzten Begehung“ nach hinten verschoben werden, wenn beiden Unrechtskomponenten eine eigenständige zusätzliche Bedeutung zukommt[391]. Der Verjährungsbeginn setzt daher mit der letzten Verwirklichung des jeweiligen Regelbeispiels ein.

---

388 § 78 Abs. 4 StGB spricht grundsätzlich nicht dagegen, den Beginn der Strafverfolgungsverjährung auch vom Vorliegen eines Regelbeispiels abhängig zu machen, da dieser lediglich auf die Frist abstellt. *Eisele* endet mit der These, dass die Vorschriften des Allgemeinen Teils über die Straftat unmittelbare Anwendung finden, vgl. *Eisele*, JA 2006, 316; a. A. allerdings *Mitsch*, in: MK, § 78a, Rn. 10. Für eine Berücksichtigung der Regelbeispiele spricht die Kopplung der Verjährungsproblematik an das personale Unrecht der konkreten Straftat. Wenn über das Regelbeispiel ein erhöhtes Unrecht festgestellt werden konnte, so spricht im Grunde nichts dagegen, diese Wertung zumindest auch mittelbar bei der Verjährung zu berücksichtigen.

389 Vgl. *Franzen/Gast/Joecks*, § 370 AO, Rn. 274.

390 BGHSt 35, 376 und *Radtke*, in: MK, § 266a, Rn. 73 m. w. N.

391 Zur Dogmatik der Regelbeispiele *Eisele*, JA 2006, 309 ff.

### *(2) Fortgesetzte Annahme von geforderten Vorteilen für künftige Handlungen*

Das im Rahmen der Bestechungsdelikte relevante Regelbeispiel des § 335 Abs. 2 Nr. 2 StGB erfasst den kriminellen Amtsträger, welcher „sich aus eigenem Antrieb ständig für die Verletzung von Diensthandlungen bezahlen läßt und damit das Vertrauen der Öffentlichkeit in die Lauterkeit des öffentlichen Dienstes besonders nachhaltig schädigt“[392]. Einigkeit besteht insoweit, als der Vorteilsnehmer eine Mehrzahl (mindestens drei) rechtlich selbständiger Vorteilsannahmen begehen muss. Unklar ist jedoch, ob die Begehung der ersten Vorteilsannahme mit der entsprechenden Absicht für die künftigen Straftaten ausreicht. Den Wortlaut der Norm führen diejenigen an, die für die Vollendung des Regelbeispiels die erste Tat mit einem entsprechenden Wiederholungswillen ausreichen lassen[393]. Dagegen wird angesichts der hohen Strafandrohung von anderen Stimmen die tatsächliche Begehung von mindestens drei Vorteilsannahmen gefordert[394]. Lässt man für die Vollendung den Fortsetzungswillen genügen, liegt das Tatunrecht vollständig vor und die Verjährung beginnt mit der ersten Tat zu laufen. Nichtsdestotrotz kann in dem sich anschließenden Geschehen weiteres verjährungsaufschiebendes Unrecht liegen.

### *bb) Delikte mit einer überwiegenden subjektiven Erfolgskomponente*

Wenn auch in anderer Gestalt, spielt der Faktor Zeit bei weiteren Regelbeispielen bzw. Qualifikationstatbeständen des Wirtschaftsstrafrechts eine Rolle. Anders als bei den soeben angeführten Tatbeständen bzw. Regelbeispielen ist der Zeitraum der Beeinträchtigung in diesen Fällen zwar ein Teil des tatbestandsmäßigen Erfolgs, aber nicht dessen Voraussetzung.

### *(1) Die Absichts- und die kupierten Erfolgsdelikte*

Eine gesonderte Betrachtung haben die Absichtsdelikte bereits im Rahmen der Bestimmung der allgemeinen Beendigungsphase erfahren[395]. Bei diesen ist die Bejahung einer entsprechenden Absicht aus tatbestandlicher Sicht Voraussetzung für die Vollendung, die Erfüllung derselben gerade nicht mehr. Zutreffend wurde im Zusammenhang mit der Bestimmung des Beendigungszeitpunktes

---

392 So BT-Drs. 13/5584, 17.

393 Vgl. etwa *Fischer*, § 335, Rn. 9; *Korte*, in: MK, § 335, Rn. 13.

394 Vgl. *Heine/Eisele*, in: S/S, § 335, Rn. 4.

395 Dazu die Ausführungen im Rahmen der ursprünglichen Konkretisierung eines Beendigungszeitpunktes unter §2 VI. 4. c), S. 76 und im Rahmen der Gruppeneinteilung seitens *Jescheck* §2 VI. 5. a) aa), S. 79.

darauf verwiesen, man könne diese Delikte nach der Zielrichtung der jeweiligen Absicht noch weiter unterteilen: Während die Perpetuierung der Absicht bei einigen Absichtsdelikten zu einer weiteren Beeinträchtigung des vom Tatbestand geschützten Rechtsguts führt (so etwa bei §§ 242, 257 StGB), ist die Verwirklichung dieser subjektiven Komponente hinsichtlich der Rechtsgutsverletzung bei anderen Delikten irrelevant (z. B. §§ 253, 263 StGB).

Wenn die Absichtsverwirklichung für die zuletzt genannten Delikte unter dem Aspekt des Rechtsgüterschutzes keine Relevanz aufweist, bleibt die Absicht bei der Verjährungsproblematik ebenfalls unberücksichtigt. Hingegen ist bei den kupierten Erfolgsdelikten eine Korrelation zum geschützten Rechtsgut erkennbar. Wenn die spätere Realisierung der rechtsgutsbezogenen Absicht vom Vorsatz des Täters mitumfasst ist, tritt diese zeitliche Komponente in Bezug auf das personale Unrecht mittelbar in Erscheinung und kann bei der Konkretisierung des tatbestandlichen Beendigungsbegriffs herangezogen wprerden[396].

*(a) Korruptionsdelikte*

Sowohl die Korruptionsvorschriften des privaten, wie auch des öffentlichen Bereichs schützen die Lauterkeit des Geschäftsverkehrs[397]. § 299 StGB regelt in Abs. 1 die Bestechlichkeit und in Abs. 2 die Bestechung im geschäftlichen Verkehr. Für den öffentlichen Sektor erfassen §§ 331, 332 StGB die Strafbarkeit des Vorteilnehmers. Als Pendant regeln §§ 333, 334 StGB die Strafbarkeit des Vorteilgebers.

Das wesentliche Element dieser Delikte ist die Verknüpfung zwischen der Geschäfts- bzw. Amtshandlung und der vereinbarten Vorteilszuwendung, die sog. Unrechtsvereinbarung[398]. Dieses Abhängigkeitsverhältnis kommt in der

396 Ähnlich, wenn auch ohne die hier getroffene Unterscheidung der Rechtsgutsbezogenheit, *Schmitz*, 88 f.

397 Geschützte Rechtsgüter sind für § 299 StGB neben dem freien und lauteren Wettbewerb auch die Vermögensinteressen der Mitbewerber, vgl. BT-Drs. 13/5584, 9; BGHSt 31, 210 = GRUR 1983, 331; *Tiedemann*, in: LK, § 299, Rn. 5; a. A. *Maurach/Schroeder/Maiwald*, § 68 I, Rn. 2 (abstraktes Vermögensgefährdungsdelikt. Die §§ 331 ff. StGB schützen nach h. M. daneben die Lauterkeit des öffentlichen Dienstes sowie die Funktionsfähigkeit des Staatsapparates, vgl. BT-Drs. 7/550, 269; *Heine/Eisele*, in: S/S, Vorbem. §§ 331 ff., Rn. 1 sowie ausführlich auch *Hettinger*, NJW 1996, 2263 ff. Im Übrigen ist dabei noch vieles ungeklärt, vgl. *Korte*, in: MK, § 331, Rn. 2 ff.

398 Zum Teil auch als „Gegenseitigkeitsverhältnis" (so BGH, NStZ 2005, 334) bzw. „Äquivalenzverhältnis" (so bspw. *Korte*, in: MK, § 331, Rn. 93) bezeichnet. Dieser ausführlich zu der unglücklichen Formulierung insbesondere für die Tatbestände der Vorteilsannahme und -gewährung.

Norm über die entsprechenden Formulierungen zum Ausdruck[399]. Wie sich die fortlaufende Zeit auf den Inhalt der Pflichtverletzung auswirken kann, wurde am Beispiel des Lederspray Urteils gezeigt[400]. Jener Zusammenhang tritt im Kontext der Korruptionsdelikte in Erscheinung. Der Zeitpunkt der Unrechtsvereinbarung hat hierbei Einfluss auf die Einordnung derselben als objektives bzw. subjektives Tatbestandsmerkmal. Während die Tatmodalitäten des „Sich Versprechen Lassens" und des „Annehmens" nur bei bereits durchgeführten Unrechtsvereinbarungen auftreten können und damit Teil des objektiven Tatbestandes sind, muss der Delinquent in Bezug auf das Merkmal des „Forderns" und bei sämtlichen Begehungsweisen des Abs. 2 die Unrechtsvereinbarung anstreben. In der zweiten Alternative sind diese Fragen im subjektiven Tatbestand zu problematisieren[401].

***(b)** Gewerbsmäßigkeit bzw. als Bandenmitglied zur fortgesetzten Begehung*

Häufig resultiert eine Strafverschärfung aus der Tatsache heraus, dass der Delinquent die Tat gewerbsmäßig[402] begeht bzw. als Mitglied einer Bande, die sich zur fortgesetzten Begehung von entsprechenden Straftaten verbunden hat[403]. Nach der ständigen Rechtsprechung des BGH ist unter Gewerbsmäßigkeit die Absicht zu verstehen, „sich durch wiederholte Tatbegehung eine nicht nur vorübergehende Einnahmequelle von einigem Umfang und einiger Dauer" zu verschaffen[404]. Die Gewerbsmäßigkeit ist zu bejahen, wenn die erste Handlung der Deliktsverwirklichung den auf eine Wiederholung gerichteten Willen feststellen lässt[405].

Das vom Tatbestand geforderte Unrecht liegt hier im Gegensatz zu den Strafnormen, die einen andauernden Erfolg als Tatbestandsvoraussetzungen

---

399 Im Rahmen der §§ 331 ff. StGB wird dies über den Ausdruck „für die Dienstausübung" deutlich, vgl. *Korte*, NStZ 1997, 514. Im Normtext des § 299 StGB wird sogar wortwörtlich auf die „Gegenleistung" abgestellt.

400 Vgl. Punkt §2 VII. 1. b), S. 91.

401 So auch *Diemer/Krick*, in: MK, § 299, 1. Auflage, Rn. 21 mit Verweis auf BGHSt 15, 249.

402 So bspw. in § 263 Abs. 3 S. 2 Nr. 1 Alt. 1 StGB; § 266 Abs. 1, 2 StGB; § 300 Nr. 2 Alt. 1 StGB; §§ 373 Abs. 1 S. 1 AO, 374 Abs. 2 S. 1 Alt. 1 AO; § 15 Abs. 2 S. 2 Alt. 1 AÜG.

403 So etwa § 263 Abs. 3 S. 2 Nr. 1 Alt. 2, Abs. 5 StGB; § 266 Abs. 1, 2 StGB; § 300 Nr. 2 Alt. 2 StGB; §§ 373 Abs. 2 Nr. 3 AO, 374 Abs. 2 S. 1 Alt. 2 AO.

404 So bspw. BGH, NStZ 1994; BGH, NStZ 2008, 282.

405 Vgl. BGH, NStZ-RR 2006, 107 f. sowohl für das Merkmal der Gewerbsmäßigkeit als auch für das der bandenmäßigen Begehung am Beispiel des § 263 StGB.

verlangen, bereits mit der einmaligen Begehung endgültig vor[406]. Sollte der Täter diese Absicht wie geplant verwirklichen und weitere vergleichbare Taten begehen, liegt weiteres strafbares Unrecht vor. Für die Vollendung des Regelbeispiels ist dies aber irrelevant.

*(2) Delikte mit einer überwiegend objektiven Komponente*

Die Dimension der Zeit kann auf objektiver Tatbestandsseite unterschiedlich ausgeprägt sein. Zu Beginn dieses Abschnitts wurden Delikte untersucht, bei denen der Erfolg über einen entsprechenden Zeitraum aufrechterhalten werden muss, um das Vollendungsstadium zu erreichen. Der Gesetzgeber hat dem Faktor Zeit bei weiteren Tatbeständen ein anderes Gewicht beigemessen: Mit dem Eintritt des Erfolgs muss gleichzeitig festgestellt werden, dass der Erfolg von einiger zeitlicher Dauer ist. Das Vorliegen des vollständigen Unrechts kann im Zeitpunkt der Vollendung bejaht werden, auch wenn der Erfolg noch von einer gewissen Dauer sein muss.

***(a)** Schwere Körperverletzung und schwere Gesundheitsschädigung*

Wenngleich nicht in jeder Nummer des § 226 StGB die Zeit eine normierte Tatbestandsvoraussetzung darstellt, ist die „Langwierigkeit" eine wenigstens ungeschriebene Voraussetzung sämtlicher schwerer Folgen des § 226 StGB und damit Teil des von § 226 StGB erfassten Erfolgsunrechts[407].

Anders als der Verlust in § 226 Abs. 1 Nr. 1 und Nr. 2 Alt. 2 StGB stellen die dauernde Gebrauchsunfähigkeit (Nr. 2 Alt. 2) und die Variante der dauernden Entstellung (Nr. 3 Var. 1) explizit auf eine nicht nur vorübergehende Rechtsgutsbeeinträchtigung ab. Bei der Gebrauchsunfähigkeit wird die anhaltende Einbuße faktisch vorausgesetzt[408]. Um die Norm nicht in einen Gefährdungstatbestand zu verwandeln, muss über den Eintritt der schweren Folge eine Prognoseentscheidung getroffen werden[409]. Kommt das Gericht nach der Tatwürdigung zu der Annahme, die schwere Folge sei bzw. werde noch rechtzeitig wieder beseitigt,

406 Dabei ähneln die Überlegungen denen zu der fortgesetzten Annahme von geforderten Vorteilen für künftige Handlungen im Rahmen der Korruptionsdelikte, vgl. Punkt §2 VII. 2. b) aa) (2), S. 99.

407 Aufgrund der damit einhergehenden Voraussetzung des Weiterlebens des Opfers wird eine beinahe vollständige Exklusivität zu den Tötungsdelikten erreicht, vgl. dazu insgesamt auch *Hardtung*, in: MK, § 226, Rn. 6.

408 Mit der weiteren These, dass der Verlust zumindest in der Regel von einer hinreichenden Dauer sein wird, sowohl *Hardtung*, in: MK, § 226, Rn. 6 als auch *Schmitz*, 71.

409 Zu diesem Prognosecharakter bereits RGSt 44, 60 f. und 72, 322.

so muss es mangels tatbestandlichem Erfolgsunrechts die Anwendung des § 226 StGB verneinen, unabhängig davon, aus welchen Gründen der Erfolg noch vorliegt oder nicht[410]. Das grundlegende Wesensmerkmal dieses Delikts liegt in der zeitlich geforderten Erfolgsverursachung. Zwar dauert die Rechtsgutsverletzung nach Vollendung noch tatbestandsmäßig an, doch ist die Beeinträchtigung bereits vom Vollendungsunrecht miterfasst.

Das gegenüber der einfachen Körperverletzung gesteigerte Erfolgsunrecht der schweren Körperverletzung über eine zeitliche Komponente zeigt sich mittelbar auch bei anderen (Qualifikations-)Tatbeständen des Besonderen Teils. Häufig stellt der Gesetzgeber bei strafschärfenden Vorschriften bei der Verletzung eines oder mehrerer Opfer auf eine sog. „schwere Gesundheitsschädigung" ab[411]. Als schwere Gesundheitsschädigung ist eine solche zu verstehen, die über die in § 223 StGB genannten objektiven Verletzungen hinausgeht. Darunter fällt etwa eine langwierige Krankheit oder die erhebliche Beeinträchtigung der Arbeitskraft für eine lange Zeit[412]. Der Faktor Zeit ist dann notwendige Voraussetzung, wenn die Frage über das Vorliegen des Qualifikationsmerkmals davon abhängt, wie lange sich der Heilungsprozess hinziehen wird[413].

### *(b) Besonders schwere Umweltstraftaten*

Relevanz hat die zeitliche Erfolgskomponente auch im Rahmen einiger Regelbeispiele besonders schwerer Umweltstraftaten gemäß § 330 Abs. 1 S. 2 Nr. 1 und 3 StGB[414]. Nach dem Regelbeispiel der Nr. 3 muss der Tier- oder Pflanzenbestand einer streng geschützten Art nachhaltig geschädigt werden. Dabei muss dieser nachhaltige Schaden mehr sein als nur von kurzfristigem, vorübergehendem oder unbeträchtlichem Ausmaß[415]. Während die Zeit in der Nr. 1

---

410 Vgl. *Ulsenheimer*, JZ 1973, 67.

411 So etwa bei §§ 117 Abs. 3 Nr. 3, 176a Abs. 2 Nr. 3, 179 Abs. 5 Nr. 3 Var. 3 StGB; §§ 218 Abs. 2 Nr. 2 Alt. 2, 221 Abs. 2 Nr. 2, 225 Abs. 3 Nr. 1 Alt. 2, 235 Abs. 4 Nr. 1 Var. 2 StGB; §§ 238 Abs. 2 Var. 2, 239 Abs. 3 Nr. 2, 250 Abs. 1 Nr. 1 c) StGB; §§ 306b Abs. 1 StGB, 308 Abs. 2 StGB, 309 Abs. 3, 312 Abs. 3 StGB; §§ 315 Abs. 3 Nr. 2 Alt. 1, 315d, 318 Abs. 3 StGB; §§ 328 Abs. 1 Nr 2, 330 Abs. 2 Nr. 1 Var. 2, 330a Abs. 1 StGB.

412 Vgl. RegE, BT-Drs. 13/8587, 34 i. V. m. 27 f.; *Pegel*, in: MK, § 315, Rn. 94. Für § 250 Abs. 1 Nr. 1 lit. c StGB und zu diesem Begriff auch BGH, NJW 2002, 2043.

413 Vgl. *Herzog/Kargl*, in: K/N/P, § 306b, Rn. 3.

414 Zwar gehören die Umweltstraftaten nach §§ 324 ff. StGB nicht zum klassischen Wirtschaftsstrafrecht, allerdings zeigen statistische Auswertungen, dass Bagatellfälle im häuslichen und kleingewerblichen Umfeld geahndet und schwere Umweltbelastungen im industriellen und gewerblichen Sektor häufig nicht bzw. nicht ausreichend abgeurteilt werden, vgl. *Vierhaus*, ZRP 1992, 161 f.

415 So u. a. *Heine/Hecker*, in: S/S, § 330, Rn. 7.

ausdrücklich erwähnt wird, wird dies von der überwiegenden Ansicht zu Recht auch für die Nr. 3 als ungeschriebene Voraussetzung bejaht. In beiden Nummern stellt die zeitliche Streckung der Rechtsgutsverletzung eine Voraussetzung des Vollendungserfolges dar[416]. Sobald das Tatbestandsmerkmal der Nachhaltigkeit vorliegt, ist auch die Tat vollendet und der vollständige Erfolgsunwert der Tat eingetreten. Mag der Populationsbestand durch den Zustand weiterhin geschädigt und das Rechtsgut entsprechend perpetuiert werden, steht das dem Vorliegen des vollständigen Erfolgsunrechts nicht entgegen[417].

### *cc) Delikte mit potentiell langandauerndem Erfolg*

Neben den Vermögensdelikten wird eine Beendigungsphase auch anhand anderer Erfolgsdelikte diskutiert[418].

#### *(1) Verletzungsdelikte am Beispiel der §§ 223 und 303 StGB*

Bei Delikten wie §§ 223 ff. oder 303 StGB ist die Bedeutung der Zeit nicht stets sofort erkennbar. Nicht immer kann leicht zwischen solchen Tatbeständen bzw. Fallgestaltungen, die in einen zeitlich gestreckten Erfolg münden, oder solchen mit steigerungsfähigen Erfolgen, getrennt werden[419]. Wird ein Gegenstand irreparabel beschädigt bzw. ein Mensch verletzt, so wird die Rechtsgutsbeeinträchtigung zwar andauern, aber die Größe des Erfolgsunrechts kann im Zeitpunkt der Vollendung ausgemacht werden[420]. Unter der Prämisse, dass nach der ersten

---

416 Vgl. *Schmitz*, 88.

417 Ausführlicher zum geschützten Rechtsgut *Heine/Hecker*, in: S/S, Vorbem. §§ 324 ff., Rn. 8.

418 Zu Unrecht daher *Nazarian*, 85, wenn sie im Rahmen ihrer Untersuchung die gänzlich unzureichende Auseinandersetzung mit anderen Deliktsgruppen als den Vermögenstatbeständen anprangert, da in der Kommentarliteratur gewisse Hinweise vorgenommen werden, vgl. u.a. *Sternberg-Lieben/Bosch*, in: S/S, § 78a, Rn. 2 sowie *Lackner*, in: Lackner/Kühl, § 78a, Rn. 4.

419 Während *Schmitz*, 91 und 121 diese beiden Tatbestände lediglich unter dem Gesichtspunkt des steigerungsfähigen Erfolgs betrachtet, nimmt *Nazarian*, 85 ff. eine solche Unterscheidung nicht vor.

420 Wird bspw. das Opfer vom Täter mit einem Messerstich derart verwundet, dass sich daraus resultierende gleichbleibende chronische Schmerzen ergeben, kann ähnlich wie bei § 226 StGB das Erfolgsunrecht im Zeitpunkt der Vollendung eindeutig ermittelt werden. Anders etwa bei einer HIV-Infektion, wenn sich die Erkrankung über Jahre hinweg zunehmend verschlimmert und ein Ende des pathologischen Zustandes nicht einmal ansatzweise bestimmt werden kann. Ähnliche Verläufe können auch für § 303 StGB konstruiert werden. Einen unmittelbar endgültig eingetretenen, aber

Verwirklichung kein weiteres tatbestandsmäßiges Unterlassen mehr vorliegt, sind diese Konstellationen als ein Auseinanderfallen von Erfolgsunwert und Rechtsgutseinbuße zu qualifizieren[421].

Bei der Berücksichtigung etwaiger Spätfolgen ist das Meinungsspektrum der Anhänger eines faktischen Beendigungsbegriffs uneinheitlich[422]. Wendet man die weite Formel auf diese nachträglichen Ereignisse an, kann nicht in Abrede gestellt werden, dass der Eintritt des letzten Erfolgs noch zur unrechtserheblichen Gesamttätigkeit zählt. Im Zusammenhang mit der Ansteckung mit der Immunschwächekrankheit hat der BGH folgendes klargestellt: Wenn bereits die Infektion mit dem Virus objektiv die körperliche Verfassung des Opfers derart gravierend beeinträchtigt, dass weitere Verschlechterungen im Lauf der Zeit eintreten können, so rechtfertigt der tatsächliche spätere Eintritt dieser Spätfolgen keine andere Beurteilung hinsichtlich der Verwirklichung des tatbestandsmäßigen Erfolgs[423].

Mit anderen Worten räumt der BGH an dieser Stelle ein, dass eine im weiteren Verlauf der Deliktsverwirklichung eintretende Rechtsgutsbeeinträchtigung keinen Einfluss auf die Höhe des verwirklichten Erfolgsunrechts hat und bestätigt die These vom Auseinanderfallen dieser beiden Komponenten[424].

### *(2) Ausgewählte Wirtschaftsstrafdelikte*

#### *(a) Geldwäsche*

Der Geldwäschetatbestand des § 261 StGB soll nach der Zielrichtung des Gesetzgebers den modernen Kriminalitätsformen wie der Organisierten Kriminalität oder der Terrorismusfinanzierung entgegenwirken[425]. Aufgrund der

---

andauernden Erfolg begeht, wer bspw. mit einem Schraubenzieher den Oldtimer des Opfers irreparabel zerkratzt. Nimmt der Täter hingegen eine sich mit der Zeit ausbreitende Säure, so frisst sich diese mit der Zeit durch die Karosserie und resultiert womöglich in einer endgültigen Zerstörung i. S. d. § 303 StGB.

421 Vgl. dazu die einleitenden Bemerkungen unter §2 VII. 1. a), S. 88.

422 Für eine Berücksichtigung *Dallmeyer*, in: BeckOK-StGB, § 78a, Rn. 5, ablehnend dagegen bspw. *Lackner*, in: Lackner/Kühl, § 78a, Rn. 4 und *Sternberg-Lieben/Bosch*, in: S/S, § 78a, Rn. 2.

423 So BGH, NStZ 2009, 35. Zu der Frage inwieweit in derartigen Konstellationen eine Ergänzungs- bzw. Vervollständigungsklage geeignet ist die Rechtskraft zu durchbrechen, vgl. BVerfGE 65, 377 und *Achenbach*, ZStW 87 (1975), 74 ff.

424 Zu dieser Eigenheit bereits die einleitenden Ausführungen in diesem Kapitel unter §2 VII. 1. a), S. 88.

425 Der oder die Täter beabsichtigen dabei auf unrechtmäßigem Weg erworbene Vermögenswerte in den legalen Zahlungsverkehr zurückzuführen, sie also sprichwörtlich

Ausgestaltung als Anschlussdelikt resultieren die Tathandlungen der Geldwäsche u. a. in der Überlegung, dass die im Rahmen der Vortat eingetretene Rechtsgutsbeeinträchtigung weiter fortgesetzt wird[426]. Obwohl der Tatbestand des § 261 StGB eine Intensivierung des vorangegangenen Unrechts in Gestalt eines tatbestandsmäßigen Erfolgs bzw. einer entsprechenden Absicht nicht fordert, liefert dieser Aspekt den Ausgangspunkt für die Pönalisierung der dort beschriebenen Zuwiderhandlungen[427].

Für die Auswirkungen auf die Strafverfolgung treten dabei zwei Aspekte in den Vordergrund. Ein Gegenstand hat als Tatobjekt der Geldwäsche auszuscheiden, wenn die entsprechende Vortat verjährt ist[428]. Mangels unmittelbarer tatbestandlicher Auswirkungen des Zeitelements im Rahmen dieses Delikts vermag der bloße Zeitablauf keine Verschiebung des Verjährungsbeginns auszulösen. Deutlich wird in diesem Kontext zunächst, dass ein bereits eingetretener rechtswidriger Zustand durch mehr oder minder neutrale Verhaltensweisen perpetuiert und damit zum Straftatbestand erhoben wird[429].

*(b) Unerlaubte Verwertung urheberrechtlich geschützter Werke*

Strafrechtlichen Schutz des geistigen Eigentums bieten im Bereich des Wirtschaftsstrafrechts das Patent- (PatG), das Urheber- (UrhG) und das Designgesetz (DesignG). Bei den darin enthaltenen Delikten wirkt die einmal begangene Rechtsgutsverletzung regelmäßig fort. Den zentralen Straftatbestand markiert § 106 UrhG, welcher aufgrund der Akzessorietät des Strafrechts dabei i. d. R. dieselben Rechtsgüter schützt wie die urheberzivilrechtlichen Vorschriften[430].

---

zu „waschen", um sie schließlich auch dem Zugriff der Behörden vorzuenthalten, zur Entstehungsgeschichte *Nestler*, in: Herzog, GWG, § 261, Rn. 1 ff.

426 Auseinander gehen die Meinungen über den Inhalt des von § 261 StGB geschützten Rechtsguts. Der Begründung des BT-Drs. 12/989 zufolge soll der Tatbestand der inländischen Rechtspflege dienen, um „die Wirkungen von Straftaten zu beseitigen". Wenn man sich Abs. 2 vor Augen führt, kann zutreffend auch das durch die Vortat verletzte Rechtsgut mit einbezogen werden, vgl. dazu *Hetzer*, NJW 1993, 3299.

427 In diesem Sinne *Schmitz*, 90 mit weiterem Verweis auf *Otto*, der anhand ausgewählter Vermögensdelikte diesen Perpetuierungsgedanken eingehender untersucht hat, vgl. *Otto*, 320 ff.

428 Vgl. *Barton*, NStZ 1993, 165. Mit weiteren Nachweisen für beide Seiten *Stree/Hecker*, in: S/S, § 261, Rn. 11.

429 Vgl. *Schmitz*, 90.

430 Geschütztes Rechtsgut des § 106 UrhG ist neben dem geistigen Eigentum im Allgemeinen auch das Verwertungsrecht des jeweiligen Berechtigten, vgl. *Hildebrandt/Reinbacher*, in: W/B, UrhR, § 106, Rn. 6.

Während nach allgemeiner Meinung die Tathandlungen des Vervielfältigens und Verbreitens auf ein Erfolgsdelikt hinweisen, besteht Streit, inwieweit das öffentliche Wiedergeben in der Var. 3 als Tätigkeits- oder als Erfolgsdelikt ausgestaltet ist[431].

Neben den praxisrelevanten Auswirkungen betrifft dies nicht nur die Anwendbarkeit des § 9 StGB, sondern insbesondere auch den Beginn der Strafverfolgungsverjährung, da das Tätigkeitsdelikt klassischerweise einen anderen Anknüpfungspunkt als das Erfolgsdelikt aufweist[432]. Unabhängig davon, wie man die konkrete Tatbegehung als Gesamtdelikt qualifiziert[433], wird regelmäßig nur unzureichend zwischen Vollendung und Beendigung differenziert. Gerade die Tathandlungen des § 106 UrhG zeigen, welche weitreichenden Folgen ein faktischer Beendigungsbegriff nach sich zieht. Versteht man mit der allgemeinen Meinung unter einem Verbreiten i. S. d. § 106 Abs. 1 UrhG das Anbieten oder in Verkehr bringen des Originals oder eines Vervielfältigungsstückes des Werkes in der Öffentlichkeit, führt der Begriff der Deliktsbeendigung auch im Rahmen dieses Delikts zu einem erhöhten Maß an Unbestimmtheit[434]. So könnte das Geschehen erst dann als beendet angesehen werden, wenn das Werk oder das Vervielfältigungsstück wieder aus dem Umlauf genommen wird, oder aber bereits mit Einschleusen in den jeweiligen Wirkkreis[435]. Die Geschehensstruktur ähnelt derjenigen beim Verbreiten von Falschgeld. Unabhängig von der Frage, ob man die jeweilige Tathandlung als Erfolgs- oder Tätigkeitsdelikt auffasst, liegt das Unrecht trotz fortbestehender Rechtsgutsverletzung bereits im Zeitpunkt der Vollendung endgültig vor.

### *(3) Zwischenergebnis*

Die Zeit als wesentlicher Teil des Erfolgsunwerts tritt nicht immer unmittelbar aus dem Wortlaut der jeweiligen Vorschriften in Erscheinung, sondern wird auch ohne ausdrückliche Erwähnung zum Teil mitberücksichtigt. Wenn für

431 So *Gercke*, in: Spindler/Schuster, § 106 UrhG, Rn. 1.

432 Zum Tätigkeitsdelikt unter §2 VII. 3. e), S. 126.

433 Nicht unbedingt zwingend ist die Argumentation hinsichtlich der Qualifikation als Tätigkeitsdelikt über § 15 Abs. 3 UrhG. Da die Wiedergabe die Öffentlichkeit nicht tatsächlich erreichen muss, sondern die Möglichkeit der Erreichbarkeit ausreicht, wollen dies manche für eine Einordnung als Tätigkeitsdelikt genügen lassen, vgl. *Hildebrandt/Reinbacher*, in: W/B, UrhR, § 106, Rn. 20.

434 Zum Begriff des Verbreitens bspw. KG, NStZ 1983, 561.

435 Für Abstellen auf die Tathandlung als maßgeblichen Verjährungsbeginn *Flechsig*, in: Hb. des Urheberrechts, § 90, Rn. 55.

verjährungsrechtliche Erwägungen die entscheidende Frage das Verhältnis von Handlungs- und Erfolgsunrecht darstellt, lassen sich folgende allgemeine Leitlinien aufzeigen:

- Bei den hier untersuchten Tatbeständen (insbesondere die Regelbeispiele der §§ 266a Abs. 4 Nr. 2, 335 StGB sowie § 370 Abs. 5 Nr. 4 AO), welche einen langandauernden Erfolg als Tatbestandsvoraussetzung verlangen, liegt das vollständige Tatunrecht prinzipiell erst, aber sodann auch perfekt mit der Vollendung vor.
- Bezüglich der Absichtsdelikte muss differenziert werden. In konsequenter Fortführung des tatbestandlichen Beendigungsbegriffs sind jene außertatbestandsmäßigen Erfolge, wie etwa die Realisierung der betrugsrelevanten Bereicherungsabsicht, für die Verjährung irrelevant. Ein gesondertes Augenmerk ist bei iterativen Sachverhaltsgestaltungen jedoch auf kupierte Erfolgsdelikte zu richten, bei welchen die fortlaufende Perpetuierung der Absicht das Rechtsgut zusätzlich beeinträchtigt. Gilt es festzustellen, inwieweit das Geschehen nach Vollendung noch tatbestandsmäßig ist, kommt diesem Merkmal bei der Konkretisierung des Unrechts eine zumindest mittelbare Rolle zu.
- Ähnliches gilt für die Regelbeispiele, welche auf das Merkmal der Gewerbsmäßigkeit bzw. der fortgesetzten Begehung als Bandenmitglied abstellen[436]. Die sich eventuell anschließenden weiteren Taten sind für die Vollendung des Regelbeispiels nicht relevant. Die nachfolgenden Taten unterliegen regelmäßig einer eigenständigen Verjährung.
- Schließlich wurde dargelegt, inwieweit nicht nur bei den klassischen Vermögensdelikten eine zeitlich gestreckte Rechtsgutsverletzung eine gesonderte Betrachtung der Unrechtsstruktur erfordert. Vollständiges Unrecht liegt bisweilen im Zeitpunkt der Vollendung vor, auch wenn jene Vollendung einen länger andauernden Erfolg voraussetzt.

Wenn im Zeitpunkt der Vollendung das Tatunrecht vollständig vorliegt, sprechen zwei Argumente gegen ein zusätzliches Hinausschieben des Verjährungsbeginns: zum einen das Postulat der Rechtssicherheit, zum anderen der Aspekt des Rechtsfriedens.

Die Schwäche des faktischen Beendigungsbegriffs tritt bei den zeitlich gestreckten Deliktsverläufen offen zutage. Stellt man auf den „Abschluss der unrechtserheblichen Gesamttätigkeit" ab, so kann den Kritikern uneingeschränkt

---

436 Die einzelnen Nachweise unter Fn. 402, S. 101 und 403, S. 101.

zugestimmt werden, wenn ein anderer als der Vollendungszeitpunkt für den Verjährungsbeginn lediglich „willkürlich gewählt sein könnte“[437]. Dieses in der Literatur bereits diskutierte Problem hat vor längerer Zeit auch die Rechtsprechung erkannt[438]. Das kriminalpolitische Bedürfnis kann nicht ausreichen, die über den bloßen Kausalverlauf verursachten Rechtsgutsbeeinträchtigungen dem Täter weiterhin vorzuwerfen[439]. Vor dem Hintergrund der Präventivfunktion des Strafrechts kann ein bloßes Bestehenlassen des (in strafbarer Weise verursachten) Schadens als tatbestandsmäßige Begehung eines Delikts nicht überzeugen[440].

Für die hier zunächst untersuchten Deliktsgruppen mit zeitlich gestrecktem Erfolgsverlauf ergibt sich das Ergebnis – das Auseinanderfallen von Erfolgsunwert und tatsächlicher Rechtsgutseinbuße – gerade aus der unrechtsmodifizierenden

437 So wörtlich *Schmitz*, 228.

438 *Hau* hat in diesem Zusammenhang zutreffend darauf hingewiesen, dass „die Nachwirkungen eines Zustandsverbrechens nicht in das Beendigungsstadium einbezogen werden“ können, vgl. *Hau*, 71 m. w. N. aus der Rechtsprechung.

439 In diesem Sinne und mit dem Hinweis, dass eine andere Beurteilung die Differenzierung zwischen Unterlassungs- und Begehungsdelikten entbehrlich machen würde und es entscheidendes Kriterium der unechten Unterlassungsdelikte ist, dass der Täter strafrechtlich nicht verpflichtet ist, die von ihm herbeigeführte Rechtsgutsverletzung wieder zu beseitigen, vgl. LG Frankfurt, NStZ 1990, 593. Nicht unbedingt dagegen spricht LG Frankfurt, ZUR 1994, 37; so aber *Schmitz*, S. 231, Fn. 195. Dem Fall lag folgender Sachverhalt zugrunde: Die Angeklagten haben u. a. ein giftiges Holzschutzmittel in Verkehr gebracht, woraufhin zahlreiche Verbraucher mit unterschiedlichen Krankheitsbildern in ihrer Gesundheit beeinträchtigt wurden. Eine erforderliche Rückrufaktion wurde ebenfalls nicht veranlasst, sodass das Gericht einen Teil der Tat auch als Unterlassungsdelikt qualifiziert hatte. Die Besonderheit des Falles lag einerseits in der Tatsache begründet, dass nach Feststellungen des Gerichts „die Vergiftung durch Holzschutzmittel-Inhaltsstoffe nicht als *ein* Krankheitsereignis aufzufassen“ ist und darüber hinaus in der Nichtvornahme einer Rückrufaktion weiteres strafrechtliches Verhaltensunrecht vorliegt, vgl. LG Frankfurt, ZUR 1994, 37 f. Die Urteile stehen sich insbesondere deswegen nicht entgegen, als im Holzschutzmittelfall neben dem fortwährenden Erfolg auch von einem andauernden Handlungsunrecht ausgegangen wurde. Dies steht somit in Einklang mit der hier vorgeschlagenen These, dass ein Hinausschieben des Verjährungsbeginns mithin sogar geboten ist, wenn neben dem Erfolgs- auch ein kontinuierliches Handlungsunrechtselement angenommen werden kann. Ob die Begründung für eine Bejahung des Handlungsunrechts im konkreten Fall über eine produkthaftungsrechtliche Unterlassungskonstruktion überzeugend ist, sei damit nicht gesagt. Zweifelnd insoweit *Schulz*, ZUR 1994, 28.

440 Vgl. LG Frankfurt, NStZ 1990, 593 mit Verweis auf *Hruschka*, GA 1968, 198.

Wirkung der Zeit. Die Expressivität des Erfolgs wird immer schwächer, je entfernter die letzte tatbestandsmäßige Handlung liegt.

Fallen das Erfolgsunrecht und die Rechtsgutsbeeinträchtigung bei manchen Delikten bereits aufgrund der Tatbestandsstruktur auseinander, kann die konkrete Begehungsweise dieses Ergebnis bei zahlreichen weiteren Tatbeständen herbeiführen. Ob die Verjährung deswegen stets mit Vollendung zu laufen beginnt, ist damit nicht zwingend festgestellt. Dies hängt insbesondere noch von der entscheidenden Ausprägung des konkreten Handlungsunrechts ab.

#### *dd) Delikte mit steigerungsfähigem bzw. steigerndem Erfolg*

Entgegen der herrschenden Meinung kann bei Delikten mit steigerungsfähigem bzw. sich steigerndem Erfolg nicht pauschal auf den „Abschluss des rechtsvernichtenden Tuns bzw. die vollumfängliche Verwirklichung des Tatunrechts" abgestellt werden. Damit käme man wie in den Fällen des andauernden Erfolgs zu den unerwünschten Ergebnissen der damaligen konsequenten Erfolgstheorie und zu einer unverhältnismäßigen Ausdehnung der Verjährungsfristen[441]. Abweichend von den soeben erörterten Konstellationen, in denen sich die Rechtsgutsverletzung zwar fortsetzt, jedoch nicht steigert, treten im Bereich des Wirtschaftsstrafrechts vermehrt Geschehensabläufe auf, in denen sich eine Potenzierung des Schadens alleine aus der Eigenart der Deliktsbegehung ergibt.

##### *(1) Ausgewählte Delikte*

Klassischerweise können in diesem Zusammenhang die Fallgestaltungen des Renten- und Anstellungsbetrugs sowie der Steuerhinterziehung genannt werden[442]. Gleiche Erfolgsstrukturen können bspw. auch bei Körperverletzungsdelikten beobachtet werden, in denen der Täter dem Opfer gesundheitsschädliche Mittel verabreicht, die die körperliche Verfassung progredient beeinträchtigen.

##### *(2) Meinungsspektrum in Rechtsprechung und Literatur*

Bei sukzessiver Schadensvergrößerung ist im Hinblick auf den Erfolgszustand umstritten, wann die Verjährung beginnt und wie sich solche Verläufe auf den Rechtsfrieden auswirken. Die überwiegende Ansicht in Rechtsprechung und Literatur geht in konsequenter Fortführung des tatbestandlichen Beendigungsbegriffs davon aus, dass die Strafverfolgungsverjährung mit dem letzten Akt bzw.

---

441 Dazu unter §2 VII. 1, S. 86 und zur konsequenten Erfolgstheorie §2 IV. 2. d), S. 56.

442 Siehe zu diesen Delikten unter §2 VI. 7, S. 85.

der letzten Schadensintensivierung zu laufen beginnt[443]. Als Begründung wird angeführt, dass ein Schwinden des Vergeltungsbedürfnisses erst dann einsetzen kann, wenn die Rechtsgutseinbuße vollständig abgeschlossen ist bzw. „der Punkt erreicht ist, ab dem es nicht mehr schlimmer werden kann"[444].

Eingang gefunden haben Überlegungen zu dieser Thematik in die Rechtsprechung des Reichsgerichts zur Vorgängernorm[445]. Das Bemühen, dem Verjährungsbeginn bei sukzessiver Schadensentstehung eine entsprechende Kontur zu geben, hat der BGH fortgesetzt[446]. Mit Verweis auf die Rechtsprechung des Reichsgerichts führt der BGH an, dass für den Lauf der Verjährungsfrist die Auszahlung der letzten Rente entscheidend ist[447]. Aufgrund der andersartigen Motivationslage kann im Falle des Anstellungsbetrugs für den Verjährungsbeginn nicht auf die letzte Gehaltszahlung abgestellt werden[448]. Mit dem Abschluss des Beschäftigungsvertrages liegt der Vermögensschaden endgültig vor, sodass die Tat in diesem Zeitpunkt grundsätzlich auch beendet ist[449]. Ein Abstellen auf den Zeitpunkt der letzten Gehaltszahlung läuft der Schadensbetrachtung im

---

443 Vgl. insoweit RGSt 38, 387; BGH, StraFo 2004, 215 zu § 263 StGB und aktuell auch BGH, NStZ 2012, 513 zur Bestechung sowie aus der Literatur *Saliger*, in: K/N/P, § 78a, Rn. 10 m. w. N.

444 So wörtlich *Mitsch*, in: MK, § 78a, Rn. 9. Veranschaulicht werden soll die Tatsache dabei am Beispiel von Umweltkatastrophen. Solange das von einem Frachter auslaufende Öl die umliegenden Bewohner beeinträchtigt, wird sich ein Gefühl von Rechtsfrieden nicht einstellen können.

445 Vgl. RGSt 42, 171 mit der Überlegung, dass nicht „alle Tatumstände, die durch das Handeln verursacht sind und der äußeren Willensbetätigung irgendwie nachfolgen" als Erfolg im Sinne des § 67 Abs. 4 StGB a. F. gewertet werden können.

446 Bereits in einer späteren Entscheidung hat das Reichsgericht die Verjährung einer Unfallrente erst mit der Auszahlung der letzten Rente beginnen lassen, vgl. RGSt 62, 418 f.

447 So BGHSt 27, 342 mit Verweis auf RGSt 62, 418 f. sowie 71, 64.

448 Dies ist zunächst auch einmal insofern überzeugend, als der Täter sein deliktisches Verhalten im Rahmen des Anstellungsbetruges fortsetzen muss, um künftige Zahlungen zu erhalten. Führt man sich hingegen die Konstellation des Rentenbetrugs vor Augen, wird erkennbar, dass der Täter mit der Abgabe des Rentenbescheids und der anschließenden Bewilligung sämtliche Voraussetzungen dafür geschaffen hat, kontinuierliche Zahlungen zu erhalten, ohne im Grundsatz zumindest aktiv weiter zu handeln. Während das RG in jedem Erhalt einer weiteren Auszahlung eine konkludente Täuschung angenommen hat, wird heute allgemein auf die „Beendigung" der Tat abgestellt, vgl. *Otto*, in: FS Lackner, 733 m. w. N.

449 Vgl. BGHSt 22, 38 ff.

Rahmen des Eingehungsbetrugs entgegen und würde das einfache Erfolgsdelikt im Verjährungsrecht in ein Dauerdelikt wandeln[450].

Nachdem die Rechtsprechung die verjährungsrechtliche Problematik im Rahmen des Anstellungsbetrugs diskutiert hat, haben Teile des Schrifttums diese Diskussion aus dem Blickwinkel des Untreuetatbestandes betrachtet. Die Verjährungsfrist des § 78 StGB verkommt in diesen Fällen zu einem stumpfen Instrument, da über den materiellen Beendigungsbegriff eine Verjährung des sukzessiven Schadens „de facto" ausgeschlossen wäre[451].

### *(3) Rechtsfriedenorientierte Betrachtung*

Für diese Arbeit ist entscheidend, inwieweit das Verhältnis von Erfolgs- und Handlungsunrecht von sich steigernden Schadensentwicklungen beeinflusst wird. Im Rahmen des Betrugs reicht für eine Vollendungsstrafbarkeit bereits der Eintritt einer Vermögensgefährdung. Demzufolge ist es „nur eine gerechte Konsequenz", wenn mit dieser Vorverlagerung auch die strafbefreiende Wirkung des Ablaufs der Verjährungsfrist in Gang gesetzt wird[452]. Gerade im Bereich des Wirtschaftsstrafrechts, in dem häufig auf Gefährdungsdelikte[453] abgestellt wird und ein Gefährdungsschaden als ausreichend erachtet wird, soll das Strafbedürfnis nicht von der Unsicherheit darüber abhängen, ob diese Gefahr „überhaupt, sofort oder erst Jahrzehnte später in einen materiell-rechtlichen Erfüllungsschaden mündet"[454]. Um nicht auf allgemeine Gerechtigkeitsüberlegungen abzustellen, soll der Verjährungsbeginn auf der Basis der personalen Unrechtslehre ermittelt werden und sich in das Konzept eines belastbaren tatbestandlichen Beendigungsbegriffs einfügen.

Vergleicht man die Fälle des langandauernden konstanten Erfolgs mit denen des sich steigernden, wird der Unterschied in der Terminologie erkennbar. Während sich die erste Konstellation durch eine fortwirkende Rechtsgutsverletzung auszeichnet, steigert sich selbige in den zuletzt genannten Fällen. Ob sich daraus zwangsläufig eine andere Betrachtung hinsichtlich des verjährungsrechtlich relevanten Erfolgsunrechts ergibt, ist nicht gesagt. Dies käme dann in Betracht, wenn sich die verselbständigenden, steigernden Rechtsgutsbeeinträchtigungen

---

450 Ebd.

451 In diesem Kontext aber speziell im Rahmen von § 266 StGB jeweils wörtlich *Bosch*, JA 2009, 235 und *Dierlamm*, in: MK, § 266, Rn. 284. Mit ähnlichem Ergebnis am Beispiel der schwarzen Kasse sowohl *Tsagkaraki*, 102 als auch *Ransiek*, NJW 2007, 1730.

452 Mit dieser Überlegung *Asholt*, 435; *Gatzweiler*, in: FS Riess, 683 und *Nazarian*, 123.

453 Zu den Gefährdungsdelikten unter §2 VII. 3. b), S. 118.

454 So wörtlich *Gatzweiler*, in: FS Riess, 683.

auf die Höhe des verwirklichten Erfolgsunrechts auswirken würden. Während dies für die Delikte mit zeitlich gestrecktem, aber kontinuierlich fortwirkendem Erfolg verneint wurde, muss dieses Verhältnis für sukzessive Schadensverläufe erneut untersucht werden.

Wenn der Lauf der Verjährung über die untrennbare Verknüpfung zwischen Handlungs- und Erfolgsunrecht bestimmt wird und ein vom Handlungsunrecht abgelöster Erfolg den Rechtsfrieden nicht erschüttert, so kann auch ein sich steigernder Erfolg, der unabhängig von zusätzlichem Verhalten des Täters wächst, nicht dazu führen, dass sich der Beginn der Verjährungsfrist nach hinten verschiebt[455].

### *ee) Zwischenergebnis*

An den aufgeführten Delikten tritt die Differenzierung zwischen Erfolgsunwert und Rechtsgutsbeeinträchtigung deutlich hervor. Bei zahlreichen Delikten muss das Rechtsgut sogar über die Vollendung hinaus verletzt werden, um eine Strafbarkeit zu bejahen. Ungeachtet dessen liegt das Handlungs- und Erfolgsunrecht häufig weit vor der tatsächlich letzten Rechtseinbuße endgültig vor. Weder andauernde Erfolge noch solche, die sich mit dem Zeitablauf kontinuierlich steigern, sind daher geeignet, für sich genommen den Beginn der Strafverfolgungsverjährung hinauszuzögern. Sofern diesem zusätzlichen Erfolgsunrecht jedoch kein weiteres Handlungsunrecht folgt, schwindet trotz alledem das Bestrafungsbedürfnis[456]. Der Erfolg kann nur dann unter den Tatbestand i. S. d. § 78a S. 2 StGB subsumiert werden, wenn im Zeitpunkt seines Eintritts das Handlungsunrecht der Tat erneut expressiv wird.

### *ff) Zwischenergebnis für Delikte mit zeitlich gestreckter Rechtsgutsverletzung*

Für den Eintritt des ersten Erfolgs als Verjährungsbeginn kann der Wortlaut des § 78a S. 2 StGB angeführt werden. Das Strafgesetzbuch spricht zum einen weder

---

455 Mit diesem Ergebnis auch *Schmidt*, JR 1966, 129 und *Schmitz*, 230.

456 Nach hiesigem Verständnis ist es daher inkonsequent, wenn einerseits zutreffend erkannt wird, dass die alleinige Vergrößerung des Schadens keine Beeinträchtigung des Rechtsfriedens nach sich zieht, andererseits aber im Fall des Rentenbetrugs alleine die zusätzlichen Auszahlungen herangezogen werden, um die Störung der Rechtsgemeinschaft zu begründen. So allerdings *Schmitz*, 232. Die bloße Auszahlung ist separat betrachtet ein neutraler Vorgang, dem ohne die vorherige Tathandlung kein Makel der Strafwürdigkeit anhaftet. Um den Beginn der Verjährung hinauszuzögern, ist nach hier vorgeschlagener Überlegung auch ein zusätzlicher Ausdruck des Täterverhaltens in der Außenwelt erforderlich.

vom Eintritt eines „vollständigen“ Erfolgs, zum anderen hätte der Gesetzgeber ohne weiteres auf den Begriff des „Abschlusses“ eines Erfolgs zurückgreifen können. Ein weiterer Faktor ist in der Quantifizierung des im konkreten Fall eingetretenen Schadens zu sehen. Für die Tatbestandsmerkmale des Betrugs und der Untreue hat das BVerfG die Anforderungen an die Schadensermittlung, insbesondere vor dem Hintergrund eines Gefährdungsschadens, konkretisiert[457]. Trotz der in der Praxis bestehenden Unsicherheiten in der Festlegung dieser Vermögensnachteile stellt der BGH auf den Zeitpunkt des Abschlusses der täuschenden bzw. pflichtwidrigen Handlung ab[458]. Wenngleich in der Literatur auf die einfacher zu handhabende Möglichkeit verwiesen wird, den reinen Kausalverlauf ausreichen zu lassen, favorisiert der BGH die nachträgliche Erstellung einer „Prognose über die zum maßgeblichen Zeitpunkt zu erwartende Entwicklung im betroffenen Vermögen“[459].

Wenn der BGH den Erfolgsunwert im Zeitpunkt der Vornahme der Tathandlung im Wege einer Ex-Ante-Prognose identifiziert, so spricht das für die hiesige These, dass der Erfolgsunwert bei zeitlich gestreckter Rechtsgutsverletzung (sei es eine kontinuierliche oder aber eine sich steigernde) ebenfalls mit dem Abschluss des Täterverhaltens ermittelt werden kann. Dem Einwand, das Sühnebedürfnis der Gesellschaft könne erst dann beginnen zu entfallen, wenn die letzte Auswirkung der Tat noch zu sehen sei, kann daher nicht beigepflichtet werden[460]. Wenn die Spätfolgen der Tat bereits im Schuldspruch des Gerichts mitberücksichtigt wurden, bedarf es unter kriminalpolitischen Gesichtspunkten keines Hinauszögerns des Verjährungsbeginns auf den Eintritt des letzten schädigenden Ereignisses. Dem Gericht bleibt es unbenommen, auch bei vorhandener Sachverhaltsunsicherheit im Wege einer Schätzung einen Mindestschaden anzunehmen[461].

---

457 Vgl. BVerfGE 126, 170 ff. für die Untreue, sowie BVerfGE 130, 1 ff. für den Betrug.

458 Vgl. BGH, NJW 2011, 2675 ff., Rn. 12 m. w. N.

459 So *Bittmann*, NStZ 2013, 73, der sich i. Ü. dafür ausspricht, vorrangig einen anderen Weg der Schadensermittlung einzuschlagen: Während im Rahmen des ersten Prüfungspunktes die tatsächlich eingetretenen Folgen ex post zu ermitteln sind, soll in einem zweiten berichtigenden Schritt der Deliktsverlauf dahingehend überprüft werden, inwieweit das Geschehen objektiv vorhersehbar gewesen ist. Führt diese Vorgehensweise zu keinem zufriedenstellenden Ergebnis, kann stets auf die vom BGH favorisierte nachträgliche ex-ante-Prognose abgestellt werden, vgl. *Bittmann*, NStZ 2013, 74.

460 So schon *Mitsch* unter Fn. 444, S. 111.

461 Vgl. BVerfGE 130, 1 ff., Rn. 176.

Damit lassen nicht nur Gerechtigkeitsüberlegungen einen Gleichlauf der ersten Sanktionsmöglichkeit mit dem Beginn der Verjährungsfrist korrespondieren. Auch praktische Überlegungen, die eine Schadensbestimmung bzw. Unwertbetrachtung im Zeitpunkt des Schuldspruchs erfordern, sprechen für den Zeitpunkt, in dem sowohl das Handlungs- als auch das Erfolgsunrecht der Tat noch expressiv sind.

### *gg) Delikte mit zeitlich verzögertem Eintritt des Erfolgs*

Die Zeit spielt auch bei solchen Geschehnissen eine entscheidende Rolle, in denen zwischen dem tatbestandsmäßigen Verhalten des Täters und dem Erfolgseintritt eine nicht nur unwesentliche Zeitspanne liegt[462]. Dieses Phänomen weist keine unmittelbare verjährungsrechtliche Relevanz auf und das Verjährungsinstitut kann nach geltender Rechtslage[463] nicht zur Lösung des Problems beitragen[464]. Diskutiert wird jene Konstellation insbesondere in Fällen des unbewusst fahrlässigen Erfolgsdelikts und der Rückgriffsmöglichkeit auf § 78a S. 2 StGB. Beispielhaft erläutert werden kann dies an der strafrechtlichen Produkthaftung. Wird ein fehlerhaftes Produkt in Umlauf gebracht und führt erst Jahre oder Jahrzehnte später ein fahrlässiger Konstruktionsfehler zu einem Personenschaden, stellt sich die Fragen nach den zeitlichen Grenzen der Sanktionierbarkeit entsprechender Spätschäden.

Die Überlegungen ähneln denen, die hinsichtlich der Erfolge bei zeitlich gestreckter Rechtsgutsverletzung angestellt werden. Der Unterschied besteht jedoch darin, dass die Frage des zeitlich verzögerten Eintritts des Erfolgs für die Nachzone irrelevant ist. In diesem Fall tritt der Erfolg weder dauerhaft noch

462 Angedeutet unter Fn. 177, S. 58, Punkt §2 V. mit Fn. 212, S. 64. Mit einem Gesetzgebungsvorschlag *Rivero*, GA 2001, 281 ff.

463 Für spät eintretende Erfolge ordnet § 58 Abs. 1 des österreichischen StGB an: „Tritt ein zum Tatbild gehörender Erfolg erst ein, nachdem die mit Strafe bedrohte Tätigkeit abgeschlossen worden ist oder das mit Strafe bedrohte Verhalten aufgehört hat, so endet die Verjährungsfrist nicht, bevor sie entweder auch vom Eintritt des Erfolges ab verstrichen ist oder seitdem im § 57 Abs. 2 bezeichneten Zeitpunkt ihr Eineinhalbfaches, mindestens aber drei Jahre abgelaufen sind."

464 *Gleß*, GA 2006, 692 spricht in diesem Zusammenhang von einer „faktischen Unverjährbarkeit". Zum gleichen Ergebnis kommen *Wolters/Beckschäfer*, in: FS Herzberg, 143. Diese wollen den historischen Gesetzgeber für sich reklamieren, da „eine Auseinandersetzung mit den auch damals schon diskutierten Fällen des weiten Auseinanderfallens von Handlung und Erfolg" nicht stattgefunden hatte. *Schmitz* will derartige Konstellationen im Rahmen seiner Untersuchung ebenfalls unberücksichtigt lassen, vgl. *Schmitz*, 15 m. w. N.

kontinuierlich ein. Es stellt sich vielmehr die Frage, ob zu dem späteren Zeitpunkt überhaupt noch von einem Eintritt des „tatbestandsmäßigen“ Erfolgs i. S. d. § 78a S. 2 StGB die Rede sein kann[465]. Während die Praxis[466] zum Teil den Weg über § 153a StPO gewählt hat, versuchen andere Ansätze eine materiell-rechtliche Bewältigung über das Institut der Zurechnung zu begründen[467]. Da aber diese Ansätze ebenfalls nicht ohne Kritik[468] geblieben sind, kann eine Lösung dieses Problems bis zum jetzigen Zeitpunkt nicht gefunden werden[469]. Neben dem weitreichenden Vorschlag, das geltende Verjährungsrecht zu reformieren[470], können für die praktische Handhabung auch andere Kriterien herangezogen werden. Namentlich lässt sich auf die Schwere der Sorgfaltswidrigkeit, auf die Unterscheidung zwischen einer bewussten bzw. unbewussten Fahrlässigkeit sowie die Möglichkeit des Täters zur Erfolgsabwendung zurückgreifen.

*hh) Objektive Bedingungen der Strafbarkeit*

Dem Wortlaut des § 78a S. 2 StGB zufolge dürfen Erfolge, die systematisch nicht dem Tatbestand zugeordnet werden können, für den Verjährungsbeginn keine Bedeutung haben[471]. Allgemeiner Konsens besteht jedoch, als ein Erfolg im Sinne einer objektiven Strafbarkeitsbedingung ebenfalls geeignet ist, den Verjährungsbeginn auf den Eintritt der Bedingung hinauszuschieben[472]. Auseinander

465 Vgl. auch *Wolters/Beckschäfer*, in: FS Herzberg, 143.

466 So bspw. im Düsseldorfer Flughafenfall, *Tondorf*, StV 2002, 53.

467 Vgl. *Herzberg*, JuS 1987, 782; *ders.*, in: Szwarc, 61 ff. sowie *Schlehofer*, NJW 1989, 2023 jeweils im Zusammenhang mit einer HIV-Infizierung.

468 Sowohl *Gleß*, GA 2006, 703 f. als auch *Wolters/Beckschäfer*, in: FS Herzberg, 151 ff. stehen einer Analogie insofern kritisch ggü. als zum einen fraglich ist, ob überhaupt eine entsprechende Regelungslücke vorliegt, und zum anderen die Sachverhalte auch nicht vergleichbar sind.

469 Vgl. *Hsueh*, 124.

470 Mit dieser Schlussfolgerung *Gleß*, GA 2006, 704 ff., wobei eher eine Anlehnung an das österreichische Modell angebracht ist. Im Gegensatz zum schweizerischen StGB, in dem nach Art. 98 StGB die Verjährungsfrist mit dem Tag zu laufen beginnt, „an dem der Täter die strafbare Tätigkeit ausführt“, bezieht das österreichische StGB ebenfalls Erfolge in die Betrachtung mit ein. Nach § 58 Abs. 1 des österreichischen StGB verjährt die Tat im Falle eines Auseinanderfallens von Handlung und Erfolg, wenn seit dem Täterverhalten mehr als das Anderthalbfache der Frist für die Verfolgungsverjährung der geahndeten Tat verstrichen ist.

471 Zu der Ausnahme vom tatbestandlichen Beendigungsbegriffs bei den Regelbeispielen unter Fn. 388, S. 98.

472 Vgl. *Schmid*, in: LK, § 78a, Rn. 15 m. w. N. aus Rechtsprechung und Literatur.

gehen die Meinungen darüber, ob sich der Verjährungsbeginn mit jedem weiteren Bedingungseintritt hinauszögert[473].

Entscheidend ist das Verhältnis zwischen personaler Unrechtslehre und dem Postulat des Rechtsfriedens. Allerdings wird dem Charakteristikum der objektiven Bedingung eine Unrechtsrelevanz abgesprochen[474]. Zieht man die vorangegangenen Gedanken über ein abgelöstes Erfolgsunrecht heran, so kann folgende Schlussfolgerung gezogen werden: Wenn schon unrechtsrelevante Erfolge nicht geeignet sind, für sich genommen den Verjährungsbeginn hinauszuschieben, so können solche „Erfolge", die keinen unrechtsrelevanten Charakter aufweisen, erst recht nicht den Verjährungsbeginn hinauszögern.

Für die Bankrottdelikte der §§ 283 ff. StGB kommt es für den Verjährungsbeginn daher entgegen der überwiegenden Ansicht nicht auf den Zeitpunkt der Zahlungseinstellung oder den der Eröffnung oder Ablehnung des Insolvenzverfahrens an[475]. Als Begründung der h. M. wird geltend gemacht, eine Verjährung könne erst dann in Gang gesetzt werden, wenn die Tat auch insgesamt verfolgbar ist[476]. Jene Überlegung kann als alleinige Begründung aus bereits genannten Gründen nicht überzeugen[477]. Das gilt auch, soweit von diesen Vertretern zusätzlich die gesetzgeberische Wertung des § 78b StGB herangezogen wird, wonach wenigstens eine Verfolgungsmöglichkeit vorgelegen haben muss. Die Ratio des § 78b Abs. 1 Nr. 2 StGB macht deutlich, dass nur rechtliche Verfolgungshindernisse, nicht hingegen tatsächliche, ein Ruhen der Verjährung auslösen können,[478]. Wird vereinzelt ein Hinauszögern der Verjährung mit dem

---

473 Für ein Hinausschieben *Schmid*, in: LK, § 78a, Rn. 15; a. A. *Sternberg-Lieben*/Bosch, in: S/S, § 78a, Rn. 13.

474 Vgl. *Niu*, 61 mit Verweis auf *Kaufmann*, Schuldprinzip, 248. Man unterscheidet zwischen einer echten und einer unechten objektiven Bedingung der Strafbarkeit. Allerdings umfasst der Sprachgebrauch regelmäßig nur die echte objektive Bedingung, die gerade keine Unrechtsrelevanz aufweisen soll, vgl. *Niu*, 95 und 177.

475 Im Fall der Insolvenz einer natürlichen Person bei fortdauerndem Verheimlichen bis zur Restschuldbefreiung hat der BGH entschieden, dass das Delikt erst dann beendet ist, wenn die Befreiung erteilt wird, vgl. BGH, DZWIR, 2016, 484. Der BGH hat in dem Urteil klargestellt, dass ein Verhalten dann kein tatbestandsmäßiges Unrecht mehr darstellen kann, wenn die Handlung zu einem Zeitpunkt vorgenommen wurde, der nach Eintritt des Schadens liegt und der Täter eine gesicherte Rechtsposition erlangt hat.

476 Dazu *Stree*, JuS 1965, 473.

477 Zu dieser „Begriffsjurisprudenz" die Ausführungen unter Fn. 155, S. 53. Ebenfalls ablehnend für das schweizerische Recht BGE 101 IV 20.

478 Vgl. *Mitsch*, in: MK, § 78b, Rn. 9.

fehlenden Eintritt des Erfolgs legitimiert, so wird verkannt, dass es sich sodann um tatsächliche wie rechtliche Verfolgungshemmnisse handelt und darüber hinaus vorausgehend regelmäßig eine Versuchsstrafbarkeit vorliegt, die einer Bestrafung zugänglich ist[479]. Eine Ausweitung der verjährungsrechtlichen Beendigungsphase kann nach alledem durch den Eintritt einer objektiven Strafbarkeitsbedingung nicht begründet werden.

### 3. *Verjährungsbeginn der weiteren Deliktsgruppen*

#### *a) Erfolgsqualifizierte Delikte*

Vereinzelt wird für die erfolgsqualifizierten Delikte darauf verwiesen, dass an diesen die eigentliche neue „praktische Bedeutung" des Hinausschiebens der Verjährung nach § 78a S. 2 StGB deutlich gemacht werden kann[480]. Da zum einen weder für die Vollendung, noch die Beendigung des Grunddelikts der Eintritt der schweren Folge erforderlich ist, könnte in diesen Fällen das Grunddelikt samt schwerer Folge bereits verjährt sein, obwohl sich der schwere Erfolg noch nicht realisiert hat[481]. Wie bei den Delikten mit zeitlich verzögertem Erfolgseintritt ist dies keine unmittelbar verjährungsrechtliche, sondern eine zurechnungsrelevante Frage[482]. Für zeitlich gestreckte Verläufe gelten daher sinngemäß die Ausführungen zu den reinen Erfolgsdelikten.

#### *b) Gefährdungsdelikte*

Für die Gefährdungsdelikte ist zwischen konkreten und abstrakten zu unterscheiden. Insbesondere auf letztere greift der Gesetzgeber im Bereich des Wirtschaftsstrafrechts zurück[483]. Während die Verjährung abstrakter Gefährdungsdelikte

---

479 Beabsichtigt der Täter, den Erfolg erst lange Zeit nach seiner Handlung eintreten zu lassen, kann in dieser Phase regelmäßig aus einer Versuchsstrafbarkeit heraus verurteilt werden. Tritt der Erfolg sodann nach einer Verurteilung ein, kann dieser aufgrund des ne bis in idem Grundsatzes und einer fehlenden Erwähnung in § 362 StPO nicht mehr berücksichtigt werden.

480 So wörtlich *Rudolphi/Wolter*, in: SK-StGB, § 78a, Rn. 4. Ähnlich auch *Saliger*, in: K/N/P, § 78a, Rn. 8 und *Nazarian*, 128.

481 Um nicht lediglich auf eine Verfolgung der Tat wegen eines Fahrlässigkeitsdeliktes zurückgreifen zu müssen, soll die Strafverfolgungsverjährung der erfolgsqualifizierten Delikte erst dann zu laufen beginnen, wenn der entsprechend schwere Erfolg eingetreten ist, vgl. *Rudolphi/Wolter*, in: SK-StGB, § 78a, Rn. 4.

482 Dazu die Ausführungen unter §2 VII. 2. b) gg), S. 115.

483 Mit kritischer Beurteilung der Gesetzgebung im Bereich des Wirtschaftsstrafrecht *Schünemann*, GA 1995, 201 ff.

nach h. M. mit dem Abschluss der gefährlichen Ausführungshandlung beginnt[484], wird im Rahmen des konkreten Gefährdungsdelikts auf den Eintritt der konkreten Gefährdung abgestellt[485]. Im Übrigen hängt der Verjährungsbeginn von der tatsächlichen Ausgestaltung des Gefährdungsdelikts ab: Ist der Gefährdungstatbestand etwa als Unterlassungstat normiert, gelten die diesbezüglichen Verjährungsgrundsätze[486].

Die Ausführungen der Rechtsprechung in diesem Kontext können nicht überzeugen[487]. Selbst wenn sich die jeweilige Gefährdung über einen längeren Zeitraum erstreckt, soll bei dieser Deliktsgruppe der andauernde „Gefährdungserfolg“ nicht geeignet sein, den Strafverfolgungsbeginn hinauszuzögern[488]. Würde die herrschende Ansicht den materiellen Beendigungsbegriff konsequent fortführen, ist in diesen Fällen von einer Perpetuierung der Rechtsgutsverletzung auszugehen. Wie bei den reinen Erfolgsdelikten wäre damit auch die Verjährung entsprechend zu verlängern.

Erschwert wird die Erfassung des Unwerts einzelner Gefährdungstatbestände, da die Qualifikation der Deliktsnatur unterschiedlich beurteilt wird. So gehen die Ansichten nicht nur darüber auseinander, ob es sich bei manchen Tatbeständen um abstrakte oder konkrete Gefährdungsdelikte handelt, sondern auch über die Einordnung als Erfolgsdelikt[489]. Wenn der Vollendung nachfolgende Geschehnisse eine Unterlassungsrelevanz nur dann aufweisen, wenn deren Qualität über die bloße Nichtwiedergutmachung des Schadens hinausgeht, wird deutlich, dass die Erörterung der nachtatbestandlichen Verjährungsstruktur in dieser Deliktsgruppe mehr Begründung bedarf als die Einordnung als abstraktes bzw. konkretes Gefährdungsdelikt.

---

484 Vgl. BGHSt 36, 257 = NJW 1990, 194; OLG Celle NStZ-RR 2012, 76; OLG München, NStZ 2006, 631 zu § 264 StGB, sowie *Lackner*, in: Lackner/Kühl, § 78a, Rn. 3 m. w. N.

485 Vgl. BGHSt 32, 294; OLG Düsseldorf, NJW 1989, 537 und *Sternberg-Lieben/Bosch*, in: S/S, § 78a, Rn. 11.

486 Vgl. *Schmid*, in: LK, § 78a, Rn. 14.

487 Ebenfalls kritisch *Nazarian*, 88. Zu undifferenziert allerdings, da nicht weiter auf die Deliktsarten der Zustands-, Dauer- und Tätigkeitsdelikte abgestellt wird, vgl. *Nazarian*, 124 f.

488 Vgl. BGH, NJW 1990, 196, sowie OLG Celle, NStZ-RR 2012, 75.

489 Zu dem Diskurs über den Deliktscharakter des Subventionsbetrugs unter Punkt §3 II. 1, S. 174.

### *aa) Bilanzierungsdelikte*

Gefährdungsdelikte des Wirtschaftsstrafrechts sind etwa Bilanzierungsdelikte[490]. Bei diesen Delikten handelt es sich nach h. M. um abstrakte Gefährdungsdelikte[491]. Wenn der Täter die Bücher gefälscht hat und aufgrund dieser Unterlagen das Unternehmen nach einigen Jahren zu einem unzutreffenden Kaufpreis veräußert wird, wird das Rechtsgut dieser Delikte (das Vertrauen in die Vollständigkeit und Richtigkeit der Informationen über die Verhältnisse der Gesellschaft[492]) weiterhin beeinträchtigt und müsste nach dem faktischen Verständnis ebenfalls unter die Beendigungsphase subsumiert werden können. Der Erfolgsunwert kann bereits im Zeitpunkt der Vollendung festgestellt werden. Dieser Augenblick hängt im Wesentlichen von der Rechtspersönlichkeit und Größe der Gesellschaft ab, allgemein jedoch davon, wann der festgestellte Jahresabschluss seine entsprechende Außenwirkung zu entfalten vermag[493]. Überzeugen können weder diejenigen Stimmen, die für die Beendigung und damit den Verjährungsbeginn auf den Zeitpunkt der tatsächlichen Kenntnisnahme der Adressaten abstellen, noch die Befürworter einer Auslegung der Bilanz- als Dauerdelikte[494]. Beide Gruppen legen den Deliktscharakter nicht überzeugend aus, da im verjährungsrechtlichen Kontext für abstrakte Gefährdungsdelikte weder ein Abwarten des Erfolgs (die tatsächliche Kenntnisnahme) erforderlich ist, noch pauschalisierend auf eine Dauergefahr abgestellt werden kann.

### *bb) Zwischenergebnis*

Die Rechtsprechung behandelt zeitlich gestreckte Geschehensabläufe bei reinen Erfolgsdelikten und bei abstrakten Gefährdungsdelikten abweichend voneinander. Obwohl bei den Gefährdungsdelikten mit dem Beginn und Ende des

---

490 Handelsrechtliche Sanktionsnormen kennt das HGB in §§ 331 ff. HGB, das GmbHG in §§ 82 ff. GmbHG das AktG in §§ 400 ff. AktG, das Genossenschaftsgesetz in §§ 147 ff. GenG, das Versicherungsaufsichtsgesetz in § 143 VAG und das Publizitätsgesetz in §§ 17 ff. PublG. Nach diesen Normen wird bestraft, wer die Verhältnisse der Unternehmen in der Eröffnungsbilanz, im Jahresabschluss oder Lagebericht bzw. Konzernabschluss oder -lagebericht unrichtig wiedergibt oder verschleiert.

491 Vgl. *Bernard/Südbeck*, in: Park, Kapitalmarktstrafrecht, § 331 HGB, Rn. 102; *Sorgenfrei*, in: MK, § 331 HGB, Rn. 6 und *Wicke*, in: Wicke, § 82, Rn. 4 für § 82 GmbHG.

492 Vgl. *Dannecker*, in: *Michalski*, GmbH, § 82 GmbHG, Rn. 12 m. w. N. aus Rechtsprechung und Literatur.

493 So auch *Sorgenfrei*, in: MK, § 331 HGB, Rn. 147 f., der auf die Vollendungszeitpunkte der unterschiedlichen Kapitalgesellschaften eingeht.

494 Vgl. dazu auch *Ransiek*, in: Achenbach/Ransiek, 984.

Gefahrzustandes ohne weiteres eine entsprechende Beendigungsphase konstruiert werden könnte, wird diese Konsequenz hier nicht gezogen. Der Verweis auf die „Beendigung“ der Ausführungshandlung kann zunächst als Hinweis dahingehend ausgelegt werden, dass mit § 78a S. 1 StGB doch der Fokus auf das Verhalten des Täters zu legen sei[495]. Dass die herrschende Ansicht bspw. im Rahmen der abstrakten Gefährdungsdelikte dabei in einem Fall auf den Abschluss der Tätigkeit und in einem anderen Fall doch auf die tatsächliche Verletzung als Quasierfolg i. S. d. § 78a S. 2 StGB abstellt, verdeutlicht die Inkonsequenz nur umso mehr[496].

### *c) Zustands-/Dauerdelikte*

Unter Dauerdelikten werden solchen Taten verstanden, die mit der Verwirklichung des Tatbestands nicht abgeschlossen sind, sondern bei denen der Täter den von ihm geschaffenen rechtswidrigen Zustand willentlich aufrechterhält oder die deliktische Tätigkeit ständig fortsetzt[497]. Neben dieser traditionellen Begriffseingrenzung haben sich über die Jahre hinweg zahlreiche weitere formelle wie materielle Abgrenzungsansätze herausgebildet, um das Dauerdelikt und das Zustandsdelikt voneinander abzugrenzen[498]. Nachdem sämtliche Versuche, eine allgemeine Formulierung des Dauerdelikts zu finden, nicht ohne Widerspruch geblieben sind, wurden diese Bemühungen eingestellt[499]. Um dieses Begriffspaar nicht vollständig aufzugeben, ist zwischen Dauerdelikten im engeren Sinn und solchen im weiteren Sinne zu differenzieren[500]. Während erstere nur dann vorliegen, wenn die Auslegung des Tatbestands ergibt, dass die Tat regelmäßig nur durch mehrere Handlungen oder Unterlassungen begangen

495 Mit dieser Terminologie OLG München, NStZ 2006, 631.

496 Vgl. etwa OLG Celle, NStZ-RR 2012, 76 auf die Tätigkeit und BGH, NStZ 2007, 579 auf den Quasierfolg.

497 Vgl. u. a. BGHSt 36, 257 sowie *Roxin*, AT I, § 10, Rn. 105.

498 Zur Dogmatik der Dauerstraftaten und dem Problem der Tatbeendigung auch *Hruschka*, GA 1968, 193 ff.

499 Nachdem *Kühl*, 165 im Kontext der Strafverfolgungsverjährung angemerkt hat, dass eine Verlängerung derselbigen über den Begriff des Dauerdelikts restriktiv handzuhaben ist, hat *Schmitz*, 43 den Versuch, einen konsensfähigen Dauerdeliktsbegriff zu ermitteln, für gescheitert erklärt, vgl. dazu den Hinweis unter Fn. 331, S. 84.

500 *Jakobs* differenziert ebenfalls zwischen Dauerdelikten im engeren wie im weiteren Sinne und grenzt danach ab, ob der Täter das Geschehen noch selbst beeinflussen kann, vgl. *Jakobs*, AT, 6/80 ff.

werden kann[501], resultiert die Qualifikation als Dauerdelikt in den übrigen Fällen aus der konkreten Begehungsweise als bloßes konkurrenzrechtliches Produkt beliebig vieler Taten[502]. Legt man nicht das Verständnis zugrunde, wonach ein Dauerdelikt auch eine subjektive Komponente (die willentliche Aufrechterhaltung des jeweiligen Zustandes) mit umfasst, kann in manchen Fällen konstruktiv auch eine fahrlässige Dauerstraftat vorliegen[503].

### *aa) Das fahrlässige Dauerdelikt am Beispiel des Steuerstrafrechts*

Einige Besonderheiten sind am Beispiel der leichtfertigen Steuerverkürzung auszumachen[504]. Umstritten ist dabei neben der Frage, ob das Konstrukt der Dauerordnungswidrigkeit auf Steuerverkürzungen anzuwenden ist, auch die Frage, wie weit der Anwendungsbereich der Dauerordnungswidrigkeit reicht. Der letztgenannte Diskurs dreht sich insbesondere um die Frage, ob die leichtfertige Steuerverkürzung im Wege des Unterlassens begangen werden kann. Nach der steuerstrafrechtlichen Rechtsprechung soll ein Dauerdelikt hinsichtlich der leichtfertigen Steuerverkürzung dann angenommen werden können, „wenn sich der Steuerpflichtige eines in dauernder Unachtsamkeit bestehenden Gesamtverhaltens schuldig macht, aus dem mehrere, bei gehöriger Achtsamkeit voraussehbare Verletzungen der Steuerpflicht von selbst, also ohne sein weiteres Zutun entspringen“[505].

---

501 Dies sind u. a. die Delikte des Hausfriedensbruchs nach § 123 StGB, der Freiheitsberaubung nach § 239 StGB und der Trunkenheit im Verkehr nach § 316 StGB. So wohnen bspw. den Tatbestandsmerkmalen des „Verweilens“ in § 123 StGB oder dem „Führen“ in § 316 StGB ein mehr oder weniger in Erscheinung tretender zeitlicher Faktor inne. Diese innere Verknüpfung kann als Rechtfertigung für eine unterschiedliche (ggf. auch verjährungsrechtliche) Betrachtung dienen.

502 Die Rechtsprechung spricht in den Fällen der Dauerdelikte im weiteren Sinn auch von einer „normativen Handlungseinheit“, vgl. OLG Frankfurt/Main, NJW 2004, 2031. Im Hinblick auf das Verhältnis zwischen der Beendigungsphase und der Delikts- und Handlungsstruktur am Beispiel des Dauerdelikts auch *Hau*, 63.

503 So am Beispiel einer fahrlässigen Gewässerverunreinigung durch Unterlassen aufgrund mangelhafter Lagerung von Heizöl, *Schmitz*, 60 mit Verweis auf OLG Celle, NJW 1995, 3197 = ZfW 1996, 331. A. A. aber BayObLGSt 1957, 61.

504 Nachdem die Reichsabgabenordnung die Steuerverkürzung nach § 367 RAO noch als Fahrlässigkeitsausprägung beinhaltete, wurde der Tatbestand im Lauf der Zeit auf eine bloße Ordnungswidrigkeit beschränkt. Ein vorläufiges Ende hat diese Entwicklung in § 378 AO in Gestalt der leichtfertigen Steuerverkürzung gefunden, vgl. dazu auch *Franzen/Gast/Joecks*, § 378 AO, Rn. 55.

505 Vgl. RGSt 76, 68, 70; BGH DStZ/Ausg. E 1960, 130; OLG Schleswig-Holstein, ZfW 1964, 344.

Zu Recht wurde in Zweifel gezogen, ob ein Rückgriff auf die Figur des Dauerdelikts im Allgemeinen geboten ist[506]. Als Arbeitserleichterung für die Praxis ging die damals ständige Rechtsprechung, bei der Verknüpfung mehrerer gleichartiger Straftaten zu einer Tat über das Institut des Fortsetzungszusammenhangs, davon aus, dass die Verjährung erst dann zu laufen beginnt, wenn der letzte Akt aus diesem zusammenhängenden Geschehen als abgeschlossen betrachtet werden kann[507]. Nach Kritik von Seiten der Literatur hat der Große Strafsenat des BGH diese richterrechtlich entwickelte Rechtsfigur in den 90er Jahren aufgegeben[508]. Als Konsequenz hätte die unerwünschte Ausdehnung der Verjährungsfristen beseitigt werden sollen, sodass für jede separate Tat eine eigenständige Verjährung läuft. Stattdessen wird in der Rechtsprechung über Tatbestands- bzw. Konkurrenzlösungen durch die Hintertür das gleiche Ergebnis wie durch das Institut des Fortsetzungszusammenhangs angestrebt[509]. Auf der Basis dieser Überlegungen wird zu Recht davor gewarnt, die im Steuerstrafrecht ergangene Kasuistik zum fahrlässigen Dauerdelikt auf andere Bereiche vorschnell und unreflektiert zu übertragen[510].

#### *bb) Verjährungsrechtliche Betrachtung*

Für das Dauerdelikt wird bei der Bestimmung der Beendigung auf die Beseitigung des pflichtwidrigen Zustands bzw. für das Zustandsdelikt auf den Eintritt desselben, abgestellt[511]. Dies ist vor dem Hintergrund der Differenzierung zwischen Dauerdelikten im engeren wie im weiteren Sinn zumindest für diesen Deliktsbereich zu pauschal. Die Beseitigung der rechtswidrigen Umstände kann als Verjährungsbeginn lediglich für die Dauerdelikte im engeren Sinne Geltung

---

506 Zur Kritik an dieser Rechtsprechung bereits *Dietz*, DStZ/Ausg. A 1978, 274 ff. Aus der aktuellen Diskussion für die Möglichkeit einer Begehung sowohl durch Tun als auch durch Unterlassen, *Franzen/Gast/Joecks*, § 378 AO, Rn. 59. Zur Aufgabe der fahrlässigen Dauerordnungswidrigkeit außer in den Fällen der natürlichen Handlungseinheit und der Beschränkung auf Unterlassungstaten, vgl. *Jäger*, in: Klein, § 378 AO, Rn. 33 und *Schauf*, in: Kohlmann, § 378 AO, Rn. 157.

507 Vgl. RGSt 62, 214; 64, 297; BGHSt 1, 91 f.; 24, 221.

508 Vgl. BGHSt 40, 138.

509 So wurde eine geheimdienstliche Agententätigkeit zum einen vom BGH als eine tatbestandliche Handlungseinheit qualifiziert bzw. vom BayObLG in einem anderen Fall als eine Dauerstraftat behandelt, vgl. BGHSt 43, 1 und BayObLGSt 1995, 139.

510 Mit diesem Hinweis *Zschockelt*, NStZ 1994, 365. In diesem Sinne auch *Rudolphi/Wolter*, in: SK-StGB, § 78a, Rn. 8a sowie *Sternberg-Lieben/Bosch*, in: S/S, Vorbem. §§ 52 ff., Rn. 83 mit Verweis auf *Schmitz*, 63 f.

511 Vgl. BGHSt 20, 228; *Sternberg-Lieben/Bosch*, in: S/S, § 78a, Rn. 11.

beanspruchen. So können die Geschehnisse eines Hausfriedensbruchs bzw. einer Freiheitsberaubung praktisch auch als eine mehrfache Deliktsbegehung interpretiert werden, da die einzelnen Handlungen und/oder Unterlassungen ohne die zeitliche Streckung[512] für sich genommen schon eine Strafbarkeit begründen[513]. Die zeitliche Verzahnung des jeweiligen Handlungs- und Erfolgsunrechts ist bei diesen Tatbeständen aber derart eng, dass es verjährungsrechtlich geboten ist, auf die Aufhebung des pflichtwidrigen Zustandes abzustellen[514]. Entscheidend für die Qualifikation ist, ob die Auslegung der Verbotsnorm ergibt, dass das nachfolgende Geschehen weiterhin tatbestandsmäßiges Unrecht darstellt und die Unrechtskontinuität insgesamt als eine Einheit angesehen werden kann[515]. Ob für die Dauerdelikte im weiteren Sinne ähnliche Anforderungen an ein nachtatbestandliches Folgeverhalten zu stellen sind, ist im Zusammenhang mit der allgemeinen Handlungsunrechtslehre zu erörtern[516].

---

512 Selbst wenn es sich im Einzelfall lediglich um ein paar Sekunden handelt, in denen bereits von einer Vollendung gesprochen werden kann.

513 Insoweit kann *Schmitz*, 238, auch vollumfänglich zugestimmt werden, wenn dieser mit Verweis auf *Kitzinger*, 251, anführt, eine Strafbarkeit kann für jede Einzelhandlung angenommen werden. Am deutlichsten tritt das bei der Nachstellung i. S. d. § 238 StGB hervor. Reicht das einmalige physische Aufsuchen des Opfers durch den Täter noch nicht aus, um für sich genommen den Tatbestand zu erfüllen, kann u. U. bereits bei einmaliger Wiederholung eine Strafbarkeit begründet werden, LG Lübeck, SchlHA 2008, 213, welches zwei Handlungen ausreichen lässt. A. A. allerdings AG Löbau, StV 2008, 647, wonach eine einmalige Wiederholung nicht ausreicht.

514 Ohne die hier vorgenommene Differenzierung, aber für die klassischen Dauerdelikte mit ähnlichem Ergebnis auch *Nazarian*, 125 f. Diese legt am Beispiel der Freiheitsberaubung dar, dass in dem verjährungsrechtlichen Kontext zwischen der „Deliktsbeendigung“ der herrschenden Meinung und der von ihr favorisierten „Tatvollendungsphase“ lediglich eine juristische Sekunde liegt, vgl. *Nazarian*, 125. Eine Vollendung liegt dann vor, wenn sämtliche Tatbestandsmerkmale nicht mehr gleichzeitig vorliegen. Da dies bei den Dauerdelikten erst dann der Fall ist, wenn der Tatbestand das letzte Mal verwirklicht wurde, kann insoweit ein „nahezu identisches“ Ergebnis erreicht werden. Aufgegriffen wird diese Problematik dann im Rahmen der Fälle einer „Mehrfachverwirklichung“, *Nazarian*, 129 ff.

515 Mit diesem Ergebnis auch *Schmitz*, 44.

516 Dazu sogleich unter §2 VII. 6, S. 132. Speziell zu den steuerstrafrechtlichen Spezifika §3 VII, S. 202.

### d) *Unterlassungsdelikte*

Im Rahmen der Unterlassungsdelikte ist zwischen den echten und den unechten Unterlassungsdelikten zu unterscheiden. Der Unrechtsgehalt der echten Unterlassungsdelikte resultiert aus dem Verstoß gegen die entsprechende Norm und dem Unterlassen der darin festgeschriebenen Verhaltensweise. In den Fällen der unechten Unterlassungsdelikte wird das jeweilige erfolgsbezogene Begehungsdelikt um die in § 13 StGB umrissene Unterlassungskomponente ergänzt.

#### aa) *Echte Unterlassungsdelikte*

Da die vom Gesetz geforderte Handlungspflicht nicht bereits mit der erstmaligen Nichtvornahme wieder entfällt, sondern der Täter weiterhin den strafrechtsrelevanten Zustand beseitigen muss, wird für den Verjährungsbeginn überwiegend auf den Wegfall dieser Handlungspflicht abgestellt[517]. Diese pauschale Aussage verkennt jedoch, dass ein Unterlassen in zahlreichen Fällen erst mit der letztmöglichen Erfüllung der Gebotspflicht den Tatbestand der Strafvorschrift verwirklicht[518]. Voraussetzung für die Annahme einer zeitlichen Deliktsausdehnung ist demnach die fortwährende Kontinuität der Gebotspflicht. Dabei kann sich die vom Tatbestand geforderte Pflicht sowohl hinsichtlich des Verhaltens, als auch des zu verhindernden Erfolgs im Zeitablauf wandeln[519].

Wie diese Pflicht im Einzelnen ausgestaltet ist, stellt sich als eine Frage der Auslegung des jeweiligen Tatbestandes dar[520]. Insbesondere für die im

---

517 In diesem Sinn RGSt 9, 356; 31, 370 und *Lackner*, in: Lackner/Kühl, § 78a, Rn. 8 m. w. N. *Nazarian* kommt über die von Ihr als „Tatvollendungsphase" bezeichnete Deliktsstreckung zum identischen Ergebnis, vgl. *Nazarian*, 127.

518 So etwa im Rahmen des § 138 StGB, bei welchem dem Anzeigepflichtigen u. U. ein zeitlich gedehnter Abschnitt zur Verfügung steht, in dem er die Meldung abzugeben vermag, vgl. *Sternberg-Lieben*, in: S/S, § 138, Rn. 12. Strafbar macht sich der Täter in dieser Konstellation also erst, sobald die letzte Gelegenheit verstreicht, mit der erforderlichen Anzeige die Ausführung der geplanten Tat noch zu verhindern.

519 Am Beispiel der Freiheitsberaubung etwa *Schmitz*, 56.

520 Vgl. *Schaffstein*, in: FS Dreher, 164. Für fristgebundene Handlungspflichten wird dabei nicht zwingend auf das Ende der entsprechenden Frist abgestellt. Die Insolvenzantragspflicht eines GmbH-Geschäftsführers geht über die mittlerweile in § 15a InsO geregelte Dreiwochenfrist hinaus und endet prinzipiell erst, wenn die Überschuldung überwunden bzw. das Insolvenzverfahren eröffnet wurde, vgl. BGHSt 28, 380 zur alten Regelung in § 64 GmbHG a. F.

Wirtschaftsstrafrecht bedeutsamen Delikte der Steuerhinterziehung und das Vorenthalten und Veruntreuen von Arbeitsentgelten besteht eine umfangreiche Kasuistik[521].

*bb) Unechte Unterlassungsdelikte*

Die Verjährung unechter Unterlassungsdelikte folgt der korrespondieren Handlungspflicht und beginnt daher regelmäßig mit dem Eintritt des tatbestandsmäßigen Erfolgs nach § 78 S. 2 StGB[522]. Demnach können die zu den Erfolgsdelikten angestellten Überlegungen (insbesondere diejenigen zu den Sachverhaltsgestaltungen mit zeitlich gestreckten oder sich steigernden Schadensverläufen) dem Grunde nach auf die unechten Unterlassungsdelikte übertragen werden[523].

*e) Tätigkeitsdelikte*

Der Verjährungsbeginn für die schlichten Tätigkeitsdelikte, deren Unrechtsgehalt durch die bloße Vornahme der gesetzlich normierten Handlung determiniert ist, wird auf den Abschluss der vollständigen tatbestandsmäßigen Ausführungshandlung festgesetzt und ergibt sich somit unmittelbar aus § 78a S. 1 StGB[524]. Wenn z. T.[525] noch ein Abwarten auf den Eintritt der letzten Rechtsgutsverletzung verlangt wird, kann das aus genannten Erwägungen nicht überzeugen[526]. Die Realisierung des vollständigen materiellen Unrechts hängt gerade nicht zwingend von der endgültigen Rechtsgutsverletzung ab[527].

---

521 Vgl. zu der Problematik im Bereich des § 370 AO unter §3 VII, S. 202 und § 266a StGB unter §3 VIII, S. 219.

522 Zum Teil werden im Rahmen dieser Problematik die Konstellationen des unbewusst fahrlässigen Unterlassens diskutiert, vgl. *Fischer*, § 78a, Rn. 17 f. und *Schmid*, in: LK; § 78a, Rn. 12. Unter Verweis auf entsprechende Entscheidungen wird der Wegfall der Handlungspflicht mit der durch Zeitablauf schwindenden Vorwerfbarkeit begründet. An anderer Stelle in dieser Arbeit wurde angedeutet, dass diese Fälle des verzögerten Erfolgseintritts keine unmittelbare verjährungsrechtliche Dimension aufweisen, vgl. §2 VII. 2. b) gg), S. 115.

523 Im Zusammenhang mit dem Unterlassungsdauerdelikt weist *Schmitz*, 59 auf den ebenfalls bereits weiter oben (vgl. Fn. 377, S. 94) angedeuteten Aspekt hin, dass jenes Delikt keinen „lückenlosen Pflichtenverstoß voraussetzt". Zu den Anforderungen an nachtatbestandliche Unterbrechungszäsuren unter §2 VII. 6. b), S. 139.

524 Vgl. nur *Fischer*, § 78a, Rn. 11 m. w. N.

525 So etwa *Dannecker*, NStZ 1985, 51.

526 Dazu die Ausführungen unter §2 VII. 2. b) dd), S. 110.

527 So allerdings *Dannecker*, NStZ 1985, 51.

Auf die Abhängigkeit des Verjährungsbeginns abstrakter Gefährdungsdelikte von der Ausgestaltung der jeweiligen Deliktsart wurde hingewiesen[528]. Ähnliche verjährungsrechtliche Überlegungen wie für die Bilanzierungsdelikte sind für die Tatbestände des § 82 GmbHG heranzuziehen. Hierbei zeigen sich allerdings die Ungereimtheiten der verjährungsrechtlichen Interpretation des Beendigungsbegriffs der herrschenden Meinung noch deutlicher. Werden die einzelnen Tatbestände des § 82 GmbHG als abstrakte Gefährdungsdelikte in Gestalt schlichter Tätigkeitsdelikte ausgelegt, ist nach konsequenter Anwendung des § 78a S. 1 StGB auf den Abschluss der Ausführungshandlung abzustellen[529]. Statt daher den Vollendungs- mit dem Beendigungszeitpunkt gleichzusetzen und auf den Zugang in den Rechtsverkehr abzustellen, wird unterschiedlich beurteilt, ob der Zeitpunkt der Entscheidung des Registergerichts oder die Eintragung der Gesellschaft im Handelsregister maßgeblich ist[530].

#### *f) Fahrlässigkeitsdelikte*

Neben den regelmäßig auftauchenden abstrakten Gefährdungsdelikten greift der Gesetzgeber im Wirtschaftsstrafrecht häufig auf Fahrlässigkeitstatbestände zurück (bspw. §§ 264 Abs. 4, 261 Abs 5 StGB sowie § 15a Abs. 5 InsO). Mit der Einführung des § 78a S. 2 StGB ist der zum damaligen Recht bestehende Streit, ob für Fahrlässigkeitsdelikte auch der tatbestandsmäßige Erfolg hinzutreten muss, obsolet geworden. Entscheidend ist – wie bei den vorsätzlichen Erfolgsdelikten auch – der Eintritt des tatbestandsmäßigen Erfolgs[531].

### *4. Versuch*

Meist wird für den Beginn der Versuchsverjährung auf den tatsächlichen Abschluss der Tätigkeit abgestellt, die der Vollendung der Tat dienen soll, ohne allerdings eine weitergehende Begründung dafür zu liefern[532]. Vereinzelt finden

---

528 Vgl. dazu unter Punkt §2 VII. 3. b), S. 118.

529 Zu der Qualifikation der Tatbestände des § 82 GmbHG als abstrakte Gefährdungsdelikte in Gestalt schlichter Tätigkeitsdelikte, *Kiethe/Hohmann*, in: MK; § 82 GmbHG, Rn. 18, 20.

530 Zu dieser Problematik auch BGH, wistra 1987, 212 und *Kiethe/Hohmann*, in: MK; § 82 GmbHG, Rn. 229 f.

531 Der Diskurs beschränkt sich seitdem daher auf die Delikte mit zeitlich verzögertem Eintritt des Erfolgs, dazu §2 VII. 2. b) gg), S. 115.

532 Vgl. bereits RGSt 42, 171, allerdings auch ohne explizite Begründung. Dem folgend BGHSt 36, 117 und für die Lit. *Fischer*, § 78a, Rn. 4.

sich Überlegungen, den Beginn der Verjährung mit den subjektiven und objektiven Voraussetzungen des § 22 StGB gleichzusetzen[533] bzw. den Beginn der Verjährung davon abhängig zu machen, ob es sich um einen tauglichen oder untauglichen Versuch handelt[534]. Legt man dem Satz 1 das hiesige Verständnis zugrunde, so ist auf den Abschluss der relevanten Versuchshandlung abzustellen.

Das gleiche Ergebnis lässt sich mit dem herrschenden Verständnis vom Strafgrund des Versuchs ableiten: Die in der Literatur dominierende Auffassung sieht das Bedürfnis für eine Versuchsstrafbarkeit in der „Betätigung des rechtsfeindlichen Willens, dessen Eindruck auf die Allgemeinheit zu einer Erschütterung des Rechtsbewusstseins und zur Gefährdung des Rechtsfriedens führen kann“[535]. Damit deckt sich diese Begründung in Teilen mit derjenigen für das Institut der Verfolgungsverjährung. Anders als gelegentlich argumentiert, ist für den Verjährungsbeginn nicht die Rechtsgutsgefährdung der entscheidende Faktor, sondern das Postulat des Rechtsfriedens[536]. Wenn mit dem Vorliegen der Voraussetzungen des § 22 StGB die Erschütterung des Rechtsfriedens eingetreten ist, kann er sich ab diesem Zeitpunkt auch wiedereinstellen.

---

533 Dazu ist neben dem Tatenschluss auch ein unmittelbares Ansetzen im Einzelfall zu prüfen, vgl. *Nazarian*, 128. Im Verlauf ihrer Monographie greift jene diese Prüfung des konkreten Sachverhalts auf, um die aktuelle h. M. zu kritisieren. Die nähere Konkretisierung des Abschlusses der Versuchstätigkeit durch die rechtsprechende Gewalt führt zu einem bedenklichen Maß an Rechtsunsicherheit und resultiert in einem Verstoß gegen den Grundsatz der Gesetzesbestimmtheit, vgl. *Nazarian*, 32 f.

534 Nach *Mitsch* soll für den untauglichen Versuch eine Tatbeendigung dann angenommen werden, wenn der Täter seiner Vorstellung zufolge definitiv keine Handlungen mehr vornimmt, um den Vollendungserfolg herbeizuführen. Für die Bestimmung beim tauglichen Versuch ist eine Unterscheidung vorzunehmen: Gibt der Täter seinen Tatentschluss freiwillig auf bzw. nimmt er aktiv vollendungsvereitelnde Maßnahmen vor, ist der Abschluss des vorherigen vollendungsgerichteten Verhaltens entscheidend. Wird die Vollendung im Rahmen eines unbeendeten Versuchs durch andere Geschehnisse (bspw. das Dazwischentreten eines Dritten) vereitelt, ist für den Verjährungsbeginn auf diesen Umstand abzustellen, vgl. *Mitsch*, in: MK, § 78a, Rn. 7. Die Rechtsprechung hat diese Frage bewusst offengelassen, vgl. BGHSt 36, 117.

535 So wörtlich *Wessels/Beulke*, Rn. 594.

536 Anders insoweit *Mitsch*, in: MK, § 78a, Rn. 7. Auch in diesem Kontext muss die Verknüpfung zwischen Handlungs- und Erfolgsunrecht nach außen hin erkennbar sein. Besteht lediglich die Gefährdung fort, kann dies aufgrund oben dargelegter Gründe nicht zu einem Hinauszögern des Verjährungsbeginns führen.

## 5. *Verjährungsbeginn bei Beteiligung Mehrerer*

Die zeitliche Dimension der allgemeinen Beendigungsproblematik tritt in den Beteiligungsfällen erneut zutage. Sowohl für den Bereich der Beihilfe als auch der Mittäterschaft ist der wissenschaftliche Diskurs um die Erscheinungsform der sog. „sukzessiven Beteiligung" nicht abgeschlossen[537]. Um die bisherigen Ergebnisse folgerichtig fortzuführen, ist im Kontext der Beteiligung neben den Grundgedanken des tatbestandlichen Beendigungsbegriffs und des Rechtsfriedens auf das Kriterium der Tatherrschaft zurückzugreifen[538].

### *a) Mittäterschaft*

Der strukturelle Unterschied zwischen der Mittäterschaft und den übrigen täterschaftlichen Begehungsweisen wird aus § 25 Abs. 2 StGB deutlich. Das Wesen der Mittäterschaft ist die gemeinschaftliche Tatbegehung. Darunter wird eine arbeitsteilige Deliktsbegehung im Sinne einer funktionellen Tatherrschaft verstanden[539]. Zu Recht wird von Stimmen in der Literatur darauf verwiesen, dass eine sukzessive Mittäterschaft lediglich bis zur formellen Vollendung des Delikts möglich sei[540]. Als Begründung wird hauptsächlich der drohende Konflikt mit

---

537 Neben der Tatsache, ob und ggf. bis zu welchem Zeitpunkt eine Beteiligung nach Vollendung dem Grunde nach möglich ist, herrscht Streit u. a. auch darüber, welche Geschehnisse des Ersthandelnden dem Beitretenden noch strafrechtlich zugerechnet werden können. Zum Modell des sog. Dividendenstrippings und der steuerstrafrechtlichen Beratung von Kreditinstituten im Zusammenhang mit Cum-ex-Trades, sowie u. a. auch der Frage, inwieweit Mitarbeiter den Tatbestand der Mittäterschaft bzw. der Beihilfe zur Steuerhinterziehung erfüllen können, vgl. *Groß*, PStR 2013, 296 ff.

538 Ungeachtet der Tatsache, dass die Rechtsprechung auch heute noch im Wesentlichen an der animus auctoris Lehre festhält, kann sie mittlerweile unter dem Schlagwort der sog. „normativen Kombinationstheorie" zusammengefasst werden, vgl. nur exemplarisch bei BGHSt 28, 348. Mit dieser Terminologie erstmalig wohl *Roxin*, AT II, § 25, Rn. 22. Demnach greift der BGH bei der Frage der Abgrenzung zwischen Täterschaft und Teilnahme neben dem Grad des eigenen Interesses am Erfolg der Tat auf den Umfang der Beherrschung des Tatgeschehens zurück.

539 Dazu vertiefend *Roxin*, Täterschaft und Tatherrschaft, 275 ff. Da sich der Gesetzgeber im Bereich des Wirtschaftsstrafrechts häufig entsprechender Sonderdelikte bedient, ist in diesem Zusammenhang noch auf die Möglichkeit einer „teilweisen Mittäterschaft" hinzuweisen, vgl. *Kühl*, AT, § 20, Rn. 102.

540 Vgl. u. a. *Bitzilekis*, ZStW 99 (1987), 732; *Roxin*, AT II, § 25, Rn. 221 und *Schmitz*, 194 f. Anders hingegen die Rechtsprechung, vgl. bspw. BGH, NStZ 2003, 85 für den Tatbestand des § 242 Abs. 1 StGB

dem Analogieverbot aus Art. 103 Abs. 2 GG und die mit der Konkretisierung einer Beendigungsphase einhergehende Rechtsunsicherheit angeführt[541].

Auf der Basis dieser Überlegungen beginnt die Strafverfolgungsverjährung mit der letzten tatbestandsmäßigen Handlung eines der Beteiligten (§ 78a S. 1 StGB) bzw. mit der Vollendung der Haupttat als tatbestandsmäßigem Erfolg (§ 78a S. 2 StGB), nicht hingegen mit der materiellen bzw. tatsächlichen Beendigung der Tat. Wie vereinzelt von der Rechtsprechung zutreffend festgestellt wurde, kommt es dabei auf die qualitative wie auch zeitliche Einordnung des Tatbeitrags an, sodass die Verjährung nicht pauschal für alle Mittäter gleichermaßen zu laufen beginnt[542]. Handelt es sich bei dem Geschehen um einen zeitlich gestreckten Deliktsverlauf, ist das Hinausschieben der Verjährung so lange als unproblematisch anzusehen, wie das Verhalten des einzelnen Mittäters insgesamt noch als tatbestandsmäßig qualifiziert werden kann[543]. Beschränkt sich die Handlung auf einen abgrenzbaren Teil der Haupttat bzw. auf einen begrenzten Zeitraum, so ist verjährungsrechtlich auch nur dieser getrennte Deliktsverlauf heranzuziehen. Andernfalls müsste der Mittäter u. U. noch Jahrzehnte nach seinem Ausscheiden aus der Organisationseinheit oder der Tätergruppierung mit einer Verfolgung rechnen, obwohl er nach seinem Ausscheiden keinen Einfluss auf das Tatgeschehen zu nehmen vermochte.

### *b) Mittelbare Täterschaft*

Charakteristisch für die mittelbare Täterschaft ist zwar ebenfalls das Ausnutzen einer entsprechenden Tatherrschaft, im Gegensatz zur Mittäterschaft erfolgt dies aber nicht im Wege eines einvernehmlichen Zusammenwirkens, sondern über eine „Instrumentalisierung" des Vordermanns, dem Tatmittler[544]. Für den Verjährungsbeginn wird das Abstellen auf das Handeln des Vordermanns damit begründet, dass der Eintritt dieses Ereignisses als tatbestandlicher Erfolg i. S. d. § 78a S. 2 StGB zu werten ist[545]. Zwar könnte man in Erwägung ziehen, den

541 Vgl. *Gössel*, in: FS Jescheck, 551 f.; *Krey*, ZStW 101 (1989), 848 und *Roxin*, AT II, § 26, Rn. 262.

542 In diesem Sinn LG Bremen, StV 2001, 113 ff. und für die Beihilfe BGHSt 20, 227.

543 Gleiches gilt schließlich für einen in ein derartiges Geschehen Hinzutretenden, wobei insoweit noch ungeklärt ist, ob das vor dem Eintritt verwirklichte Unrecht dem Hinzuzutretenden zugerechnet werden kann. Für den Verjährungsbeginn ist dies grundsätzlich irrelevant.

544 Vgl. *Roxin*, AT II, § 25, Rn. 45.

545 So *Mitsch*, in: MK, § 78a, Rn. 6 allerdings auch nur für den gesetzlich geregelten Fall des § 160 StGB.

Verjährungsbeginn auf den Zeitpunkt des Abschlusses der Einwirkungshandlung festzulegen, da sich grundsätzlich alle rechtlichen Konsequenzen nach der Person des mittelbaren Täters richten[546]. Allerdings liegt das Handlungs- und Erfolgsunrecht der Tat erst mit dem Handeln des Tatmittlers, demnach mit der Vollendung, vor[547]. Demnach ist für den Verjährungsbeginn der mittelbaren Täterschaft auf das Verhalten des Vordermanns abzustellen.

### *c) Teilnahme*

Wenn für den Verjährungsbeginn der Teilnahme allein auf den Akzessorietätsgedanken und damit auf die Beendigung der Haupttat abgestellt wird, greift diese Annahme zu kurz[548]. Zwar ist der Unrechtsgehalt der Teilnahme aus demjenigen der Haupttat abzuleiten und von diesem abhängig. Eine alleinige Verabsolutierung dieses Grundsatzes kann den Strafgrund der Teilnahme aber nur unzureichend begründen[549]. Mehrfach wurde bereits dargelegt, dass die Begleittat neben dem Unrecht der Haupttat auch einen eigenen Unrechtstatbestand aufweist[550].

In diese Ausgestaltung des Unrechtsgehalts einer Teilnahmestrafbarkeit lässt sich das hier vorgeschlagene Modell der Bestimmung eines Verjährungszeitpunkts einfügen. Knüpft man den Beginn der Strafverfolgungsverjährung an

---

546 Vgl. *Roxin*, Täterschaft und Tatherrschaft, 360 ff. So geht die überzeugende Auffassung im Rahmen des Versuchsbeginns davon aus, dass der Beginn vorliegt, wenn der mittelbare Täter die nach seiner Vorstellung erforderliche Einwirkung auf den Tatmittler derart abgeschlossen hat, dass nach seinem Tatplan der Tatmittler im unmittelbaren Anschluss die Tat ausführen soll und das geschützte Rechtsgut damit bereits in diesem Zeitpunkt gefährdet ist, vgl. BGHSt 30, 363 ff.

547 Zumindest etwas unpräzise daher *Satzger*, Jura 2012, 439, wenn dieser bei der vorliegenden Frage auf die „Beendigung" der Tat rekurriert.

548 So allerdings die h. M. RGSt 5, 286; BGHSt 20, 227 f. und *Saliger*, in: K/N/P, § 78a, Rn. 29 m. w. N. Der Entwurf E 1962 ist insoweit nicht ergiebig, als ein ausdrücklicher gesetzgeberischer Wille ebenfalls nicht erkennbar wird. Zwar befürwortet es der Entwurf, wenn die Rechtslehre für den Verjährungsbeginn der Beteiligungsstrafbarkeit auf die „Beendigung der Haupttat" abstellt. Zumindest mehrdeutig wird diese Aussage allerding, wenn im Folgesatz die „Begehung der Tat als der Erfolg" i. S. d. § 78a S. 2 StGB angesehen werden soll, vgl. E 1962, BT-Drs. 4/650, 259. Mit der Begehung könnte daher auch die Vollendung der Haupttat gemeint sein, was gerade von anderen Stimmen aus der Literatur gefordert wird, vgl. *Nazarian*, 128.

549 Ausführlich zum Strafgrund der Teilnahme *Schild*, in: K/N/P, Vorbem. §§ 26, 27, Rn. 13 ff.

550 *Heine/Weißer*, in: S/S, Vorbem. §§ 25 ff., Rn. 16, 41. Zum Ganzen auch *Kühl*, AT, § 20, Rn. 132 sowie *Schmitz*, 200 f.

das Verhältnis zwischen Handlungs- und Erfolgsunrecht, so kann dieses Konzept auf das vorliegende Verständnis vom Strafgrund der Teilnahme übertragen werden. Im Gegensatz zu der Beteiligungsform der Mittäterschaft bedarf es einer näheren Betrachtung der jeweiligen Unrechtsausprägung, was angesichts der Diskussion über den Inhalt und die Grenzen der sukzessiven Teilnehmerstrafbarkeit auch nicht immer leicht zu ermitteln sein wird[551]. So ist neben der Frage, inwieweit zusätzliche Erfolge bzw. Handlungen der Beteiligten geeignet sind, ein Auseinanderfallen von Vollendung und Beendigung zu begründen[552], auch weiterhin unklar, wie sich einzelne Strafbarkeitsmerkmale auf diese Nachphase auswirken[553]. Grundsätzlich beginnt die Verjährung entgegen der überwiegenden Ansicht bereits mit der Vollendung der Haupttat. Voraussetzung für eine nachtatbestandliche Unrechtsphase des Teilnehmers ist im Hinblick auf Art. 103 Abs. 2 GG und den hier favorisierten tatbestandlichen Beendigungsbegriff, dass sich Nachfolgehandlungen noch als tatbestandsmäßig qualifizieren lassen.

## *6. Verjährungsbeginn aufgrund der Handlungsstruktur*

Neben dem Erfolgsunrecht ist der Handlungsunwert der entscheidende Faktor für die Bestimmung der nachtatbestandlichen Unrechtsphase. Gerade in Fällen, für die das Gesetz keinen Erfolgsunwert voraussetzt, kommt diesem Merkmal essentielle Bedeutung zu[554]. Die Reform des Verjährungsrechts hat sich trotz entsprechender Forderungen zu diesem Gesichtspunkt nicht geäußert[555]. Während sich Stimmen in der Strafrechtswissenschaft mit der Problematik einer der Vollendung nachfolgenden Deliktsphase intensiver auseinandergesetzt haben,

551 Vgl. nur *Winkler*, 124 für die Beihilfe: „Die Grenze dessen, wie weit der Tatbestand eine Beihilfe noch zuläßt, ist allerdings schwer zu ziehen.".

552 Zu der Unterteilung in Verhaltens- und Erfolgsbeendigung speziell in diesem Kontext *Kühl*, AT, § 20, Rn. 233 ff. und im Allgemeinen unter §2 VI. 5. b), S. 82 dieser Arbeit.

553 So ist noch ungeklärt, inwieweit der Kausalverlauf noch als Ausfluss der Handlung angesehen werden kann, vgl. dazu u. a. *Frisch*, 74 ff., 118 ff. und *Gallas*, in: FS Bockelmann, 163 ff. Zu der Frage, ob im Rahmen der nachtatbestandlichen Unrechtsphase grundsätzlich noch eine selbständige Strafbarkeit eines hinzutretenden Dritten möglich ist, vgl. *Schmitz*, 207 ff.

554 Für die reinen Tätigkeitsdelikte bzw. solche ohne einen erforderlichen Erfolgseintritt ist dementsprechend auf den Abschluss des andauernden Verhaltens abzustellen.

555 Dazu bereits *Schreiber* in Fn. 180, S. 58.

entbehren die Gerichtsentscheidungen der letzten Jahre einer ausführlicheren Erörterung[556].

Nachdem festgestellt wurde, dass die bisherigen Definitionsversuche erfolglos geblieben sind, muss die Formulierung eines allgemein gültigen Dauerdeliktsbegriffs aufgegeben werden. Eine Erkenntnis ist jedoch aufzugreifen: Wie eine Qualifikation als Dauerdelikt ohne eine Beständigkeit der Handlung bzw. Unterlassung nicht angenommen werden kann, kann ohne fortwährende Handlung bzw. Unterlassung keine nachtatbestandliche Unrechtszone begründet werden[557].

Über die Verknüpfung dieser These mit dem tatbestandlichen Beendigungsbegriff wird gewährleistet, dass nur weiteres tatbestandsmäßiges Geschehen der Verjährung Aufschub zu leisten vermag. Ob etwa der Untreuetäter mit der Einrichtung eines weiteren Schwarzgeldkontos den Anforderungen an eine verjährungsverlängernde Beendigung gerecht wird, wird insbesondere von der Frage abhängen, inwiefern dieser zusätzlichen Handlung ein eigenständiger Unwert beigemessen werden kann.

### *a) Auslegungsanforderungen an nachtatbestandliches Unrechtsverhalten*

Die Ermittlung dieses eigenständigen Unrechtsgehalts über einen längeren Zeitablauf bedarf näherer Präzisierung. Die erfolgsbezogenen Erkenntnisse liegen im Wesentlichen darin, dass eine bloße weitere Rechtsgutsbeeinträchtigung nicht mit einer Verjährungsverlängerung korrespondiert und die Begriffe der Rechtsgutsbeeinträchtigung und des Erfolgsunwerts getrennt voneinander zu bestimmen sind.

#### *aa) Reine Aktiv-/Passivnachzone*

Führt der Täter die bereits vollendete Tat durch aktives Verhalten weiter fort und weist dieses Tun gleichzeitig das deliktsspezifische Handlungsunrecht auf, so kann der Verjährungsbeginn entsprechend hinausgezögert werden. Vertreibt

---

556 Zu den Hinweisen in der Literatur sei auf die Ausführungen zur Auslegung des § 67 Abs. 4 a. F. StGB unter §2 IV. 2. e), S. 57 verwiesen. Zu den Nachweisen aus der Rechtsprechung vgl. Fn. 359, S. 91.

557 Mit diesem Ergebnis unter dauerdeliktischer Perspektive *Hruschka*, GA 1968, 194 und *Schmitz*, 48. Letzterer weist bei der Frage nach der Einordnung als Dauerdelikt zu Recht auf den Vorrang tatbestandsmäßiger Handlungen vor der Relevanz von Zuständen hin, vgl. *Schmitz*, 49 Fn. 120.

der Täter in einem eingerichteten Schneeballsystem ein unrichtiges Prospekt mehrmals, so kann ceteris paribus jede weitere Verbreitung für sich genommen den Tatbestand des § 264a StGB verwirklichen, ohne dass es sich dabei um mehrere selbständige Taten handeln muss[558]. Unter der Voraussetzung, dass zwischen diesen Einzelakten keine nachtatbestandliche Unterbrechungszäsur stattfindet, kann der Verjährungsbeginn hinausgeschoben werden.

Gleiches gilt für Delikte, die durch einen kontinuierlichen Unterlassungsverlauf gekennzeichnet sind. Unter Berücksichtigung der jeweiligen Deliktsart bzw. -begehung ist danach zu differenzieren, ob die strafbewehrte Handlungspflicht eine zeitlich Gestreckte darstellt. Ist dies nicht der Fall, weil lediglich der Zeitpunkt des Verstreichenlassens der letztmöglichen Erfüllung die Strafbarkeit auslöst, stellt sich das Problem einer nachtatbestandlichen Unrechtsphase nicht[559]. Liegt dagegen ein fortwährendes Deliktsgeschehen vor, kann sich die Summe der einzelnen Handlungspflichten nicht nur hinsichtlich der vorzunehmenden Handlungen, sondern auch im Hinblick auf den zu verhindernden Erfolg unterschiedlich zusammensetzen[560].

### *bb) Gemischte Aktiv-Passiv-Zone*

Das Geschehen der Beendigungsphase in der aktiven bzw. passiven Begehung kann noch relativ eindeutig als tatbestandsmäßig oder nicht ausgelegt werden[561]. Auseinander gehen die Ansichten allerdings über eine sich dem aktiven Tun anschließende Unterlassungsphase. Konkret handelt es sich um solche Delikte bzw. Deliktsverläufe, die durch Zeitablauf eine eigene Dynamik entwickeln, indem sich Handlungen und Unterlassungen wechselseitig ergänzen[562].

---

558 Vgl. *Wohlers/Mühlbauer*, in: MK, § 264a, Rn. 107.

559 *Struensee* hat in seiner Monographie treffend herausgearbeitet, dass den Unterlassungsverläufen des Öfteren eine zeitlich andauernde Handlungspflicht vorausgeht. Von einer Vollendung kann allerdings erst dann ausgegangen werden, sobald die Pflicht letztmalig erfüllt werden konnte, vgl. *Struensee*, 58 ff.

560 Der Erfolg des verwirklichten Delikts ist i. E. selbstverständlich identisch, er kann sich allerdings entweder aus der Verhinderung oder dessen Beseitigung ergeben, dazu die Nachweise unter §2 VII. 3. d) aa), S. 125 und exemplarisch am Beispiel des § 264 Abs. 1 Nr. 3 StGB unter Punkt §3 II. 4., S. 177.

561 So etwa BGHSt 24, 218 zur aktiven Nachzone bei schwerer Amtsunterschlagung. Allerdings noch im Kontext des Fortsetzungszusammenhangs und ohne das Eingehen auf entscheidende Unterbrechungszäsuren.

562 Explizit aus der Norm geht die Möglichkeit einer gemischten Aktiv-Passiv-Zone bspw. für den Bankrotttatbestand hervor. Während das Beiseiteschaffen durch aktives Tun

Während die Möglichkeit der kontinuierlich gemischten Deliktsverwirklichung vereinzelt gänzlich abgelehnt wird, erkennen weite Teile die Unterlassungskonstruktion dem Grunde nach an[563]. Der Kritik kann aber in dieser Allgemeinheit nicht zugestimmt werden. Ein „Widerspruch zum Gesetzeswortlaut" kann nicht festgestellt werden, wenn das der erstmaligen Vollendung nachfolgende Geschehen als tatbestandlich im Sinne der jeweiligen Norm angesehen werden kann. Zu Recht wurde darauf hingewiesen, dass eine Parallele zu den Dauerdelikten insoweit gezogen werden kann, als das Verursachen eines rechtswidrigen Zustands und dessen Aufrechterhaltung, sei es durch aktives Tun oder Unterlassen, weiterhin als tatbestandsmäßig angesehen werden kann[564]. Um von einer verlängerten Tatbestandsphase im Wege einer Unterlassungskonstruktion ausgehen zu können, wird von den Befürwortern zu Recht regelmäßig ein zusätzlicher Unterlassungsunwert gefordert.

*(1) Vorrang der strengen Identitätstheorie*

Im Rahmen des Geldwäschetatbestands hat sich gezeigt, dass aufgrund der Deliktsausgestaltung ein eingetretener rechtswidriger Zustand durch neutrale Verhaltensweisen perpetuiert und zum Straftatbestand erhoben wird. Für eine verjährungsrelevante Nachzone ist im Folgenden zu untersuchen, welche Anforderungen im Einzelnen an den verjährungsrechtlichen Beendigungsbegriff zu stellen sind.

Setzt ein Tatbestand des Besonderen Teils keine konkrete handlungstypisierte Erfolgsherbeiführung voraus, genügt für das fortgesetzte passive Beendigungsverhalten die Begründung einer auf Erfolgsverhinderung gerichteten Garantenpflicht[565]. Dies wäre etwa bei der Gewässerverunreinigung nach § 324 StGB der Fall, wobei es sich um ein reines Erfolgsdelikt handelt[566].

---

verwirklicht wird, kann ein Verheimlichen sowohl durch ein Handeln als auch ein pflichtwidriges Unterlassen bejaht werden.

563 *Nazarian* äußert sich kritisch zu diesem „Kunstgriff" einer Unterlassungskonstruktion. Über jene unnötige und unverhältnismäßige Ausdehnung des Deliktsabschlusses kommen an dieser Stelle auch die ansonsten im Rahmen der Beendigungslehre ausgemachten Bedenken im Hinblick auf Art. 103 Abs. 2 GG wieder zum Tragen, vgl. *Nazarian* 43 f.

564 Jeweils in anderem Kontext, aber mit identischem Ergebnis auch *Kühl*, 64 und *Schmitz*, 65. Dazu auch unter, §2 VII. 3. c), S. 121.

565 Vgl. *Kühl*, 69 f. Mit den Begriffen der „Bewirkensqualität" und der „Modalitätsäquivalenz" zu dieser Problematik, vgl. *Welp*, 18.

566 Vgl. *Alt*, in: MK; § 324, Rn. 5 m. w. N.

Auseinander gehen die Ansichten im Hinblick auf die gemischte Beendigungsphase darüber, wie ausgeprägt der zusätzliche Unterlassungsunwert sein muss[567]. Aus erfolgsbezogener Perspektive kann ein Konsens insofern ausgemacht werden, als die Pflichtwidrigkeit aus vorangegangenem Tun regelmäßig nur dann durch ein Unterlassen aufrechterhalten werden kann, soweit sich durch ein Untätigbleiben der Schaden bzw. die Gefährdung intensiviert. Hat der Täter die Beeinträchtigung endgültig herbeigeführt, trifft ihn keine strafbewehrte Pflicht, diesen Zustand zu beseitigen[568].

Aus handlungsbezogener Perspektive stellt sich die Frage einer ggf. erforderlichen Gleichwertigkeit des anschließenden Unterlassens mit der ursprünglich aktiven Begehung. Um das Beispiel des Rentenbetrugs[569] aufzugreifen: Den Stimmen der abgeschwächten Identitätstheorie genügt die anfangs verursachte Typizitätseinheit. Täuscht der Täter also das Opfer im Rahmen des § 263 StGB so geschickt, dass dieses sich kontinuierlich selbst schädigt, „so fallen auch die weiteren Selbstschädigungen des Opfers, die auf diese einmalige Täuschung zurückgehen, noch unter den Unrechtstypus Betrug, obwohl der Betrüger nicht mehr täuscht, sondern nur noch die Abwendung weiterer Vermögensschädigungen unterläßt“[570]. Obwohl die bloße Entgegennahme der weiteren Zahlungen keine Gleichwertigkeit mit der ursprünglichen Tathandlung aufweist, kann das passive Nachgeschehen nach dieser Auffassung noch als „Teil der Tatbestandsverwirklichung“ gesehen werden[571]. Die nachfolgenden Ausführungen zeigen, weshalb unter verjährungsrechtlichen Gesichtspunkten der strengen Identitätstheorie der Vorrang einzuräumen ist.

Zugestimmt werden kann den Anhängern der abgeschwächten Identitätstheorie dagegen in dem Umstand, dass ein Geschehen durch entsprechendes vorangegangenes Tun insgesamt eine zeitlich gestreckte Typizität erhalten kann, die häufig vom Täter so beabsichtigt wurde. Ob das Folgegeschehen als Tatbestandsverwirklichung zu werten ist, wenn nicht sämtliche Tatbestandsmerkmale

---

567 Dazu ausführlich hinsichtlich des Betrugs durch Unterlassen die Monographie von *Klawitter*, 31 ff.

568 Für die Rechtsprechung BGHSt 36, 258 und *Stree/Bosch*, in: S/S, § 13, Rn. 42; anders aber etwa *Sinn*, in: SK-StGB, § 326, Rn. 111.

569 Auf den Rentenbetrug wird in diesem Kontext regelmäßig zurückgegriffen, vgl. etwa *Bockelmann*, in: FS Schmidt, 456. Mit weiteren Fällen aus der Rechtsprechung auch *Welp*, 19.

570 Als einer der Anhänger der abgeschwächten Identitätstheorie wörtlich, *Kühl*, 73. Dazu auch *Naucke*, 214 und *Welzel*, 219.

571 So *Kühl*, 74.

des Delikts erfüllt werden, ist sprachlich nicht präzise[572]. Nimmt man den tatbestandlichen Beendigungsbegriff wörtlich, so sieht sich die abgeschwächte Identitätstheorie dem Vorwurf der mangelnden Folgerichtigkeit ausgesetzt. Haben die bisherigen Untersuchungsergebnisse die Bedenken gestützt, den Verjährungsbeginn an außertatbestandsmäßige Faktoren zu knüpfen, ist diese Erkenntnis auch für das Kriterium des Handlungsunwerts zu berücksichtigen. Zudem kann das Abstellen auf die strenge Identitätstheorie mit ähnlichen Überlegungen gestützt werden, wie sie auch für die Erfassung des Erfolgsunrechts einer Tat entscheidend sind. Orientiert man sich in der nachtatbestandlichen Unrechtsphase nicht eng genug an den Anforderungen des tatbestandlichen Beendigungsbegriffs, läuft man Gefahr, die konkrete Deliktsprägung zu verlieren. So mag die Vollendung einen Wandel der Pflichtenrichtung insofern herbeiführen, als sich in der Nachzone ein Begehungs- in ein Unterlassungsdelikt wandelt. Zu weit geht die Ausdehnung dieser Phase allerdings, wenn verhaltensgeprägte Delikte in reine Erfolgsdelikte uminterpretiert werden. Daran ändert auch die weitere Perpetuierung der Verletzung des Rechtsguts nichts. Eine nach Vollendung zusätzliche Beeinträchtigung des Rechtsfriedens wird daher nur durch solches Unrecht herbeigeführt, bei welchem das Verhalten und der Erfolg weiterhin vollständig unter den jeweiligen Tatbestand subsumiert werden können[573].

### *(2) Nachtatbestandliche verjährungsrechtliche Äquivalenzprüfung*

Soweit die Problematik einer sich anschließenden Äquivalenzprüfung Eingang in die Auseinandersetzung mit der Nachzone findet, fehlt eine tragfähige Begründung für die Anforderungen an das verjährungsverlängernde Geschehen. Zwar ist dem Grundgedanken der Typizität zuzustimmen, wenn der weitere Verlauf zum deliktischen Gesamtgeschehen gezählt wird. Allerdings rechtfertigt dieses Konstrukt keinen Verjährungsaufschub. Indem sich der Gesetzgeber in § 78a S. 2 StGB dem Begriff des „Tatbestands" bedient hat, ist ein Rückgriff auf die gesamte Tatbestandsumschreibung samt der konkreten Tathandlung vorzunehmen.

Damit steht die hier vorgeschlagene Eingrenzung einer nachtatbestandlichen Unrechtsphase im Einklang mit den Feststellungen des Gesetzgebers. Dieser hat ebenfalls die „Neigung der […] Rechtsprechung, den Bereich des strafbaren Unterlassens zu überdehnen" erkannt und entsprechend angemahnt[574]. Wenn

---

572 Davon zu trennen ist die Frage, ob der Verjährung nicht auch dadurch Vorschub geleistet werden kann, dass der Tatbestand nicht ununterbrochen verwirklicht wird.

573 In eine ähnliche Richtung auch *Kitzinger*, 258 und *Freund*, in: FS Herzberg, 243.

574 So E 1962, BT-Drs. 4/650, 125.

der Rechtsanwender nicht hinreichend begründen kann, weshalb die Annahme einer Zahlung im Zusammenhang mit einem Rentenbetrug nicht als Tathandlung i. S. d. § 263 StGB gewertet werden kann oder die Implementierung eines weiteren Kontos den Tatbestand des § 266 StGB nicht erfüllt, ist dem Beginn der Verjährung kein Aufschub zu gewähren. Aufgrund der Übereinstimmung der Tatbestandskriterien für eine Verwirklichung entweder über ein aktives Tun oder ein Unterlassen, kann die konkrete Einordnung über die Begehungsart unter verjährungsrechtlichen Gesichtspunkten dahinstehen[575]. Selbstverständlich entbindet die Subsumtion der Nachzone unter den entsprechenden Tatbestand nicht von einer eindeutigen Zuordnung zu einer der beiden Begehungsweisen, da ein Verhalten nicht gleichzeitig als Tun als auch als Unterlassen qualifiziert werden kann[576].

Damit geht keine endgültige Einordnung einher. Gerade der Zeitablauf kann dazu führen, dass aus einer Handlungs- eine Unterlassungspflicht erwächst oder umgekehrt[577]. Essentiell ist für den Verjährungsbeginn zunächst jedoch, ob in der nachfolgenden Unrechtsphase überhaupt noch von einem tatbestandlichen Handlungsunwert ausgegangen werden kann[578]. Dies wird bisweilen nicht ausreichend begründet. Während manche Urteile eine ausführliche Begründung liefern und entsprechend subsumieren, ob die im Anschluss an die Vollendung vorgenommenen Verhaltensweisen selbständig unter den Tatbestand gefasst werden können, geben sich andere Entscheidungen mit einem pauschalen Verweis auf die Beendigung zufrieden[579].

575 Nach *Freund* sind die „Kriterien der Tatbestandsverwirklichung für Tun und Unterlassen vollkommen identisch", vgl. *Freund*, in: FS Herzberg, 242.

576 Inkonsequent etwa OLG Frankfurt/Main, NJW 2004, 2031, wonach sich im Rahmen des § 266 StGB die nachtatbestandliche Unrechtsphase aus einer Einheit aus Handlungen und Unterlassungen zusammensetzt: „[...] wird die Vermögensgefährdung vorliegend durch die pflichtwidrige Unterlassung der Angesch. entscheidend mitgeprägt [...]". Ebenfalls im Zusammenhang mit § 266 StGB, jedoch einheitlich auf eine Begehung durch Unterlassen abstellend, BGH, NStZ 2009, 98.

577 Dazu die Ausführungen unter §2 VII. 1. b), S. 91.

578 Dies fordert die Rechtsprechung auch im Bereich konkurrenzrechtlicher Tatserien, vgl. BGHSt 57, 88; 40, 376; 36, 321 sowie BGH, NStZ 2004, 569.

579 Mit ausführlicherer Begründung, weshalb eine mangelhafte Buchführung den Tatbestand der Untreue verwirklichen kann, RGSt 77, 228 f., sowie zu der Frage, inwieweit einzelne Buchungsvorgänge eine Vermögensgefährdung nach § 263 StGB nach sich ziehen können, vgl. BGH, NJW 1954, 1008 f. Aus der neueren Judikatur auch OLG Frankfurt/Main, NJW 2004, 2031 zu der Vertiefung des Gefährdungsschadens und der tatsächlichen Minderung des Vermögens aufgrund vorgenommener Verschleierungshandlungen. Dagegen ohne auf die erforderliche Korrelation zwischen

Zunächst ist festzustellen, ob nach Deliktsvollendung vorgenommene Handlungen geeignet sind den Tatbestand fortwährend zu erfüllen. Als Anknüpfungspunkt kann eine Überlegung aus der allgemeinen Beendigungslehre herangezogen werden, die auch für den Bereich der Strafverfolgungsverjährung gelten kann. Der Doppelfunktion des Tatbestands in seiner Ausprägung als Garantie- und Unrechtstatbestand[580] ist für die nachtatbestandliche Deliktsphase ebenfalls ein zweifacher Bedeutungsgehalt beizumessen: Neben einer Subsumtion des Nachtatverhaltens unter den Tatbestand muss die nach der Vollendung vorgenommene Handlung bzw. Unterlassung einen zusätzlichen Unrechtsgehalt beinhalten[581].

Diese Erkenntnis verknüpft den Gedanken der Typizität einer Vollendungshandlung mit der Möglichkeit eines Auseinanderfallens von Erfolgsunrecht und Rechtsgutsverletzung. Die Untersuchung hat gezeigt, dass für die aus Handlungs- und Erfolgsunrecht zusammengesetzten Delikte nur die fortwährende Verknüpfung beider Komponenten den Verjährungsbeginn hinauszuzögern vermag. Überträgt man diese Zweigliedrigkeit der Strafnorm auf die hier in Rede stehende Anschlusszone, wird der Rechtsfrieden nicht nur durch die erstmalige Verwirklichung des vollständigen Tatbestands beeinträchtigt. Auch bei kontinuierlichen bzw. sich steigernden Erfolgsverläufen sind daher keine geringeren Anforderungen an ein korrespondierendes Handlungsunrecht zu stellen. Gleiches hat auch für Dauerdelikte im weiteren Sinn zu gelten.

#### *b) Anforderungen an nachtatbestandliche Unterbrechungszäsuren*

Um die Ergebnisse des Fortsetzungszusammenhangs zu vermeiden, ist zu untersuchen, inwieweit die Nachzone in einzelne Verjährungseinheiten getrennt werden kann. Kann der vom Vorsatz des Täters umfasste letzte tatbestandsbezogene Erfolg auf den bloßen Kausalverlauf zurückgeführt werden, ist nach manchen Stimmen jener Kausalverlauf geeignet, die Beendigung hinauszuschieben[582]. Im Rahmen der verjährungsrechtlichen Beendigung soll diese Problematik hier nicht weiter vertieft werden, „denn der Kausalprozeß als solcher kennt keine Zäsuren“[583]. Dem Aufschub der Beendigung durch die bloße Kausalität kann

den nachfolgenden Tathandlungen und der korrespondierend erforderlichen Vermögensgefährdung durch Unterlassen im Rahmen des § 266 StGB einzugehen, BGH, NStZ 2009, 97 f.

580 Zu dieser Doppelfunktion auch *Kühl*, 56 m. w. N.

581 So i. E., *Küper*, JZ 1981, 252.

582 Vgl. *Kühl*, 75 f. m. w. N.

583 So *Stratenwerth*, JZ 1961, 96.

nicht beigepflichtet werden. Ist bereits ein fortlaufendes Erfolgsunrecht nicht geeignet, den Verjährungsbeginn zu verzögern, kann das für die Phase eines reinen Kausalverlaufs erst recht nicht angenommen werden.

Aufgrund des Gleichlaufs von Handlungs- und Erfolgsunrecht kommt einem anderen Aspekt eine essentielle Bedeutung zu. Die Synthese kontinuierlicher Tatbestandsverwirklichungen, also die mehrfache Verwirklichung derselben Norm durch gleichartige aufeinanderfolgende Verhaltensweisen, zu einer Bewertungseinheit findet sich in der Konkurrenzlehre[584]. Diese grundsätzliche Wertung kann auf den Bereich der Strafverfolgungsverjährung übertragen werden. Stellt sich das tatbestandliche Gesamtgeschehen als eine Einheit dar, so kann sich der Rechtsfriede erst mit dem Abschluss dieser Bewertungseinheit einstellen. Solange von einem Nebeneinander eines Handlungs- und Erfolgsunrechts auszugehen ist, kann ein Vergeschichtlichungsprozess nicht in Gang gesetzt werden. Aus dieser Überlegung heraus wird auch das Gewicht der Unterbrechungszäsur deutlich. Dieser Faktor entscheidet darüber, ob eine neue verjährungsrechtliche Tat zu laufen beginnt oder die Verjährung der Eingangsserientat aufgeschoben wird.

Überwiegend einzelfallorientiert wurden bislang die Anforderungen an eine Unterbrechung dieser Dauerzustände formuliert[585]. Bis auf wenige allgemein gehaltene Ausnahmen konnten bisher weder die Gerichte noch die Literatur konkrete Faktoren zur Begrenzung dieser Nachzone herausarbeiten[586]. Wenn auf eine „natürliche Betrachtungsweise“ rekurriert wird, wird entweder auf das äußere Geschehen[587] oder auf die innere Willensrichtung des Täters abgestellt[588]. Nicht zuletzt werden diese Fälle einer wiederholten bzw. schrittweisen

584 Als Beispiel sind nur die Strafbarkeit wegen Beleidigung gemäß § 185 StGB aufgrund mehrerer Schimpfwörter bzw. gemäß § 223 StGB aufgrund verschiedener Schläge genannt, vgl. auch *Erb*, ZStW 117 (2005), 69.

585 Dazu nur die Nachweise der Kommentierung bei *Sternberg-Lieben/Bosch*, in: S/S, Vorbem. §§ 52 ff., Rn. 84 zu den vorübergehenden Fahrtunterbrechungen bei Verkehrsdelikten und der Besonderheit beim Neuerwerb von Betäubungsmitteln über einen längeren Zeitraum hinweg.

586 Einigkeit kann im Bereich der Unterlassungsdauertat insoweit ausgemacht werden, als der Delinquent nicht ununterbrochen gegen die Pflicht verstoßen muss, vgl. bereits *Höpfner*, 29 ff. Während bspw. *Schmitz*, 59 in seiner Monographie zu dem Vorliegen einer Dauerstraftat auch noch dann gelangt, wenn „der Täter auf Dauer einer Pflicht oder mehreren einheitlichen Pflichten nicht nachkommt“, hält etwa *Struensee*, 62 nur „geringfügige Unterbrechungen“ für ausreichend.

587 Vgl. *Cording*, 61 und *Seier*, NZV 1990, 131.

588 So hat der BGH in einem Fall des Einbruchdiebstahls entschieden, dass der kurzzeitigen Aufgabe des Tatentschlusses aufgrund externer Einflüsse und anschließender

Tatbestandsverwirklichung auf konkurrenzrechtlicher Ebene als „dogmatische Nagelprobe für den Handlungsbegriff" gewertet[589]. Einigkeit besteht hinsichtlich der Ausgangsüberlegung, dass auch nach dem Wegfall des Fortsetzungszusammenhangs die Figur der Serienstraftat anzuerkennen ist, um den entsprechenden Unrechts- und Schuldgehalt erfassen zu können[590]. Von den im Schrifttum diskutierten Lösungsansätzen hat sich in der aktuellen Diskussion keiner durchsetzen können[591]. Für die Frage nach den Anforderungen an etwaige verjährungsrechtliche Zäsuren kann eine wichtige Erkenntnis gewonnen werden. Was der Vergleich der konkurrenzrechtlichen mit der verjährungsrechtlichen Perspektive sehr deutlich zeigt, ist die Überlegung, dass die Frage der nachtatbestandlichen Unterbrechungszäsur nur über den jeweiligen Tatbestand beantwortet werden kann. Ist der Rechtsprechung zufolge im Fall der sich über einige Jahrzehnte erstreckenden Agententätigkeit eine Untätigkeitszäsur von mehreren Jahren nicht geeignet, den Verjährungslauf in Gang zu setzen, so können im Bereich der Straßenverkehrsdelikte bereits einige Minuten ausreichen, um diese Wirkung zu entfalten[592].

Solange sich der Gesetzgeber mit dieser Thematik nicht auseinandergesetzt hat, ist über die Instrumente der Verknüpfung zwischen einem Handlungs- und Erfolgsunrecht, der strengen Identitätstheorie sowie der sukzessiven Verjährung eine tragfähige normativ orientierte Lösung des Einzelfalls zu favorisieren. Um bei dem Beispiel der schwarzen Kasse zu bleiben: Im Falle des Schatzmeisters eines Vereins, der kontinuierlich (bspw. mehrmals wöchentlich) pflichtwidrig Beträge zwischen unterschiedlichen Kassen verbucht, ist jede einzelne Verbuchung grds. im Einklang mit der strengen Identitätstheorie unter § 266 StGB subsumierbar. Führt er diesen Vorgang mehrmals wöchentlich aus, kann gleichfalls nicht von einer nachtatbestandlichen Unterbrechungszäsur ausgegangen werden. Selbstverständlich schließt sich die unmittelbare Problematik an, wann die Zäsur einschneidend genug ist, um von einer neuen, selbständigen verjährungsrechtlichen Bewertungseinheit ausgehen zu können. Dass diese Frage aber

---

Wiederaufnahme des tatbestandlichen Geschehens lediglich unterbrechende Wirkung zukommt, vgl. BGHSt 4, 219 ff.

589 Vgl. *von Heintschel-Heinegg*, in: MK, § 52, Rn. 34.

590 Mit diesem Ergebnis etwa *Geppert*, NStZ 1996, 60; *Klumpe*, 197 sowie *Rissing-van Saan*, in: LK, Vorbem. § 52, Rn. 79.

591 Einen Überblick dafür liefert *Rissing-van Saan*, in: LK, Vorbem. § 52, Rn. 78. Allenfalls der Vorschlag von *Bittmann/Dreier*, NStZ 1995, 108 f. zur Fortführung des „institutionalisierten Systems" findet argumentativen Eingang in die Rechtsprechung.

592 Vgl. etwa OLG Düsseldorf, NJW 1967, 1768 und OLG Köln, NStZ 1998, 568.

nicht unlösbar ist, zeigen die Urteile im Bereich der Verkehrsdelikte. Welche Anforderungen im Einzelnen an die Zäsurkriterien zu stellen sind, kann nicht abstrakt festgelegt werden[593]. Nichtsdestotrotz kann der Praxis diese Aufgabe zuteilwerden[594].

### *c) Zwischenergebnis*

Mehrfach wurde auf die Überakzentuierung des Erfolgsunrechts in der aktuellen Diskussion hingewiesen. Um den endgültigen Abschluss eines Verbrechens widerspruchsfrei zu bestimmen, reicht es nicht aus, auf die einmal ursprünglich herbeigeführte Handlungstypizität abzustellen. Das durch den Normverstoß beeinträchtigte Vertrauen in die Rechtsordnung wird durch bloße Folgewirkungen bzw. tatbestandslose Rechtsgutsverletzungen nicht weiter beeinträchtigt. Gleiches gilt daher auch für Verhalten, welches nicht den handlungsspezifischen Unwert des jeweiligen Tatbestands erfüllt. Über die Fortgeltung des tatbestandlichen Beendigungsbegriffs im Wege der strengen Identitätstheorie wird dem Bestimmtheitsgebot ausreichend Rechnung getragen.

## *7. Trennung von verjährungs- und konkurrenzrechtlichen Bewertungseinheiten*

Neben der Strafverfolgungsverjährung spiegelt sich die Bedeutung des Beendigungsbegriffs auch in der Konkurrenzlehre wieder. Kann der Verjährungsbeginn einer Handlung im natürlichen Sinn noch weitgehend eindimensional beantwortet werden, treten in komplexeren konkurrenzrechtlichen Zusammenhängen die bereits oben aufgeworfenen Konkretisierungsschwierigkeiten des Beendigungsbegriffs auf[595]. Allgemeiner Konsens besteht insofern, als keine Notwendigkeit eines Gleichlaufs materieller und prozessualer Sachverhaltsbeurteilungen besteht[596]. Die Qualifikation als materiell rechtlich eine Tat hat nicht

---

593 Mit diesem Ergebnis für das schweizerische Recht, BGE 117 IV 408 = NStZ 1993, 332.

594 So kann als maximale Unterbrechung die für das jeweilige Delikt korrespondierende Verjährungsdauer herangezogen werden, vgl. *Rudolphi*, NStZ 1997, 489 f. m. w. N. auch für die Gegenansicht. Für den Bereich des Wirtschaftsstrafrechts könnte man in entsprechenden Fällen, auf das jeweilige Bilanzjahr oder ähnliche Faktoren abstellen. Mit weiteren Kriterien auch *Klumpe*, 190 f. und zur Behandlung der Serientat in europäischen Ländern *ders.*, 221 ff.

595 Zur rein beendigungsrechtlichen Problematik vgl. die Ausführungen unter Punkt §2 VI. 4, S. 73 sowie §2 VI. 5, S. 78. Angedeutet unter verjährungsrelevanten Gesichtspunkten bereits bei §2 VII. 1, S. 86.

596 Vgl. auch *Jäger*, in: SK-StGB, Vorbem. § 52, Rn. 10.

zwingend zur Folge, dass unter prozessualen Gesichtspunkten von einer Tat auszugehen ist.

Das Grundkonzept der tatbestandlichen Bewertungseinheit zeichnet sich dadurch aus, dass nur von einer einzigen Gesetzesverletzung ausgegangen wird. Davon ist regelmäßig auszugehen, wenn unterschiedliche Tathandlungen nur als eine Tatausführung bzw. unterschiedliche Tatfolgen nur als ein Taterfolg qualifiziert werden[597]. So hat der BGH die anfängliche Grundabsprache eines Kartells als eine die nachfolgenden Einzelabreden umfassende Bewertungseinheit betrachtet. Zwar sind die einzelnen Abreden weiterhin als tatbestandsmäßiger Verstoß zu werten, doch wird diesen kein „eigenständiger" Unrechtsgehalt beigemessen[598].

Auszuscheiden haben bei dieser Analyse solche Bewertungseinheiten, die im Rahmen der Untersuchung bereits an entsprechender Stelle abgehandelt wurden. Dies gilt zum einen für die Aufgabe des Fortsetzungszusammenhangs[599], zum anderen für die hier als Dauerdelikte im engeren Sinne bezeichneten Delikte, die unter die Deliktsgruppe der pauschalisierenden Handlungsbeschreibungen gefasst werden können[600].

### *a) Rechtliche Handlungseinheit bei mehrfacher Tatbestandsverwirklichung*

Sowohl die Fälle der iterativen als auch die der sukzessiven Tatbestandsverwirklichung sind keine konkurrenzrechtlichen Erscheinungsformen, da sie sich nur als eine einheitliche Gesetzesverletzung darstellen. Während bei den iterativen Tatbestandsverwirklichungen die Gleichartigkeit des unmittelbar zeitlichen Geschehens die Bewertungseinheit herbeiführen soll[601], wird für die

597 Neben der uneinheitlichen Terminologie in Rechtsprechung und Literatur, aber auch innerhalb der Literatur, wird die Thematik noch verkompliziert, indem neben den Voraussetzungen, unter denen von einer tatbestandlichen Bewertungseinheit ausgegangen werden kann, auch die einzelnen Fallgruppen nicht einheitlich anerkannt werden. Gefolgt wird der Terminologie von *Jäger*, in: SK-StGB, Vorbem. § 52, Rn. 11 ff. und *Jescheck/Weigend*, AT, § 66 II.

598 So BGH, NStZ 2006, 229.

599 Dazu die Ausführungen unter §2 VII. 3. c) aa), S. 122.

600 Zu diesem Komplex Punkt §2 VII. 3. c), S. 121. Für eine entsprechende Einzelfallanalyse des jeweiligen Tatbestandes BGHSt 43, 258 ff.

601 So hat der BGH, NJW 1980, 2591 mehrere falsche Angaben in einer Umsatzsteuervoranmeldung über verschiedene steuerliche Sachverhalte innerhalb eines Voranmeldungszeitraums als eine tatbestandliche Handlungseinheit qualifiziert.

sukzessiven[602] neben dem zeitlichen und räumlichen Zusammenhang eine fortwährende einheitliche Motivationslage gefordert[603].

Wenn das Charakteristikum der fortlaufenden Tatbestandsverwirklichung im zeitlich verzögerten Eintritt des Erfolgs zu sehen ist, lässt sich der Verjährungsbeginn mit einem Verweis auf § 78a S. 2 StGB begründen. Da als Voraussetzung der wiederholten Deliktsverwirklichung ein enger zeitlicher Zusammenhang verlangt wird und eine rein quantitative Steigerung des verwirklichten Unrechts vonnöten ist, kann der Verjährungsbeginn auf den Abschluss der Bewertungseinheit terminiert werden[604].

### *b) Natürliche Handlungseinheit*

Der Bewertungseinheit einer sog. „natürlichen Handlungseinheit" wird ein doppelter Bedeutungsgehalt beigemessen: Zum einen wird diese Begrifflichkeit herangezogen, um unterschiedliche Ausführungshandlungen zu einer – hier als tatbestandliche Bewertungseinheit bezeichneten – Einheit zusammenzuführen. Dagegen wurde zum anderen insbesondere von der Rechtsprechung zur Begründung einer Idealkonkurrenz auf die Figur einer natürlichen Handlungseinheit zurückgegriffen. Werden zwar unterschiedliche Tatbestände verwirklicht, stehen die tatsächlichen Handlungen bei natürlicher Betrachtungsweise jedoch in einem unmittelbaren zeitlichen sowie räumlichen Zusammenhang und beruhen auf einem einheitlichen Entschluss, so ist das Geschehen als eine Einheit zu qualifizieren[605]. Aus dieser Erläuterung wird die Missverständlichkeit dieser Begriffsumschreibung deutlich. Die natürliche Handlungseinheit ist dem Grunde nach lediglich eine „normative Zusammenfassung mehrerer auf die Verwirklichung eines gesetzlichen Tatbestands gerichteter Handlungen", mithin die rechtliche Bewertung eines tatsächlichen Geschehens[606].

---

602 In diesem Zusammenhang wird regelmäßig der etappenweise durchgeführte Diebstahl genannt, BGHSt 4, 219.

603 Vgl. *Rissing-van Saan*, in: LK, Vorbem. § 52, Rn. 35 f.

604 Mit vertieften Ausführungen zu den Anforderungen an eine entsprechende Bewertungseinheit *Maiwald*, 72 ff.

605 So etwa BGHSt 22, 76 für den Fall einer Polizeiflucht. M. w. N. auch *Rissing-van Saan*, in: LK, Vorbem. § 52, Rn. 15 ff. Mit detaillierter Besprechung der Entwicklung dieses Instituts zurück bis zur Rechtsprechung des Reichsgerichts, *Maiwald*, 13 ff.

606 So *Fischer*, Vorbem. §§ 52 ff., Rn. 2.

Trotz der seitens der h. L. geäußerten Kritik sind keine Anhaltspunkte ersichtlich, die für ein Abrücken der Rechtsprechung hindeuten[607]. Im Bereich des Wirtschaftsstrafrechts treten entsprechende Bewertungseinheiten aufgrund der häufig zeitlich gestreckten Deliktsbegehung vermehrt auf. So hat der BGH mehrere Verstöße gegen die Buchführungspflicht innerhalb eines Zeitraums von zwei Jahren als eine einheitliche Tat i. S. d. § 283 StGB gewertet, ohne dabei auf die Rechtsfigur der fortgesetzten Handlung zurückzugreifen[608]. Eine natürliche Handlungseinheit wird für ein Vorenthalten von Sozialversicherungsbeiträgen für mehrere Arbeitnehmer zum gleichen Fälligkeitstermin bejaht, wenn „sich die Tat als einheitliche Pflichtverletzung darstellt“ und „auf einem einheitlichen Willensentschluß“ beruht[609].

Das besondere Spannungsverhältnis zwischen einer konkurrenzrechtlichen Betrachtung im weiteren Sinne und dem Verjährungsbeginn verdeutlicht die Rechtsprechung zum Subventionsbetrug. Im zweistufigen Subventionsvergabeverfahren ist der Bewilligungsbescheid ein notwendiges Durchgangsstadium, um die vom Täter erstrebte Auszahlung zu erhalten. Während der BGH[610] im konkurrenzrechtlichen Kontext eine Bewertungseinheit zwischen dem Zeitraum des Finanzhilfeantrags und dem sich anschließenden Mittelanforderungsantrag mit der Begründung annimmt, dass das von § 264 StGB geschützte Rechtsgut kontinuierlich beeinträchtigt werde, hat das OLG München[611] für den Abschluss der Tat und damit den Beginn der Strafverfolgungsverjährung auf den Eingang der unrichtigen bzw. unvollständigen Angaben abgestellt[612].

### *c) Vor-/Nachtaten*

Nach überwiegender Auffassung in der Literatur bilden Vor- und Nachtat eine geschlossene Bewertungseinheit, die sich auch verjährungsrechtlich fortsetzt. Aufgrund dieser Unselbständigkeit ist die Verjährung insgesamt bereits mit der Verjährung der Vortat eingetreten[613]. Dagegen haben Rechtsprechung und Teile

---

607 Die unterschiedlichen Nuancen dieser Kritik zusammenfassend *Rissing-van Saan*, in: LK, Vorbem. § 52, Rn. 19 mit jeweils weiteren Nachweisen.

608 Vgl. BGH, NStZ 1995, 347.

609 So etwa OLG Frankfurt/Main, NStZ-RR 1999, 104.

610 Vgl. BGH, NStZ 2007, 579.

611 Vgl. OLG München, NStZ 2006, 631.

612 Ausführlich zu der Frage nach dem Verjährungsbeginn des Subventionsbetrugs unter Punkt §3 II., S. 173.

613 In diesem Sinne etwa *Saliger*, in: K/N/P, § 78a, Rn. 34; *Rudolphi/Wolter*, in: SK-StGB, § 78a, Rn. 9 m. w. N.

der Literatur eine Bestrafung auch für den Fall angenommen, dass eine Verurteilung der Vortat aufgrund der eingetretenen Strafverfolgungsverjährung bereits ausgeschlossen war[614].

Um den hier favorisierten unrechtsorientierten Verjährungsbeginn konsequent fortzuführen, ist zu differenzieren. Die Bedeutung des Unrechtsgehalts kann dabei in zweifacher Hinsicht relevant werden: Zum einen in dem bereits mehrfach angesprochenen Zusammenhang bei zeitlich gestreckter Deliktsverwirklichung, zum anderen gewinnt gerade der Unwertgehalt der jeweiligen Tatbestände Bedeutung für die Strafbarkeit im Rahmen einer Vor- und Nachtat. Kann der Nachtat kein eigenes selbständiges Unrecht beigemessen werden, bleibt die Nachtat entsprechend straflos[615].

Deckt sich der Unrechtsgehalt der Vortat mit demjenigen der Nachtat und kann gleichzeitig von einer Unrechtskontinuität im verjährungsrechtlichen Sinn gesprochen werden, beginnt die Verjährung mit dem erstmaligen Auseinanderfallen des Handlungs- und Erfolgsunrecht der Nachtat. Erlangt der Täter einen Gegenstand durch einen Betrug nach § 263 StGB, verwertet diesen untreuerelevant nach § 266 StGB und verwirklicht durchgehend das den Deliktstypen entsprechende Handlungs- und Erfolgsunrecht, läuft die Verjährung ab dem Zeitpunkt, in dem das unrechtsrelevante Verhalten sowie der dazugehörige Erfolg letztmalig gleichzeitig vorliegen[616]. Intensiviert sich bspw. der Schaden aufgrund der nachfolgenden untreuespezifischen Handlungen, so tritt ein zusätzlicher Unrechtsgehalt hinzu und die einzelnen Geschehnisse unterliegen einer getrennten Strafverfolgungsverjährung.

### *d) Zwischenergebnis*

Soweit das Verhältnis zwischen konkurrenzrechtlichen Bewertungseinheiten und der Strafverfolgungsverjährung diskutiert wird, werden beide Regelungskomplexe nicht durchweg getrennt voneinander gehalten. Zum Teil vermengen sowohl die Literatur als auch die Rechtsprechung diese beiden Institute und leiten daraus entsprechende Schlussfolgerungen ab[617]. An anderer Stelle

---

614 So BGHSt 38, 368 f. und *Rissing-van Saan*, in: LK, Vorbem. § 52, Rn. 151 m. w. N.

615 Vgl. *Baumann/Weber/Mitsch*, AT, § 36, Rn. 13 und *Vogler*, in: FS Bockelmann, 733 f.

616 Besteht das untreuerelevante Verhalten des Täters lediglich darin, die durch den Betrug erlangte Stellung zu sichern bzw. den Gegenstand zu verwerten, liegt darin kein eigenständiges Unrecht, vgl. BGH, NStZ 2001, 196.

617 Für die Rechtsprechung die soeben angeführten Urteile in Fn. 610, S. 145 und 612, S. 145, für die Literatur *Lampe/Hegmann*, in: MK, § 99, Rn. 25 sowie *Sternberg-Lieben*, in: BeckOK-UrhbG, § 106 UrhG, Rn. 48. *Nazarian* legt im Rahmen der iterativen

wurde der Kritik zugestimmt, die Ergebnisse der fortgesetzten Tat ließen sich nicht über den Umweg des Gedankens der Bewertungseinheit einer Tat auf das Konzept der Strafverfolgungsverjährung übertragen[618]. Unter Berücksichtigung der unterschiedlichen Zielsetzungen zwischen der Konkurrenzlehre und der Verjährungsfrage müssen beide Konzepte separat betrachtet werden[619]. Die Schlussfolgerung, wonach konkurrenzrechtliche Bewertungseinheiten auch verjährungsrechtlich eine Einheit zu bilden haben, wird hier nicht gezogen[620].

Am Beispiel des Kartellurteils tritt das Erfordernis einer entsprechenden Abgrenzung offen zutage. Stellt man sich auf den Standpunkt des BGH, das gesamte Unrecht der Tat liege bereits in der Grundabsprache vor, können die sich anschließenden Einzelhandlungen nach dem verjährungsrechtlichen Beendigungsbegriff nicht den Verjährungsbeginn hinauszögern. Aus diesem Grund sind die konkurrenzrechtlichen Resultate nicht unreflektiert auf die verjährungsrechtliche Nachzone zu übertragen[621].

### *e) Sukzessive Verjährung von Serienstraftaten mittels verjährungsrechtlicher Klammerwirkung*

Engverbunden mit den Unterbrechungszäsuren ist die Frage, wie mit zeitlich gestreckten Serienstraftaten sowohl in materiell- als auch in prozessrechtlicher Hinsicht zu verfahren ist. Das Meinungsspektrum innerhalb der Rechtsprechung und Lehre reicht dabei von einer Ausdehnung des Anwendungsbereichs

---

sowie der sukzessiven Verwirklichung eines Tatbestandes die Einmaligkeit der Gesetzesverletzung dar. Da insoweit nur von einem Strafanspruch die Rede sein kann, beginnt die Strafverfolgungsverjährung mit der letztmaligen Tatvollendung, vgl. *Nazarian*, 132.

618 Dazu im Bereich des fahrlässigen Dauerdelikts unter Punkt §2 VII. 3. c) aa), S. 122.

619 Während der Gedanke des Rechtsfriedens das prägenden Element des Verjährungsinstituts darstellt, steht bei den §§ 52 ff. StGB das Gesamtstrafenprinzip im Vordergrund. Die Konkurrenzlehre geht der Frage nach, wie simultane Deliktsverwirklichungen zueinanderstehen, sobald der Delinquent sukzessiv mehrere Tatbestände verwirklicht oder die Ausführungshandlungen einen Teil mehrerer Deliktsbegehungen bilden, vgl. *Heintschel-Heinegg*, in: MK, Vorbem. §§ 52 ff., Rn. 8 und *Jakobs* 31/1.

620 Damit ist nicht gesagt, dass im Einzelfall dennoch eine Übereinstimmung vorliegen kann. So i. E. auch *Nazarian*, 137.

621 „Die Frage, wann eine Handlung als ‚begangen' anzusehen ist, kann nicht für das gesamte Rechtsgebiet einheitlich entschieden werden. Vielmehr kommt es jeweils auf den Sinn und Zweck der einzelnen hinsichtlich ihrer zeitlichen Tragweite auszulegenden Rechtsvorschrift an, da es sich bei der ‚Tatzeit' nicht um einen ‚naturalistischen', sondern um einen ‚juristischen Bedeutungsbegriff' handelt.", BGHSt 11, 121.

der tatbestandlichen Handlungseinheit[622], über eine Ausweitung der natürlichen Handlungseinheit[623] bis hin zu einer Korrektur auf Strafzumessungsebene[624]. Ein Ende dieses Diskurses ist aktuell nicht Sicht, sodass die praktische Aufgabe der fortgesetzten Tat noch nicht abschließend verarbeitet ist.

Unter verjährungsrechtlichen Gesichtspunkten kann das insbesondere im Rahmen des Einrichtens schwarzer Kassen relevant werden. Legt der Täter eine entsprechende Kasse an, unternimmt aber sonst keine Verschleierungshandlungen, als das Geld am Ende der Tat ggf. für Anschlussdelikte zu nutzen, wird das bloße Stehenlassen und spätere Abheben des Geldes nicht dem untreuespezifischen Handlungsuwert gerecht. Wenn der Täter die Kasse nicht nur einmalig anlegt, sondern regelmäßig Kontobewegungen vornimmt und ggf. auch weitere zusätzliche Konten anlegt, kann auch nach Vollendung u. U. von einer tatbestandsmäßigen Begehung des § 266 StGB gesprochen werden. Obwohl in beiden Fällen durchgängig von einer entsprechenden Vermögensgefährdung des Dispositionsbefugten und damit ein fortwährender Erfolg vorliegt, trägt gerade in der zweiten Alternative das Täterverhalten dazu bei, den Verjährungsbeginn hinauszuzögern.

Indem sich der materielle Beendigungsbegriff vom Tatbestand ablöst, beginnt die Verjährung in beiden Fällen erst mit dem Abheben und Verwenden des Geldes zu laufen, da mit diesen Handlungen die „unrechtserhebliche Gesamttätigkeit ihren endgültigen Abschluss“ gefunden hat. Folgt man hingegen einer tatbestandsbezogenen Beendigungsbestimmung, muss im Rahmen eines andauernden Geschehens auch durchwegs – jedoch nicht zwingend lückenlos – von einer Deliktsverwirklichung im tatbestandlichen Sinn gesprochen werden. Welche Anforderungen an entsprechende Zäsuren, die eine Selbständigkeit begründen, im Einzelnen zu stellen sind, ist eine Frage des Deliktstatbestands und der konkreten Begehungsweise[625].

Wenn bereits Stimmen aus dem Lager des faktischen Beendigungsbegriffs das Spannungsverhältnis zwischen einem jahrelangen Hinauszögern des Verjährungsbeginns aufgrund konkurrenzrechtlicher Überlegungen und den Grundprinzipien des Instituts der Verjährung hervorheben, tritt die unzureichende

---

622 Vgl. etwa BGHSt 41, 385 bzw. für die Bildung eines „uneigentlichen Organisationsdelikt[es]“ im Rahmen der Beteiligung mehrerer an einem zeitlich gestreckten Deliktsverlauf BGH, NJW 2004, 2841.

623 Vgl. BGH, NStZ-RR, 1998, 68 f.

624 In diese Richtung bei langgestreckten Tatserien BGHSt GrS 40, 162.

625 Dazu unter §2 VII. 6. b), S. 139.

Erörterung der sukzessiven Verjährung zutage[626]. Die bisherigen Lösungsvorschläge haben sich nicht durchsetzen können[627]. Aktuelle Untersuchungen zeigen eine wieder erstarkende Befürwortung einer sukzessiven Verjährung[628].

So lange von einem durchgängigen Handlungs- und einem ggf. erforderlichen Erfolgsunrecht gesprochen werden kann, beginnt noch keine Verjährung zu laufen, da sich der Rechtsfriede nicht einzustellen vermag. Sobald die Zäsur derart gravierend ist, dass von einem tatbestandsmäßigen Handeln samt ggf. erforderlichen tatbestandsmäßigem Erfolg keine Rede mehr sein kann, bildet dieser Einschnitt die Grundlage für den Beginn eines neuen Verjährungsabschnitts. Im Ergebnis erreicht man damit eine Rechtslage vergleichbar mit dem schweizerischen Recht. Dort beginnt die Verjährung bei fortgesetztem strafbarem Verhalten „mit dem Tag, an dem dieses Verhalten aufhört“[629].

Ungeachtet der Tatsache, dass auch nach Aufgabe des Fortsetzungszusammenhangs Rechtsfiguren fortbestehen, die zeitlich gestreckte Handlungsabläufe verbinden können, hat das nicht zwingend eine verjährungsrechtliche Einheit zur Folge. Jene Instrumente sind allesamt grundsätzlich unabhängig vom Sinn und Zweck der Strafverfolgungsverjährung zu betrachten und richten sich damit nicht per se am Handlungsunrecht bzw. an der Verknüpfung desselben mit dem

---

626 So etwa *Saliger*, in: K/N/P, § 78a, Rn. 33. Mit der Forderung, diese Problematik einer „grundsätzlichen Überprüfung“ zuzuführen auch *Lackner*, in: Lackner/Kühl, § 78a, Rn. 6.

627 Dem Vorschlag, diesen Konflikt über die Anwendung von Opportunitätsvorschriften bzw. im Rahmen der Strafzumessung zu beheben, wurde entgegengehalten, dass damit die Problematik im Kern nicht gelöst würde, vgl. *Lampe/Hegmann*, in: MK, § 99, Rn. 25; dagegen *Saliger*, in: K/N/P, § 78a, Rn. 33. Die Überlegung, in den Fällen der tatbestandlichen Handlungseinheit bzw. des Dauerdelikts die Teile als verjährt anzusehen, die mehr als wenigstens die einfache oder die doppelte Verjährungsfrist zurückliegen, wird mit einem contra legem Vorwurf kritisiert, vgl. *Rudolphi*, NStZ 1997, 489 f., sowie *Schlüchter/Duttge*, NStZ 1998, 618 ff.; dagegen *Lackner*, in: Lackner/Kühl, § 78a, Rn. 6

628 So zum einem im Zusammenhang mit tatbestandlichen Bewertungseinheiten bei Korruptionsdelikten sowie dem Konkurrenzprodukt der natürlichen Handlungseinheit, *Nazarian*, 75 und 135. Zum anderen spricht sich auch *Schmitz* im Lichte des Dauerdelikts für eine sukzessive Verjährung aus, vgl. *Schmitz*, 241. Im Zusammenhang mit dem Verjährungsbeginn *Asholt*, 554 und der Tatbeendigung *Hsueh*, 142.

629 Art. 98 lit. c) SchwStGB. Um der Bildung von Handlungsbruchstücken entgegenzuwirken, wird zutreffend vorgeschlagen, die kleinste Verjährungseinheit auf einen Kalendertag festzulegen, so *Asholt*, 563. Zu der Kritik von Handlungsatomen *Schlüchter/Duttge/Klumpe*, JZ 1997, 997.

Erfolgsunrecht aus. Einer Verklammerung im Sinne einer verjährungsrechtlichen Einheit von mehreren Einzeltaten bedarf es somit nach der hiesigen Interpretation nicht mehr.

Dies deckt sich mit Überlegungen, die nach der Aufgabe des Fortsetzungszusammenhangs angestellt wurden und auf die bereits an anderer Stelle hingewiesen wurde: Wenn die Frage einer verjährungsverlängernden nachtatbestandlichen Unrechtsphase im Raum steht, sind die Grundannahmen und -überlegungen aus dem Verjährungsrecht selbst zu ziehen und nicht aus anderen Rechtsbereichen zu übertragen[630].

Im Bereich des Wirtschaftsstrafrechts waren die Gerichte häufig bemüht, umfangreiche Gesamtgeschehen zu bilden, die häufig aufgrund unvollständiger oder zu allgemeiner Feststellungen keinen Bestand hatten[631]. Wenn allerdings seitens der Gerichte der erforderliche Begründungsaufwand geliefert wird, inwiefern bspw. nachfolgende Verschleierungs- und Verdeckungshandlungen im Rahmen der Bildung einer schwarzen Kasse noch als tatbestandsmäßige Begehung qualifiziert werden können, sprechen die Legitimationsansätze der Verjährung nicht gegen einen Aufschub der Verjährung. Kann diese Argumentation über den Zeitablauf nicht geleistet werden, ist die einzelne Tat wegen Eintritts der Verjährung nicht mehr zu verfolgen. Dass sich die Anzahl der verjährten Taten damit erhöhen würde, wurde von der Literatur nicht beanstandet, vielmehr wurde die Entscheidung des Großen Senats überwiegend positiv aufgefasst[632].

### 8. *Erfordernis einer Abgrenzung zwischen Vollendung und Beendigung*

Die bisherigen Ausführungen haben gezeigt, wie intensiv in Praxis und Wissenschaft über das Rechtskonstrukt der Beendigung diskutiert wird[633]. Kann man über die Existenz und die Grundlagen der Vollendung eines jeden Tatbestandes behaupten, dass jene allgemein anerkannt sind, ist man im Hinblick auf die Beendigung von einer „generalisierenden Antwort“[634] noch weit entfernt. Neben

630 So bereits unter §2 VII. 2. b) dd) (3), S. 112.

631 Mit diesem Ergebnis *Zschockelt*, NStZ 1994, 364.

632 Vgl. *Bittmann/Dreier*, NStZ 1995, 109 m. w. N.

633 Speziell zur Verwirklichung qualifizierender Umstände in dieser nachtatbestandlichen Unrechtsphase, vgl. BGHSt 20, 197; 22, 228; jüngst allerdings etwas einschränkend BGHSt 53, 234; 55, 79; a. A. in der Lit.: *Kraatz*, StV 2010, 630; *Rengier*, BT I, § 9 Rn. 8 f.; *Wessels/Hillenkamp*, BT/2, Rn. 267.

634 So *Wessels/Beulke*, Rn. 592.

der elementaren Erwägung, ob eine über die Vollendung hinausgehende Nachzone prinzipiell[635] anzuerkennen ist und – dies bejahend – welche Maßstäbe für die Bestimmung heranzuziehen sind[636], stellt sich die Frage, welche Konsequenzen für den jeweiligen Problemzusammenhang zu ziehen sind.

Die Schwierigkeiten einen Beendigungszeitraum sprachlich zu erfassen rühren u. a. daher, dass die Normen des StGB bei einigen Deliktsbeschreibungen keiner natürlichen Lebensanschauung gefolgt sind[637]. Sind für diese teilweise Vorverlagerung der Strafbarkeit gleichfalls kriminalpolitische Aspekte des Gesetzgebers anzuführen[638], bleibt derjenige begründungsbedürftig, der über den gesetzlich verankerten Tatbestand hinaus strafrechtlich relevante Rechtswirkungen ableiten möchte[639].

---

635 Mit jeweils unterschiedlichen Aspekten kritisch bzw. verneinend *Bitzilekis*, ZStW 99 (1987), 723 ff.; *Gössel*, ZStW 85 (1973), 591; *Jakobs*, 25/12; *Hruschka*, GA 1968, 202; *ders.*, JZ 1983, 218; *Isenbeck*, NJW 1965, 2326; *Nazarian*, 140. Letztlich berücksichtigen auch die Kritiker tatbestandlich relevantes „Weiterhandeln bzw. Weiterunterlassen", sodass man zu Recht die Frage nach dem zusätzlichen Mehrwert der Beendigungsterminologie stellen kann. *Dallmeyer* geht im Rahmen seiner Ausführungen nicht auf die Monographien von *Nazarian* und *Schmitz* ein, die sich zwar kritisch ggü. einer Beendigungsphase äußern, aber ähnlich wie *Jakobs* und *Roxin* nachttatbestandliches Unrecht mitberücksichtigen, vgl. *Dallmeyer*, ZStW 124 (2012), 713.

636 Zu dieser Problematik auch: *Hau*: Die Beendigung der Straftat und ihre Wirkungen, 1974; *Jescheck*, in: FS Welzel, 683; *König*, Die Unterscheidung von juristischer Vollendung und faktischer Beendigung und ihre Bedeutung für Teilnahme und Begünstigung, 1938; *Kühl*: Die Beendigung des vorsätzlichen Begehungsdelikts, 1974; *ders.*, in: FS Roxin, 665 ff.; *Scheufele*, Formelle Vollendung und tatsächliche Beendigung von Straftaten, 1971; *Winkler*: Vollendung und Beendigung des vorsätzlichen Verbrechens, 1965. Erschwerend kommt dbzgl. noch hinzu, dass sich die Rechtsprechung mit diesen Unwägbarkeiten nicht in entsprechender Weise auseinandergesetzt hat, vgl. dazu bisher nur BGH, NStZ 2000, 31 mit dem Hinweis zu der Kritik bzgl. Art. 103 Abs. 2 GG.

637 Das ist namentlich u. a. bei den Gefährdungsdelikten der Fall, die bereits mit Eintritt der konkreten bzw. abstrakten Gefahr vollendet, aber ggf. erst mit Eintritt derselbigen beendet sind und i. d. R. auch bei Delikten mit sog. überschießender Innentendenz, vgl. auch *Kühl*, 20 mit anderen Bsp. *Welzel*, 188 führt im Rahmen der §§ 253, 263 StGB den Begriff „Vordatierung" ein.

638 So bspw. schon *Hegler*, ZStW 36 (1915), 32 ff.

639 In diese Richtung auch *Kühl*, 21 f.

### *a) Existenzberechtigung*

Mittlerweile haben sich diejenigen Stimmen in der Wissenschaft, welche sich für eine gänzliche Ablehnung einer Beendigungsphase aussprechen, dezimiert[640]. Zum einen lässt sich nicht leugnen, dass über den Terminus der Beendigung bei (nahezu) allen Delikten eine derartige Nachzone konstruiert werden kann[641]. Unter der Prämisse, dass allein mit dem Terminus keine Aussage über eine Eignung dieser Phase hinsichtlich einer strafbarkeitsbegründenden bzw. -schärfenden Wirkung getroffen wird, ist die Verwendung unproblematisch.

Zum anderen kann in diesem Kontext auch die von der Literatur akzeptierte Rechtsprechung[642] zu § 252 StGB herangezogen werden. Demnach ist der zeitliche Anwendungsbereich dieser Norm erst mit der Vollendung der Wegnahme eröffnet und spätestens mit der tatsächlichen Beendigung des § 242 StGB beendet[643]. Die unterschiedlichen Akzentuierungen und Kritiken des Beendigungsdogmas samt deren Folgen, wie gerade die Teilnahme oder Verwirklichung von Qualifikationsmerkmalen nach der Vollendung, sind aber nicht Gegenstand dieser Untersuchung. Unter verjährungsrechtlichen Aspekten ist zunächst nur relevant, dass es – verallgemeinernd gesprochen – eine Phase nach der Vollendung

---

640 So bspw. *Bitzilekis*, ZStW 99 (1987), 749; *Hruschka*, JZ 1983, 218. Zwar sprechen sich manche auch in jüngerer Zeit gegen die Beendigungslehre als solche aus, erkennen jedoch gleichfalls eine entsprechende Nachphase an. So räumt *Jakobs* ein, dass es nur nicht nötig sei, eine Beendigung „pauschal" als eine Deliktsstufe zu kategorisieren, vgl. *Jakobs*, 25/12. *Schmitz*, der sich ansonsten auch kritisch ggü. der Beendigungsdoktrin ausspricht, erkennt auch eine entsprechende Zone bspw. beim Rentenbetrug an, wenn bei diesem oder vergleichbaren Konstellationen die Verjährung erst mit dem „Eintritt des letzten schädigenden (Teil-)Erfolgs" zu laufen beginnt, vgl. *Schmitz*, 233. *Nazarian* löst diesen Gesichtspunkt in der Gestalt, dass sie sich im Rahmen der Dauerdelikte des Begriffs der „Tatvollendungsphase" bedient bzw. sonst auch vom „deliktischen Gesamtgeschehen" spricht, vgl. *Nazarian*, 126 und 139.

641 Als problematisch wird dies z. T. noch bei den Zustandsdelikten, wie z. B. der Sachbeschädigung oder dem Totschlag erachtet. *Jescheck* veranschaulicht die Möglichkeit, auch eine Sachbeschädigung als „Dauerstraftat" zu begehen mit dem Bsp. von einem Täter, der im obersten Stock eines kurzzeitig unbewohnten Gebäudes bei verstopftem Ablauf den Wasserhahn aufdreht und laufen lässt, vgl. *Jescheck*, in: FS Welzel, 687. Während *Wessels/Beulke*, Rn. 593 zumindest dem Totschlag eine derartige Zeitspanne absprechen, bejahen dies *Hillenkamp* und *Dencker* mit jeweils unterschiedlicher Begründung, vgl. *Hillenkamp*, in: LK, Vorbem. § 22, Rn. 19 und *Dencker*, NStZ 1992, 313 ff., ein Hinweis auf *Dencker* findet sich bei *Walther*, NStZ 2005, 657 f.

642 Vgl. dazu BGHSt 28, 229; BGH, StV 1985, 13; BGH, NJW 1987, 2687.

643 I. d. S. nur *Eser/Bosch*, in: S/S, § 252, Rn. 3; *Sander*, in: MK, § 252, Rn. 6.

gibt, die für den jeweiligen Problemzusammenhang im Sinne des Strafgesetzbuchs von Bedeutung sein *kann*[644]. Um den Beendigungsbegriff nicht „völlig willkürlich" ausufern zu lassen, muss daher weiter differenziert werden[645].

### *b) Der Abschied vom Postulat eines allgemein formulierbaren Beendigungsbegriffs*

Unter den Befürwortern einer Beendigungsphase besteht Konsens dahingehend, die Bestimmung einer Nachzone von dem entsprechenden Folgeproblem abhängig zu machen. Je stärker die Rechtswirkungen der einzelnen Problemzusammenhänge voneinander abweichen, desto weniger ähneln sich die unterschiedlichen Aspekte der Beendigung. So überschneiden sich die Überlegungen, bis zu welchem Zeitpunkt eine Erfolgsqualifikation in Betracht zu ziehen ist und bis zu welchem Zeitpunkt die Handlung eines Mittäters bzw. Gehilfen zugerechnet werden kann, eher als beispielsweise solche, die im Rahmen der Verjährung maßgeblich sind[646]. Die unterschiedlichen Bereiche des Allgemeinen und Besonderen Teils sollen hier nicht im Einzelnen beleuchtet werden. Diese Arbeit wurde bereits an anderer Stelle geleistet[647]. Wenn für die Bestimmung eines Beendigungszeitpunkts die Regeln der tätigen Reue herangezogen werden, vermag dies ebenfalls nicht zielführend sein[648]. Zwar thematisieren diese Vorschriften ebenfalls die der Vollendung nachfolgende Unrechtsphase, dennoch handelt es sich dabei um spezielle Ausnahmevorschriften, die für die Auslegung des § 78a StGB keine Relevanz entfalten[649].

---

644 Eine weitergehende Schlussfolgerung, als dass möglicherweise nach Vollendung noch strafrechtlich relevante Auswirkungen zu berücksichtigen sind, kann der Beendigungsbegriff nicht liefern, so auch *Kühl*, AT, § 14, Rn. 28 f.; *Otto*, in: FS Lackner, 715; *ders.*, Allgemeine Strafrechtslehre, § 18, Rn. 13. Mehr dazu sogleich.

645 Wörtlich *Kühl*, JuS 1982, 191.

646 So *Hillenkamp*, in: LK, Vorbem. § 22, Rn. 19 ff.; 33; *Kühl*, 76 f. und *Otto*, in: FS Lackner, 717 ff. jeweils m. w. N. Unter anderem hat *Stratenwerth* zur Diskussion beigetragen, indem er die Frage aufgeworfen hat, inwiefern ein fortdauernder Erfolg auch auf zusätzlichem Verhalten des Täters beruhen müsse oder nicht, um bspw. so das Teilnahmeproblem der Beihilfe zu lösen, vgl. *Stratenwerth*, JZ 1961, 97.

647 Vgl. in diesem Kontext die ausführliche Darstellung bei *Hsueh*, 151 ff. samt Zusammenfassung 293 ff.

648 In diese Richtung am Beispiel des Kapitalanlagebetrugs etwa *Fischer*, § 264a, Rn. 18.

649 Vgl. OLG Köln, NJW 2000, 600.

### *c) Einführung eines verjährungsrechtlichen Beendigungsbegriffs*

Soweit ersichtlich ist bis dato noch kein Versuch unternommen worden unter den aufgezeigten Prämissen einen spezifisch verjährungsrechtlichen Beendigungsbegriff zu formulieren. Möchte man den Beendigungsbegriff auf der Basis der bisherigen Erkenntnisse sprachlich umfassen, ist dieser für den Bereich der Strafverfolgungsverjährung wie folgt zu formulieren: Die Verjährung beginnt beim Abschluss der Bewertungseinheit eines Nicht-Erfolgsdelikts nach § 78a S. 1 StGB, sobald das Handlungsunrecht der Tat vollständig vorliegt. Bei einem Erfolgsdelikt beginnt die Verjährung nach § 78a S. 2 StGB zu laufen, sobald Handlungs- und Erfolgsunrecht vollständig vorliegen. Erstreckt sich der Deliktsverlauf über einen längeren Zeitraum, so ist zu differenzieren: Perpetuiert der Täter mit weiterem selbständigem Handlungsunrecht das Erfolgsunrecht, so wird der Verjährungsbeginn der Tat hinausgeschoben. Vertieft sich der Erfolg insofern, als neben dem neuen eigenständigen Handlungsunwert ein weiterer eigenständiger Erfolgsunwert hinzutritt, ist von einer zusätzlichen selbständig verjährbaren Tat auszugehen. Demnach ist bei zeitlich gestreckten Deliktsverläufen zunächst zu ermitteln, ob das Gesamtverhalten als weiterhin tatbestandsmäßig qualifiziert werden kann. In einem zweiten Schritt ist bei Erfolgsdelikten zu erörtern, inwieweit durch das erneute tatbestandsmäßige Verhalten der Erfolg perpetuiert oder aber intensiviert wird.

Exemplarisch kann dabei erneut auf das Delikt der Gewässerverunreinigung nach § 324 StGB zurückgegriffen werden. Nachdem der Täter das Gewässer mit einer chemischen Substanz derart verunreinigt hat, dass sich Schaum gebildet hat, führt er weitere Mengen der chemischen Substanz hinzu. Verändert sich durch das weitere Verhalten jedoch nicht die Masse des Schaumes, sondern hindert allenfalls dessen Rückgang, wird der Erfolg zwar fortwährend perpetuiert, es findet jedoch keine Intensivierung des Erfolges statt. Die Verjährung der ursprünglichen Tat wird – vorausgesetzt es liegt keine nachtatbestandliche Unterbrechungszäsur vor – um den weiteren Zeitraum der entsprechenden Verjährungsfrist verlängert. Greift der Täter im weiteren Verlauf jedoch auf eine derart erhebliche Menge der chemischen Substanz zurück, dass sich neben dem Schaum noch Farbveränderungen bzw. Schmutzfahnen bilden, so liegt darin ein eigenständiges Erfolgsunrecht, welches zusammen mit dem zusätzlichen Verhalten eine neue eigenständig verjährbare Tat in Gang setzt.

## *9. Zwischenergebnis*

Die Analyse der verschiedenen Einflussfaktoren auf das Institut der Verjährung hat gezeigt, dass das wesentliche Charakteristikum einer nachtatbestandlichen

Vollendungsphase nur die Zusammenschau zwischen Handlungs- und Erfolgsunrecht sein kann. Die Diskrepanz der herrschenden Meinung, den Verjährungsbeginn einerseits nicht unnötig hinausschieben zu wollen, andererseits aber in gewissen Grenzen außertatbestandliche Erfolge für den Aufschub der Strafverfolgungsverjährung ausreichen zu lassen, lässt sich mit dem Postulat des Rechtsfriedens nicht in Einklang bringen. Die bisherige Untersuchung hat gezeigt, dass vom Verhalten abgelöste Erfolge die Rechtsgemeinschaft nicht zwingend zu erschüttern vermögen. Gleiches gilt auch für jenes Verhalten, welches sich nach Vollendung als nicht mehr unmittelbar tatbestandsmäßig darstellt. Insbesondere die im Wirtschaftsstrafrecht auftretenden Sachverhalte zeichnen sich häufig durch einen über Jahre gestreckten Geschehensverlauf aus, bei denen jeder Handlungsunwert gesondert zu betrachten ist.

Jene Ansätze, die für die materielle Tatbeendigung auf solche Umstände zurückgreifen wollen, die hinreichend im gesetzlichen Tatbestand verankert sein sollen bzw. die dem Geschehen die deliktsspezifische Typizität einverleiben, orientieren sich dabei zu früh an der konkreten Auslegung des jeweiligen Tatbestandes. Dabei wird der Telos des Verjährungsinstituts vernachlässigt. Erst nach einer bereichsspezifischen Einordnung ist der Tatbestand unter eine entsprechende Deliktsgruppe zu fassen, wodurch der Unrechtsgehalt näher konkretisiert werden kann.

Häufig ändert die charakteristische Eigenart des nachfolgenden Deliktsverlaufs nichts an dem bereits vollständig vorliegenden Gesamtunrecht. Für den jeweiligen Verjährungsbeginn ist daher herauszufiltern, inwieweit vorliegendes Unrecht kontinuierlich perpetuiert oder selbständig neues Unrecht begründet wird. Dies soll an den nachfolgenden Delikten exemplarisch überprüft werden.

# §3 Der verjährungsrechtliche Beendigungsbegriff im Wirtschaftsstrafrecht

Nachdem sich das vorangegangene Kapitel mit dem abstrakten Verständnis zwischen dem Zeitablauf und dem Verhältnis der personalen Unrechtslehre zu einer nachtatbestandlichen Unrechtsphase beschäftigt hat, werden im Folgenden die herausgearbeiteten Thesen auf ausgewählte Wirtschaftsstrafdelikte übertragen. In der Einleitung wurde bereits dargelegt, weshalb dieser Bereich des Strafrechts im Besonderen geeignet ist, die Nachvollendungsphase entsprechend zu untersuchen. Dies liegt an der häufig als Gefährdungsdelikt ausgestalteten Deliktsumschreibung, bei der das Umschlagen in einen tatsächlichen Schaden einen Aufschub der Verjährung bedeuten könnte. Ähnliches wird vor dem Hintergrund der Konstruktion einer schadensgleichen Vermögensgefährdung bei Betrug und Untreue zu diskutieren sein. Schließlich beabsichtigt der Delinquent häufig durch einen zeitlich gestreckten Geschehensablauf, den Strafverfolgungsbehörden zu entgehen.

## I. Betrug

Als Kernelement des (wirtschafts-)strafrechtlichen Vermögensschutzes hat der Betrugstatbestand des § 263 StGB, neben externen Ausdehnungsbestrebungen wie der Schaffung von Spezialtatbeständen[650], innerhalb der Vorschrift einige Modifikationen erhalten. Daneben tritt diese Norm regelmäßig neben den Bestechungsdelikten der §§ 331 ff. StGB, der Steuerhinterziehung nach § 370 AO, den Bilanzfälschungsdelikten des AktG und des HGB (§§ 399, 400, 403 AktG und §§ 331, 332 HGB) sowie dem Vorenthalten und Veruntreuen von Arbeitsentgelt nach § 266a StGB auf.

Aufgrund des nahezu unveränderten Wortlauts seit der Einführung im Rahmen des RStGB, musste die Rechtsprechung u. a. aufgrund des gesellschaftlichen- und technischen Wandels, einige Tatbestandsmerkmale aufweichen. Da die Untersuchung der verjährungsrechtlichen Komponenten (Handlungs- und

650 So wurden sog. „Betrugsderivate" wie der Subventionsbetrug nach § 264 StGB und der Kapitalanlagebetrug nach § 264a StGB ebenfalls implementiert, um den Vermögensschutz auszuweiten, vgl. *Joerden*, in: GS-Blomeyer, 2004, 373 ff.

Erfolgsunrecht sowie Unterbrechungszäsuren) unmittelbar mit den einzelnen Tatbestandsmerkmalen und deren jeweiliger Struktur zusammenhängt, ist auf die Anpassung durch den Gesetzgeber hinzuweisen. Entscheidende Relevanz für die Untersuchung der nachtatbestandlichen Unrechtszone lässt sich für diese Lockerung der einzelnen Tatbestandsmerkmale an dem Diskurs über eine schadensgleiche Vermögensgefährdung festmachen[651]. Auch die Normativierung des Täuschungsbegriffs[652], der Rückgriff auf das Konstrukt eines sachgedanklichen Mitbewusstseins[653] und die Figur des „personalen Schadenseinschlags"[654] sind Anhaltspunkte für jene Aufweichungstendenz. Aus verjährungsrechtlicher Perspektive ist zu erörtern, inwieweit die jeweilige Auflockerung das Verhältnis des betrugsspezifischen Handlungs- und Erfolgsunrechts beeinflusst.

### 1. *Aufweichung des Schadensbegriffs infolge judikativer Entwicklungen*

Orientiert man sich am Wortlaut des § 263 StGB, ergibt sich als vom Tatbestand geschütztes Rechtsgut ausschließlich das Vermögen[655]. Neben der Vermögensverfügung müssen sich die Tatbestandsmerkmale des Vermögensschadens und der Absicht der Bereicherung auf diesen Faktor zurückführen lassen. So eindeutig die Bestimmung der Schutzrichtung jener Norm ausfällt, so schwierig gestaltet es sich jedoch, den Begriff des „Vermögens" widerspruchsfrei zu bestimmen. Wenngleich die Nuancen im Einzelnen ebenfalls fortwährend diskutiert werden, kann doch eine Systematisierung in vier Strömungen vorgenommen werden[656]. So stehen sich zum einen als konträre Ansätze der „juristische Vermögensbegriff"[657] und der „wirtschaftliche Vermögensbegriff"[658], zum anderen als vermittelnde Positionen der „juristisch-ökonomische Vermögensbegriff"[659] und der

651 Dazu unter §3 I. 1, S. 158.

652 Vgl. *Hefendehl*, in: MK, § 263, Rn. 58 ff. und *Frisch*, in: FS Jakobs, 102.

653 Vgl. BGHSt 2, 326 und *Perron*, in: S/S, § 263, Rn. 39 m. w. N.

654 Vgl. BGHSt 16, 321 ff. und *Kindhäuser*, in: K/N/P, § 263, Rn. 272 ff. m. w. N.

655 So bereits RGSt 16, 2 f. und aktuell nur *Perron*, in: S/S, § 263, Rn. 3.

656 Zu den jeweiligen Ausprägungen der Diskussion *Hefendehl*, 93 ff., *Kindhäuser*, in: K/N/P, § 263, Rn. 16 ff. sowie *Schmitz*, 150 ff.

657 Dazu aus der Rechtsprechung RGSt 3, 333; 11, 72, sowie aus der Literatur *Binding*, Lb. II 1, 238, 341, *Hirschberg*, 279 und aus neuerer Zeit *Pawlik*, 252 ff.

658 Aus der Judikatur RGSt 44, 233; 66, 285 sowie BGH, wistra 1989, 142 m. w. N. Aus der Strafrechtswissenschaft etwa *Bruns*, in: FS Mezger, 335, 337 ff. und *Tiedemann*, NJW 1977, 779.

659 In der Rechtsprechung aufgegriffen bei RGSt 66, 285 und für die Literatur *Nagler*, ZAkDR 1941, 294 ff.

„personale Vermögensbegriff"[660] gegenüber. Eine vertiefte Auseinandersetzung mit dieser Fragestellung und etwaigen damit zusammenhängenden Schadensphänomenen (vgl. nur das Konstrukt der Zweckverfehlungslehre[661] und des individuellen Schadenseinschlags[662]) ist an dieser Stelle nicht angebracht, da die Konturierungen für die nachtatbestandliche Unrechtsphase eine nachgelagerte Rolle spielen. Nachdem allerdings die wirtschaftliche Betrachtung des Vermögensschadens ein essentieller Baustein des heutigen Verständnisses einer „schadensgleichen Vermögensgefährdung" darstellt, ist es erforderlich auf diesen Zusammenhang hinzuweisen[663].

Relevant für die verjährungsrechtliche Nachzone ist hingegen die Erörterung einer schadensgleichen Vermögensgefährdung als vollendungsbegründende Erfolgskomponente des Betrugstatbestands[664]. Sowohl in der Literatur als auch in der Judikatur finden sich Ausführungen zu einem Gleichsetzen einer bloßen Vermögensgefährdung mit einem Schaden i. S. d. § 263 Abs. 1 StGB[665]. Den Vorwurf einer Transformation des Betrugstatbestands von einem Erfolgs- zu dem Gefährdungsdelikt entkräftet der BGH mit dem Hinweis, die Gefährdung sei bereits als hinreichend konkreter Schaden manifestiert und vollendungsgeeignet[666]. Er bezeichnet jenes Auslegungshindernis im Kontext des § 266 StGB als „Scheinproblematik"[667]. Selbstverständlich entbindet – das BVerfG hat dies entsprechend klargestellt – der Rückgriff auf die Figur einer schadensbegründenden Vermögensgefährdung nicht von dem Erfordernis, den greifbaren

---

660 Favorisiert von *Bockelmann*, JZ 1952, 463 ff. und *Labsch*, 323 ff.

661 Dazu ausführlich *Hefendehl*, in: MK, § 263, Rn. 723 ff.

662 Mit weiteren Nachweisen aus Rechtsprechung und Literatur *Perron*, in: S/S, § 263, Rn. 121.

663 Die heutigen Verhältnisse (Zwischenfinanzierungen, Vorverträge, usw.) des Wirtschaftsverkehrs haben die Abhängigkeit eines wirtschaftlichen Verständnisses des Vermögensbegriffs mit der Figur der schadensgleichen Vermögensgefährdung noch enger verzahnen lassen, vgl. *Satzger*, in: S/S/W, § 263, Rn. 235 sowie *Hefendehl*, in: Schünemann, Strafrechtssystem und Betrug, 186.

664 Inwieweit die Erläuterungen zum Schadensbegriff des § 263 StGB auch für § 266 StGB heranzuziehen sind, wird unter Punkt §3 V. 1, S. 180 erörtert.

665 Aus den Entscheidungen des BGH etwa BGHSt 21, 113; 34, 395 sowie 51, 113. Aus der Literatur hat bspw. *Pröll* schon früh auf die Tatsache hingewiesen, dass die Gleichsetzung der Vermögensgefährdung mit dem Vermögensschaden so alt sei wie der Betrugsbegriff insgesamt, vgl. *Pröll*, GA 1919, 125. Ausführlich auch *Riemann*, 1 ff.

666 Vgl. BGH, NStZ 2004, 265 m. w. N.

667 So BGH, NJW 2008, 2452.

Mindestschaden der Höhe nach zu determinieren und „in wirtschaftlich nachvollziehbarer Weise in den Urteilsgründen“ darzulegen[668].

Im Kern geht es um einen Ausgleich zwischen der Wertung des Gesetzgebers, den Grundtatbestand des § 263 StGB als Erfolgsdelikt fortzuführen und in entsprechenden Fällen einen Rückgriff auf Betrugsderivate vorzunehmen, und auf der anderen Seite das dem Wirtschaftsleben geschuldete kriminalpolitische Bedürfnis zu befriedigen, bloße Exspektanzen sowie Vermögensgefährdungen in den Vermögensschutz mit einzubeziehen.

Von maßgeblichem Gewicht ist nach den bisherigen unrechtsbasierten Erkenntnissen folgende Überlegung: Fraglich ist, ob zwischen einer schadensgleichen Vermögensgefährdung und dem daraus resultierenden Vermögensschaden ein derartiger qualitativer Unterschied bestehen kann, dass alleine dem Umschlagen einer schadensgleichen Vermögensgefährdung in einen tatsächlichen Schaden ein eigenständiger verjährungsrelevanter Unrechtsgehalt beigemessen werden kann.

Zum Teil finden sich unter verjährungsrechtlichen Gesichtspunkten Stimmen, die nachträglichen vermögensrelevanten Handlungen wie auch Erfolgen die Verjährungsrelevanz absprechen[669]. Zu Recht wurde allerdings die Pauschalität dieser Aussage kritisiert. Können zwar spätere Verhaltensweisen nicht mehr über das „Ob“ der Strafbarkeit entscheiden, so mögen doch neben möglichen Strafzumessungsgesichtspunkten auch Verjährungsaspekte von dem weiteren Deliktsverlauf abhängen[670].

Wenn also in den Fällen einer zeitlich gestreckten Darlehensvergabe die Rückzahlung zum Fälligkeitstermin unter der erwarteten Entwicklung zwar möglich, aber nicht sicher ist, so kann darin bereits ein betrugsrelevanter Vermögensschaden liegen[671]. Tritt diese schadensäquivalente Vermögensgefährdung zu einem späteren Zeitpunkt ein, ist die vermeintliche Störung des Rechtsfriedens durch dieses Ereignis zu ermitteln. Während Urteile getreu der allgemeinen Beendigungslehre für den Verjährungsbeginn auf den Eintritt des letzten schadensrelevanten Ereignisses und damit im Kontext der schadensgleichen Vermögensgefährdung auf die Realisierung derselbigen abstellen, wird diese

---

668 BVerfG, NJW 2012, 916. Insgesamt zur hinreichenden Bestimmtheit des Tatbestands der Untreue BVerfGE 126, 170 ff.

669 In diesem Sinne etwa *Otto*, in: FS Lackner, 730, welcher im Falle des Kreditbetrugs für das verjährungsauslösende Ereignis allein auf den Vertragsschluss rekurrieren möchte, unabhängig von der sich womöglich anschließenden Nichtzahlung.

670 Mit dem Hinweis *Schmitz* 159, 188

671 Vgl. BGH, NStZ 1981, 351.

Gerichtspraxis in der Literatur zu Recht angemahnt[672]. Aufzugreifen ist hierbei die Wertung hinsichtlich des bereits diskutierten abgelösten Erfolgsunrechts[673]. Allein das Ausfallen der tatsächlichen Leistung hat ohne Verweis auf die zurückliegende Täuschung über die Solvenz keine zusätzliche rechtsfriedenbeeinträchtigende Wirkung. Allenfalls wenn auch hier von einem später erfolgenden eigenständigen zusätzlichen Handlungsunrecht gesprochen werden kann, ist dem Beginn der Verjährung Vorschub zu leisten.

### 2. *Zeitunwertbezogene Systematisierung betrugsrelevanter Fallgruppen*

Der Vorgabe des verjährungsrechtlichen Beendigungsbegriffs zufolge ist zwischen der Erfolgs- und der Handlungsperspektive zu unterscheiden.

#### *a) Erfolgsbezogene Betrachtung*

Unter erfolgsbezogenen Gesichtspunkten sind für die nachtatbestandliche Unrechtsphase des Betrugs jene zeitlich gestreckten Sachverhalte von Bedeutung, in denen sich eine ursprüngliche Vermögensgefährdung in einen sich sukzessiv fortsetzenden Vermögensschaden wandelt. Die Versuche, die Fallgruppen der Vermögensgefährdung zu kategorisieren, können nicht als abgeschlossen bezeichnet werden[674]. Ein Ansatz favorisiert eine opferorientierte Betrachtung: Entscheidend ist, ob dem potentiellen Opfer eine „Vermeidemacht" insofern zugesprochen werden kann, als die Gefahr aus der Sphäre des Opfers selbst, des Täuschenden, von dritter Seite her stammt oder sich bereits verwirklicht hat[675]; allgemeiner formuliert, ob die Herbeiführung der Schadensrealisierung

---

672 Aus der Judikatur etwa BGH, NStZ 2001, 650; BGH, NStZ 2003, 540 sowie zuletzt BGH, NStZ-RR 2016, 42. Gegen diese Ausweitung des Laufs der Verjährung etwa *Dierlamm*, in: MK, § 266, Rn. 284; *Riemann*, 64.

673 In diesem Zusammenhang die Ausführungen unter Fn. 380, S. 96. Verjährungsrechtliche Ausführungen zu dieser Problematik finden sich bei *Nazarian*, 43, 46 f. und 48. Diese spricht sich entgegen der hier vorgeschlagenen Lösung aus, die Realisierung des tatsächlichen Schadens als verjährungsaufschiebend zu berücksichtigen und die Verjährung entsprechend hinauszuzögern. Auf die Eigenart eines abgelösten Erfolgsunrechts wird jedoch nicht eingegangen.

674 Dazu u.a. die Monographien von *Hoppenz*, Die dogmatische Struktur des Betrugstatbestands, 1969 und *Hefendehl*, Vermögensgefährdung und Exspektanzen, 1994.

675 Vgl. *Hefendehl*, 259: Damit ist eine „flächendeckende widerspruchsfreie Fallgruppenbildung erreicht".

weitere Handlungen des Täters, des Getäuschten oder anderer Personen voraussetzt[676].

Eine Relevanz der fortwährenden Schadensentwicklung für die nachtatbestandliche Unrechtsphase können nur jene Deliktsverläufe aufweisen, bei denen die zeitliche Streckung aus weiteren Handlungen des Täters resultiert, nicht jedoch aus solchen des Opfers oder Dritter. Verdeutlich werden kann dies an einer unterlassungsspezifischen Opferreaktion im Falle der Vollendung durch Unterlassen. Erreicht der Täter mittels einer Täuschung die Nichtgeltendmachung einer fälligen Forderung, so kommt eine Vermögensgefährdung in Betracht, die dann vollendet ist, sobald die Leistung hätte eingefordert werden können[677]. Wird das Opfer nun über einen längeren Zeitraum daran gehindert, die Forderung geltend zu machen, verzögert sich der Verjährungsbeginn nur dann, wenn der Täter dieses Unterlassen des Opfers seinerseits durch ein eigenes aktives oder passives Verhalten fortwährend verursacht. Strukturell ist die Konstellation mit denen der zeitlich gestreckten Renten- und Anstellungssachverhalte vergleichbar. In beiden Fällen ist neben dem passiven Verhalten des Opfers ein tatbestandliches Handeln oder Unterlassen des Täters erforderlich.

Das Erfolgsunrecht des Betrugs liegt in der Minderung der dem Individuum zustehenden Vermögenswerte, mithin in einer Schädigung fremden Vermögens[678]. Für die Bestimmung des Vermögensschadens ist dabei auf die Rechtsprechung des BGH zurückzugreifen, wonach für die Ermittlung des Schadens die konkrete Gefährdung von Vermögenspositionen unter objektiven wirtschaftlichen Gesichtspunkten entscheidend ist[679]. An dieser Interpretation hat sich daher die Konkretisierung der nachtatbestandlichen Unrechtsphase zu orientieren.

### *b) Verhaltensorientierte Betrachtung*

Der verjährungsrechtliche Beendigungsbegriff fordert neben weiteren tatbestandsmäßigen Erfolgen auch einen zusätzlichen Verhaltensunwert. Vertieft werden soll an dieser Stelle die Auseinandersetzung mit der strengen Identitätstheorie, da für den Betrug insbesondere unterlassungsspezifische Charakteristika zu beachten sind. Der Unrechtsgehalt des Betrugs, in seiner Ausprägung als verhaltensgebundenes Erfolgsdelikt, zeigt, dass der Gesetzgeber das Vermögen nur

---

676 Vgl. *Tiedemann*, in: LK, § 263, Rn. 171 und *Schröder*, JZ 1965, 516 m. w. N.

677 Vgl. RGSt 72, 34 und *Hefendehl*, in: MK, § 263, Rn. 640.

678 Vgl. *Kindhäuser*, in: K/N/P, § 263, Rn. 256.

679 Vgl. nur BGHSt 34, 395; 51, 177 sowie Tiedemann, in: LK, § 263, Rn. 170 m. w. N.

durch die in § 263 StGB abschließend aufgezählten Angriffsmittel als geschützt ansieht[680]. Demzufolge wirkt sich diese Schutzintention nur dann negativ auf den sich nach der Vollendung einstellenden Rechtsfrieden aus, soweit ein zusätzlicher Handlungsunwert in Gestalt der dort normierten Verhaltensweisen vorliegt.

Im Fall des Unterlassens wird die Anforderung an das Handlungsunrecht unterschiedlich beurteilt und hängt maßgeblich davon ab, inwieweit dem Täter noch eine Garantenpflicht zugeschrieben werden kann und diese im Kontext der Modalitätenäquivalenz des § 13 StGB zu sehen ist. Vereinzelt hält sich der Ansatz, wonach das Unterlassen die Erklärungsqualität einer Täuschung aufweisen müsse[681]. Der systematische Vergleich mit anderen Erfolgsdelikten und die allgemeine Dogmatik des Unterlassens rechtfertigen indes keine Sonderbehandlung des Betrugstatbestands[682]. Auf der Grundlage einer deliktstrukturorientierten Betrachtung setzt die Verwirklichung des § 263 StGB durch Unterlassen wie auch die Begehung durch aktives Tun eine Korrelation zwischen dem Angriffsmittel und der Vermögensschädigung voraus. Wie bei der aktiven Alternative erst die durch die Täuschung herbeigeführte Vermögenseinbuße durch den Betrugstatbestand sanktioniert wird, reicht für das Unterlassen nicht die bloße Aufklärungspflicht. Jene Offenbarungspflicht muss gerade darin resultieren, das Opfer vor selbstschädigenden Vermögensverfügungen zu bewahren[683]. Wie konkret diese erhöhten Anforderungen ausgestaltet sein müssen, entzieht sich in der aktuellen Diskussion einer generalisierenden Aussage und hängt u. a. von der Art der Garantenstellung und dem zu Grunde liegenden materiellen Sekundärrecht ab[684]. So soll sich etwa für den vertragsähnlichen bzw. vertraglichen Bereich das erforderliche qualifizierte Vertrauensverhältnis an der zivilrechtlichen Lehre orientieren[685] oder sich eine Gleichstellung im Bereich der Aufklärungspflicht

---

680 Zur Tatbestandsstruktur und zur Einordnung des Betrugs als verhaltensgebundenes Erfolgsdelikt, vgl. *Tiedemann*, in: LK, § 263, Rn. 3.

681 Vgl. *Herzberg*, 70 ff. und *Klawitter*, 87. Dagegen spricht, dass der Irrtum nicht durch die Lüge im Sinne einer aktiven Äußerung hervorgerufen werden muss. Der Irrtum kann auch auf einer anderen Informationsvermittlung beruhen. Zur Kritik vgl. *Lackner*, in: LK, 10. Auflage, § 263, Rn. 69 und *Maaß*, 9 f.

682 Vgl. *Roxin*, AT II, § 32, Rn. 230.

683 Vgl. nur KG, JR 1984, 292 und *Wittig*, Wirtschaftsstrafrecht, § 14, 36.

684 Inwieweit eine Täuschung durch Unterlassen überhaupt in Betracht kommt, wird diskutiert. Zwar wurden die vereinzelten Einwände entkräftet, die praktische Bedeutung dieser Unterlassungskonstruktion ist aber ohnehin nicht sonderlich groß, vgl. zu Ersterem *Gauger*, 64 ff. und zur aktuellen Relevanz *Frisch*, in: FS Herzberg, 745.

685 Vgl. *Tiedemann*, in: LK, § 263, Rn. 74.

aus Ingerenz nur dann ergeben, wenn der Täter den Irrtum durch aktives Vorverhalten herbeigeführt hat[686].

Für eine verjährungsrechtliche Nachzone ist entscheidend, dass ein pauschaler Hinweis auf ein pflichtwidriges Vorverhalten nicht ausreicht. Um von einer eigenständigen verjährbaren Tat bzw. einem Aufschub der Ursprungstat zu sprechen, müssen weitere handlungsrelevante Umstände hinzutreten, die einer Täuschung i. S. d. § 263 StGB gerecht werden.

### c) *Eingehungs- und Erfüllungsbetrug*

Eine Systematisierung, die sich häufig im Bereich der vom Betrug erfassten Schadensarten wiederfindet, ist die Unterscheidung zwischen Eingehungs- und Erfüllungsbetrug. Als Eingehungsbetrug wird die irrtumsbedingte Übernahme einer vertraglichen Leistungspflicht qualifiziert[687]. Von einem Erfüllungsbetrug ist auszugehen, wenn das Opfer eine Leistung als Erfüllung annimmt, die nicht die vereinbarte Qualität aufweist oder mehr leistet, als es verpflichtet war zu leisten[688]. Für den Eingehungsbetrug wird eine Vollendung bereits im Zeitpunkt des Vertragsschlusses bejaht, ungeachtet der sich anschließenden Durchführung des Vertrags. Wird der Vertrag später entsprechend tatsächlich durchgeführt und etwaige täuschungsbedingte Zahlungen vorgenommen, wird „auch bei Aufrechterhaltung der ursprünglichen Täuschung keine neue Verwirklichung des Betrugstatbestandes" angenommen[689]. Die im Anschluss erfolgten Verfügungen führen auch nicht zu einer „Erweiterung oder Fortsetzung des bereits eingetretenen Vermögensschadens", sondern stellen sich als ein Betrug dar[690]. Vereinzelte Entscheidungen und Strömungen der Literatur lassen sich dergestalt interpretieren, dass das Handlungsunrecht ebenso wie das Erfolgsunrecht bereits zu einem früheren Zeitpunkt, als die letzte Rechtsgutsbeeinträchtigung vorliegen kann[691].

Für den Eingehungsbetrug hatte das Reichsgericht für den ersten schadensrelevanten Moment auf den Zeitpunkt des Vertragsschlusses rekurriert[692]. Ein

686 In diesem Sinn etwa *Maaß*, 37 ff.

687 Vgl. bereits RGSt 16, 10 f.

688 Vgl. *Kindhäuser*, in: K/N/P, § 263, Rn. 327 m. w. N.

689 So BGHSt 22, 38 ff. m. w. N. Aus der Literatur *Rengier*, BT I, § 13 Rn. 201 ebenfalls m. w. N.

690 So auch BGHSt 22, 38 ff.

691 Vgl. *Gatzweiler*, in: FS Riess, 678 ff., 681 mit entsprechenden Nachweisen aus der Judikatur zum Beginn der Strafverfolgungsverjährung beim Betrug und den Bestechungsdelikten.

692 Vgl. RGSt 54, 37 f. und 64, 38.

zusätzlicher Erfüllungsbetrug hätte nur dann angenommen werden können, wenn die im Vertrag festgelegten Leistungen im Nachhinein nicht vereinbarungsgemäß erbracht worden wären. Diesen ursprünglich rechtlich zu vernachlässigenden Nachwirkungen wurde über den Faktor des Zeitablaufs in späteren Entscheidungen mehr Bedeutung beigemessen. Haben die Ausgangsentscheidungen bloß auf einen einzigen strafrechtlich bedeutsamen Zeitpunkt abgestellt, sind die sich anschließenden Urteile von einem rechtlich relevanten Zeitraum zwischen Vertragsschluss und Leistungsaustausch ausgegangen[693]. Dabei wird die Differenzierung zwischen schadensgleicher Vermögensgefährdung und realisiertem Vermögensschaden insoweit aufgegriffen und etabliert, als der Eingehungsbetrug als entsprechender Gefährdungstatbestand und der korrespondierende sich anschließende Erfüllungsbetrug als Realisierungstatbestand betrachtet wird[694].

Für diejenigen Stimmen, welche den Begriff der Beendigung in § 78a StGB im Sinne der Beendigungslehre verstehen, ist es damit konsequent, die Verjährung mit dem letzten Schadenseintritt beginnen zu lassen. Soweit dabei ein zusätzlicher Handlungsunwert verlangt wird, ist diesem Verständnis vollumfänglich zuzustimmen[695].

### 3. *„Uneigentliches Organisationsdelikt“*

Im Bereich der serienstrafrechtlichen Konkurrenzlehre hat die Rechtsprechung für den Betrugstatbestand auf die Figur des „uneigentlichen Organisationsdelikts“ zurückgegriffen[696]. Demnach werden wiederkehrende gleichartige Einzelbetrugstaten im Rahmen einer betrieblichen Organisation über dieses Konstrukt zu einer einheitlichen Handlung verbunden, wenn die für sich genommenen Beiträge zur Aufrechterhaltung und zum Ablauf eines auf Straftaten ausgerichteten Geschäftsbetriebs dienen[697]. Würde man diese konkurrenzrechtliche Wertung als eine zusammenhängende Handlung auf das verjährungsrechtliche Handlungsunrecht übertragen, so wären diese Deliktsverläufe bei parallel vorliegendem

---

693 „Allein, mit der Täuschungshandlung ist das Vergehen des Betrugs noch nicht abgeschlossen. Beendet wird es erst mit der von vornherein erstrebten Vertragserfüllung. In dem Erfüllungsgeschäft wirkt das betrügerische Verhalten des Täters weiter.“, so RGSt 66, 180.

694 Kritisch dazu *Otto*, in: FS Lackner, 715. Offen gelassen von *Schröder*, in: FS Gallas, 333.

695 So *Jescheck*, in: FS Welzel, 688 im Falle des Eingehungsbetrugs, „dem eine weitere Täuschung zur Herbeiführung der Erfüllung des schädigenden Vertrags nachfolgt“.

696 Vgl. hierzu BGHSt 49, 184 und BGH, wistra 2011, 344.

697 In diesem Sinne BGHSt 49, 184 m. w. N.

Erfolgsunrecht als verjährungsverlängernd zu qualifizieren. Abgesehen von den bereits konkurrenzrechtlichen Einwänden gegen diese Konstruktion, greifen die unrechtsbasierten Überlegungen auch in diesem Kontext[698]: Lässt sich der zeitlich gestreckte Geschehensverlauf lediglich auf eine Täuschungshandlung zurückführen, liegt das Handlungsunrecht bereits zum Ausführungszeitpunkt vor. Ein Hinausschieben des Verjährungsbeginns kann deshalb nicht allein über den Rückgriff auf die Figur eines „uneigentlichen Organisationsdelikts" herbeigeführt werden. Entscheidend ist vielmehr, den Rahmen der nachtatbestandlichen Unterbrechungszäsuren zwischen den einzelnen Tatbeiträgen zu differenzieren, um den sukzessiven Verjährungslauf bestimmen zu können.

### *4. Renten- und Anstellungsbetrug*

So stringent die Anhänger des materiellen Beendigungsbegriffs verfahren, wenn für die Beendigung und damit den Verjährungsbeginn auf die endgültige Vermögenseinbuße abgestellt wird, so unterschiedlich werden vergleichbare Sachverhalte z. T. verjährungsrechtlich gelöst. Auszumachen ist dies an den Betrugsvarianten des Anstellungs- bzw. Rentenbetrugs, an denen der Lauf der Verjährungsfrist im Hinblick auf Sachverhaltsgestaltungen mit sukzessiver Schadensentstehung hinreichend erörtert worden ist. Die soeben angedeutete Unterscheidung zwischen Eingehungs- und Erfüllungsbetrug wird im Folgenden auf konkrete Konstellationen übertragen und in den Kontext einer nachtatbestandlichen Unrechtsphase gesetzt[699]. Aus dem Blickwinkel des unrechtsorientierten Beendigungsbegriffs ist zu erörtern, inwieweit der Erhalt einer Renten- aber auch einer Lohnzahlung den Anforderungen an ein eigenständiges nachfolgendes Handlungs- und Erfolgsunrecht gerecht wird.

Ein Anstellungsbetrug als Unterfall des Eingehungsbetrugs liegt vor, wenn der Täter aufgrund der für die Beschäftigung erheblichen Tatsachen irrtumsbedingt eine Lohn- bzw. Gehaltszahlung erhält[700]. Da die daraus resultierenden Auszahlungen keine neue Verwirklichung des § 263 StGB im Sinne einer Erweiterung oder Vertiefung des Schadens darstellen, ist der Anstellungsbetrug nach der ständigen Rechtsprechung im Zeitpunkt des Vertragsschlusses sowohl rechtlich

---

698 Zu den kritischen Einwänden sowohl aus Rechtsprechung und Literatur vgl. BGH, NStZ 2010, 104 und *Tiedemann*, in: LK, § 263, Rn. 311.

699 Einen ausführlichen Überblick gibt *Nazarian*, 49 ff.

700 Vgl. BGHSt 5, 359; 17, 256 sowie aus der Literatur *Janssen*, in: HWSt, 559, wobei es insofern irrelevant ist, ob der Verpflichtete tatsächlich oder rechtlich nicht in der Lage ist, die Leistung zu erbringen.

vollendet, also auch tatsächlich beendet[701]. Abweichende Stimmen nehmen eine Beendigung erst mit der letzten Gehaltszahlung an[702]. Die Lohnforderung kann als erneute konkludente Täuschung und die Entgegennahme als pflichtwidriges Unterlassen in Gestalt eines Erfüllungsbetrugs qualifiziert werden, womit ein Gleichlauf mit dem Verjährungsbeginn des Rentenbetrugs hergestellt wäre. Für jenen wird überwiegend angenommen, er beginne erst ab der Erlangung der abschließenden Auszahlung[703].

Essentiell für das Vorliegen einer Nachzone ist der zusätzliche Unrechtsgehalt im deliktischen Gesamtverlauf. Überzeugend haben Literaturstimmen auf den erforderlichen Zusammenhang zwischen der täterbelastenden Vorverlagerung des Strafrechtsschutzes und dem korrespondierenden täterentlastenden früheren Beginn der Strafverfolgungsverjährung hingewiesen[704]. Mit Blick auf den Umfang des erforderlichen Schadenseintritts führen manche Autoren an, dass die Erfüllung der sanktionswürdig eingegangenen Verpflichtung im späteren Deliktsverlauf „keinen neuen, für ein Vermögensdelikt bedeutsamen Vermögensschaden“ darzustellen vermag und damit auch „dem Täter nicht noch

---

701 Vgl. RGSt 64, 37; BGHSt 22, 38 ff. und ausführlicher dazu auch *Gatzweiler*, in: FS Riess, 680.

702 Vgl. *Fischer*, § 78a, Rn. 9 sowie *Schröder*, in: FS Gallas, 333 f. jeweils m. w. N. und *Nazarian*, 123, die lediglich feststellt, dass der Tatbestand des § 263 StGB mit jeder Auszahlung erneut verwirklicht wird, ohne auf die konkrete Tatmodalität einzugehen.

703 So die ständige Rechtsprechung RGSt 62, 418 und BGHSt 27, 342. Ihr folgend auch die fast einhellige Literatur *Sternberg-Lieben/Bosch*, in: S/S, § 78a, Rn. 4 m. w. N. Lediglich *Schmitz*, 232 tituliert diese Auslegung mit dem Prädikat „jedenfalls vertretbar“ und dem Verweis auf eine mahnende Entscheidung des BGH, worin dieser auf die Gefahr des Leerlaufens der Verjährungsfrist und der einhergehenden Qualifikation als Dauerdelikt hinweist, vgl. BGHSt 22, 39 f. Zumindest ansatzweise inkonsequent erscheint es allerdings auch, wenn *Schmitz* zuvor auf die fehlende Beeinträchtigung des Rechtsfriedens durch eine vom Handlungsunrecht abgelöste Rechtsgutsverletzung auch bei sich steigernden Schäden hinweist und dann im Falle des Rentenbetrugs die einzelne Auszahlung als Störung des Rechtsfriedens ausreichen lässt, *Schmitz*, 230, 232. Selbstverständlich wird die Tat auch durch eine Auszahlung in gewisser Weise „erneut expressiv gemacht“. Die Zahlung müsste aber auch darauf hindeuten, dass sie gerade „die Folge eines Handlungsunwerts“ sei, so jeweils wörtlich *Schmitz*, 232. Die bloße Kontobewegung zwischen den beiden Beteiligten lässt nach hiesigem Verständnis nicht auf die u. U. vor Jahren herbeigeführte täuschungsbedingte Rentenbewilligung schließen.

704 Für den Bereich des Wirtschaftsstrafrechts *Gatzweiler*, in: FS Riess, 683 und i. Ü. auch *Nazarian*, 123.

einmal als tatbestandlich relevantes Ereignis zugerechnet werden“ darf[705]. Zwar ist dieser Aussage insofern beizupflichten, als durch den bloßen Umschlag eines Gefährdungs- in einen Realisierungsschaden keine Doppelverwertung des strafrechtlich relevanten Verhaltens vorgenommen werden darf. Dies kann in jener Allgemeinheit allerdings nur so lange gelten, als kein zusätzliches Verhaltensunrecht ausgemacht werden kann. Um den deliktstypischen Unrechtscharakter des Betrugstatbestandes, an welchem sich der Beginn der Strafverfolgungsverjährung orientiert, vollumfänglich zu erfassen, bedarf es entgegen der h. M. mehr als nur zusätzlich realisierte Rechtsgutsverletzungen.

Die Qualifikation als Eingehungs- oder Erfüllungsbetrug stellt entgegen der Rechtsprechung nicht das wesentliche Merkmal für den Lauf der Verjährungsfrist dar. Entscheidend ist vielmehr, ob in dem in der Nachzone auftretenden Handlungs- und Erfolgsunrecht ein zusätzlicher Unwert ausgemacht werden kann. Zu Recht wurde soeben darauf hingewiesen, dass sowohl die bloße Gehaltsauszahlung beim Anstellungsbetrug als auch die Auszahlung beim Rentenbetrug keinen völlig neuen selbständigen Vermögensschaden darstellen. Dennoch beinhalten die jeweiligen sich anschließenden Erfüllungsleistungen einen über das Vollendungserfolgsunrecht hinausgehenden eigenständigen wirtschaftlich messbaren Unwert. Die tatsächliche Auszahlung erscheint auch für die in § 263 StGB relevanten wirtschaftlichen Gesichtspunkte gravierender als die Belastung mit einer lediglich schuldrechtlichen Verpflichtung[706]. Denkt man sich den Anfangsschaden weg, könnte das Umschlagen eines Gefährdungs- in einen Realisierungsschaden als Vermögensschaden unter § 263 StGB subsumiert werden.

Neben den Unstimmigkeiten, die über den Aufschub der Verjährung hinsichtlich des Erfolgs bestehen, wird auch über das bereits aufgegriffene Phänomen der gemischten Aktiv-Passiv-Zone diskutiert. Als logische Konsequenz der Doppelfunktion des Tatbestandes und in Einklang mit der strengen Identitätstheorie muss die Annahme der jeweiligen Erfüllungsleistung neben der Erfolgs- auch unter die Verhaltenskomponente des Betrugstatbestands subsumierbar sein[707]. Diesen Begründungsaufwand liefern konsequent aber weder die entsprechenden Gerichtsentscheidungen noch die Literaturstimmen.

---

705 So *Otto*, in: FS Lackner, 729. I. E. mit gleicher Überlegung für die Verjährung bei lang gestreckten Wirtschaftsstrafsachen, *Gatzweiler*, in: FS Riess, 683.

706 Vgl. *Fischer*, § 78a, Rn. 9; *Hau*, 144; *Kühl*, 167; *ders.*, JZ 1978, 553; *Schmid*, in: LK, § 78a, Rn. 5.

707 Dazu unter Punkt §2 VII. 6. a) bb), S. 134 und §3 I. 2. b), S. 162.

### a) *Rentenbetrug*

Praktische Relevanz haben in jüngster Zeit jene Rentenbetrugskonstellationen erhalten, in denen den Leistungsempfänger bzw. allgemein zur Erstattung Verpflichtete (bspw. Angehörige und Erben) die Mitteilungspflicht nach § 60 Abs. 1 S. 1, S. 2 SGB I trifft, dieser Pflicht aber nicht nachgekommen wird. Die Vorschrift schreibt dem Empfänger von Sozialleistungen vor, die Änderung leistungsbeeinflussender Umstände unverzüglich dem entsprechenden Sozialversicherungsträger mitzuteilen. Während aktive Täuschungshandlungen regelmäßig den Tatbestand des Sozialbetrugs zu Lasten des Trägers erfüllen, wird das „Ob" und der ggf. entscheidende Zeitpunkt des Entstehens einer garantenpflichtbegründenden Mitteilungspflicht diskutiert[708].

Erlischt der Rentenanspruch mit dem Tod des Rentenberechtigten nach § 102 Abs. 5 SGB VI rückt für die Begründung einer Garantenpflicht des Nachfolgeempfängers das Verhältnis zwischen § 60 Abs. 1 S. 1 SGB I und § 60 Abs. 1 S. 2 SGB I in den Vordergrund. Da § 60 Abs. 1 S. 1 SGB I ein laufendes Leistungsprüfungsverfahren als Tatbestandsvoraussetzung verlangt und Satz 2 als restriktive Ausnahmevorschrift auf jenen Satz 1 verweist, müsste auch im Rahmen des Satzes 2 ein Erstattungsprüfungsverfahren gefordert werden[709]. Diese vermeintlich zwingende Auslegung wurde mit teleologischen Erwägungen entkräftet. Mag der Sozialversicherungsträger auch von Amts dazu angehalten sein, den Sachverhalt vollumfänglich zu ermitteln, so ist es aus systematischen und teleologischen Überlegungen doch geboten, zwischen dem Beantragungs- und dem Erstattungsverfahren zu differenzieren[710]. Diese Unterscheidung wirkt sich auf den zeitlichen Horizont der Mitwirkungspflichten aus, wonach in diesen Konstellationen bestätigt wird, dass sich mit dem Zeitablauf der Pflichtenkatalog des Täters ändert[711]. Im Beantragungs- und Auszahlungsverfahren hat der Empfänger andere Pflichten zu erfüllen als im Erstattungsverfahren[712]. Ist die Erstattungspflicht bspw. normativ verankert, kann daraus eine eigenständige

708 Mit ausführlicher Entscheidungs- und Literaturanalyse, vgl. *Bringewat*, NStZ 2011, 131 ff.

709 So OLG Hamburg, wistra 2004, 152 f. und *Hefendehl*, in: MK; § 263, Rn. 181.

710 Mit diesen Erwägungen OLG Düsseldorf, NStZ 2012, 704 f., sowie dem folgend *Floeth*, NZS 2013, 189 und *Zehetgruber*, NZWiSt 2014, 119.

711 In diesem Zusammenhang die Ausführungen zur Lederspray Entscheidung unter Punkt §2 VII. 1. b), S. 91.

712 So i. E. auch *Floeth*, NZS 2013, 189 und *Zehetgruber*, NZWiSt 2014, 119.

Garantenpflicht erwachsen, die schlussendlich ein eigenständiges verjährungsrechtlich relevantes Handlungsunrecht hervorzurufen vermag.

Auf der Grundlage dieser Überlegung kann der klassische Fall des Auszahlungsrentenbetrugs abweichend von Erstattungsfällen betrachtet werden. Beim Rentenbetrug entsteht eine nachtatbestandliche Unrechtsphase nur dann, wenn die Ausgangstäuschung als Anknüpfungspunkt für eine nachfolgende Garantenstellung aus Ingerenz angesehen wird[713]. Unabhängig davon, wie man zu dieser Frage steht, muss der strengen Identitätstheorie zufolge das Nichtaufklären des Irrtums über die falschen Angaben dem Hervorrufen des Irrtums gleichwertig sein. Bei einem Rentenbetrug – aber auch in den soeben diskutierten Erstattungsfällen – kann das Nichtaufdecken bei vorangegangener aktiver Täuschung mit dem Verhaltensunwert der Ausgangstäuschung gleichgesetzt werden[714]. Ob ein Täuschungsadressat vorhanden ist, hängt von den Umständen des Einzelfalls ab[715]. Ein Verjährungsaufschub wird nicht vorliegen, wenn sich der Täter ohne weiteres Zutun lediglich den erschlichenen Betrag auszahlen lässt[716]. Eine abweichende Beurteilung kann nur dann erfolgen, wenn er im Rahmen des Gesamtgeschehens bspw. weitere Dokumente vorlegt, aktiv die Auszahlung fordert oder eine Zäsur dergestalt eintritt, dass sich der Umfang der Aufklärungs- bzw. Mitwirkungspflichten ändert[717].

### *b) Anstellungsbetrug*

Auch im Rahmen des Anstellungsbetrugs kann entgegen der Rechtsprechung nicht die Einordnung als Eingehungs- oder Erfüllungsbetrug die Grundlage für den Verjährungsbeginn sein. Mehrfach wurde speziell für den Bereich der Strafverfolgungsverjährung die unterschiedliche Behandlung von Anstellungs- und Rentenbetrug kritisiert[718]. In beiden Varianten handelt es sich um

---

713 Vgl. *Kühl*, 65 m. w. N. Dagegen etwa *Hefendehl*, in: MK; § 263, Rn. 832.

714 So das Resümee unter §3 I. 2. b), S. 162.

715 Vgl. BGHSt 27, 342. Anders noch RGSt 62, 420, welches eine fortgesetzte Begehung des § 263 StGB angenommen hatte: Die Umstände des Einzelfalles gebieten es in der „Empfangnahme jedes einzelnen Rentenbetrags ein schlüssiges, auf ein Erhalten der Täuschung berechnetes und zu solcher Täuschung bei der Auszahlung des jeweils folgenden Rentenbetrags führendes Verhalten des Rentenempfängers“ zu sehen.

716 Für eine erneute Verwirklichung durch Unterlassen aber bspw. *Lackner*, in: LK, 10. Auflage, § 263, Rn. 293.

717 Dies kann wie in BGH, wistra 2004, 228 f. dadurch geschehen, dass der Täter für die Erlangung der Auszahlung noch Bautenstandsbescheinigungen vorlegen musste.

718 Vgl. *Riemann*, 64 und *Schmid*, in: LK, § 78a, Rn. 5; *Schröder*, in: FS Gallas, 333 jeweils m. w. N.

Deliktsverläufe, in denen sich der Erfolg in einer Vielzahl von Einzelakten verwirklicht. Die Manifestation der einzelnen Zahlung wird in beiden Konstellationen den Anforderungen der strengen Identitätstheorie an das eigenständige Erfolgsunrecht gerecht, da die erfolgte Auszahlung ein „Mehr" an Unwert gegenüber der bloßen Verpflichtung darstellt[719].

Während der Verhaltensunwert für die Ausgangstäuschung bei Vertragsschluss regelmäßig zu bejahen ist, stellt sich für die nachtatbestandliche Unrechtsphase die Frage, inwieweit das Anschlussverhalten im Einzelfall als isoliertes Tatbestandsverhalten des § 263 StGB betrachtet werden kann. Nimmt der Täter im Zeitablauf weitere aktive Täuschungen vor, denen ein zusätzlicher Vermögensschaden folgt, sind diese ebenfalls als eigenständige verjährungsrechtliche Taten zu qualifizieren. Schwieriger sind jene Fälle zu beurteilen, in denen der Beschäftigte nichts weiter unternimmt, als seiner vertraglich vorgeschriebenen Tätigkeit nachzukommen. Die Erfüllung der übernommenen Verpflichtung führt nicht zu einer erneuten Verwirklichung des Betrugstatbestands[720]. Ein Aufschub der Verjährung wäre nur dann möglich, wenn die Verrichtung der Arbeit bzw. das Anfordern des Gehalts als konkludente Täuschung angesehen werden könnte bzw. dem Täter im Wege einer entsprechenden Aufklärungspflicht und der Modalitätenäquivalenz ein Unterlassungsvorwurf gemacht werden könnte.

Da das Kriterium der bloßen Typizität bzw. der „Gepräge"-Betrachtung für die Bestimmung des fortgesetzten Handlungsunrechts zu unscharf ist, hat man sich an der strengen Identitätstheorie zu orientieren[721]. Die Argumentation hat sinngemäß derjenigen beim Rentenbetrug zu entsprechen. Inwieweit ein Anstellungsbetrug durch Unterlassen möglich ist, wird hier ebenfalls erörtert[722]. Um allerdings von einer zeitlich gestreckten Nachzone zu sprechen, bedarf es für Fälle des Anstellungsbetrugs weiterer hinzutretender Umstände, wie etwa das aktive Anfordern einer weiteren Gehaltszahlung.

## 5. *Churning*

Charakteristisch für eine zeitlich gestreckte nachtatbestandliche Unrechtsphase aus dem Bereich des Wirtschaftsstrafrechts ist die Betrugsvariante des sog.

719 So die Überlegung unter Punkt §3 I. 4, S. 166.

720 Vgl. *Tiedemann*, in: LK, § 263, Rn. 275; *Wessel*, 190. Offen gelassen in BGHSt 27, 343.

721 Dazu die Ausführungen unter §2 VII. 6. a) bb) (1), S. 135.

722 Vgl. etwa nur zu der Frage einer betrugsrelevanten Aufklärungspflicht bei der Zulassung zum juristischen Vorbereitungsdienst, vgl. *Kargl*, wistra 2008, 122 f.

„Churning"[723]. Diese Begehung des § 263 StGB ist durch das sich wiederholende Umschichten von Kapitalanlagen des Kunden durch den Vermögensverwalter gekennzeichnet, damit dieser entgegen den Anlagezielen des Kunden die mit jeder Transaktion verbundene Provisionszahlung erreichen kann[724]. Man unterscheidet dabei im Allgemeinen drei Tatvarianten[725]:

- Zunächst täuscht der Vermögensverwalter über eine innere Tatsache, wenn die einzelne Transaktion zwar mit dem Kunden offen abgesprochen wird, die Umschichtung allerdings nur aufgrund der Provision und ohne Ertragsaussicht durchgeführt wird.
- Daneben ist auch der umgekehrte Fall eines Betrugs durch Unterlassen denkbar. Ist die einzelne Kontobewegung nicht zwischen den beiden Beteiligten abgesprochen, kann die aus dem Verwaltungsvermögensvertrag resultierende Garantenpflicht des Verwalters zu einer Strafbarkeit nach §§ 263, 13 StGB führen.
- Entschließt sich der Vermögensverwalter bereits im Zeitpunkt des Vertragsschlusses, dem Anlageziel zuwiderlaufende Transaktionen vorzunehmen, kann von einer betrugsrelevanten Vermögensgefährdung ausgegangen werden. Diese kann durch weitere nicht abgesprochene Verwendungsmaßnahmen in zusätzliche realisierte Schäden umschlagen.

Gerade die zuletzt genannte Variante zeigt den Unterschied zu den Anstellungs- und Rentenbetrugsfällen. Während man in jenen Fällen einen intensiven Begründungsaufwand liefern muss, um das Nachtatverhalten unter die strenge Identitätstheorie zu fassen, bedarf diese Prüfung im Rahmen des Churning keiner gesonderten verjährungsrechtlichen Betrachtung. Sowohl die kontinuierliche aktive wie auch passive Begehungsweise werden den Anforderungen an einen eigenständigen Handlungs- und Erfolgsunwert gerecht. Die weiteren Geschehnisse sind daher regelmäßig selbständig verjährbare Taten.

---

723 *Nestler*, Churning – Die Strafbarkeit der Spesenschinderei nach deutschem Recht, 2009, behandelt dieses in ihrer Monographie ausführlich.

724 Vgl. BGH, ZIP 1999, 1838 und BGH, NJW 2004, 3423 sowie aus der Literatur *Zieschang*, in: Park, Kapitalmarktstrafrecht, § 263, Rn. 97.

725 Vgl. *Janssen*, in: Achenbach/Ransiek, 579. Zu weiteren täuschungsrelevanten Umständen auch *Nestler*, 74 ff.

### 6. *Zwischenergebnis*

Aufgrund der mannigfaltigen Begehungsweisen ist die Unterscheidung zwischen Anstellungs- und Rentenbetrug für den Bereich der Strafverfolgungsverjährung aufzugeben. Mit dem Bekanntgeben des Rentenbescheides und dem Abschluss des Anstellungsvertrags ist die schadensgleiche Vermögensgefährdung eingetreten und das strafrechtlich formal erforderliche Erfolgsunrecht liegt vollständig vor. Realisiert sich der Erfolg weiter, ist das verjährungsrechtlich „kein zum Tatbestand gehörender Erfolg" nach § 78a StGB. Für die verjährungsrechtliche Nachzone ist entscheidend, inwiefern aus Erfolgssicht der Vermögensschaden wirtschaftlich und aus Handlungssicht der Irrtum noch weiter vertieft oder aufrechterhalten werden. Bei fortlaufenden Auszahlungen sind die Anforderungen an ein eigenständiges Erfolgsunrecht regelmäßig erfüllt, da jeder Geldtransfer die Vermögensgefährdung realisiert. Schwieriger fällt die Begründung eines zusätzlichen Verhaltensunwertes aus. Allein die Garantenstellung aus Ingerenz bei pflichtwidrigem Vorverhalten reicht für sich genommen nicht aus, um eine Nachzone zu begründen. Dazu müssen weitere Umstände, wie etwa das aktive Einfordern der Auszahlung oder einer Änderung des zugrundeliegenden Sekundärrechts, hinzutreten.

## II. Subventionsbetrug

Im Rahmen der abstrakten Deliktstypenbeschreibung wurde auf die Inkonsequenz der Rechtsprechung bei den Gefährdungsdelikten aufmerksam gemacht[726]. Es wurde erörtert, dass den Charakteristika des jeweiligen Gefährdungsdelikts mittels einer Orientierung am verjährungsrechtlichen Beendigungsbegriff Rechnung zu tragen ist[727]. Erschwert wird diese Auslegung im Rahmen des Subventionsbetrugs, da die Vorschrift des § 264 StGB im Wesentlichen aus pragmatischen Überlegungen heraus implementiert wurde. Der Subventionsbetrug ist gegenüber dem Betrug nach § 263 StGB ein abstraktes Gefährdungsdelikt, da die Tatbestandsmerkmale des Irrtums und des Vermögensschadens weichen mussten[728].

---

726 Vgl. Punkt §2 VII. 3. b), S. 118 ff.

727 Hierzu die Erläuterung unter Punkt §2 VII. 3. b), S. 118.

728 Vgl. *Perron*, in: S/S, § 264, Rn. 5. m. w. N.

### *1. Verjährungsstruktur*

Die Überlegungen zum Rechtsgut orientieren sich am Grundtatbestand des § 263 StGB und sehen entweder das staatliche Vermögen, die öffentliche Wirtschaftsförderung oder beide Komponenten als von § 264 StGB geschützt an[729]. Um den Unrechtsgehalt des Subventionsbetrugs und die Auswirkung auf die Beeinträchtigung des Rechtsfriedens zu ermitteln, kann sich nicht am dahinterstehenden Rechtsgut orientiert werden. Losgelöst von der abstrakten Rechtsgutsbestimmung sanktioniert die Vorschrift das Verhalten des Täters, sich die Gelegenheit zu schaffen, ungerechtfertigt öffentliche Mittel zu erhalten und diese ggf. verwendungszweckwidrig zu nutzen[730]. Wird diese Möglichkeit nach Vollendung weiter aktiv oder passiv fortgesetzt, vermag sich auch der Verjährungseintritt hinauszuzögern. Das häufig mehrstufig ausgestaltete Subventionsverfahren rechtfertigt es im Kontext der nachtatbestandlichen Unrechtsphase eine Parallele zum Verhältnis zwischen Eingehungs- und Erfüllungsbetrug zu ziehen[731]. Mit dem Zeitablauf und jedem Verfahrensschritt erhält die Gefahr der im Raum stehenden rechtswidrigen Leistungsverteilung eine andere, sich verdichtende Prägung, die zu einem späteren Einsetzen der Verjährung führen kann.

### *2. § 264 Abs. 1 Nr. 1 und Nr. 4 StGB*

In den Tatbegehungsalternativen der Nr. 1 („unrichtige oder unvollständige Angaben macht“) und Nr. 4 („unrichtige oder unvollständige Angaben erlangte Bescheinigung […] gebraucht“ tritt die Vollendung mit dem Zugang der Bescheinigung bzw. der Angabe ein[732]. Nach einem Teil der Rechtsprechung beginnt die Verjährung mit dem Abschluss der Ausführungshandlung i. S. d. § 78a S. 1 StGB, d. h. mit Abgabe des unrichtigen Subventionsantrags[733]. Hingegen stellen andere Urteile mittelbar auf § 78a S. 2 StGB ab, indem als Erfolg nicht derjenige eines Erfolgsdelikts verstanden wird, sondern das Ziel der mit der Vorverlagerung einhergehenden Gefährdungshandlung. Beendet ist der Subventionsbetrug nach

729 Mit Nachweisen für die jeweilige Ansicht *Wohlers/Mühlbauer*, in: MK; § 264, Rn. 1 ff.

730 Für eine Fokussierung auf die Pflichtverletzung, namentlich den Handlungsunwert, vgl. *Tiedemann*, in: LK, § 264, Rn. 30.

731 So auch BGH, NStZ 2007, 578 f.

732 Vgl. BGHSt 34, 267 f. sowie BGH, NStZ 2010, 327.

733 So OLG München, NStZ 2006, 631 mit dem zusätzlichen Hinweis, das Hinausschieben der Verjährung über die Vollendung hinaus müsse den Anforderungen des Art. 103 Abs. 2 GG genügen. In diesem Sinne auch *Zimmermann*, FD-StrafR 2012, 328402.

diesem Verständnis erst mit Erlangung der letzten auf der unrichtigen Angabe herrührenden Subventionsleistung bzw. mit deren endgültiger Ablehnung[734].

Vor dem Hintergrund eines Rückgriffs auf § 78a S. 2 StGB und einem dort geforderten „tatbestandsmäßigen Erfolg" erscheint die Anwendung der Vorschrift durch den BGH in diesem Zusammenhang wenigstens zweifelhaft. Selbst wenn § 264 StGB als Erfolgsdelikt anzusehen wäre, wäre die Auszahlung nicht mehr als vom unmittelbaren Tatbestand erfasst anzusehen[735]. Allenfalls die Gefährdung der Auszahlung könnte man in diesem Zusammenhang noch als „tatbestandsmäßigen Erfolg" nach S. 2 werten. Da aber selbst diejenigen, die auf einen späteren Verjährungsbeginn abstellen, von einer Ausgestaltung als Tätigkeitsdelikt ausgehen, hat sich der Lauf der Verjährung nach § 78a S. 1 StGB zu richten[736]. Im Übrigen sind die Nr. 1 und 4 grundsätzlich mit Abgabe des Subventionsantrags voll- und gleichzeitig beendet. Vor diesem Hintergrund kann eine nachtatbestandliche Unrechtsphase nur durch zusätzliches tatbestandliches Verhalten oder Unterlassen entstehen. Gibt der Täter im Rahmen eines zweistufigen Verfahrens etwa unrichtige Angaben ab und ruft im weiteren Verlauf durch einen oder mehrere Subventionsanfrageanträge die Mittel ab, liegt in allen weiteren Anträgen eine konkludente Täuschung. In jedem dieser Anträge ist daher eine eigenständige verjährungsrechtliche Tat zu sehen, da sowohl ein eigenständiger Handlungs- als auch ein Erfolgsunwert verwirklicht wird[737]. Legt der Täter nach vorangegangener Gewährung der Subvention noch weitere Verwendungsnachweise für den vermeintlich zweckmäßigen Einsatz der Mittel vor, ist demgegenüber lediglich von einem Verjährungsaufschub der Tat auszugehen. Der Erfolg wird durch dieses zusätzliche Verhalten zwar perpetuiert, nicht jedoch vertieft.

### *3. § 264 Abs. 1 Nr. 2 StGB*

Nach § 264 Abs. 1 Nr. 2 StGB wird bestraft, wer einen Gegenstand oder eine Geldleistung, deren Verwendung durch Rechtsvorschriften oder durch den

734 So für die Beendigung unter konkurrenzrechtlichen Aspekten BGH, NStZ 2007, 578 f. sowie OLG Rostock, NJW-Spezial 2012, 153 im Hinblick auf § 78a StGB.

735 Zu dem Streit über die Qualifikation des § 264 StGB der Hinweis bei Fn. 489, S. 119.

736 So führt der BGH, NStZ 2007, 579 in seiner Entscheidung aus: „Dass der Subventionsbetrug ein verselbständigtes Tätigkeitsdelikt im Vorfeld des Betrugs ist, der u.a. in der Vorschrift des § 264 I Nr. 1 StGB keinen tatbestandlichen Erfolg voraussetzt".

737 Für eine einheitliche Tat unter konkurrenzrechtlichen Aspekten BGH, NStZ 2007, 578 f.

Subventionsgeber im Hinblick auf eine Subvention beschränkt ist, entgegen der Verwendungsbeschränkung verwendet. Der Wortlaut der Nr. 2 stellt lediglich auf den Begriff des „Verwendens“ ab. Ein Verwenden kann nach allgemeiner Sprachauslegung sowohl in einem einmaligen Akt als auch im Sinne einer mehrfachen Nutzung bestehen. Entgegen den anderen Varianten des § 264 StGB realisiert sich mit der zweckwidrigen Verwendung die Gefahr des ungerechtfertigten Gebrauchs öffentlicher Mittel.

Die Tat soll mit der ersten zweckwidrigen Verwendungshandlung vollendet und erst mit dem Abschluss des Verwendungsvorgangs beendet sein[738]. Nach überwiegender Ansicht kann die Tat mehrfach begangen werden, dies jedoch nur solange, bis der Gegenstand gänzlich aus dem Wirkungskreis subventionsgemäßer Verwendung ausscheidet[739]. Von einer zweckwidrigen Verwendung wird gesprochen, wenn die erlangten Gelder in ein zentrales Cash-Management eingebracht oder auf einem Konto geparkt werden. Damit sollen Zinsen und/oder kurzfristige Liquidität geschaffen werden, anstatt die Mittel umgehend für die Zwecke zu investieren, die mit der Subvention verfolgt werden[740]. Ob allerdings das Stehenlassen der ausgezahlten Gelder als weitere Unrechtsverwirklichung gesehen werden kann, hängt vom vorgeschriebenen Verwendungszweck der Subvention ab. Sollen mit den Mitteln bspw. bestimmte Investitionsgüter angeschafft werden, stellt der rechtswidrige Gebrauch einen einmaligen Vorgang dar. Die konkrete Tat ist mit dem Einstellen der Gelder auf dem Konto voll- und beendet. Da dem Stehenlassen kein eigenständiger Unrechtsgehalt beizumessen ist, spielt eine bestehende Aufklärungspflicht keine Rolle, da in der nachträglichen Mitteilung allenfalls ein Wiedergutmachen der ursprünglichen Tat zu sehen ist[741]. Verjährungsrechtliche Relevanz weisen bestimmte (Umwelt-)Maßnahmen auf, die wiederholt vorzunehmen sind. Soll der Täter mit den Geldern halbjährlich Bodenpräparate für seine Felder erwerben und diese einsetzen, so verwirklicht er den Tatbestand jedes halbe Jahr erneut. Die Entscheidung, die Gelder nicht für den dafür vorgesehenen Zweck einzusetzen, macht die Tat erneut expressiv und beinhaltet einen eigenständigen Unrechtsgehalt. Soweit es

738 So allgemeine Meinung *Perron*, in: S/S, § 264, Rn. 49c.

739 Vgl. *Hellmann*, in: K/N/P, § 264, Rn. 97 m. w. N. Kritisch insoweit *Bock/Gubitz*, StraFo 2011, 77.

740 Vgl. BT-Drs. 13/10 425, S. 6 ff. und *Fischer*, § 264 StGB, Rn. 26.

741 So wird § 264 Abs. 1 Nr. 2 StGB vereinzelt als faktisches Unterlassungsdelikt qualifiziert, da der Tatvorwurf in der fehlenden Mitteilung über die zweckwidrige Verwendung und nicht in der tatsächlichen Durchführung derselbigen liegen soll, vgl. *Hellmann*, in: K/N/P, § 264, Rn. 92 m. w. N. für die Gegenansicht.

der Verwendungszweck zulässt, kann im Rahmen der Nr. 2 daher von einem Dauerdelikt im weiteren Sinn gesprochen werden[742].

### 4. § 264 Abs. 1 Nr. 3 StGB

Nach § 264 Abs. 1 Nr. 3 StGB ist strafbar, wer den Subventionsgeber entgegen den Rechtsvorschriften bei der Subventionsvergabe über subventionserhebliche Tatsachen in Unkenntnis lässt. Die ganz h. M. sieht darin ein echtes Unterlassungsdelikt[743]. Im Rahmen der Deliktsuntersuchung wurde festgestellt, dass ein Unterlassungsdauerdelikt auch im Fall des echten Unterlassungsdelikts angenommen werden kann. Voraussetzung für die Annahme einer nachtatbestandlichen Unrechtsphase ist der fortwährende (jedoch nicht zwingend lückenlose) Verstoß gegen solche Pflichten, die aus dem gleichen Entstehungsgrund resultieren und auf einen identischen Zweck gerichtet sind[744]. Der pauschale Verweis auf das endgültige Überlassen der Subvention vermag für die Unterlassungsvariante des § 264 StGB nicht zu überzeugen[745]. Es handelt sich hierbei um ein verjährungsrechtlich irrelevantes außertatbestandliches Ereignis.

Da sich der konkrete Beginn erst aus dem Tatbestand ableiten lässt, ist für die Nr. 3 auf die die Mitteilungspflicht begründenden Rechtsvorschriften abzustellen. Eine solche Vorschrift ist im Bereich der Nr. 3 in § 3 Abs. 1 SubvG zu sehen. Nach der Offenbarungspflicht des § 3 Abs. 1 S. 1 SubvG hat der Subventionsnehmer „dem Subventionsgeber unverzüglich alle Tatsachen mitzuteilen, die der Bewilligung, Gewährung, Weitergewährung, Inanspruchnahme oder dem Belassen der Subvention oder des Subventionsvorteils entgegenstehen oder für die Rückforderung der Subvention oder des Subventionsvorteils erheblich sind". Für die hier näher zu untersuchende Nachzone ist insbesondere das Merkmal der „Weitergewährug" von Bedeutung. Zeigt doch der Rückgriff auf diesen Terminus, dass der Gesetzgeber diese zeitlich gestreckten Geschehensverläufe erkannt hat und sanktioniert haben möchte. Haben sich die Umstände (bspw. der Wegfall einer Subventionsvoraussetzung) insofern geändert, als der Subventionsnehmer nicht mehr zum Erhalt der Auszahlung berechtigt wäre, ist mit

---

742 Zu der Unterscheidung zwischen Dauerdelikten im engeren und weiteren Sinn vgl. Punkt §2 VII. 3. c), S. 121.

743 Vgl. nur BayObLG, NJW 1982, 2202 und *Tiedemann*, in: LK, § 264, Rn. 114.

744 Mit diesem Ergebnis unter §2 VII. 3. d) aa), S. 125.

745 So etwa *Perron*, in: S/S, § 264, Rn. 66 und *Wohlers/Mühlbauer*, in: MK, § 264, Rn. 116. Auf das Entfallen der Handlungspflicht abstellend bspw. *Hentschel*, wistra 2000, 82 m. w. N.

jedem Periodenablauf ein erneuter Verstoß gegen § 3 Abs. 1 S. 1 SubvG anzunehmen. Diese Missachtung weist auch weiterhin auf die einmalige Änderung der subventionserheblichen Umstände hin und ist auf einen identischen Zweck – die Gefahr vor ungerechtfertigter Vergabe öffentlicher Mittel – zurückzuführen. Die Anforderungen an eine Unterlassungsdauerstraftat sind zu bejahen, sodass in diesen Fällen ein Aufschub der Strafverfolgungsverjährung angezeigt ist.

## III. Kapitalanlagebetrug

Nach § 264a StGB macht sich strafbar, wer im Zusammenhang mit der Emission von bestimmten Wertpapieren in Prospekten oder in Darstellungen oder Übersichten über den Vermögensstand hinsichtlich der für die Entscheidung über den Erwerb oder die Erhöhung erheblichen Umstände gegenüber einem größeren Kreis von Personen unrichtige vorteilhafte Angaben macht oder nachteilige Tatsachen verschweigt. Ähnlich wie § 264 StGB wird auch dem Kapitalanlagebetrug nach § 264a StGB ein Vorfeldschutzcharakter beigemessen. Die Tatbestandsanforderungen im Verhältnis zum Betrug sind dabei um das Erfordernis eines Irrtums und eines Vermögensschadens reduziert worden, um den kriminalpolitischen Bedürfnissen gerecht zu werden. Mehr als ein Vierteljahrhundert nach Implementierung der Vorschrift führt diese weiterhin ein „Schattendasein“[746].

### *1. Verjährungsstruktur*

Da § 264a StGB nach ganz h. M. ein abstraktes Gefährdungs- und Kumulationsdelikt darstellt, dessen Tatbestand lediglich eine Tätigkeit voraussetzt, beginnt die Verjährung gem. § 78a S. 1 StGB mit der Vornahme der tatbestandlichen Handlungen, d. h. sobald die Prospekte einem größeren Personenkreis zugänglich gemacht worden sind[747]. Auch hier führt die Aufweichung der Betrugsvoraussetzungen zu einer abweichenden Deliktsstruktur, sodass es für den Zeitpunkt der Beendigung nicht auf außertatbestandliche Ereignisse, wie etwa die Kenntnisnahme vom Prospektinhalt, darauf basierende Anlageentscheidungen oder

746 So *Zieschang*, GA 2012, 608.

747 Vgl. BGH, NJW 1992, 243; OLG Köln, NJW 2000, 599 und *Lackner*, in: L/K, § 264a, Rn. 2. Zu der Besonderheit einer presserechtlichen Verjährung vgl. *Joecks*, in: Achenbach/Ransiek, 1130. Diese hat jedoch für eine nachtatbestandliche Unrechtsphase keine entscheidende Relevanz.

etwa Zahlungen der potentiellen Opfer ankommen soll[748]. Von vereinzelten Stimmen wird aus kriminalpolitischen Gründen ein späterer Verjährungsbeginn gefordert, indem auf nicht vom Tatbestand umrissenen Geschehnisse abgestellt werden soll[749]. Mag die zeitige Beendigung des § 264a StGB im Einzelfall auch unerwünscht sein, so rechtfertigt allein diese Tatsache kein Abweichen von dem hier maßgeblichen tatbestandlichen Beendigungsbegriff.

## 2. *Unrichtig vorteilhafte Angaben*

Eine Strafbarkeit nach § 264a StGB kommt in Betracht, wenn der Täter in den Prospekten unrichtig vorteilhafte Angaben macht. Da die Tat bereits mit Verbreitung des Prospektes voll- und beendet ist, kann ein Verjährungsaufschub nur bei weiterem tatbestandlichem Nachvollendungsgeschehen vorliegen. Unproblematisch verjährungsverlängernd sind Fälle, in denen zusätzliche Prospekte im Zusammenhang mit derselben Emission vertrieben werden. Schwieriger zu beurteilen sind jene Konstellationen, in denen ein Unterlassungsvorwurf im Raum steht. Werden etwa die Angaben im Prospekt nach Abschluss des Vertrags unrichtig, wird der Vorwurf nach einer Verwirklichung mittels § 13 StGB unterschiedlich beurteilt[750]. Richtigerweise ist verjährungsrechtlich danach zu unterscheiden, inwieweit die ursprünglich vorsätzlich herbeigeführte Gefährdung aufrechterhalten bzw. intensiviert wird. Wird die Gefährdung lediglich perpetuiert, verlängert sich die Verjährungsfrist der ursprünglichen Tat. Wird das Vermögen der potentiellen Anleger durch weiteres Verhalten gefährdet, kann darin eine eigenständige Tat i. S. d. § 78a StGB liegen.

## 3. *Verschweigen nachteiliger Tatsachen*

Nach § 264a StGB macht sich strafbar, wer in Prospekten nachteilige Angaben verschweigt. Unabhängig davon, ob der Tatbestand in Einklang mit der h. M. als echtes Unterlassungsdelikt oder Begehungsdelikt samt konkludenter Tatsachenerklärung zu qualifizieren ist, legt der Wortlaut der Vorschrift eine beendigungsrelevante Gleichbehandlung der beiden Alternativen nahe[751]. Da der Gesetzgeber

---

748 So in diesem Zusammenhang auch die Rechtsprechung OLG Köln, NJW 2000, 600, die wider Erwarten nicht auf die materielle Beendigung der Tat abstellt; a. A. allerdings *Hellmann*, in: K/N/P, § 264a, Rn. 88.

749 Vgl. *Fischer*, § 264a, Rn. 18 und *Gallandi*, wistra 1993, 255 ff.

750 Vgl. *Hellmann*, in: K/N/P, § 264a, Rn. 41 m. w. N. auch für die Gegenansicht.

751 Zum Streitstand über die Einordnung der Verschweigensalternative *Wohlers/Mühlbauer*, in: MK, § 264a, Rn. 64 m. w. N. für beide Ansichten.

das Unrecht der Tat auch für die Variante des Verschweigens in den inhaltlich unzutreffenden „Prospekten oder sonstigen Darstellungen gegenüber einer Vielzahl von Personen" sieht, ist auch diese Tatmodalität mit der Ausgabe des Prospekts voll- und beendet[752]. Es gelten daher die Ausführungen zu den unrichtig vorteilhaften Angaben sinngemäß.

## IV. Zwischenergebnis

Die unterschiedliche Bestimmung des Verjährungsbeginns der herrschenden Meinung für § 264 StGB und § 264a StGB ist vor dem Hintergrund des identischen Deliktscharakters wenig überzeugend. Mit dem fehlenden Erfordernis des Eintritts eines Vermögensschadens wird der Strafrechtsschutz bei diesen beiden Tatbeständen im Vergleich zum Grundtatbestand des § 263 StGB vorverlagert. Folgerichtig muss damit ein früherer Verjährungsbeginn korrespondieren, da etwaige Auszahlungen gerade nicht mehr als tatbestandsmäßiger Erfolg i. S. d. § 78a S. 2 StGB anzusehen sind.

## V. Untreue

Neben dem Betrug und seinen Abwandlungen kann der Tatbestand der Untreue ebenfalls als Kernelement des strafrechtlichen Vermögensschutzes bezeichnet werden[753]. Nicht nur die praktische Relevanz für den Bereich des Wirtschaftsstrafrechts zeichnet diese beiden Delikte aus, sondern auch der Schutz des Vermögens als vom Tatbestand erfasstes Rechtsgut[754]. Die im Lauf der letzten Jahrzehnte zunehmende Tendenz, insbesondere im Bereich der Wirtschaft eigene Angelegenheiten entsprechend an Dritte auszulagern, hat zu einer verstärkten Auseinandersetzung mit der Vorschrift geführt[755].

### *1. Entharmonisierung der Schadensbegriffe bei Untreue und Betrug*

Nach der herrschenden Meinung in Literatur und Rechtsprechung ist der Nachteil als Erfolg des § 266 StGB mit dem Begriff des Vermögensschadens in § 263

752 Vgl. BT-Drs. 10/318, 24 f.

753 Zu der Einordnung als Wirtschaftsdelikt *Rönnau*, ZStW 119 (2007), 887 ff.

754 So die ganz h. M. u. a. BVerfG, NJW 2010, 3212; BGHSt 8, 254 ff. und aus der Literatur *Lackner*, in: Lackner/Kühl, § 266, Rn. 1 m. w. N.

755 Wörtlich etwa *Ransiek*, ZStW 116 (2004), 634: „§ 266 StGB passt immer. Insbesondere im Wirtschaftsstrafrecht ist das die Norm, die ganz unabhängig davon greift, um welche Spezialmaterie es sich auch immer handelt."

StGB gleichzusetzen[756]. Damit kann die Diskussion über den Inhalt des Vermögensbegriffs, die Dogmatik zu der Lehre vom individuellen Schadenseinschlag, der Zweckverfehlung und der allgemeinen schadensgleichen Vermögensgefährdung grundsätzlich auf den Untreuetatbestand übertragen werden[757]. Ähnliches gilt auch für die Möglichkeit einer entsprechenden „Eingehungsuntreue“. Diese Fallgruppe bedarf jedoch an einigen Stellen einer untreuespezifischen Modifikation[758]. Aufgrund der dem Untreuetatbestand immanenten Schädigung „von innen heraus“ ist insbesondere der Pflichtwidrigkeitszusammenhang einer gesonderten Betrachtung zu unterziehen.

Ausführlich wird im Rahmen des § 266 StGB das sog. Verschleifungsverbot erörtert. Aus dem Bestimmtheitsgebot des Art. 103 Abs. 2 GG folgt die Vorgabe Straftatbestände so auszulegen, dass jedem Tatbestandsmerkmal eine eigenständige Bedeutung beigemessen wird[759]. Damit kann aus dem Vorliegen eines Vermögensnachteils weder automatisch auf eine vorangegangene Pflichtverletzung, noch von der bloßen Pflichtwidrigkeit auf die Vermögensminderung geschlossen werden[760]. Wenngleich diese Erkenntnis gewissermaßen als „Selbstverständlichkeit“ dargestellt wird, zeigt doch die Intensität dieser Debatte die unzureichende praktische Durchsetzung[761].

Relevanter ist in diesem Zusammenhang die in Ansätzen erkennbare Tendenz, über den Untreuetatbestand auch die Dispositionsfreiheit des Vermögensinhabers als geschützt anzusehen[762]. Über die Abhängigkeit des Verjährungsbeginns

---

756 Vgl. BVerfG, NJW 2009, 2370; BGHSt 15, 343 f.; 43, 297 ff. und *Dierlamm*, in: MK, § 266, Rn. 201 m. w. N.

757 Zum Vermögensbegriff und einer schadensgleichen Vermögensgefährdung die Ausführungen zum Betrug unter §3 I. 1, S. 157.

758 Zur Kritik an dieser Parallelisierung etwa *Matt*, NJW 2005, 391.

759 So bereits BVerfGE 87, 229; 92, 16; 126, 170.

760 Dazu ausführlich *Bittmann*, wistra 2013, 1 ff.

761 So häufig die Gerichte auf dieses Postulat hinweisen, so inkonsequent wird diese abstrakte Forderung umgesetzt. Vornehmlich in den Fallgruppen der schwarzen Kasse sieht die Rechtsprechung in der Führung bzw. Nichtaufdeckung einer schwarzen Kasse sowohl eine untreuerelevante Pflichtverletzung als auch einen vermögenswerten Nachteil i. S. d. § 266 StGB. Folglich ist von einer Verschleifung auszugehen, vgl. *Dierlamm*, in: MK, § 266, Rn. 16.

762 In diese Richtung der BGH im Fall Siemens/ENEL, wenn die „Disposition über das eigene Vermögen […] zum Kern der von § 266 StGB geschützten Rechtsposition“ gehören soll, BGHSt 52, 329. Ob darin bereits konkret eine Abkehr von der bisherigen Rechtsprechung zu sehen ist, wird unterschiedlich beurteilt, vgl. *Hohn*, in: FS Rissing-van Saan, 259.

von der Unrechtsausgestaltung des Delikts käme man nicht umhin, diese zusätzliche Schutzrichtung ebenfalls zu berücksichtigen. Zwar entscheidet die Zugriffsmöglichkeit des Vermögensinhabers auf seine Mittel unter wirtschaftlicher Betrachtung durchaus darüber, ob im Einzelfall von einem Vermögensnachteil auszugehen ist oder nicht. Darin allerdings eine Erweiterung des von § 266 StGB erfassten Rechtsguts zu sehen, widerspricht neben grammatikalischen und historischen Überlegungen auch der Stellung des § 266 StGB als Sonderdelikt[763].

## 2. *Zeitunwertbezogene Systematisierung*

Bei der Analyse der Deliktsstruktur zeigt sich eine weitere Parallele zum Betrugstatbestand. Wie bei § 263 StGB ist der Untreuetatbestand ebenfalls ein verhaltensgebundenes Erfolgsdelikt[764]. Dabei setzt sich der Untreuetatbestand aus der speziellen Missbrauchsvariante (Abs. 1 Alt. 1)[765] und dem allgemeinen Treubruchtatbestand (Abs. 1 Alt. 2)[766] zusammen. Während beim Betrug über das Charakteristikum der Täuschung das Vertrauen des Geschädigten erst hergestellt werden muss, wird das bereits gewonnene Vertrauen bei § 266 StGB über das Merkmal der Pflichtverletzung ausgenutzt[767]. Diese Divergenz setzt sich in dem von der Untreue umfassten Handlungsunrecht fort: Das strafbare Verhalten des Täters liegt in einem Fehlgebrauch eingeräumter Dispositionsmacht, indem er die Verfügungsmöglichkeit entgegen den Interessen des Vermögensinhabers einsetzt[768]. Ähnliche Überlegungen wie bei § 263 StGB können wieder für das Erfolgsunrecht angestellt werden. Auch bei der Untreue resultiert das Erfolgsunrecht aus einer Schädigung fremden Vermögens, wobei der Untreuetatbestand anders als der Betrug keine intendierte Vermögensverschiebung voraussetzt[769].

763 Vgl. *Kindhäuser*, in: K/N/P, § 266, Rn. 1 m. w. N.

764 Dazu unter §3 I. 2. b), S. 162. Zu der Einordnung des § 266 StGB *Rose*, wistra 2005, 285.

765 Im Falle des Missbrauchstatbestands schädigt der Vermögensbetreuungspflichtige fremdes Vermögen durch ein nach außen hin wirksames Rechtsgeschäft oder eine hoheitliche Maßnahme, indem er sein rechtliches Dürfen im Rahmen seines rechtlichen Könnens pflichtwidrig überschreitet, vgl. BGHSt 5, 63.

766 Hat der Delinquent nicht rechtsgeschäftlich oder hoheitlich gehandelt oder im Außenverhältnis kein rechtlich wirksames Verpflichtungs- oder Verfügungsgeschäft vorgenommen, kommt nur die allgemeinere Treubruchsvariante in Betracht, vgl. *Zieschang*, in: Park, Kapitalmarktstrafrecht, § 266, Rn. 21 f.

767 Vgl. *Seier*, in: Achenbach/Ransiek, 601.

768 Vgl. *Kindhäuser*, in: K/N/P, § 266, Rn. 3.

769 Zum fehlenden Erfordernis einer Vermögensverschiebung, vgl. BGH, wistra 1994, 95 und zum Erfolgsunrecht des § 266 StGB *Dierlamm*, in: MK, § 266, Rn. 2.

Folgerichtig stellen die Anhänger des materiellen Beendigungsbegriffs für die Frage nach dem Verjährungsbeginn auf die identischen Grundsätze wie beim Betrug ab. Schlägt die Vermögensgefährdung im Lauf des Gesamtgeschehens in einen realisierten Schaden um, ist die Tat wie bei § 263 StGB erst in diesem Zeitpunkt beendet[770]. Gleiches gilt für eine sukzessive Schadensentstehung, für die auch der Zeitpunkt des letzten Ereignisses maßgebend ist[771].

### *a) Erfolgsbezogene Betrachtung*

Hinsichtlich der Bewertung der Erfolgsstruktur des Untreuetatbestands ergeben sich gegenüber dem Betrug einige Änderungen[772]. Das im Rahmen des § 263 StGB entwickelte Konstrukt einer schadensgleichen Vermögensgefährdung kann nach allgemeiner Ansicht auf § 266 StGB übertragen werden[773]. Die Rechtsprechung nimmt einen Nachteil i. S. d. Untreuetatbestands bei einer konkreten naheliegenden wirtschaftlich messbaren Vermögensgefährdung an[774]. Von einer Harmonisierung entsprechender Konkretisierungskriterien zum Betrug kann dabei allerdings nicht gesprochen werden[775]. Ähnlich uneinheitlich präsentiert sich auch das Meinungsspektrum in der Literatur[776]. Aufgrund der weiten Fassung des Untreuetatbestands und der fehlenden Versuchsstrafbarkeit wird das Bestimmen der schadensgleichen Vermögensgefährdung noch schwieriger, sodass an die Feststellung eines Vermögensschadens höhere Anforderungen als bei § 263 StGB zu stellen sind[777]. Diese Gleichwertigkeitsprüfung spielt für die Bestimmung der Vollendung eine entscheidende Rolle. Wurde der Zeitpunkt der Vollendung zutreffend bestimmt, kann das nachfolgende Geschehen – insbesondere die Realisierung der Gefährdung – leichter als Erfolg im Sinne der Vorschrift bestimmt werden. Wie im Rahmen des Betrugs kann eine verjährungsrechtliche Nachzone durch die bloße Realisierung eines zunächst

770 So BGH, NStZ 2001, 650.

771 Vgl. bspw. OLG Frankfurt/Main, NJW 2004, 2031 und *Perron*, in: S/S, § 266, Rn. 58 jeweils m. w. N.

772 Mit der Überlegung, dass bei sukzessiver Schadensentstehung die identischen Grundsätze wie beim Betrug zu gelten haben, vgl. BGHR StGB § 78a S 1 Untreue. Dagegen zu Recht kritisch *Nazarian*, 65 f.

773 Vgl. BVerfG, NJW 2009, 2372; BGHSt 44, 384.

774 Vgl. dazu etwa BGHSt 34, 395; 52, 182 sowie *Dierlamm*, in: MK, § 266 Rn. 212 m. w. N.

775 Im Einzelnen dazu *Schünemann*, StraFo 2010, 1 ff.

776 Einen Überblick gibt *Tsagkaraki*, 165 ff.

777 Vgl. dazu auch *Perron*, in: S/S, § 266, Rn. 45.

eingetretenen Gefährdungsschadens in Kombination mit einem erneuten Handlungsunwert begründet werden[778].

### b) *Verhaltensorientierte Betrachtung*

Die Pflichtwidrigkeit des Untreuetatbestands stellt keinen weitergehenden Erfolgsunwert dar, sondern beinhaltet den Kern des von § 266 StGB erfassten strafbaren Verhaltens[779]. Demnach hat sich der Aufschub der Verjährungsnachzone am Merkmal des Treuebruchs zu orientieren. Dies gilt gleichermaßen für den Missbrauchs- wie auch den Treuebruchtatbestand, da sich nach zutreffender herrschender Ansicht die Vermögensbetreuungspflicht auf beide Alternativen des § 266 StGB bezieht[780]. Zu untersuchen ist, inwieweit den Nachteil fortsetzende oder verstärkende Handlungen i. S. d. § 266 StGB vorliegen[781]. Dabei spielt zum einen die ebenfalls für den Betrug kontrovers diskutierte Möglichkeit einer Unterlassungsverwirklichung und zum anderen die damit zum Teil zusammenhängende Frage einer sich mit Zeitablauf wandelnden Pflichtenrichtung eine Rolle.

#### aa) *Tatbestandsverwirklichung durch Unterlassen*

Beide Untreuevarianten können regelmäßig durch Unterlassen begangen werden. Für den Treuebruchtatbestand stellt das Unterlassen den Regelfall dar, etwa durch die Nichtabwendung drohender Vermögensgefahren[782], die Nichtvornahme potentiell vermögensmehrender Geschäfte[783] oder die Nichterfüllung von Aufsichtspflichten[784]. Eine Tatbegehung durch Unterlassen kann für den Missbrauchstatbestand dann angenommen werden, wenn das Unterlassen einem rechtsgeschäftlichen Verhalten gleichgesetzt werden kann oder rechtsgestaltende Wirkung entfaltet[785]. Ein rechtsgeschäftlicher Erklärungswert und ein

---

778 Zu der konkurrenzrechtlichen Beurteilung vgl. BGH, wistra 2007, 21 f.

779 So *Dierlamm*, in: MK; § 266, Rn. 1.

780 Siehe BGHSt 23, 387 f. und *Lackner*, in: Lackner/Kühl, § 266, Rn. 4.

781 Vgl. BGH, wistra 1989, 97, sowie ähnlich BayObLG, wistra 1996, 30.

782 Etwa BGHSt 5, 190 und *Fischer*, § 266, Rn. 55.

783 Vgl. RGSt 61, 228 ff.; BGHSt 47, 298 f. und *Güntge*, wistra 1996, 85.

784 Vgl. BGHSt 9, 210 und *Seier*, in: Achenbach/Ransiek, 611.

785 Mit weiteren Nachweisen auch aus der Rechtsprechung *Fischer*, § 266, Rn. 32. Zu einer möglichen Strafbarkeit wegen unterlassener Beitragssatzerhöhung im Gesundheitswesen, vgl. *Gaßner/Bonmann*, NZS 2009, 15 ff.

Unterlassungsvorwurf fehlen, wenn der Vermögensnachteil nur die gesetzliche Folge des Unterlassens darstellt[786].

Unterschiedlich wird beurteilt, inwieweit für den Untreuetatbestand ein Rückgriff auf § 13 Abs. 1 StGB geboten ist. Da beide Alternativen des § 266 StGB derart offen formuliert sind, dass unter die beschriebenen Verhaltensweisen auch ein Unterlassen subsumiert werden könnte, scheidet die Anwendung des § 13 Abs. 1 StGB für § 266 StGB insgesamt aus[787]. Anders wird die Folgefrage für die Strafmilderung nach § 13 Abs. 2 StGB beurteilt[788]. Da die Tatbestandsmerkmale des § 13 Abs. 1 StGB vollständig unter § 266 StGB subsumiert werden können, sind praktische Auswirkungen dieses Diskurses zumindest für die nachtatbestandliche Unrechtsphase zu vernachlässigen[789].

#### *bb) Zeitbezogener Pflichtenkatalog*

Da der Zeitablauf zu einer sich wandelnden Pflichtverletzung (sei es entweder auf die vorzunehmende Handlung oder den abzuwendenden Erfolg) führen kann, bedarf dieser Gesichtspunkt in der hiesigen Untersuchung einer gesonderten Betrachtung[790]. Als maßgeblicher Zeitpunkt ist eine „Exante"-Betrachtung vorzunehmen[791]. Im Ergebnis ist daher für jedes potentiell vermögensrelevante Ereignis zu prüfen, inwiefern zu dem entsprechenden Zeitpunkt ein pflichtwidriges Handeln bzw. Unterlassen bejaht werden kann.

So können externe, nachträglich eintretende Geschehnisse der ursprünglich pflichtgemäßen Prognoseentscheidung zu keiner abweichenden strafrechtlichen Beurteilung führen. Diese Umstände können jedoch dazu führen, dass der Täter

---

786 Daher fällt das Verjährenlassen einer Forderung nicht unter den Missbrauchstatbestand, vgl. *Perron*, in: S/S, § 266, Rn. 16 auch mit Nachweisen für die Gegenansicht.

787 So die h. L., vgl. bspw. *Dierlamm*, in: MK, § 266, Rn. 139; *Güntge*, wistra 1996, 88 f. sowie *Tsagkaraki*, 87. Anders hingegen die Rechtsprechung. Während die Anwendbarkeit des § 13 Abs. 1 StGB zunächst abgelehnt wurde, wurde die Frage später offengelassen. In der Entscheidung Siemens/ENEL hat der BGH nun ausdrücklich auf § 13 Abs. 1 StGB abgestellt.

788 In diesem Kontext spricht sich auch die überwiegende Ansicht der Literatur für eine direkte oder analoge Anwendung des Abs. 2 aus, vgl. *Tsagkaraki*, 88 m. w. N.

789 Die nach § 13 Abs. 1 StGB erforderliche Garantenpflicht des Untreuetäters folgt aus seiner Vermögensbetreuungspflicht, der zu vermeidende Erfolg i. S. d. § 13 StGB ist in dem Vermögensnachteil zu sehen und die zurechenbare Erfolgsverwirklichung als tatbestandliches Unrechtsverhalten kann sowohl unter den Missbrauchs-, als auch den Treubruchtatbestand subsumiert werden, vgl. *Dierlamm*, in: MK, § 266, Rn. 139.

790 Dazu die Ausführungen unter Gliederungspunkt §2 VII. 1. b), S. 91.

791 Vgl. *Schröder*, NJW 2010, 1171.

eine Anpassung der damaligen Entscheidung vorzunehmen hat. In dem Unterlassen einer Neuausrichtung liegt eine erstmalige Untreuevollendung, welche für den Verjährungsbeginn nach § 78a StGB heranzuziehen ist. War hingegen bereits die Ursprungsprognose pflichtwidrig i. S. d. § 266 StGB und ändern sich im Anschluss daran die äußeren Umstände dergestalt, dass auch hier die Marktbeobachtung eine oder ggf. mehrere Entscheidung(en) erforderlich werden lässt, stellt sich die Frage einer verjährungsrechtlichen Nachzone. Hat der Täter bspw. pflichtwidrig einen wirtschaftlich nachteiligen Lieferantenvertrag abgeschlossen (z. B. EUR 500.000 statt möglichen EUR 400.000), so besteht der Ursprungsschaden in der Differenz zwischen dem tatsächlichen und dem gerade noch zulässigen Vertragsentgelt (im Beispiel EUR 100.000). Beinhaltet der Vertrag nun eine Klausel, die ein ggf. erforderliches Nachverhandeln des Vertrags ermöglicht und schöpft der Täter diese nachträglich entstehende Möglichkeit pflichtwidrig nicht aus, kann darin erneut ein eigenständiger Unrechtsgehalt zu sehen sein (soweit im Fall bspw. eine Anpassung auf EUR 350.000 aufgrund der Klausel rechtlich möglich gewesen wäre).

Inwieweit mit weiterem nach Vollendung vorliegendem Handlungsunrecht ein weiteres Erfolgsunrecht einhergeht, ist im Einzelfall zu prüfen[792]. Während im Falle eines eigenständigen Erfolgsunrechts in der Regel von einer neuen Tat mit einem selbständigen Verjährungsbeginn auszugehen ist, kann bei konstanter Schadensverwirklichung von einem tatsächlichen Aufschub der Verjährung gesprochen werden[793].

### *c) Eingehungs- und Erfüllungsuntreue*

Wie im Rahmen der Betrugsstrafbarkeit wird bei § 266 StGB die Figur der Eingehungs- und Erfüllungsuntreue erörtert. Legt man für diese Fallgruppe den materiellen Beendigungsbegriff zugrunde, beginnt die Verjährung, sobald die Gefährdungslage in einen effektiven Vermögensverlust umgeschlagen ist[794]. Dieser pauschalen Schlussfolgerung wurde schon im Rahmen des Erfüllungs- und Eingehungsbetrugs nicht gefolgt. Ohne zusätzlichen Handlungsunwert kann sich die Realisierung des Gefährdungsnachteils nicht verjährungsverlängernd auswirken. Nur den „den tatbestandsmäßigen Nachteil begründende[n] oder

792 Voraussetzung ist jedenfalls, dass der Nachteil mit den vom BVerfG vorgeschriebenen Bewertungsmethoden festgestellt werden kann.

793 Ähnlich *Bittmann*, NStZ 2011, 368 f.

794 Vgl. *Fischer*, § 266, Rn. 187 m. w. N.

ihn verstärkende[n] Handlungen" kann eine verjährungsrechtliche Relevanz beigemessen werden[795].

Für die Missbrauchsalternative des § 266 StGB ist eine untreuespezifische Besonderheit zu beachten. Kennzeichnend für den Missbrauchstatbestand ist die Überschreitung der innervertraglichen Grenzen, wohingegen im Außenverhältnis regelmäßig eine wirksame Verpflichtung zustande kommt[796]. Die Fortsetzung des initiierten Geschehens kann in dieser Konstellation gerade nicht als „Abschluss der unrechtserheblichen Gesamttätigkeit" gesehen werden, da die Erfüllungshandlung auf einer zivilrechtlich wirksamen Verpflichtung beruht[797]. Ein Verhalten, welches zivilrechtlich geboten ist, kann nicht gleichzeitig strafrechtlich nachteilige Konsequenzen nach sich ziehen. Kommt der Täter seiner nach außen hin wirksamen Verbindlichkeit nicht nach, kann darin u. U. eine weitere Untreuehandlung zu sehen sein.

Manche Stimmen wollen in eben diesen Konstellationen an der Rechtsfigur der fortgesetzten Handlung festhalten[798]. Stellt sich das Geschehen als eine „vom Rechtsgut her zu begründende Handlungseinheit" dar, ist die weiterhin unklare Rechtslage über sich vertiefende Schadensentwicklungen verjährungsrechtlich weiterhin über dieses Konstrukt zu lösen[799]. Die Analyse der Schadensstruktur hat gezeigt, dass bei kontinuierlichem Schadensverlauf eine verjährungsrechtliche Nachzone solange anzunehmen ist, wie von einem weiteren Handlungsunrecht des Täters auszugehen ist. Führt das zusätzliche Verhalten dabei zu einem eigenständigen Erfolgsunwert, ist von einer weiteren selbständig verjährbaren Tat auszugehen. Auf der Grundlage dieser Überlegung ist jede Handlung gesondert auf diese beiden Komponenten hin zu überprüfen[800].

### 3. *Schwarze Kassen*

Nachdem das Phänomen der Schwarzen Kasse zunächst im Bereich der öffentlichen Verwaltung in Erscheinung getreten ist, hat die Untreuestrafbarkeit in

795 Mit dieser Passage im verjährungsrechtlichen Kontext BGH, wistra 1989, 97, sowie ähnlich BayObLG, wistra 1996, 30.

796 Vgl. Fn. 765, S. 182.

797 So auch *Cordes/Sartorius*, NJW 2013, 2636 f.

798 Zu der Aufgabe dieses Rechtskonstrukts die Ausführungen unter Punkt §2 VII. 3. c) aa), S. 121 sowie §2 VII. 7. e), S. 147.

799 So etwa *Schünemann*, in: LK, § 266, Rn. 213.

800 Mit dem Hinweis, jede Untreuehandlung separat zu untersuchen BayObLG, NJW 1996, 271. Für den konkurrenzrechtlichen Bereich vgl. BGH, NStZ 2011, 161.

diesem Bereich seit einem Jahrzehnt auch in die Privatwirtschaft Eingang gefunden[801].

### a) Begriff und Erscheinungsform

Die anfänglichen höchstrichterlichen Entscheidungen verwendeten den Terminus der Schwarzen Kasse, ohne ihn konkret zu definieren[802]. Die allgemeine Ansicht geht mittlerweile von drei konstituierenden Merkmalen aus: Die Missachtung gesetzlich oder vertraglich vorgeschriebener Pflichten bzw. Vorschriften, die Geheimhaltung der liquiden Mittel und der fremd- oder eigennützige Verwendungszweck des Treuhänders[803]. Eine Untreue nach § 266 StGB kann dabei sowohl in der Bildung, als auch in der Verwendung der zurückgehaltenen Mittel gesehen werden. Sollte in der Implementierung der Kasse bereits ein Gefährdungsschaden auszumachen sein, ist in der wirtschaftlich vorteilhaften Verwendung der Gelder lediglich eine die Strafbarkeit nicht wieder entfallen lassende Schadenswiedergutmachung zu sehen[804]. Für die Einordnung als schwarze Kasse spielt es dabei keine Rolle, ob die Mittel bar oder auf einem Bankkonto gehalten werden oder, ob sich die Kasse im In- oder Ausland befindet[805].

### b) Der Vermögensnachteil bei der Bildung schwarzer Kassen

Auf die erhöhten Anforderungen an die Bestimmung des Gefährdungsschadens im Verhältnis zum Betrug wurde hingewiesen[806]. Nach mittlerweile gefestigter Meinung ist der Eintritt eines Vermögensnachteils i. S. d. § 266 StGB in Form eines Gefährdungsschadens durch Bildung einer schwarzen Kasse anzunehmen[807]. Relevanter für die nachtatbestandliche Unrechtsphase sind die

801 Die Parteispendenaffäre, das „Mannesmann-Verfahren", der „Kölner Müllskandal" und nicht zuletzt der „Siemens/ENEL-Fall" sind prominente Beispiele dieser Art.

802 Vgl. RGSt 75, 227; BGH GA 1956, 154 und aus der Literatur *Weimann*, 2 ff.

803 Vgl. *Saliger*, 397 und *Tsagkaraki*, 25. Zum Teil besteht Uneinigkeit, inwieweit der Verwendungszweck als dritte Voraussetzung für das Vorliegen einer schwarzen Kasse zu fordern ist, so etwa *Strelczyk*, 14 f.

804 In diesem Sinn die ständige Rechtsprechung, etwa RGSt 71, 158; BGHSt 51, 116.

805 Vgl. *Weimann*, 11 f. und *Dierlamm*, in: MK, § 266, Rn. 249.

806 Dazu unter §3 V. 2. a), S. 183.

807 Einen Überblick über die unterschiedlichen Begründungsansätze aus der Rechtsprechung und Literatur gewähren *Tsagkaraki*, 197 ff. und *Weimann*, 127 f. Die Ansichten, die einen Gefährdungsschaden durch Bildung einer schwarzen Kasse ablehnen, haben sich zu Recht nicht durchsetzen können, ablehnend etwa *Neye*, 73 ff. sowie *Riemann*, 158 f.

Ausführungen des BGH zum Eintritt des Vermögensnachteils in Gestalt eines endgültigen Vermögensschadens. Indem der Täter die Mittel auf Dauer vorenthält und der Verfügungsmöglichkeit des Vermögensinhabers entzieht, liegt nicht nur eine schadensgleiche Vermögensgefährdung, sondern bereits ein endgültiger Vermögensnachteil in Höhe der auf dem Konto vorenthaltenen Gelder vor[808]. Inwieweit der Täter die Absicht hegt, das entzogene Geldvermögen im späteren Verlauf im Interesse des Vermögensinhabers einzusetzen, ist nach Ansicht des BGH unerheblich[809].

So treffend die Kritik an der Erweiterung des von § 266 StGB geschützten Rechtsguts ist, so wenig relevant ist dies für die verjährungsrechtliche Nachzone[810]. Was der BGH an dieser Stelle festhält, ist die Tatsache, dass nachträgliche Ereignisse weiterhin zu einer Schadensvertiefung führen können. Die Terminologie ist dabei aber nicht präzise, wenn in der Entziehung und dem dauerhaften Vorenthalten der Mittel ein „endgültiger Vermögensschaden" zu sehen ist und das spätere Verwenden der entzogenen Gelder eine „Schadensvertiefung" darstellt[811]. Wenn die Intensivierung des Schadens von Literaturstimmen als „Eintritt eines endgültig(er)en Schadens" bezeichnet wird, trifft diese Aussage in der Sache zu[812]. In dem späteren Verwenden kann eine erneute Verwirklichung des § 266 StGB gesehen werden, die den Anforderungen der strengen Identitätstheorie gerecht wird. Ob tatsächlich eine selbständig verjährende Tat vorliegt oder die Gegenleistung geeignet ist, die Vermögensminderung auszugleichen, ist Tatfrage.

Ein kontinuierliches Erfolgsunrecht und ein damit einhergehender Verjährungsaufschub sind anzunehmen, wenn der Täter zwei oder mehrere schwarze Kassen anlegt, und ohne zusätzliche Mittel zuzuführen, die Gelder zwischen

---

808 So die Argumentation in BGH, NJW 2009, 92 sowie BGH, StV 2011, 25.

809 Die potentielle Ausgleichsbereitschaft des Untreuetäters und das weitere Vorhandensein der Gelder in der verdeckten Kasse sind deshalb ohne Belang, da es sich hierbei nicht um eigene Mittel des Täters handelt, vgl. BGH, NJW 2009, 92.

810 Zu der Kritik unter Punkt §3 V. 1, S. 180. Während sich manche Stimmen der Rechtsprechung anschließen, tendiert der überwiegende Teil der Literatur dazu, die Dispositionsbefugnis nicht zum Kern der von § 266 StGB geschützten Rechtsposition zu zählen, dem BGH folgend etwa *Fischer*, § 266, Rn. 137 und *Schmid*, in: Müller-Gugenberger/Bieneck, § 31, Rn. 141c und 178c. Dagegen bspw. *Bosch*, JA 2009, 235; *Knauer*, NStZ 2009, 153 und *Rönnau*, StV 2009, 248 ff.

811 So der BGHSt 52, 323, Rn. 42 f. einerseits und Rn. 46 andererseits. Ähnlich auch BGH, StV 2011, 25 und *Hoffmann*, GmbHR 2010, 1152. Kritisch *Brand*, NJW 2010, 3464.

812 Mit dieser Formulierung *Ransiek*, NJW 2009, 95.

den Konten transferiert. Dann liegt der einzelnen Überweisung zwar kein eigenständiges Erfolgsunrecht zugrunde, da sich der Schaden nicht intensiviert, aber dennoch wird jener perpetuiert. Durch das nachfolgende Verhalten wird die Tat erneut expressiv gemacht, sodass sich die Beendigungsphase entsprechend verlängert. Gleiches hat zu gelten, wenn der Täter das vorhandene Geld auf zusätzliche Konten verteilt. Zwar könnte man in Erwägung ziehen, dass sich die Gefährdung wenigstens vertieft, sobald die Mittel auf mehrere Bankkonten verteilt sind. Die wirtschaftliche Betrachtungsweise rechtfertigt jedoch keine unterschiedliche Behandlung, da der Vermögensinhaber keinen Zugriff auf seine Gelder hat, ob diese nun auf einem oder bspw. auf fünf Konten verborgen werden.

### *c) Das pflichtwidrige Verhalten bei der Bildung schwarzer Kassen*

Nicht nur hinsichtlich des Schadensmaßstabs hat die Rechtsprechung in jüngeren Entscheidungen eine neue Richtung eingeschlagen[813]. Der Untreuevorwurf resultierte bis dato in der Implementierung der Kasse, mithin in einem positiven Tun. Erweitert wurde dieser Modalitätenkatalog des § 266 StGB um die Möglichkeit einer Begehung durch Unterlassen. Der Vorwurf der Gerichte liegt nunmehr in dem Unterlassen der gebotenen Offenlegung, also in dem Verschweigen der beiseite geschafften Mittel. Für zeitlich gestreckte Geschehensverläufe inklusive wechselnder Tatbeteiligter und unterschiedlicher Verwaltungs- und Verschleierungsmaßnahmen, ist der Vorwurf insgesamt in einem Unterlassen zu sehen[814].

Legt man bei der Abgrenzung zwischen Tun und Unterlassen die Schwerpunkt-Formel der h. M. zugrunde, ergibt sich für die Fallgruppe der schwarzen Kasse folgende Systematisierung: Zum einen ist zu klären, auf welche Weise der Täter zu der Führung der Konten gelangt ist, zum anderen wie er sich nach Erhalt der Verfügungsgewalt verhält. Eröffnet dieser die Konten erstmalig, ist das Geschehen als aktives Verhalten zu qualifizieren. In einem pflichtwidrigen Unterlassen soll der Strafbarkeitsvorwurf liegen, wenn der Täter die Kasse nicht unmittelbar selbst eingerichtet, sondern von einem Dritten übernommen hat[815]. Nimmt der Täter entsprechende Kontobewegungen vor, können diese erneut für eine Bestrafung aus aktivem Tun herangezogen werden. Allenfalls in den Fällen, in denen der Delinquent noch nicht einmal entsprechende

813 Vgl. BGHSt 51, 112 ff. und BGH, NJW 2009, 91. Kritisch dazu *Ransiek*, NJW 2007, 1728 sowie *Saliger*, NStZ 2007, 546 f.

814 So ausdrücklich *Fischer*, § 266, Rn. 78.

815 Vgl. *Tsagkaraki*, 103 m. w. N.

Verschleierungshandlungen vornimmt, könnte ein entsprechender Unterlassungsvorwurf anzunehmen sein[816]. Lassen sich dagegen triftige Gründe anführen, weshalb ein Unterlassen auszuscheiden hat, ist allein auf die verjährungsrechtliche Relevanz abzustellen[817].

Die Übernahme der Kasse stellt einen zunächst einmaligen Vorwurf dar. Nimmt man eine Garantenstellung mit einer korrespondierenden Offenlegungspflicht an, ist diese Pflicht keinesfalls verjährungsverlängernd. Die Obliegenheit würde allenfalls auf Wiederherstellung des ursprünglichen Zustands gerichtet sein, womit ein eigenständiger Unrechtsgehalt nicht festgestellt werden kann. Erst bei Vornahme weiterer Verschleierungshandlungen könnte sich auch das Erfolgsunrecht perpetuieren oder vertiefen. Damit liegt jedoch regelmäßig ein weiteres aktives Verhalten als Anknüpfungspunkt vor. Ob von einer neuen verjährungsrechtlichen Tat oder lediglich einem Aufschub der Verjährung auszugehen ist, hängt von den soeben aufgestellten Abgrenzungsüberlegungen ab.

## *4. Risikogeschäfte*

Neben dem Phänomen einer schwarzen Kasse wird die Untreuestrafbarkeit im Rahmen sog. Risikogeschäfte breiter diskutiert. Das prägende Element entsprechender Unternehmungen liegt in dem erhöhten Maß an Unsicherheit über die Gewinn- bzw. Verlustaussichten des jeweiligen Geschäftsabschlusses[818]. Im Bereich dieser – insbesondere im Bankensektor auftretenden – Fallgruppe herrschte lange Zeit Uneinigkeit darüber, an welcher Stelle des Deliktsaufbaus die Spezifika des Risikogeschäfts zu erörtern sind[819]. Gegenwärtig bespricht die allgemeine Meinung die Voraussetzungen für derartiges Verhalten im Tatbestand unter dem Missbrauchs- bzw. Treuebruchmerkmal[820]. Damit wird eine unwertbezogene Lösung insofern gefunden, als sich der Vorwurf des Handlungsunwertes eines Risikogeschäfts an dem untreuebestimmenden Faktor der Pflichtverletzung orientiert: Befolgt der Täter die aus dem Innenverhältnis

---

816 Mit dieser Schlussfolgerung *Tsagkaraki*, 103.

817 Gegen eine entsprechende Unterlassungsmodalität, vgl. *Knauer*, NStZ 2009, 152; *Ransiek*, NJW 2007, 1728 und *Rönnau*, StV 2009, 246.

818 Vgl. *Perron*, in: S/S, § 266, Rn. 20 m. w. N. aus der Rechtsprechung für die jeweilige Geschäftsart.

819 Von der Vorsatz-, über die Rechtswidrigkeits- bis hin zu verschiedenen Tatbestandslösungen wurden einige Modelle diskutiert. Ein Überblick findet sich bei *Hillenkamp*, NStZ 1981, 163 ff.

820 Vgl. *Lackner*, in: Lackner/Kühl, § 266, Rn. 7 sowie *Seier*, in: Achenbach/Ransiek, 699 m. w. N.

resultierenden Weisungen, kann sich aus einem erlaubten Risikogeschäft kein Strafbarkeitsvorwurf ableiten lassen[821].

Ungeachtet des vermögensrechtlichen Ausgangs war in dem Abschluss des Geschäfts bzw. der Transaktion nach früheren Entscheidungen ein Gefährdungsschaden zu sehen[822]. Diese Rechtsprechung wurde im Lauf der Zeit jedoch dahingehend geändert, in der Gefährdung des Rückzahlungsanspruchs einen sich realisierenden Vermögensnachteil auszumachen[823]. Aus verhaltensorientierter Perspektive kann sich eine verjährungsrechtliche Nachzone bei Serienrisikogeschäften aus einer kontinuierlichen Belieferung eines erkannt insolventen Unternehmens auf Kredit, dem fortgesetzten Unterlassen des Nachverhandelns eines ungünstigen Vertrags oder dem Unterlassen einer Anpassung des treuhänderisch anvertrauten Depots aufgrund veränderter Marktverhältnisse ergeben. Inwieweit durch das nachfolgende Verhalten eine selbständige Verjährungsfrist zu laufen beginnt oder der Verjährungseintritt der einzelnen Tat hinausgezögert wird, hängt von der Frage ab, ob sich der Vermögensnachteil lediglich fortsetzt oder sogar vertieft.

### 5. *Kredituntreue*

Vor dem Hintergrund großer Finanzierungsvolumina durch gewährte Darlehen gerät die Fallgruppe der Kredituntreue seit einigen Jahren in den Fokus der Strafverfolgungsbehörden[824]. Für gewöhnlich tritt bei einer Untreue durch die Vergabe eines Darlehens ein Vermögensnachteil für das Kreditinstitut frühestens dann ein, wenn die Vermögensminderung durch die Auszahlung der Kreditsumme einerseits und der Anspruch auf Rückzahlung des Kredits andererseits in einem wirtschaftlichen Missverhältnis zueinanderstehen. Als Orientierungsmaßstab dient dabei regelmäßig die Offenbarungspflicht aus § 18 S. 1 KWG[825]. Verjährungsrechtlich relevant ist dabei, ab welchem Zeitpunkt von

---

821 Vornehmlich an derartigen Begehungsweisen wurde eine Verschleifung zwischen den einzelnen Tatbestandsmerkmalen vorgenommen, vgl. dazu ausführlicher *Zieschang*, in: Park, Kapitalmarktstrafrecht, § 266, Rn. 71. Auf die verjährungsrechtliche Relevanz jenes Verschleifungsverbots wurde unter Punkt §3 V. 1, S. 180 hingewiesen.

822 So etwa BGH, NJW 1975, 1236 sowie BGH, NJW 1990, 3220.

823 In diesem Sinne sowohl für § 266 StGB als auch § 263 StGB BGH, NJW 2008, 2452 und BGH, NJW 2009, 2390.

824 Diskutiert wird das Problem allerdings seit geraumer Zeit, vgl. etwa *Nack*, NJW 1980, 1599 ff.

825 Vgl. *Klanten*, DStR 2002, 1190. Nach dieser Vorschrift darf ein Kreditinstitut einen Kredit, der insgesamt 750 000 Euro oder 10 vom Hundert des nach Artikel 4 Absatz 1 Nummer 71 der Verordnung (EU) Nr. 575/2013 anrechenbaren Eigenkapitals des

einer Vollendung des § 266 StGB ausgegangen werden kann. Hat sich die kreditgewährende Bank im Rahmen eines Commitment Letters bereit erklärt, das Darlehen zur Verfügung zu stellen, wurde vereinzelt auf diesen Zeitpunkt als Tatvollendung abgestellt[826]. Demnach könnte hierin eine vergleichbare Situation in Gestalt der Eingehungs- und Erfüllungsuntreue zu sehen sein, wenn es später zum Vertragsschluss und der späteren Kreditauszahlung kommt. Jener Vollendungsvorverlagerung auf die Herausgabe des Commitment Letter hat der BGH aber eine Absage erteilt. Da ein vorangegangener Pflichtenverstoß bis zur Mittelauszahlung jederzeit berichtigt werden kann, ist eine Vermögensrelevanz erst ab Vertragsschluss auszumachen[827]. Demzufolge können erst ab diesem Zeitpunkt die allgemeinen Grundsätze für eine Ausdehnung im Sinne einer nachtatbestandlichen Unrechtsphase herangezogen werden.

### 6. *Churning und treuhänderische Kontenführung*

Das unter betrugsspezifischen Gesichtspunkten diskutierte Phänomen des Churning erfüllt mit seinen drei Varianten den Untreuetatbestand[828]. Erreicht die Selbständigkeit des Verwalters einen gewissen Grad, ist von einer Vermögensbetreuungspflicht i. S. d. § 266 StGB auszugehen[829]. Ähnliche Konstellationen sind auch in Fällen treuhänderischer Kontenbetreuung auszumachen. Mithin kann im Grundsatz von drei Anknüpfungspunkten für eine Untreuestrafbarkeit gesprochen werden:

- die eingegangenen Gelder werden vom Treuhänder nicht auf ein eigenes separates Anderkonto übertragen[830],
- das Belassen der Fremdmittel auf eigenen Konten ohne Pflichtverletzung und Verwenden für eigene Zwecke[831],
- pflichtwidriges Unterlassen der Abführung der eingegangenen liquiden Mittel[832].

---

Instituts überschreitet, nur gewähren, wenn es sich von dem Kreditnehmer die wirtschaftlichen Verhältnisse, insbesondere durch Vorlage der Jahresabschlüsse, offenlegen lässt.

826 In diesem Sinn LG Düsseldorf, Urt. vom 19.06.2008 – 14 Kls 9/07, BeckRS 2008, 19567

827 Vgl. BGH, BKR 2010, 165 und *Wessing*, BKR 2010, 159 ff.

828 Dazu die Ausführungen unter Punkt §3 I. 5, S. 171. Zu der Strafbarkeit im Rahmen des § 266 StGB etwa *Mölter*, wistra 2010, 59.

829 Vgl. *Zieschang*, in: Park, Kapitalmarktstrafrecht, § 266, Rn. 51 und *Birnbaum*, wistra 1991, 253.

830 Vgl. *Fischer*, § 266 Rn. 32.

831 Vgl. dazu *Schmidt*, NStZ 2013, 499

832 Vgl. BGH, StV 1998, 127.

Im Hinblick auf eine nachtatbestandliche Unrechtsphase ähneln die Überlegungen denjenigen bei der Führung schwarzer Konten. Auch im Falle der treuhänderischen Kontoführung ist das nach Vollendung stattfindende Geschehen auf jede einzelne erfolgs- oder verhaltensrelevante Abhebung oder Weiterverfügung zu untersuchen. Muss der Treuhänder etwa zu wiederkehrenden Fälligkeitszeitpunkten eine vereinbarte Versicherungsprämie abführen, kommt dieser Verpflichtung jedoch nicht nach, so begeht er eine pflichtwidrige Unterlassung[833]. Da insoweit sowohl von einem erneuten Handlungsunwert als auch von einem sich vertiefenden Vermögensnachteil auszugehen ist, liegt eine selbständig verjährende Tat nach § 78a StGB vor. Von einem bloßen Aufschub der Verjährung der einzelnen Tat ist dann auszugehen, wenn der Treuhänder Verwaltungshandlungen vornimmt, die nicht zu einer Intensivierung der schadensgleichen Vermögensgefährdung oder des bereits realisierten Vermögensnachteils führen.

### *7. Zwischenergebnis*

Die Untersuchung der nachtatbestandlichen Unrechtsphase des Untreuetatbestandes zeigt einige Parallelen zum Betrugstatbestand. Noch stärker als dort tritt die sich im Zeitablauf ggf. wandelnde Pflichtenrichtung hervor. Gerade der Vorwurf der Schädigung von „innen heraus" verlangt von einem Pflichtennehmer, der das Vermögen über einen längeren Zeitraum hin betreuen muss, seine ursprünglich getroffene Entscheidung der Marktsituation entsprechend anzupassen. Unterlässt er dies oder nimmt er eine erneute pflichtwidrige Handlung vor, ist Raum für eine verjährungsrechtliche Nachzone. Zudem wird in der Konstellation der Eingehungs- und Erfüllungsuntreue das Handlungsunrecht bereits im Zeitpunkt der Eingehungsuntreue verbraucht, sodass ohne zusätzliches Verhaltensunrecht dem Moment der Gefährdungsrealisation keine verjährungsverlängernde Bedeutung beizumessen ist.

833 So etwa in BGH, ZinsO 2014, 547 ff., in welchem der Täter es unterlassen hat, die Prämien an den Versicherer zu den vertraglich bestimmten Fälligkeitszeitpunkten weiterzuleiten.

## VI. Bestechungsdelikte

Über einen Rückgriff auf den materiellen Beendigungsbegriff hat der BGH in einer seiner letzten Entscheidungen im Bereich der Bestechungsdelikte den Weg geebnet, die Gesamtverjährungzeit weit über die gesetzlich bestimmte Maximaldauer von 10 Jahren zu verlängern[834]. Dass diese zeitliche Ausdehnung dem Zweck der Strafverfolgungsverjährung zuwiderläuft bedarf keiner zusätzlichen Erläuterung.

### *1. Delikts- und Verjährungsstruktur*

Bevor man sich den einzelnen Korruptionstatbeständen und den jeweiligen Tatmodalitäten zuwendet, ist ein Blick auf die Deliktsnatur der §§ 331 ff. StGB erforderlich[835]. Die Inkonsequenz der BGH-Rechtsprechung zum Verjährungsbeginn lässt sich insbesondere auf die Interpretation der Deliktsstruktur zurückführen.

#### *a) Unsicherheit über die Bestimmung der Deliktsstruktur*

Uneinigkeit besteht über die Qualifikation der Korruptionsdelikte als Erfolgs-[836], Tätigkeits-[837] oder abstrakte Gefährdungsdelikte[838]. Folgt man der herrschenden Ansicht und qualifiziert die Bestechungsdelikte als abstrakte Gefährdungsdelikte, beinhaltet die Gefährlichkeit der Handlung den deliktsspezifischen Unrechtsgehalt und nicht – wie bei Verletzungsdelikten – das Verhältnis von Handlung und Erfolg. Auf den Eintritt der Gefährdung kommt es bei diesen Delikten gerade nicht an[839].

Wenn Amtsträger und Bestechender sich über die Diensthandlung und die korrespondierende Gegenleistung einig sind und eine entsprechende Umsetzung dieser Vereinbarung stattfindet, stellt der BGH für den Verjährungsbeginn „auf die jeweils letzte Handlung zur Erfüllung der Unrechtsvereinbarung“ ab[840].

---

834 BGH, NJW 2008, 3076. Mit kritischer Auseinandersetzung *Böttger*, in: FS Mehle, 77 ff.

835 Abweichend insofern *Nazarian*, 67, die direkt zwischen den Tatbeständen einerseits und den Tatvarianten andererseits unterscheidet.

836 *Schmid*, in: LK, § 78a, Rn. 4 f. und *Lackner*, in: Lackner/Kühl, § 78a, Rn. 4 diskutieren die Bestechungsdelikte im Rahmen der Erfolgsdelikte. Mit der Überlegung, dass es sich im Fall der Tatalternative der zurückliegenden Handlung sogar um ein Verletzungsdelikt handelt, vgl. *Wentzell*, 88. Dagegen zu Recht *Sowada*, in: LK, Vorbem. §§ 331 ff., Rn. 39.

837 So bspw. OLG Stuttgart, NJ 1997, 503.

838 Mit dieser Qualifikation *Korte*, in: MK, § 331, Rn. 10 m. w. N.

839 Vgl. BGH, NJW 1990, 194 und *Roxin*, AT I, § 11, Rn. 153 ff.

840 So der BGH, NJW 2008, 3077.

Nimmt der Beamte die Diensthandlung erst nach der Zuwendung des Vorteils vor, führt erst dies zur materiellen Beendigung[841]. Da die pflichtwidrige Diensthandlung als prägendes Element der Korruptionsdelikte hinter allen Tatbestandsvarianten steht, ist für die materielle Beendigungslehre ohne Bedeutung, ob die Diensthandlung ausdrücklich als objektives Element im Tatbestand verankert ist.

In diesem letzten Aspekt ist der Bruch mit der allgemeinen Deliktslehre zu erkennen, wenn die Bestechungsdelikte als abstrakte Gefährdungsdelikte betrachtet werden. Über diese Argumentation wandelt der BGH den Charakter eines Gefährdungsdelikts verjährungsrechtlich in ein Verletzungsdelikt um[842].

### b) *Unterschiedliche Unwertkonkretisierung der einzelnen Tatmodalitäten*

Die Korruptionsdelikte beinhalten unterschiedliche Unrechtsstrukturen, was sich in den drei Varianten der §§ 108e, 299 und 331 ff. StGB niederschlägt. Nimmt man eine Differenzierung nach dem Erfordernis des Abschlusses einer Unrechtsvereinbarung vor, sehen das „Anbieten" und „Fordern" keine entsprechende Vereinbarung zwischen den Beteiligten vor. Hingegen verlangen die übrigen Tathandlungen stets eine Absprache. Die Durchführung dieser Absprache resultiert bei ungestörtem Ablauf in der Vornahme der pflichtwidrigen Diensthandlung, welche nach der Vorstellung des Gesetzgebers „die Lauterkeit des öffentlichen Dienstes" nachhaltig beeinträchtigt[843]. Ohne Zweifel ist jedoch, dass die Umsetzung der Unrechtsvereinbarung keine Vollendungsvoraussetzung für sämtliche Bestechungsdelikte darstellt, mag diese auch den Schlusspunkt des deliktischen Gesamtgeschehens bilden.

Auch die Anhänger des materiellen Beendigungsbegriffs räumen das teilweise Aufgeben der Grundsätze hinsichtlich der abstrakten Gefährdungsdelikten ein. Gleichzeitig ist das Bestreben erkennbar, die lediglich am Rechtsgut orientierte Verjährungsbestimmung entsprechend einzugrenzen[844]. Nach den gewonnenen Erkenntnissen ist zu erörtern, inwieweit der Rechtsfriede durch

---

841 Ebd.

842 Dazu auch *Böttger*, in: FS Mehle, 80 ff.

843 Vgl. BT-Drs. 7/550, 269 f.

844 Für die Bestechungsdelikte heißt das insbesondere, dass jenes Nachvollendungsverhalten auf die Unrechtsvereinbarung zurückgeführt werden kann und sich die Entgegennahme des Vorteils noch als Erfüllung der Unrechtsabrede interpretieren lässt, vgl. *Saliger*, in: K/N/P, § 78a, Rn. 26 f.

das nachfolgende Geschehen erneut erschüttert wird. Legt man die Urteile des BGH aus, darf eine erneute Beeinträchtigung der Rechtsgemeinschaft durch die Vornahme der Diensthandlung bezweifelt werden. So hat der BGH zum einen entschieden, dass ein fortwährendes Belassen eines ungerechtfertigten Darlehens in der Person des Beamten nicht geeignet ist, die Strafverfolgung hinauszuzögern[845]. Zum anderen sind solche Verhaltensweisen, die darauf beruhen, dass der Bestechende die rechtswidrige Diensthandlung ausnutzt, für die Bestimmung des Beendigungszeitpunkts irrelevant[846].

Zumindest im Fall des Stehenlassens eines Darlehens steht der BGH in Einklang mit der hier vertretenen Auffassung, wonach der für die Verjährung entscheidende Erfolgsunwert, unabhängig von einer sich fortsetzenden Rechtsgutsverletzung, bereits vollständig vorliegen kann. Ein Rekurs auf den Wortlaut des § 78a S. 2 StGB ist nicht möglich, da die Umsetzung der Unrechtsvereinbarung nicht als „ein zum Tatbestand gehörender Erfolg" zu qualifizieren ist. Demnach hat der BGH auf den Satz 1 und die allgemeine Beendigungslehre zurückzugreifen.

Nach alledem kann auf der Basis eines tatbestandlichen Beendigungsbegriffs dem BGH nur dann gefolgt werden, wenn zum Zeitpunkt der Vornahme der Diensthandlung das Verhalten – sei es durch aktives Tun oder pflichtwidriges Unterlassen – noch unter die einzelnen Tatalternativen subsumiert werden kann. Aufzugreifen ist daher die Überlegung, inwiefern die Gefährdungsdelikte möglicherweise auch Erfolgskomponenten beinhalten. Nur über diesen Aspekt kann eine verjährungsrechtliche Nachzone in Betracht kommen. Hält der Gesetzgeber die Umsetzung der Diensthandlung für so wesentlich, hätte dies an einer entsprechenden Stelle normativ festgelegt werden müssen.

### 2. *Verhaltensgeprägte Bestechungsvarianten*

Die überwiegend geforderte Einheitlichkeit des Deliktscharakters sämtlicher Tatbestandsalternativen wird der Vielfalt der Begehungsmöglichkeiten der Bestechungsdelikte nicht gerecht. Abweichend von den übrigen Tathandlungen verlangt das Gesetz für die Vollendung beim „Anbieten"[847] und „Fordern"[848]

845 Vgl. BGHSt 16, 207 ff.

846 Vgl. BGH, NJW 1998, 2374; BGH, NJW 2008, 3077 und *Lackner*, in: Lackner/Kühl, § 78a, Rn. 4.

847 So bei §§ 108e Abs. 2; 299 Abs. 2; 333 Abs. 1, 2 und 334 Abs. 1, 2 StGB.

848 Auf diese Modalität greift der Gesetzgeber bei den §§ 108e Abs. 1; 299 Abs. 1; 331 Abs. 1, 2 und 332 Abs. 1, 2 zurück.

eines Vorteils keine Übereinkunft im Sinne einer Unrechtsvereinbarung. Da nach mittlerweile allgemeiner Auffassung der Adressat für die Verwirklichung des Tatbestands nicht einmal den Sinn der Erklärung verstanden haben, sondern die Erklärung lediglich zugegangen sein muss, liegt der Vergleich mit den Verhaltensdelikten nahe[849]. Daher ist für den Verjährungsbeginn, wie bei Tätigkeitsdelikten üblich, auf den Abschluss der Ausführungshandlung abzustellen, vgl. § 78a S. 1 StGB. Mit der Äußerung und dem Zugang des Angebots oder der Forderung beim Adressaten ist die Tat sowohl voll-, als auch beendet. Die Umsetzung der Diensthandlung kann auch nicht bei weiter Auslegung unter das Merkmal des „tatbestandsmäßigen Erfolgs" i. S. d. § 78a S. 2 StGB gefasst werden.

Wenn die Beendigung dieser Tathandlung erst dann eintreten soll, sobald sich das Versprechen als endgültig fehlgeschlagen erwiesen hat bzw. mit einer Erfüllung seitens des Täters nicht mehr zu rechnen ist, vermag dies nicht zu überzeugen[850]. Neben den daraus resultierenden Rechtsunsicherheiten, wann von einem entsprechenden Misslingen auszugehen ist, besteht unter praktischen Gesichtspunkten kein Bedürfnis für diese Auslegung. Nimmt der Bestochene das Angebot erst nach geraumer Zeit an, wird regelmäßig die Modalität des „Versprechens" oder „Versprechen lassens" einschlägig sein, andernfalls ist in dem bloßen Untätigsein des ursprünglich Antragenden keine Unrechtsvertiefung zu sehen[851].

Selbst wenn man annimmt, die Umsetzung der Diensthandlung vertieft das verwirklichte Erfolgsunrecht, lässt sich ein Unterlassungsvorwurf im Zeitpunkt dieses Ereignisses nicht feststellen, da sowohl das „Anbieten" als auch das „Fordern" eines Vorteils zwar auch in schlüssiger Form, aber nicht im Wege eines Unterlassens begangen werden können[852].

### 3. *Erfolgsgeprägte Bestechungsvarianten*

Abweichend von den Verhandlungsmodalitäten „Fordern" und „Anbieten", setzen die Vereinbarungsstufen „Versprechen (lassen)", „Annehmen" und „Gewähren" eine Übereinkunft der Parteien voraus, wodurch eine faktische Verknüpfung

849 Mit diesem Ergebnis auch *Helmrich*, wistra 2009, 12, der die Nähe dieser Tatmodalitäten zu denen der Aussagedelikte betont. Für die Einordnung des § 299 Abs. 1, 2 als Tätigkeitsdelikt auch *Dannecker*, in: K/N/P, § 299, Rn. 82.

850 So aber BGH, NJW 2003, 2997 zu § 299 StGB und *Korte*, in: MK, § 331, Rn. 201.

851 Mit ähnlicher Überlegung *Helmrich*, wistra 2009, 12.

852 Vgl. *Sowada*, in: LK, § 331, Rn. 22 sowie für § 333, Rn. 4

hergestellt wird[853]. Diese kognitive Verbundenheit stellt einen über das bloße Verhalten hinausgehenden Erfolg dar, welcher es rechtfertigt, diese Varianten als erfolgsgeprägte Gefährdungsdelikte zu betrachten. Für die Phase des sich der Vollendung anschließenden Geschehens bleibt auf der Basis einer strengen Identitätstheorie zu klären, inwieweit die späteren Ereignisse eine Verwirklichung der Korruptionstatbestände darzustellen vermögen.

### *a) Versprechen oder Versprechen lassen*

Wird die Unrechtsübereinkunft nicht umgesetzt, fällt der Verjährungsbeginn für beide Beteiligte auf den Zeitpunkt des Abschlusses der Unrechtsvereinbarung. Da rein subjektive Vorstellungen des Täters das Unrecht der Tat weder festigen noch vertiefen oder selbständig unter den Tatbestand subsumiert werden können, sind diese Faktoren für die Verjährung irrelevant[854]. Gleiches hat zu gelten, wenn die Vereinbarung zwar effektiv vollzogen wurde, aber die Diensthandlung vor der Unrechtsvereinbarung vorgenommen wurde. Auch hier stellt die Übereinkunft das Ende der Unrechtsverwirklichung dar.

Anders könnte der Verjährungsbeginn zu konkretisieren sein, wenn der Amtsträger die Diensthandlung nach Abschluss der Vereinbarung umsetzt. Richtigerweise hat man zwischen den beiden Beteiligten zu differenzieren, da bereits für die Vollendung je nach Tatbeteiligtem unterschiedliche Voraussetzungen gelten. Folgt man dem verjährungsrechtlichen Beendigungsbegriff, ist für den Versprechenden ein eigenständiges Handlungsunrecht im Zeitpunkt der Unrechtsumsetzung nicht begründbar. Das aktive Verhalten ist mit dem Versprechen endgültig abgeschlossen, womit allenfalls ein pflichtwidriges Unterlassen relevant werden könnte. Spätestens jedoch bei Anwendung der strengen Identitätstheorie wird deutlich, dass das Gewähren lassen eines Dritten nicht mit dem Erklärungswert des Versprechens gleichgesetzt werden kann[855].

Unter ähnlicher Prämisse hat man einen Verjährungsaufschub auch für den Versprechensempfänger abzulehnen. Zwar kann in seiner Person ein nachfolgendes aktives Verhalten ausgemacht werden, worin seine strafrechtliche

853 Vgl. *Fischer*, § 333, Rn. 4.

854 So auch *Bannenberg*, in: Wabnitz/Janovsky, 12. Kap. Rn. 80 und unter Punkt §3 VI. 2, S. 197.

855 I. E. spricht sich auch *Nazarian* gegen eine Tatbestandsverwirklichung des Versprechenden im Zeitpunkt der Unrechtsumsetzung durch den Versprechensempfänger, vgl. *Nazarian*, 72 f.

Gesinnung erneut nach außen zutage tritt[856]. Die Orientierung an der strengen Identitätstheorie gebietet es aber auch für den Versprechensempfänger, den Vollzug der Diensthandlung als nicht mehr tatbestandsmäßig zu qualifizieren. Dieses Verhalten kann auch bei weiter Auslegung nicht unter das Tatbestandsmerkmal des „Versprechen lassens" subsumiert werden.

### *b) Gewähren oder Annehmen*

Wird die Unrechtsvereinbarung nicht vollzogen, fallen Voll- und Beendigung für die beiden Alternativen des „Gewährens" und „Annehmens" zusammen. Eine Ausdehnung der nachtatbestandlichen Unrechtsphase hat in diesen Fällen zu unterbleiben. Abweichend von den beiden vorangegangenen Verhaltensweisen treten diese nicht nur in einem Erklärungswert offen zutage, sondern in einem tatsächlichen Handeln, welches als tatbestandsmäßiger Erfolg nach § 78a S. 2 StGB gelten kann. Da der „Geber" im Rahmen der Umsetzung der Amtshandlung nicht aktiv handelt, muss sein Untätigsein den Anforderungen an ein pflichtwidriges Unterlassen gerecht werden. So könnte etwa das Belassen eines Vorteils als Unterlassen der Rückforderung desselben zu qualifizieren sein. Für das Stehenlassen eines Darlehens hat der BGH einen Verjährungsaufschub allerdings verneint[857]. Ist ein Unterlassungsvorwurf konstruktiv denkbar, ist die entscheidende Frage, ob der Erfolg des „Gewährens" oder „Annehmens" mit im „Umsetzungserfolg" der Dienstvornahme enthalten ist. Enthält dieser Vollzug auch den Vollendungserfolg der Tatvarianten, könnte auch der Verjährungsbeginn über § 78a StGB hinausgezögert werden.

Der BGH beruft sich im Rahmen der Verjährungsbestimmung auf die (pflichtwidrige) Diensthandlung als prägendes Charakteristikum des § 332 StGB und führt unter Berufung auf den historischen Gesetzgeber hinsichtlich des Schutzgutes folgendes aus: „Die Lauterkeit der Amtsausübung sowie das öffentliche Vertrauen in diese werden am nachhaltigsten dadurch beeinträchtigt, dass der durch die Bestechung befangene Amtsträger den „Staatswillen" tatsächlich verfälscht, indem er die erkaufte pflichtwidrige Diensthandlung ausübt"[858]. Die zwischenzeitliche Entscheidung des Gesetzgebers, den bloßen Anschein der

---

856 Dieser Umstand wird zum Teil als ausreichend erachtet, um die Beendigung hinauszuzögern. Wenn allerdings als Argument die Wiederherstellung des Rechtsfriedens angeführt wird, kann das nur bedingt überzeugen, so aber *Helmrich*, wistra 2009, 13.

857 Dazu unter §3 VI. 1. b), S. 196.

858 So wörtlich der BGH, NStZ 2008, 568 mit Verweis auf BT-Drs. 7/550, 269 f.

Käuflichkeit der Amtshandlung ausreichen zu lassen, wird damit verkannt[859]. Dieses Ergebnis wird zudem durch die soeben erfolgte Auslegung der einzelnen Tatbestandsvarianten der Bestechungsdelikte bestätigt, wonach jene durchwegs Vorfeldcharakter aufweisen. Vor diesem Hintergrund ist es daher auch nicht gerechtfertigt, die pflichtwidrige Dienstvornahme als „materiellen Unrechtskern" zu bezeichnen. Vielmehr wurde diese Amtshandlung vom Gesetzgeber offensichtlich ausgeklammert. Unter den genannten Umständen kann daher selbst für den Bestochenen die Ausführung der Diensthandlung nicht als tatbestandsmäßiger (Gefährdungs-)Erfolg betrachtet werden.

### *c) Kumulative Bestechungsvarianten*

Regelmäßig kann der Deliktsverlauf dergestalt ausgestaltet sein, dass mehrere Tathandlungen kumulativ in Erscheinung treten, etwa wenn der Bestechende zunächst anbietet, der Bestochene sodann annimmt und später ein Leistungsaustausch im Sinne einer Gewährung stattfindet. In diesen Fällen liegt in jedem Verhalten ein eigenständiger Erfolgs- und Handlungsunwert, sodass jeweils von eigenständig verjährbaren Taten auszugehen ist. Vollzieht sich die Vorteilsannahme oder -gewährung in aufeinanderfolgenden Raten, bildet jede Annahme bzw. Gewährung eine selbständige verjährungsrechtliche Tat[860].

## *4. Zwischenergebnis*

Wenn dem BGH vorgeworfen wird, mit seinem Wandel in der Verjährungsrechtsprechung ein „zweiaktiges Delikt" der Bestechungstatbestände geschaffen zu haben, entspricht das dem Kern der Kritik[861]. Anders als etwa das Verhältnis zwischen schadensgleicher Vermögensgefährdung und realisiertem Vermögensschaden bei Betrug und Untreue, lässt sich ein qualitatives Stufenverhältnis zwischen Unrechtsvereinbarung und Diensthandlung nicht ausmachen. Weder aus dem Willen des Gesetzgebers noch aus dem Blickwinkel des verjährungsrechtlichen Beendigungsbegriffs kann die Vornahme der Diensthandlung als tatbestandsmäßiger Erfolg nach § 78a S. 2 StGB qualifiziert werden. Der Amtshandlung ist daher insgesamt die verjährungsrechtliche Relevanz abzusprechen. Wird der Vorteil fortlaufend in Raten gezahlt, so ist eine sukzessive Verjährung der einzelnen Teilleistungen anzunehmen.

---

859 Mit diesem Ergebnis auch *Böttger*, in: FS Mehle, 81 und im Korruptionsbekämpfungsgesetz vom 13.08.1997, BGBl. I 1197, 2038.

860 So i. E. bspw. *Kuhlen*, in: K/N/P, § 331, Rn. 152.

861 Mit dieser Überlegung *Bernsmann*, GA 2009, 311 f.

Erfolgt der Vollzug der Diensthandlung vorschriftsmäßig, fällt es schwer von einer Vertiefung bzw. Perpetuierung des Unrechts zu sprechen. Wenn hingegen der Amtsträger pflichtwidrig tätig wird, kommen einige weitere Straf- oder Diensttatbestände in Betracht, die ebenfalls verfolgbar sind[862].

## VII. Steuerstrafrecht

Aufgrund langer Verfahrensdauern und den im Steuerrecht verankerten Mitwirkungspflichten des Steuerpflichtigen stellt sich die Frage nach dem Eintritt der Strafverfolgungsverjährung hier im besonderen Maß[863]. Zudem ist hier die Tendenz der Rechtsprechung erkennbar, den Zeitpunkt der Tatbestandsvollendung möglichst weit nach vorne zu legen, während die Verfolgbarkeit der Tat möglichst weit nach hinten geschoben werden soll[864]. Daher erscheint die Aussage, eine nachtatbestandliche Unrechtsphase ist bei den Delikten der Steuerhinterziehung „nicht vorstellbar“[865] zunächst verwunderlich. Das Unrecht der Steuertat soll mit der Verkürzung des Steueranspruchs bzw. dem Gewähren des unrechtmäßigen Vorteils vollständig erreicht sein, sodass eine verjährungsrechtliche Nachzone nicht „in sinnvoller Weise zu konstruieren ist“[866]. Über die Verweisungsnorm des § 369 Abs. 2 AO gelten für Steuerstrafvorschriften die allgemeinen Gesetze des Strafrechts, soweit die Strafvorschriften der AO nichts Anderes bestimmen. In Ermangelung einer spezialgesetzlichen Vorschrift über den Beginn der Strafverfolgungsverjährung ist für die Steuerhinterziehung auf § 78a StGB abzustellen. Der nachfolgende Abschnitt untersucht, inwieweit die Charakteristika des Steuerrechts (das sind namentlich die Steuerart, der Erfolg im Sinne einer Verkürzung oder eines nicht gerechtfertigten Steuervorteils, die Verwirklichung durch Tun oder Unterlassen und die Frage nach der Begleichung oder Erstattung der Steuer) die nachtatbestandliche Unrechtsphase determinieren[867].

---

862 Namentlich sind das etwa die Beihilfe zur Abgabenhinterziehung (BGHSt 7, 149 ff.), die Mitwirkung an einer strafbaren Verletzung des Dienstgeheimnisses (BGHSt 14, 123 ff.) oder die Urkundenfälschung und Untreue (BGH, NStZ 1987, 326 f.).

863 Vgl. *Wulf*, Stbg 2008, 445; ähnlich *Gribbohm/Utech*, NStZ 1990, 209, 213.

864 *Wenzler*, in: Flore/Tsambikakis, § 78a, Rn. 8.

865 In diesem Sinn *Wulf*, in: MK, § 376 AO, Rn. 10.

866 Ebd. Mit dem Hinweis, dass § 78a S. 2 StGB im Bereich des Steuerstrafrechts keinerlei Bedeutung beizumessen ist, *Franzen/Gast/Joecks*, § 376 AO, Rn. 11.

867 Vgl. *Dallmeyer*, ZStW 124 (2012), 719; *Rolletschke/Kemper/Rolletschke*, § 370 AO, Rn. 386; *Saliger*, in: K/N/P, § 78a, Rn. 35 und *Sternberg-Lieben/Bosch*, in: S/S, § 78a, Rn. 6. Die Problematik der Verlängerung der Verfolgungsverjährung diskutiert *Pelz*, NJW 2009, 470 ff.

## 1. Steuerverkürzung auf Zeit bzw. auf Dauer

Das Strafmaß der Steuerhinterziehung hängt von der Höhe der verkürzten Steuer ab[868]. In diesem Umfeld rückt die Unterscheidung zwischen einer Steuerverkürzung auf Zeit bzw. derjenigen auf Dauer in den Fokus. Das Abgrenzungskriterium zwischen diesen beiden Steuerverkürzungen ist der Faktor Zeit. Während der Täter bei der Steuerverkürzung auf Dauer dem Staat zustehende Steuereinnahmen insgesamt vereiteln möchte, hält er im Falle der Verkürzung auf Zeit die Steuern nur für eine gewisse Zeit dem Fiskus vor[869]. So bedarf es auch keiner näheren Erläuterung, dass der Unrechtsvorwurf stark differiert, je nachdem, ob die Entrichtung der Steuer vollständig unterbleibt oder bloß zeitlich verzögert eingeht.

In der Literatur wurde das Scheitern dieser Differenzierung verkündet und auch der BGH hat sich zuletzt der überwiegenden Auffassung des Schrifttums angeschlossen[870]. Das Unrecht der beiden Alternativen richtet sich nicht nach objektiv wirtschaftlichen Gesichtspunkten, sondern liegt allein dem subjektiven Vorstellungsbild des Hinterziehers, mithin dem tatsächlich verwirklichten Handlungsunrecht, zugrunde. Die Zusammenhänge zwischen materiellem Schaden, Taterfolg und verwirklichtem Erfolgsunrecht wurden in der Entscheidung des BGH nicht trennscharf herausgearbeitet[871]. Die Höhe des Erfolgsunrechts der Steuerhinterziehung wird zum einen durch die Differenz der Ist- und Soll-Festsetzung, zum anderen durch die zeitliche Dauer des betragsmäßigen Unterschieds bestimmt.

## 2. Delikts- und Verjährungsstruktur

Den Gesichtspunkt der Deliktsstruktur hat der BGH aufgegriffen, ohne sich allerdings vertieft damit auseinanderzusetzen. Neben der Einordnung des § 370 AO als Blankett- oder gänzlich eigenständigem Straftatbestand ist noch nicht abschließend geklärt, ob die Norm ein Verletzungs- oder Gefährdungsdelikt darstellt. Während der erste Aspekt maßgebliche Relevanz für die Irrtumslehre

868 Für die Bestimmung des Strafmaßes wird dabei häufig „auf (zumindest informell) existierende Strafmaßkataloge zurückgegriffen“, so *Wulf*, Stbg 2011, 446.

869 Ausführlich zu dieser Unterscheidung *Schmitz*, 99 ff.

870 So BGH, NJW 2009, 1983.

871 Vgl. BGH, wistra 2009, 358. Kritisch *Schmitz/Wulf*, in: MK, § 370 AO, Rn. 108a und *Wulf*, Stbg 2011, 448.

hat, gewinnt die Einstufung des Deliktscharakters Bedeutung für den Verjährungsbeginn[872].

Abweichend von der Behandlung im Rahmen des Betrugstatbestands greift die Rechtsprechung für die Vollendung des § 370 AO ausdrücklich auf das Konstrukt der Vermögensgefährdung zurück. Die Vorschrift des § 370 Abs. 4 AO zeigt deutlich, dass die Steuerhinterziehung einerseits als Erfolgsdelikt (nicht zwingend jedoch als Verletzungsdelikt) ausgestaltet ist, andererseits bereits eine konkrete Gefährdung des Steueranspruchs für die Tatbestandsvollendung ausreichen solle[873]. Orientiert man sich am Wortlaut, setzt die Bejahung des § 370 Abs. 1 AO entweder eine Steuerverkürzung oder das Erlangen eines ungerechtfertigten Steuervorteils voraus. Der Legaldefinition des Abs. 4 zufolge liegt eine Steuerverkürzung dann vor, wenn die Steuern nicht, nicht in voller Höhe oder nicht rechtzeitig festgesetzt werden. Wenn darüber hinaus noch allgemein anerkannt ist, dass der Tatbestand im Festsetzungs-, Erhebungs- und Betreibungsverfahren erfüllt werden kann, wird das fehlende Erfordernis einer tatsächlichen Verletzung deutlich[874].

Entscheidend für die Einordnung dürfte sein, ob sich die Klassifizierung des Deliktscharakters überwiegend an dem Tatobjekt (für § 370 AO der Steueranspruch) oder dem Rechtsgut (für § 370 AO nach h. M.[875] das staatliche Interesse am vollständigen und rechtzeitigen Aufkommen der einzelnen Steuern) ausrichtet. Nach allgemeiner Ansicht ist primär anhand des vom Tatbestand erfassten Rechtsguts auf die Ausgestaltung des Deliktscharakters zu schließen[876]. Unter diesen Umständen sind jedoch ausreichend Fälle denkbar, in denen das Vermögen des Staates effektiv nicht nominell gemindert, sondern lediglich gefährdet wurde[877]. Für eine Verletzung ist daher in diesem Kontext kein Raum. Damit bleibt festzuhalten, dass § 370 AO nicht als Tätigkeitsdelikt ausgestaltet ist, sodass die beiden tatbestandsmäßigen Erfolge (Verkürzung bzw. ungerechtfertigter

---

872 Zu der Einordnung der Steuerhinterziehung als Blankettstrafgesetz BVerfGE 37, 208 sowie BGHSt 23, 322.

873 Vgl. BGHSt 53, 107 f.

874 Mit dem Hinweis, dass § 370 AO in allen Phasen der Besteuerung möglich ist, vgl. *Schmitz/Wulf*, in: MK; § 370 AO, Rn. 69. So ist etwa eine Hinterziehung der Steueranmeldung dann vollendet, wenn die Anmeldung abgegeben wurde, vgl. §§ 370 Abs. 4 S. 1, 168 AO.

875 Vgl. RGSt 72, 186; BGHSt 36, 102 und aus der Literatur etwa *Göggerle*, BB 1982, 1853 sowie *Franzen/Gast/Joecks*, § 370 AO, Rn. 14 m. w. N. auch für die Gegenansichten.

876 *Maurach/Zipf* AT I § 17 Rn. 26, § 20 Rn. 29 ff.; *Suhr*, 38.

877 Vgl. *Schmitz*, 98, Fn. 144.

Steuervorteil) unter § 78a S. 2 StGB zu fassen sind. Relevant wird die soeben aufgeführte Debatte über die konkrete Deliktsausprägung insbesondere bei mehrstufig ausgestalteten Verfahrensvorgängen[878]. Die nachfolgende Untersuchung orientiert sich im Wesentlichen an der Steuerart, der Begehungsform, der Erfolgsalternative und daran, ob die Steuer inner- oder außerhalb eines Festsetzungsverfahrens erhoben wird[879].

### *a) Veranlagungssteuern*

Kennzeichnend für Veranlagungssteuern ist, im Gegensatz zu der Abzugssteuer, die Durchführung eines Erhebungsverfahrens, in dessen Rahmen das Finanzamt nachträglich eine Veranlagung vornimmt. Dazu zählen bspw. die Einkommensteuer, die Körperschaftsteuer, die Grunderwerbsteuer und die Gewerbesteuer. Soweit nicht anders gesetzlich normiert, wird mit der Verwirklichung des Steuertatbestandes und der anschließenden Veranlagung der Bescheid nach § 155 AO durch die Finanzbehörden festgesetzt.

#### *aa) Erfolgsbezogene Betrachtung*

Die Vollendung des § 370 AO kann einerseits durch eine Steuerverkürzung, andererseits durch das Erlangen eines ungerechtfertigten Steuervorteils herbeigeführt werden. Nachdem die materiellen Abgrenzungsversuche zwischen diesen beiden Erfolgsalternativen als gescheitert angesehen werden müssen, wird eine Trennung der beiden Begehungsweisen entweder nach dem Verfahrensabschnitt oder dem Eintritt einer Beeinträchtigung eines tatsächlich bestehenden Steueranspruchs vorgenommen[880]. Aufgrund der jeweiligen Besonderheiten weichen die Versuchs- und insbesondere Vollendungszeitpunkte zwischen diesen Erfolgen u. U. voneinander ab. Daher ist die nachfolgende Untersuchung getrennt vorzunehmen[881].

---

878 Dazu unter Punkt §3 VII. 4, S. 215.

879 Da die Begehungsmodalität in keinem Zusammenhang zu der Art des Erfolgseintritts steht, wird auf diese Unterscheidung z. T. verzichtet und nur nach der unrichtigen und zu niedrigen Festsetzung differenziert, vgl. *Wulf*, in: MK, § 370, Rn. 12.

880 Zum Scheitern der materiellen Abgrenzung aufgrund der Vielschichtigkeit des Steuerrechts, vgl. *Franzen/Gast/Joecks*, § 370 AO, Rn. 96 sowie *Schillhorn*, 107 ff.

881 In der Rechtsprechung wird die Terminologie nicht durchwegs ordnungsgemäß auseinandergehalten, eine Steuerverkürzung zum Teil auch als Steuervorteil tituliert, vgl. OLG Stuttgart, wistra 1987, 263 ff.

*(1) Steuerverkürzung*

Von einer Steuerverkürzung ist nach § 370 Abs. 4 S. 1 Hs. 1 AO auszugehen, wenn Steuern „nicht, nicht in voller Höhe oder nicht rechtzeitig festgesetzt werden". Zwar scheinen damit zunächst drei mögliche Verkürzungserfolge möglich, doch ist der Erfolg einer Nichtfestsetzung vor dem Hintergrund des § 171 Abs. 7 AO praktisch nicht denkbar[882]. Demnach endet die Festsetzungsfrist nicht, bevor die Verfolgung der Steuerstraftat verjährt ist. Wird also die Tat des § 370 AO vor Eintritt der Verfolgungsverjährung entdeckt, wird die hinterzogene Steuer noch entsprechend festgesetzt.

In der Alternative der zu niedrigen Steuerfestsetzung erfolgt die Festsetzung im Veranlagungsverfahren nach § 155 AO durch einen Verwaltungsakt, sodass der Erfolgseintritt nach § 78a S. 2 StGB auf den Zeitpunkt des Wirksamwerdens des Steuerbescheids fällt[883]. Daher richtet sich der Verjährungsbeginn nach der Bekanntgabevorschrift des § 122 AO. Aufgrund der Akzessorietät des Steuerstrafrechts ist vom allgemeinen verfahrensrechtlichen Steuerrecht auf die Vermutungsregel des § 122 Abs. 2 AO abzustellen[884]. Für die nachtatbestandliche Unrechtsphase ist diese Überlegung jedoch weniger relevant. Als Ausgangspunkt für die Ausdehnung der verjährungsrechtlichen Nachzone ist vielmehr der Terminus „namentlich" in § 370 Abs. 4 AO heranzuziehen. Damit wird die nicht abschließende Aufzählung verjährungsverlängernder Umstände ausdrücklich erweitert. Diese Aspekte sind dann an der strengen Identitätstheorie zu messen[885].

In der Alternative der Steuerverkürzung durch unterbliebene Festsetzung ist allgemein anerkannt, dass der Erfolg auf den fiktiven Zeitpunkt festzulegen ist, an dem die Steuerfestsetzung bei pflichtgetreuem Verhalten des Täters erfolgt wäre. Für Veranlagungssteuern hätte dies aber die missliche Folge eines praktisch nie feststellbaren tatbestandsmäßigen Erfolgs i. S. d. § 78a S. 2 StGB, da die Festsetzung der Steuer eines konkreten Steuerpflichtigen nicht an einem exakt bestimmbaren Kalendertag vorgenommen wird[886]. Man könnte den Verkürzungserfolg spätestens dann annehmen, wenn in dem sachlich zuständigen Finanzamtsgebiet sämtliche Steuerpflichtige veranlagt worden wären. Dies liegt

---

882 Ausführlicher dazu *Schmitz*, 97 ff.

883 So RGSt 59, 402 allerdings ohne den verjährungsrechtlichen Kontext.

884 Vgl. etwa *Rolletschke/Kemper/Rolletschke*, § 370 AO, Rn. 391. Anders allerdings die h. M., vgl. OLG Hamm, wistra 2001, 476 und *Franzen/Gast/Joecks*, § 376, Rn. 28.

885 Dieser Aspekt wird unter Punkt §3 VII. 3, S. 211 aufgegriffen.

886 Vgl. dazu *Schmitz/Wulf*, § 370, Rn. 92 f.

in dem Umstand begründet, dass über den „in dubio pro reo“ Grundsatz für den Vollendungszeitpunkt zu unterstellen ist, der Täter wäre als Letzter veranlagt worden[887]. Dabei spielt es keine Rolle, ob der Steuerhinterzieher den Finanzbehörden bekannt ist oder nicht[888].

#### *(2) Nicht gerechtfertigter Steuervorteil*

Nach § 370 Abs. 4 S. 2 Hs. 2 AO sind Steuervorteile erlangt, soweit sie zu Unrecht gewährt oder belassen werden. Das Delikt ist im Falle der Gewährung oder der Belassung nicht mit der tatsächlichen Auszahlung vollendet, sondern mit Bekanntgabe der Verfügung[889].

### *bb) Verhaltensbezogene Betrachtung*

Der Gesetzgeber hat sich mit der AO 1977 bemüht die bestehenden Unsicherheiten über die Tathandlungen der Steuerhinterziehung zu beseitigen, indem er zwei Grundverhaltensmuster und eine Sonderkonstellation in § 370 AO implementiert hat: Als Verhaltensalternative das „Machen von unrichtigen oder unvollständigen Angaben“ nach Abs. 1 Nr. 1 als allgemeine Unterlassensvariante, das „pflichtwidrige In-Unkenntnis-Lassen“ nach Abs. 1 Nr. 2 sowie als spezielle Unterlassungsvariante die „pflichtwidrige Nicht-Verwendung von Steuerzeichen und -stemplern“ nach Abs. 1 Nr. 3. Die Schwierigkeiten der Handlungsbeschreibung wurden nicht endgültig gelöst. Insbesondere die Abgrenzung zwischen den Handlungs- und Unterlassungsvarianten und die Frage, inwieweit die Hinterziehung die Verletzung einer Erklärungspflicht voraussetzt, sind nach wie vor umstritten[890].

#### *(1) Aktives Verhalten*

Nach der Handlungsalternative in § 370 Abs. 1 Nr. 1 AO ist die Tat mit Bekanntgabe des Bescheids grundsätzlich voll- und auch beendet. Wird die unrichtige

---

887 Vgl. etwa BGHSt 30, 123; OLG München, wistra 2002, 35 und *Schmitz*, in: FS Kohlmann, 519 m. w. N. Stimmen, die auf konkrete Zahlen (Abschluss von 90% oder 95% der Veranlagungsarbeiten) oder allgemeine Formeln (Abschluss im „Großen und Ganzen“) abstellen, haben sich wegen des Konflikts mit dem „in dubio pro reo“ Grundsatz nicht durchsetzen können, vgl. *Schmitz*, in: FS Kohlmann, 519.

888 Mit dieser Überlegung *Dallmeyer*, ZStW 124 (2012), 727 f. auch mit Nachweisen für die Gegenansicht.

889 So zu § 392 Abs. 3 RAO, vgl. RGSt 59, 401 und zur aktuellen Gesetzeslage *Franzen/Gast/Joecks*, § 370, Rn. 104.

890 *Dallmeyer*, ZStW 124 (2012), 719 und *Schmitz/Wulf*, in: MK, § 370 AO, Rn. 199.

Erklärung nach dem Ende der Veranlagungsarbeiten abgegeben, ist regelmäßig aufgrund pflichtwidriger Nichtabgabe nach Abs. 1 Nr. 2 zu bestrafen und in der erfolgten Abgabe eine mitbestrafte Nachtat zu sehen. Kann die korrespondierende Vortat allerdings aufgrund Verjährung nicht mehr verfolgt werden, lebt das Verhalten wieder auf und kann sanktioniert werden[891]. Dabei wird regelmäßig von einer verjährungsrechtlichen eigenständigen Tat auszugehen sein, da die Aussage des verspätet abzugebenden Bescheids inhaltlich nicht mit dem Unrechtsgehalt der Nichtabgabe gleichgesetzt werden kann.

Fehlt bei Veranlagungssteuern ein sich kontinuierlich wiederkehrendes Veranlagungsverfahren (z. B. Grunderwerb- bzw. Schenkungsteuer), ist für den Verjährungsbeginn ebenfalls auf den Bekanntgabezeitpunkt abzustellen[892].

### *(2) Passives Verhalten*

Eine Steuerhinterziehung durch Unterlassen nach § 370 Abs. 1 Nr. 2 AO kann nur dann verwirklicht werden, wenn die Behörden über steuerlich erhebliche Tatsachen pflichtwidrig in Unkenntnis gelassen werden. Aufgrund der bereits angedeuteten steuerstrafrechtlichen Besonderheit des § 170 Abs. 7 AO ist entgegen der allgemeinen Unterlassungslehre – bei der auf den Zeitpunkt des Wegfalls der Erklärungspflicht abzustellen ist[893] – auch hier auf den Moment abzustellen, in dem die Steuer bei ordnungsgemäßer Erklärung spätestens festgesetzt worden wäre[894]. Wird die Steuer bei unterlassener Steuererklärung bis zum Zeitpunkt des Abschlusses der Veranlagungsarbeiten durch Schätzung ermittelt, ist die Tat vollendet oder versucht, abhängig davon, ob der Schätzungsbescheid zu hoch, zu niedrig oder treffend festgesetzt wurde. Die Voll- und Beendigung tritt auch hier mit Bekanntgabe der festgesetzten Schätzungsschuld ein[895].

Auch für die Unterlassungsvariante ist bei fehlendem sich wiederholenden Veranlagungsverfahrem für den Verjährungsbeginn auf den Zeitpunkt zu

---

891 Vgl. BGHSt 39, 233.

892 Vgl. *Rolletschke*, in: Graf/Jäger/Wittig, § 376 AO, Rn. 36.

893 Dazu Ausführungen und Nachweise unter §2 VII. 3. d) aa), S. 125.

894 Dazu *Franzen/Gast/Joecks*, § 376, Rn. 27 f. und *Schmitz*, wistra 1993, 250 m. w. N. Keine Rolle soll es dabei nach umstrittener Ansicht spielen, ob der Steuerpflichtige den Finanzbehörden bekannt ist oder nicht, vgl. *Dallmeyer*, ZStW 124 (2012), 719; a. A. *Franzen/Gast/Joecks*, § 376, Rn. 29c.

895 Vgl. *von Briel*, anwaltsmagazin 2006, 118. Zu Recht wird darauf verwiesen, dass die problematischen Fälle, in denen der Täter den Behörden nicht bekannt ist, nicht erreicht werden, vgl. *Dallmeyer*, ZStW 124 (2012), 725.

rekurrieren, zu dem die Veranlagung spätestens stattgefunden hätte[896]. Anders als in der Rechtsprechung, in der auf einen starren fiktiven Bearbeitungszeitraum abgestellt wird, ist nach dem Ablauf der Anzeigefrist noch die bei regulärem Verlauf hypothetisch maximale Veranlagungsdauer hinzuzurechnen[897].

### *b) Fälligkeitssteuern*

Abweichend von den Veranlagungssteuern ist für die Fälligkeitssteuern (z. B. Lohn-, Umsatz- bzw. Kapitalertragsteuer) i. d. R. keine Steuerfestsetzung durch Bescheid vorgesehen. Im Hinblick auf die Fälligkeitssteuern hat der Steuerpflichtige die Steuern selbst zu berechnen und sie entsprechend anzumelden. Die Steueranmeldung steht im Zeitpunkt ihres Eingangs beim Finanzamt einer Steuerfestsetzung unter dem Vorbehalt der Nachprüfung gleich (§ 168 S. 1 AO).

#### *aa) Aktives Verhalten*

Diese Gleichsetzung mit § 168 AO führt beendigungstechnisch zu der Überlegung, dass die Steuerhinterziehung mit der Abgabe der unzutreffenden Anmeldung zu verjähren beginnt[898]. Anderes hat allerdings in den Fällen zu gelten, in denen die Anmeldung in einer Steuervergütung resultiert. Hierbei wird nach § 168 S. 2 AO eine Zustimmung der zuständigen Finanzbehörde erforderlich, sodass die Tat nicht vor jener Entscheidung voll- und beendet ist[899]. Ebenfalls unter die Fälligkeitssteuern fallen die Vorauszahlungen auf Veranlagungssteuern[900]. Der tatbestandsmäßige Erfolg nach § 78a S. 2 StGB ist dann bereits in der Bekanntgabe des Vorauszahlungsbescheids zu sehen; die spätere Zahlung ist verjährungsrechtlich nicht mehr zu berücksichtigen[901]. Gleichfalls ohne Relevanz bleibt grundsätzlich die Bekanntgabe des späteren Veranlagungssteuerbescheids. Gibt der Täter allerdings auch hier unvollständige oder unrichtige Angaben ab, liegt darin eine neue selbständig verjährbare Tat[902].

---

896 So BGH, NJW 2011, 3253 und *Jäger*, in: Klein AO, § 370 AO, Rn. 201; anders *Wulf*, Stbg 2008, 446, der auf den frühest hypothetischen Veranlagungszeitpunkt abstellen möchte.

897 Mit einer starren Frist von einem Monat BGH, NJW 2011, 3253. Dagegen zu Recht *Dallmeyer*, ZStW 124 (2012), 728.

898 Vgl. *Stumm*, BB 2014, 413 m. w. N.

899 Vgl. BGH, wistra 2000, 219.

900 Darunter fallen bspw. die Einkommensteuervorauszahlungen.

901 Vgl. *Franzen/Gast/Joecks*, § 376, Rn. 17, 23; a. A. *Otto*, in: FS Lackner, 734.

902 So auch *Dallmeyer*, ZStW 124 (2012), 731.

#### bb) Passives Verhalten

Der Verjährungsbeginn tritt bei Anmeldesteuern im Falle der pflichtwidrigen Nichtabgabe nach § 370 AO mit dem Verstreichenlassen des Fälligkeitstermins ein, soweit keine ausdrückliche Fristverlängerung vereinbart wurde[903]. Dies resultiert ebenfalls aus der Gleichsetzung der Steueranmeldung mit der Steuerfestsetzung unter dem Vorbehalt der Nachprüfung. Bei verspäteter Abgabe ist wegen der Nichtabgabe zu bestrafen, sodass auch hier allenfalls eine eigenständige weitere Tat vorliegt.

#### cc) Besonderheit bei der Umsatzsteuer

Anders als etwa im Rahmen der Lohnsteuer könnten für die Umsatzsteuer u. U. insofern andere Maßstäbe heranzuziehen sein, als der Jahreserklärung entsprechende monatliche oder vierteljährliche Voranmeldungen vorausgegangen sind. So könnte man geneigt sein, die Beendigung bereits mit der Abgabe der einzelnen Voranmeldung anzunehmen, wenn sich die Angaben in der nachfolgenden Jahreserklärung lediglich wiederholen[904]. Unter Anwendung der strengen Identitätstheorie liegt allerdings mit der Abgabe der Jahreserklärung ein eigenständiger Handlungsunwert vor. Ob dieser zu einer Verjährungsverlängerung oder aber zu einer eigenständig verjährbaren Tat führt, hängt davon ab, inwieweit der Jahreserklärung ein zusätzlicher Erfolgsunwert beizumessen ist. Da auf der Grundlage dieser Erklärung die Steuer für den Besteuerungszeitraum des jeweiligen Kalenderjahrs erstmalig festgesetzt wird (vgl. § 16 Abs. 1 S. 2 UStG), intensiviert sich die Gefährdung des Steueraufkommens. Daher ist auch für den Fall einer bloßen Wiederholung der Angaben von mehreren verjährbaren Taten auszugehen[905].

### c) Steuerhinterziehung außerhalb des Festsetzungsverfahrens

Nach allgemeiner Ansicht ist eine Steuerhinterziehung i. S. d. § 370 AO nicht nur im Festsetzungs- (§§ 155 ff. AO), sondern auch im Erhebungs- (§§ 218 ff. AO) und Vollstreckungsverfahren (§§ 249 ff. AO)[906] denkbar. Die nachfolgenden

---

903 Vgl. etwa BGH, wistra 1983, 70 zur Lohnsteuer und *Bilsdorfer*, NJW 2012, 1416 sowie *Sternberg-Lieben/Bosch*, in: S/S, § 78a, Rn. 6.

904 Vgl. *Rolletschke*, Steuerstrafrecht, Rn. 488.

905 Bei einer Umsatzsteuerjahreserklärung tritt die maßgebliche Tatbeendigung erst mit dem vollständigen Verstreichen der Einreichungsfrist ein, nicht bereits im Laufe des letzten Tages der Erklärungspflicht, vgl. BGH, NStZ-RR 2011, 278.

906 Dies war nach Implementierung der RAO zunächst offen, vgl. *Schmalz*, 15 f. Aufgrund der von der h. L. vorgenommenen Abgrenzung nach Verfahrensabschnitten zwischen

Verhaltensweisen können u. U. ebenfalls selbständig unter den Tatbestand des § 370 AO subsumiert werden, sodass damit auch Verjährungsrelevanz besteht. Unter dem Aspekt des Erfolgsunrechts ist regelmäßig von einer zusätzlichen Vertiefung auszugehen, da für den Hinterziehungserfolg im Festsetzungsverfahren bereits eine Gefährdung ausreicht, der Erfolg außerhalb desselben jedoch in einer tatsächlichen Vermögensschädigung besteht[907].

Hat der Täter durch unrichtige Angaben bereits im Festsetzungsverfahren den § 370 AO verwirklicht und erreicht durch einen weiteren wahrheitswidrigen Antrag etwa eine Stundung nach § 222 AO, liegt nicht nur eine Verjährungsverlängerung der Ausgangstat vor, sondern eine weitere verjährungsrechtliche Tat. Gleiches gilt, wenn der Hinterzieher infolge unrichtiger Angaben ein laufendes Zwangsvollstreckungsverfahren vorläufig oder endgültig vereitelt (§ 257 AO) oder einen Erlass der Steuerschuld herbeiführt (§ 227 AO)[908].

### 3. *Wiederholte Steuerhinterziehung als tatbestandsmäßiger Erfolg*

Entscheidende Relevanz kommt der nachtatbestandlichen Unrechtsphase im Bereich des Steuerstrafrechts über die Erfolgsbeschreibung des § 370 Abs. 4 S. 1 AO („namentlich") zu. Aufgrund der mannigfaltig ausgestalteten Mitwirkungspflichten und den verschiedenen Verfahrensschritten ist dieser Bereich besonders für eine mehrfache und zeitlich gestreckte Deliktsverwirklichung geeignet[909]. So kann der Delinquent im Rahmen eines Rechtsbehelfs oder einer Betriebsprüfung erneut unrichtige Angaben machen, er kann die weitere Aufklärung des Sachverhalts durch Dritte vereiteln oder er gibt entgegen § 153 AO keine Berichtigungserklärung bei vorangegangenem unrichtigem Bescheid ab. Nach überwiegender Ansicht ist es unter gewissen Umständen möglich, nach

---

einer Steuerverkürzung und einem nicht gerechtfertigten Steuervorteil, wird teilweise die Konsequenz gezogen, eine Steuerverkürzung ist erst in den Verfahrensabschnitten nach Festsetzung möglich, vgl. *Schmitz/Wulf*, in: MK, § 370 AO, Rn. 73.

907 Die Höhe des verwirklichten Erfolgs ist nicht wie im Festsetzungsverfahren nach dem Nennwert zu berechnen, sondern nach allgemeinen wirtschaftlichen Aspekten (z. B. der Zahlungsfähigkeit des Schuldners) zu bestimmen, vgl. BGH, wistra 1998, 184 sowie *Schmitz*, 118 f.

908 Im Rahmen der Zwangsvollstreckung reicht dabei jedes irreführende Verhalten, welches geeignet ist, die Einziehung der Steuer zu vereiteln, das Verfahren zu verzögern oder das Vollstreckungsergebnis zu schmälern; eine bestimmte Entscheidung der Finanzbehörden ist dabei nicht erforderlich, vgl. *Franzen/Gast/Joecks*, § 370, Rn. 229.

909 Aus der Rechtsnatur der Steuerhinterziehung als Gefährdungsdelikt folgt die Möglichkeit einer wiederholten Begehung, vgl. BGH, NStZ-RR 2009, 347.

einer objektiv verwirklichten Steuerhinterziehung, im Hinblick auf denselben Veranlagungszeitraum, von einer weiteren – nach Vollendung erfolgten – Steuerhinterziehung auszugehen[910]. Wie aus anderen Bereichen bekannt wird auch hier zwischen einer Tatbestands- und einer Konkurrenzlösung differenziert. Da nach erstgenannter Auffassung als Zweittat lediglich eine selbständig verjährbare Begünstigung nach § 369 Abs. 1 Nr. 4 AO, § 257 StGB vorliegen kann, stellt sich die Frage einer zeitlich gestreckten Unrechtsphase. Anders hingegen im Rahmen der Konkurrenzvariante: Ist auch hier im Grundsatz von einer selbständig verjährbaren Zweittat (von einer weiteren Steuerhinterziehung) auszugehen, ist der Ersttat in diesem Zusammenhang eine mittelbar verjährungsverlängernde Bedeutung beizumessen[911]. Mittels dieser Konstruktion sind Konstellationen denkbar, in denen die Strafverfolgungsverjährung praktisch unterlaufen wird[912].

Auf der Basis des zweigliedrigen verjährungsrechtlichen Beendigungsbegriffs ist trotz der steuerstrafrechtlichen Besonderheiten von der Fortgeltung der bisher aufgestellten Überlegungen auszugehen. Kann in dem nachfolgenden Geschehen erneut eine zusätzliche Steuerverkürzung bzw. ein nicht gerechtfertigter Steuervorteil und gleichzeitig eine Tatvariante des § 370 Abs. 1 AO ausgemacht werden, läuft für dieses Ereignis eine eigenständige Verjährungsfrist. Sollte die Ersttat verjährt sein, kann diese den allgemeinen Grundsätzen entsprechend in der Strafzumessung der Zweittat berücksichtigt werden. Wird das Erfolgsunrecht durch weiteres Verhalten lediglich verfestigt bzw. wiederholt, ohne die Schwelle der Eigenständigkeit zu erreichen, verlängert sich die Verjährungsfrist der Ersttat. Vornehmlich in diesem Kontext wird die bereits angesprochene Loslösung der Frage nach der Verjährung von derjenigen einer nach allgemeinen Konkurrenzlehre deutlich[913]. Über das Konstrukt einer nachtatbestandlichen Unterbrechungszäsur wird darüber hinaus gewährleistet, dass die Gefahr einer Aushöhlung der Verjährungsvorschriften vermieden wird. Im Folgenden ist daher jeweils getrennt zu untersuchen, welche steuerrechtlichen Umstände für die nachtatbestandliche Unrechtsphase – das Verhältnis zwischen Handlungs- und Erfolgsunrecht – von Bedeutung sind[914].

---

910 Etwa BGH, NJW 1993, 2692 und BGH, wistra 2009, 117. Mit ausführlichen Beispielen aus der Rechtsprechung, *Witte*, 23 ff. und 33. Mit diesem Ergebnis auch *Dallmeyer*, ZStW 124 (2012), 720 f.

911 Vgl. *Witte*, 94 f.

912 Vgl. etwa *Kiel*, 157 ff. und *Schmidt*, JR 1966, 128 f.

913 Dazu die Anmerkungen unter §2 VII. 7, S. 142.

914 Die Relevanz des Unrechtsgehalts erkennen auch die Anhänger der Tatbestandslösung an, vgl. *Schneider*, wistra 2001, 414. Allerdings verkennen diese Stimmen die erneute

Ist der Steuerbescheid bereits bekannt gegeben, steigt das Finanzamt aber aufgrund eines Rechtsbehelfs des Steuerpflichtigen erneut in die Prüfung ein und wiederholt der Täter hierbei seine Angaben, wird die bereits eingetretene Gefährdung des Steueraufkommens nicht zusätzlich intensiviert. Die Geschehnisse sind ungeachtet dessen unter den Tatbestand des § 370 AO subsumierbar[915]. Demnach verlängert sich in dieser Konstellation die Verjährungsfrist der Ersttat, soweit nicht die Unterbrechungszäsur zu einem endgültigen Verjährungseintritt geführt hat[916]. Gleiches hat für jene Angaben zu gelten, die im Rahmen einer Außenprüfung (§§ 193 ff. AO) getätigt werden. Auch hier ist im Einzelfall zu untersuchen, inwieweit die Angaben einen selbständig quantifizierbaren Taterfolg herbeiführen oder lediglich dazu dienen die bereits unrichtige Erklärung zu bekräftigen[917].

Streitig ist in der Literatur, ob in den Fällen einer Steuererstattung bzw. -verrechnung wie üblicherweise auf den Bekanntgabezeitpunkt als Verjährungsbeginn abzustellen ist oder die Verjährung erst in dem Augenblick der Auszahlung bzw. Verrechnung des Erstattungsbetrags zu laufen beginnt. Soweit dies in der Praxis überhaupt relevant wird, ist aufgrund der Nähe zu den Vermögensdelikten auf die materielle Beendigung und den tatsächlichen Vermögenswechsel abzustellen[918]. Unter erfolgsorientierter Betrachtung kann in dem Vermögensabfluss, im Gegensatz zu der vorangegangenen Vermögensgefährdung, ein zusätzlicher Unwert gesehen werden. Greift man den Gedanken der Ingerenz auf, liegt in der Entgegennahme des Geldes und der Nichtaufklärung ein „Mehr" als bloße Wiedergutmachung des herbeigeführten Schadens. Den Anforderungen der strengen Identitätstheorie ist Genüge getan und eine eigenständige verjährbare Tat liegt vor.

Schließlich herrscht Unklarheit über die Reichweite der Berichtigungspflicht nach § 153 AO. Wer die Unrichtigkeit seiner vorausgegangenen Erklärung erst im Nachgang erkennt, es jedoch dann vorsätzlich unterlässt, seine Angaben zu

---

Beeinträchtigung des Rechtsfriedens durch weiteres Verhalten des Täters, womit dieser seine rechtsfeindliche Gesinnung erneut zum Ausdruck bringt.

915 So i. E. auch *Dallmeyer*, ZStW 124 (2012), 721 und *Rolletschke*, in: Graf/Jäger/Wittig, § 376 AO, Rn. 27.

916 Anders, wenn der Steuerpflichtige weitere unrichtige Angaben anführt und die Finanzbehörde diesen folgt. Dann liegt erneut eine selbständig verjährbare Tat vor.

917 Dazu auch *Rolletschke*, in: Graf/Jäger/Wittig, § 376 AO, Rn. 23, allerdings ohne die hier getroffene Unterscheidung.

918 So etwa *Dallmeyer*, ZStW 124 (2012), 721 und *Franzen/Gast/Joecks*, § 376 AO, Rn. 18; a. A. *Wulf*, in: MK, § 376 AO, Rn. 18.

korrigieren, macht sich der Steuerhinterziehung nach § 370 Abs. 1 Nr. 2 AO strafbar[919]. Vollendet ist die Tat im Zeitpunkt, in dem der Täter den Fehler erkennt und die Angaben nicht unverzüglich berichtigt. Würde man in den Fällen, in denen der Täter die Unrichtigkeit bereits wenigstens billigend in Kauf genommen hat von einer weiteren Berichtigungspflicht des Hinterziehers ausgehen, würde die Pflicht erst mit dem Ablauf der Festsetzungsfrist entfallen. Das hätte im Ergebnis das Unterlaufen der Verjährung zur Folge[920]. Uneinigkeit besteht darüber, inwiefern die Berichtigungspflicht nach § 153 AO eine zeitlich gestreckte Deliktsverwirklichung herbeiführen kann. Die Argumente ähneln dabei denjenigen, die häufiger in der Diskussion um eine nachtatbestandliche Unrechtsphase angeführt werden. So dürfe die Steuerhinterziehung nicht zu einem Dauerdelikt werden und dem Täter nicht der Zwang zur Selbstbelastung auferlegt werden[921].

Aus unrechtsbezogener Sicht stellt sich die Situation wie folgt dar: Das Erfolgsunrecht vertieft sich selbständig, da § 370 AO ein Delikt mit sich im Zeitablauf steigerndem Erfolgsunwert darstellt. Konsequenterweise müsste daher für einen Verjährungsaufschub ein jeweils zusätzlicher Handlungsunwert festgestellt werden können. Hat der Täter die ursprünglichen Angaben wissentlich unrichtig abgegeben, liegt eine Steuerhinterziehung nach Abs. 1 Nr. 1 vor. Ein nachträgliches Erkennen ist dabei vom Wortlaut des § 153 AO nicht mehr erfasst[922]. Anders hingegen, wenn der Hinterzieher die Unrichtigkeit der Angaben nur billigend in Kauf genommen hat[923]. Dann liegt zwar auch in dem Einreichen der ersten Unterlagen eine Steuerhinterziehung nach Abs. 1 Nr. 1 vor, mithin kann aufgrund des neuen Tatentschlusses ein zusätzlicher Handlungsunwert ausgemacht werden. Dieser ist nun allerdings unter Abs. 1 Nr. 2 zu subsumieren, womit zwei eigenständig verjährbare Taten vorliegen, deren Beendigung sich nach den allgemeinen Ausgangsüberlegungen richten. Selbst wenn man argumentiert, die Berichtigungspflicht aus § 153 AO besteht auch nach Vollendung weiter, kann ihr im Grundsatz keine weitere strafrechtliche Qualität beigemessen werden[924].

---

919 Vgl. *Cöster*, in: Pahlke/Koenig, § 153 AO, Rn. 43.

920 Vgl. *Franzen/Gast/Joecks*, § 370 AO, Rn. 182 m. w. N.

921 Zu erstem bereits *von Witten*, NJW 1963, 567 ff.

922 So auch BGH, NJW 2009, 1985 f. m. w. N.

923 Zum Streitstand auch *Samson*, wistra 1990, 245 ff. und *Schmitz/Wulf*, in: MK, § 370 AO, Rn. 140.

924 Aufleben könnte die Pflicht etwa, wenn der Täter im Hinblick auf weitere neue Angaben positive Kenntnis erlangt, hinsichtlich derer er ursprünglich nur mit Eventualvorsatz handelte.

Anders als etwa im Rahmen des § 264 Abs. 1 Nr. 3 StGB, bei welchem die Auslegung des Tatbestandes die Qualifikation als Dauerdelikt im weiteren Sinne ergeben hat, kann dies für § 370 Abs. 1 Nr. 2 AO nicht gelten. Der Vergleich mit Abs. 1 Nr. 1 verdeutlicht, dass trotz fortbestehender Erklärungspflicht kein weiteres strafwürdiges Unrecht – sei es im Fall der Nr. 1 durch aktives Tun bzw. der Nr. 2 durch pflichtwidriges Unterlassen – mehr verwirklicht wird[925].

### 4. *Verjährung bei mehrstufig ausgestalteten Besteuerungsverfahren*

Ein Unterfall im Sinne der wiederholten Steuerhinterziehung ist auch bei mehrstufig ausgestalteten Besteuerungsverfahren denkbar[926]. Im Regelfall werden die tatsächlichen und rechtlichen Verhältnisse als Grundlagen für die Besteuerung in einem unselbständigen Teil des Steuerbescheids festgehalten, vgl. § 157 Abs. 2 AO. Eine Ausnahme von dieser Grundregel ist in § 179 Abs. 1 AO normiert, wonach in gewissen Konstellationen die Besteuerungsgrundlagen durch den Feststellungsbescheid gesondert ausgewiesen werden. Damit erfolgt die Ausweisung der Besteuerungsgrundlagen einerseits und die nachfolgende Steuerfestsetzung andererseits in einem eigenen gestuften Besteuerungsverfahren[927]. Neben dem Beispiel der Feststellung von Besteuerungsgrundlagen für Einkünfte, die steuerlich mehreren Personen zuzurechnen sind[928], tritt dieses Phänomen auch im Verhältnis des Gewerbesteuermessbescheids (ausgewiesen durch das Finanzamt) zum nachfolgenden Gewerbesteuerbescheid (ausgewiesen durch die Gemeinde)[929] und im Verhältnis des Verlustfeststellungsbescheids zum nachfolgenden Einkommensteuer- bzw. Gewerbesteuerbescheid auf[930]. Damit diese Verfahrensvereinfachung nicht gegenstandslos wird, beansprucht der Feststellungsbescheid eine Bindungswirkung für den Folgebescheid insofern, als der Feststellungsbescheid „ohne erneute Prüfung und unverändert der Besteuerung zugrunde gelegt“ wird[931].

---

925 Vgl. *Kiel*, 165 ff. und *Witte* 130 m. w. N.

926 Dazu das Beispiel unter §2 VI. 7, S. 85.

927 Das ist regelmäßig der Fall, soweit ein Sachverhalt mehrere Personen, unterschiedliche Besteuerungszeiträume oder verschiedene Steuerarten betrifft, vgl. *Brünig*, in: FS Samson, 538.

928 § 180 Abs. 1 Nr. 2a AO.

929 §§ 14 S. 1, 16 Abs. 1 GewStG.

930 §§ 10d EStG, 10a GewStG.

931 So *Ratschow*, in: Klein, § 182 AO, Rn. 3. I. E. auch *Koenig*, in: Pahlke/Koenig, § 182 AO, Rn. 5.

Bevor auf diese Bindungswirkung näher eingegangen wird, ist für die Frage nach der Verjährungsphase zunächst auf die Deliktsnatur und die beiden Erfolgsvarianten des § 370 AO einzugehen[932]. Die Steuerhinterziehung stellt sich nicht als Verletzungsdelikt dar und so ist für den Verjährungsbeginn der zwei Erfolgsalternativen auf § 78a S. 2 StGB abzustellen. Da eine Steuerverkürzung nach § 370 Abs. 4 S. 1 AO nur bei einer Steuerfestsetzung in Betracht kommt, der Feststellungs- im Gegensatz zum Festsetzungsbescheid aber gerade keine Steuerfestsetzung beinhaltet, kann als Erfolg bei mehrstufigen Besteuerungsverfahren lediglich die Alternative des ungerechtfertigten Steuervorteils die Vollendung herbeiführen[933]. Bis dato ungeklärt ist, welche Rolle unrichtige Angaben im Feststellungsbescheid für die Deliktsverwirklichung des § 370 AO spielen. Das Meinungsspektrum reicht von einer bloßen straflosen Vorbereitungshandlung über einen Versuch bis hin zu einer vollendeten bzw. beendeten Steuerhinterziehung[934]. Mangels Verletzungserfolg ist entscheidend, ob bereits der Feststellungsbescheid den Anforderungen an die Vollendung eines Gefährdungserfolgs gerecht wird. Dies wird zum Teil mit der bereits oben angedeuteten Bindungswirkung des Erst- für den Zweitbescheid bejaht[935]. Die Rechtsprechung hat zu dieser Problematik noch nicht endgültig Stellung bezogen. Es bedarf daher vertiefter Ausführungen zum Gefährdungsgrad[936].

Auch wenn bei § 370 AO die Gefährdung, anders als etwa bei §§ 263 oder 266 StGB gesetzlich verankert ist, entbindet dieser Umstand nicht von einer Quantifizierung des eingetretenen Schadens. Auch für den Betrug und die Untreue ist in Zweifelsfällen der Mindestschaden wenigstens durch eine Schätzung zu bestimmen[937]. Da mithilfe des Feststellungsbescheids die Höhe der Gefährdung dem Grunde nach nicht erkennbar wird und unklar ist, ob ein Steueranspruch überhaupt entstehen wird, wird die Schwelle zur Mindestgefährdung nicht erreicht[938]. Schließlich sprechen auch verhaltensorientierte Gesichtspunkte gegen eine ausreichend konkrete Gefährdung. Der Hinterzieher muss zusätzlich zu seiner Ausführungshandlung den unrichtigen Feststellungsbescheid

932 Dazu die Anmerkungen unter §3 VII. 2, S. 203.

933 Vgl. *Sorgenfrei*, wistra 2006, 372.

934 Mit Nachweisen zu jeder einzelnen Überlegung *Brünig*, in: FS Samson, 542.

935 Vgl. etwa *Dallmeyer*, ZStW 124 (2012), 723 und *Otto*, in: FS Lackner, 734 f.

936 Vgl. *Wulf*, Stbg 2011, 421.

937 Dazu auch §2 VII. 2. b) ff), S. 113. Sowie *Dierlamm*, in: MK, § 266, Rn. 13.

938 Dies gilt gleichermaßen für die Verfahren beim Verlustabzug oder der Feststellung nach § 180 AO, vgl. *Brüning*, in: FS Samson, 546 f. und *Schillhorn*, 115 m. w. N. in Fn. 73.

mit der späteren Steuererklärung noch gebrauchen, um den Vorfeldcharakter des konkreten Gefährdungsstadiums zu überwinden[939]. Demzufolge sprechen neben erfolgs- auch handlungsgeprägte Faktoren gegen das Vorliegen eines nicht gerechtfertigten Steuervorteils. Damit ist der Taterfolg im Rahmen der Tatvariante der Steuerverkürzung in der Bekanntgabe des ersten Folgebescheids (bspw. der Einkommensteuerbescheid an einen Kommanditisten) zu sehen.

Für die nachtatbestandliche Unrechtsphase bleibt damit lediglich noch zu klären, ob die Verjährung insgesamt erst mit Bekanntgabe des letzten unrichtigen Folgebescheids zu laufen beginnt[940] oder jeder Folgebescheid für sich genommen eine eigenständige Verjährungsfrist auslöst[941]. Entscheidend sind dabei zwei bereits angesprochene Gedanken: Zum einen ist der Tatbegriff des § 78a StGB losgelöst von etwaigen konkurrenzrechtlichen Aspekten zu diskutieren[942], zum anderen besteht die Möglichkeit einer sukzessiven Verjährung von Serienstraftaten[943]. Da jedem Folgebescheid ein eigenständiger Unrechtsgehalt beizumessen ist, der den Rechtsfrieden beeinträchtigt und mit jedem Bescheid weitere Aufklärungsschwierigkeiten einhergehen, wird der Ausgangsidee des Verjährungsinstituts mit einem jeweils unabhängigen Verjährungslauf am ehesten Genüge getan[944]. Die Folgebescheide sind als selbständige Erfolge nach § 78a S. 2 StGB zu qualifizieren.

### 5. *Verjährung von Teilnahmehandlungen*

Wer für den Verjährungsbeginn des Teilnehmverhaltens allgemein auf die Beendigung der Haupttat abstellt, vernachlässigt die verjährungsrechtlichen Eigenheiten der Teilnehmerkonstellationen[945]. Als Ausgangspunkt für die nachtatbestandliche Teilnahmeverjährung tritt der Verjährungsbeginn mit der Vollendung der Haupttat ein[946]. In Erklärungsnot geraten die Anhänger der

939 Ähnlich *Beckemper*, NStZ 2002, 523, die noch weitergeht und auch den Versuch einer Steuerhinterziehung durch Erschleichen eines unrichtigen Feststellungsbescheids als nicht gegeben ansieht.

940 So insbesondere die Rechtsprechung etwa BGH, wistra 1984, 141; BGH, wistra 2009, 117.

941 In diesem Sinn bspw. *Burkhard*, DStZ 2004, 444 und *Sorgenfrei*, wistra 2006, 376.

942 So das Ergebnis unter §2 VII. 7. d), S. 146.

943 Zu dieser Möglichkeit die Erläuterungen unter §2 VII. 7. e), S. 147.

944 Mit gleicher Schlussfolgerung über den Gedanken einer sog. „Teilaktsbetrachtung", vgl. *Brünig*, in: FS Samson, 555 f., dieser stellt dabei jedoch auf § 78a S. 1 StGB ab.

945 Dazu die Ausführungen unter Punkt §2 VII. 5. c), S. 131.

946 So auch *von Briel*, anwaltsmagazin 2006, 119 und *Nazarian*, 128.

materiellen Beendigungslehre, soweit der Teilnehmer einmalig zu einer Serie von Haupttaten anstiftet bzw. Hilfe leistet[947]. Dies tritt u. a. dann auf, wenn der Bankangestellte zu einem Transfer ins Ausland rät und infolgedessen Steuern unrichtig festgesetzt werden. Eine Orientierung am Vorsatz ist für die Bestimmung des Verjährungsbeginns nicht zielführend, weil diese subjektive Komponente den Rechtsfrieden nicht entscheidend beeinträchtigen kann[948]. Abgeschwächt wird dieses Problem, wenn für jeden Veranlagungszeitraum eine neue selbständige Frist auch für den Teilnehmer zu laufen beginnt[949]. Soweit im Einzelfall dem Teilnehmer für den jeweiligen Veranlagungszeitraum ein zusätzlicher Handlungs- oder Unterlassungsunwert vorgeworfen werden kann, ist dieser Überlegung beizupflichten[950].

Unklar ist das Verhältnis zwischen der Teilnehmerleistung und dem Eintritt des Vollendungserfolgs der Haupttat[951]. Eine ähnliche Frage wurde bei Delikten mit zeitlich verzögertem Erfolgseintritt diskutiert[952]. Ist der erheblich verspätete Erfolgseintritt grundsätzlich unter § 78a S. 2 StGB zu fassen, so ist der Zurechnungsfrage nachzugehen, inwieweit derselbige noch als „zum Tatbestand gehörend" zu qualifizieren ist[953].

### 6. *Zwischenergebnis*

Entgegen vereinzelter Stimmen ist im Bereich des Steuerstrafrechts ebenfalls eine verjährungsrechtliche Nachzone denkbar. Der konkrete Verjährungsbeginn

---

947 Diese Frage ist höchstrichterlich noch nicht geklärt, vgl. *Jäger*, in: Klein, § 376 AO, Rn. 55.

948 Mit jener Überlegung *Voßmeyer*, DStR 1998, 842.

949 I. E. gleichfalls *Pelz*, wistra 2001, 11.

950 Zwar wird man auch hier durch die ursprüngliche Teilnahmehandlung eine Garantenstellung aus Ingerenz begründen können, da jedoch eine Anstiftung durch Unterlassen überwiegend für unzulässig gehalten wird, ist ein Verjährungsaufschub in der Anstiftungsalternative regelmäßig ausgeschlossen. Zu der Diskussion um die Anstiftung durch Unterlassen, vgl. etwa *Heine/Weißer*, in: S/S, § 26, Rn. 4. Welche Anforderungen an eine Beihilfehandlung zu stellen sind, ist im Kern ebenfalls heftig umstritten, vgl. *Joecks*, in: MK, § 27, Rn. 103 f. Ob der Beitrag des Beihilfeteilnehmers daher für die Folgetaten erneut kausal wird, darf bezweifelt werden.

951 So etwa im Fall des LG Freiburg, wistra 2000, 356, in dem der Bankangestellte dem Kunden empfiehlt eine Inhaberschuldverschreibung zu zeichnen und diese erst Jahre später im Ausland einzulösen, um Zinsabschlagsteuer zu sparen.

952 Dazu die Überlegungen zu Fallgestaltungen mit Eintritt eines zeitlich verzögerten Erfolgs unter §2 VII. 2. b) gg), S. 115.

953 Mit der Einordnung als Vorsatzproblem hingegen *Wulf*, in: MK, § 376 AO, Rn. 42.

hängt dabei von unterschiedlichen Faktoren ab: der Steuerart, dem Gefährdungserfolg, der Verwirklichung durch Tun oder Unterlassen und dem Verfahrensabschnitt. Für die Frage nach der Möglichkeit einer erneuten infolge einer nach einer bereits vollendeten Steuerhinterziehung ist weniger auf eine Konkurrenz- bzw. Tatbestandslösung als vielmehr auf den verjährungsrechtlichen Beendigungsbegriff samt der strengen Identitätstheorie zurückzugreifen. Dabei sind insbesondere Sachverhalte mit nachfolgenden Rechtsbehelfen bzw. Außenprüfungen einer gesonderten verjährungsrechtlichen Prüfung zu unterziehen. Gleiches gilt etwa für § 153 AO und mehrstufig ausgestalteter Besteuerungsverfahren. Anders als im Rahmen des § 264 Abs. 1 Nr. 3 StGB ergibt die Auslegung des Tatbestands des § 370 Abs. 1 Nr. 2 AO, dass die Norm kein Dauerdelikt im weiteren Sinne darstellt.

## VIII. Vorenthalten und Veruntreuen von Arbeitsentgelt

Als Schnittstelle zwischen dem Arbeitsschutzstrafrecht und dem Schutz des Sozialversicherungssystems ist der Tatbestand des § 266a StGB, das Vorenthalten und Veruntreuen von Arbeitsentgelt, angelegt[954]. Als Folge dieser Orientierung am Sozialversicherungsrecht besteht eine gewisse Akzessorietät zu entsprechenden sozialversicherungsrechtlichen Vorschriften, insbesondere was den Umfang, die Fälligkeit und die Verjährung betrifft. Das Bedürfnis einer strafrechtlichen Sanktionierung resultiert vorwiegend aus der Ausgestaltung des Abgabeverfahrens. So werden die Beiträge prinzipiell paritätisch zwischen Arbeitnehmer und Arbeitgeber aufgeteilt[955]. Da jedoch der Arbeitgeber nach §§ 28 a-g SGB IV gegenüber der Kasse als Zahlstelle für den Arbeitnehmer fungiert und für einen gewissen Zeitraum frei über die liquiden Mittel verfügen kann, besteht die Gefahr einer untreueähnlichen Gefährdungslage[956].

### *1. Delikts- und Verjährungsstruktur*

Während § 266a Abs. 1 StGB das Vorenthalten von Arbeitnehmerbeiträgen unter Strafe stellt, sanktioniert Abs. 2 das Vorenthalten von Arbeitgeberbeiträgen. Schließlich regelt Abs. 3 die Einbehaltung sonstiger Lohnbestandteile, nicht

---

954 Neben diese zentrale Regelung des Arbeitsstrafrechts treten dabei zusätzlich noch die Vorschriften des AÜG sowie des SchwarzArbG.

955 Für die Krankenversicherung § 249 Abs. 1 SGB V; für die Arbeitslosenversicherung § 346 Abs. 1 SGB III und für die Rentenversicherung § 168 Abs. 1 Nr. 1 SGB VI.

956 Vgl. *Bente*, in: Achenbach/Ransiek, 1450.

hingegen die einbehaltene Lohnsteuer. Der Unrechtsgehalt des § 266a StGB unterscheidet sich entsprechend der drei Absätze und enthält dabei neben den untreuetypischen (Abs. 1 und 3) auch betrugsähnliche (Abs. 2) Elemente[957]. Die Konkretisierung des Rechtsguts des § 266a StGB betreffend, ist zwischen Abs. 1 und 2, sowie der abweichenden Schutzrichtung des Abs. 3 zu differenzieren. Das Interesse der Solidargemeinschaft an der Gewährleistung des Sozialversicherungsaufkommens haben die Absätze 1 und 2 im Fokus[958]. Hingegen schützt Abs. 3 ausschließlich das Vermögen der betroffenen Arbeitnehmer[959].

Unklarheit besteht über die genaue Einordnung der für den Verjährungsbeginn relevanten Deliktsnatur des § 266a StGB. Diese resultiert aus dem mittlerweile eingefügten Abs. 2, der, indem er das aktive Erklären unrichtiger Angaben pönalisiert, einen erhöhten Handlungsunwert enthält. Daran anknüpfend soll die Variante des Abs. 2 Nr. 1 ein Erfolgsdelikt darstellen, wonach auch die dafür geltenden Verjährungsgrundsätze heranzuziehen sind[960]. Führt man diesen Gedanken fort, wäre für den Verjährungsbeginn auf den Zeitpunkt der Nichtzahlung der Beiträge zur jeweiligen Fälligkeit abzustellen. Womöglich kann der Lauf der Verjährungsfrist auch unabhängig von der konkreten Deliktsstruktur bestimmt werden.

## 2. *Anlehnung an § 370 AO*

Eine Beitragsvorenthaltung liegt nach h. M. erst dann nicht mehr vor, wenn die Pflicht zum Handeln, konkret für § 266a StGB die Beitragspflicht, entfallen ist[961]. Aufgrund der angesprochenen Akzessorietät zum Sozialversicherungsrecht sind Sachverhalte denkbar, in denen die Verjährung erst 30 Jahre nach Ablauf des Kalenderjahrs beginnt, in dem die Ansprüche fällig geworden sind[962]. In Anlehnung an § 370 AO verkennt diese Überlegung, dass die zugrundeliegende

957 Dazu auch *Perron*, in: S/S, § 266a, Rn. 1 f.

958 In diesem Sinne bspw. BVerfG, NJW 2003, 961; BGH, NJW 2000, 2994 und *Radtke*, in: MK; § 266a, Rn. 3 f. mit entsprechenden Nachweisen für die Gegenansicht, die einen dualistischen Schutzzweck favorisiert.

959 So etwa OLG Celle, NJW 1992, 190 und *Perron*, in: S/S, § 266a, Rn. 2.

960 Vgl. BGH, NStZ 2012, 95 und kritisch dazu *Metz*, NStZ-RR 2013, 297 f.

961 So der BGH mit Beschluss vom 07.03.2012, vgl. BGH, NStZ 2012, 510 m. w. N.

962 Nach § 25 Abs. 1 S. 2 SGB IV verjähren Ansprüche auf vorsätzlich vorenthaltene Beiträge in dreißig Jahren nach Ablauf des Kalenderjahres, in dem sie fällig geworden sind. Dazu auch die Nachweise bei Fn. 341, S. 88.

Sekundärpflicht nicht stets auch auf die strafrechtliche Pflicht durchschlägt[963]. Ähnlich wie bei der Steuerhinterziehung bestimmt das Merkmal des „Vorenthaltens“ den Fälligkeitscharakter des § 266a StGB. Warum nun die steuerliche Erklärungspflicht zu anderen Ergebnissen wie die sozialversicherungsrechtliche führen soll, wurde bisher nicht überzeugend dargelegt. Während in beiden Fällen das Erfolgsunrecht aufgrund des eintretenden Verspätungsschadens vertieft wird, kann eine Intensivierung des Schadens für ein nachfolgendes Handlungsunrecht i. d. R. nicht ausgemacht werden[964]. Demnach ist hier zwischen der strafrechtlichen Unterlassungspflicht und der sozialrechtlichen Entrichtungspflicht zu unterscheiden. Die für die Verjährung relevante strafrechtliche Pflicht findet ihren Ursprung und ihr prinzipielles Ende in dem gesetzlich normierten Fälligkeitszeitpunkt, unabhängig von der eingangs aufgeworfenen Frage nach der Einordnung des Abs. 2 Nr. 1. Daher fallen Voll- und Beendigung grundsätzlich zusammen, mithin verbleibt kein Raum für eine entsprechende Nachzone.

## IX. Ordnungswidrigkeitenrecht

In Anlehnung an § 78a StGB wird der Beginn der Strafverfolgungsverjährung für den Bereich des Ordnungswidrigkeitenrechts nach § 31 Abs. 3 OWiG wie folgt festgelegt:

> § 31 Abs. 3 OWiG: *„Die Verjährung beginnt, sobald die Handlung beendet ist. Tritt ein zum Tatbestand gehörender Erfolg erst später ein, so beginnt die Verjährung mit diesem Zeitpunkt.“*

Die Regelung ist zwar nicht wortgleich zur Vorschrift des § 78a StGB, aber derart ähnlich, dass Rechtsprechung und Schrifttum zu § 78a StGB auch im Rahmen des § 31 OWiG zu berücksichtigen sind[965]. Für den Verjährungsbeginn ist zunächst entscheidend, wie der Gesetzgeber das Delikt ausgestaltet hat[966]. Anders als im Strafrecht stellt der Gesetzgeber im Ordnungswidrigkeitenrecht in S. 1 nicht auf den Begriff der „Tat“, sondern richtigerweise auf die Beendigung der „Handlung“ ab. Damit werden die Auslegungsschwierigkeiten zwischen den

---

963 Für die Orientierung des § 266a StGB an § 370 AO, vgl. BT-Drs. 15/2573, 28. Zu dem Auseinanderfallen einer strafrechtlichen mit einer sekundärrechtlichen Handlungspflicht *Struensee*, 67 ff.

964 Ein zusätzlicher Handlungsunwert kann aber etwa dann vorliegen, wenn ein erneuter Meldegrund nach § 28a SGB IV vorliegt.

965 Vgl. *Graf*, in: K/K, § 31 OWiG, Rn. 3 und *Schmid*, in: LK, Vorbem. §§ 78 ff., Rn. 3.

966 Die Überlegungen zu den strafrechtlichen Deliktsgruppen unter Punkt §2 VII. 3, S. 118 gelten daher sinngemäß.

beiden Sätzen vermieden. Allerdings stellt die h. M. auch im Rahmen des Ordnungswidrigkeitenrechts auf die materielle Beendigung ab[967].

Nach Aufgabe der fortgesetzten Handlung ist die nachtatbestandliche Unrechtsphase im Ordnungswidrigkeitenrecht ebenfalls in selbständige Einzeltaten zu fassen[968]. Vor dem Hintergrund von monatlichen Auszahlungen von Kindergeld (§ 66 Abs. 2 EStG), ist in jeder Gutschrift eine neue verjährungsrechtliche Ordnungswidrigkeit (§§ 378, 377 Abs. 2 AO; § 31 OWiG) zu sehen. Dies wird auch von Teilen der Rechtsprechung mittlerweile so entschieden[969]. So besteht wie bei § 266a StGB auch bei der Hinterziehung von Kindergeld die Erklärungspflicht weiter fort[970]. Anders als beim Vorenthalten von Arbeitsentgelt manifestiert sich die Täuschung aufgrund der besonderen Mitwirkungspflicht des § 68 Abs. 1 EStG allerdings monatlich von neuem, sodass ein zusätzlicher Handlungsunwert vorliegt und der Weg für eine nachtatbestandliche Unrechtsphase geebnet ist.

## X. Zwischenergebnis

Insbesondere die letzten beiden Delikte haben verdeutlicht, dass ein Unterlassungsdauerdelikt nicht alleine durch das Verstreichen einer Frist, der eine Gebotserfüllung zugrunde liegt, konstruiert werden kann. Vielmehr muss sich wie bei §§ 264 Abs. 1 Nr. 3 StGB i. V. m. § 3 Abs. 1 SubvG unmittelbar aus der Norm die Kontinuität der Pflichtverletzung ergeben. Dies kann bei der leichtfertigen Kindergeldhinterziehung über die monatliche Erklärungspflicht nach §§ 66 Abs. 2, 68 EStG begründet werden. An einer sich derartig kontinuierlich wiederholenden Pflichtverletzung fehlt es demgegenüber im Rahmen des § 266a StGB, bei dem im Bereich des § 28a SGB IV häufig lediglich gegen die Meldepflicht verstoßen wird.

---

967 Vgl. *Graf*, in: K/K, § 31 OWiG, Rn. 23 mit Verweis auf BGHSt 28, 379 und OLG Koblenz, MDR 1993, 70.

968 Vgl. *Göhler*, wistra 1995, 300. Diese wäre allerdings auf den nachfolgenden Fall ohnehin nicht anwendbar, da jene eine vorsätzliche Begehung voraussetzt.

969 In Einklang mit der hiesigen Auslegung der Verjährungsvorschriften FG München, EFG 2013, 135 f. (BeckRS 2013, 94061). Anders allerdings auch FG München, NZWiSt 2013, 358.

970 Die Ausgestaltung der Festsetzung als Dauerverwaltungsakt hat nicht zur Folge, dass sich die Erklärungspflichten des Antragstellers auf den Zeitpunkt der ursprünglichen Antragstellung beschränken. Der Fall ist rechtlich nicht anders zu würdigen, als wenn jeden Monat ein neuer Antrag gestellt worden wäre, vgl. FG Düsseldorf, EFG 2009, 1519.

# §4 Schlussbemerkung

## I. Zusammenfassung in Thesenform

Die wesentlichen Resultate der Untersuchung lassen sich wie folgt zusammenfassen:

§ 1. I. Das Institut der Verjährung ist ein Instrument, das sich häufig im Fokus der rechtswissenschaftlichen Diskussion wiederfindet. Um die nachtatbestandliche Unrechtszone zu untersuchen, eignen sich die Wirtschaftsstrafdelikte im Besonderen, da diese häufig durch einen zeitlich gestreckten Deliktsverlauf gekennzeichnet sind. (§ 1. I., S. 25 ff.).

§ 2. I.-II. Unberücksichtigt bleibt im Rahmen der Abhandlung der Bereich der Strafvollstreckungsverjährung. Gleiches gilt für internationale Verjährungsvorschriften und die Verjährung von DDR-Alttaten. Da sich einige Wirtschaftsstrafdelikte auch im Bereich des Ordnungswidrigkeitenrechts wiederfinden und die Regelung des § 31 Abs. 3 OWiG stark der Fassung des § 78a StGB ähnelt, ist ein Exkurs zu dieser Vorschrift vorzunehmen. (§ 2. I.-II., S. 29 ff.).

§ 2. III. Vor dem Hintergrund der Sanktionsfunktion des Rechts dient die Strafverfolgungsverjährung der Wiederherstellung des friedvollen Zusammenlebens der Gemeinschaft. Im Wesentlichen lassen sich die Argumentationsansätze für die Rechtfertigung der Verjährung auf den Gedanken zurückführen, dass die am Strafverfahren beteiligten Akteure das verwirklichte Unrecht ungesühnt lassen wollen. Daneben sind spezial- und generalpräventive Überlegungen und im Besonderen der Gedanke der Rechtssicherheit zu berücksichtigen. Die Auslegung der nachtatbestandlichen Unrechtszone hat sich überwiegend am Postulat des Rechtsfriedens und der Rechtssicherheit zu orientieren. (§ 2. III., S. 31 ff.).

§ 2. IV. Trotz der gesetzgeberischen Initiative des § 67 Abs. 4 StGB a. F., wonach der Eintritt des tatbestandsmäßigen Erfolgs für den Verjährungsbeginn ausdrücklich keine Berücksichtigung finden soll, hat das Reichsgericht diesen dennoch mit einbezogen. Nachdem für die verjährungsrechtliche Nachzone nicht mehr nur tatbestandsmäßige Geschehnisse in die Konkretisierung mit eingeflossen sind, mehrten sich die Stimmen nach einer Reform des Verjährungsrechts.

Wenngleich die Neufassung die bestehenden Unsicherheiten nicht vollumfassend beseitigen konnte, wurde wenigstens die Bedeutung des Erfolgs normativ verankert. Entgegen dem überwiegenden Verständnis ist die Beendigungslehre gerade nicht gesetzlich festgeschrieben worden. So ist die Beendigung im Sinne des § 78a S. 1 StGB als „tatbestandsmäßiges Verhalten" auszulegen. (§ 2. IV., S. 51 ff.).

§ 2. V. Die personale Unrechtslehre – bestehend aus einem Handlungs- und ggf. einem hinzukommenden Erfolgsunrecht – wird im Bereich der Verjährung um eine zeitliche Komponente ergänzt. Mit dem Zeitablauf geht zwar keine andere Bewertung der Tat einher, doch verdrängt die zeitliche Unrechtskomponente die beiden Übrigen. Im Verhältnis zwischen dem Handlungs- und Erfolgsunrecht wird der Rechtsfriede bei Delikten ohne tatbestandsmäßigen Erfolg bereits durch die vermittelte Verhaltenssteuerung erschüttert, bei Erfolgsdelikten erfährt diese Erschütterung noch eine zusätzliche Steigerung. (§ 2. V., S. 63 ff.)

§ 2. VI. Als wesentliches Charakteristikum in der Auseinandersetzung mit der Unrechtslehre und dem Verjährungsinstitut rückt das Nebeneinander zwischen dem Verhaltens- und dem Erfolgsunrecht in den Vordergrund. Abhilfe von der aktuell zu starken Gewichtung des Erfolgsunrechts schafft dabei der tatbestandliche Beendigungsbegriff. Für die Begründung einer verjährungsverlängernden Nachzone dürfen lediglich tatbestandsmäßige Erfolge herangezogen werden. Ungeachtet dessen ist das Bestreben, einen allgemeinen, für sämtliche Deliktsgruppen bestimmbaren Beendigungsbegriff zu formulieren aufzugeben. (§ 2. VI., S. 67 ff).

§ 2. VII. Die nachtatbestandliche Unrechtsphase allein auf den in der Rechtsgutsverletzung liegenden Erfolgsunwert zu reduzieren, wird dem Institut der Verjährung nicht gerecht. Neben der Differenzierung zwischen dem Handlungs- und Erfolgsunrecht, ist im Einzelfall das Rechtsgut vom konkreten Handlungsobjekt abzugrenzen. Soweit sich der aktiven Begehungstat eine passive Nachzone anschließt, hängt die zeitliche Ausdehnung der Deliktsphase insbesondere von der konkreten Ausgestaltung des Tatbestands, dem ggf. zugrundeliegenden Sekundärrecht und dem korrespondieren Erfolgsunrecht (Kontinuität bzw. Steigerung des Erfolgs) ab. (§ 2. VII., S. 86 ff.).

§ 2. VII. Basierend auf der Ausgangsüberlegung, dass ein eigenständiges Erfolgsunrecht strafrechtlich nicht existiert, kann sich das Unrecht der Erfolgstat nur aus einer Verbindung des Handlungs- mit dem Erfolgsunrecht ergeben. Letzteres kann bei zeitlich gestreckter Rechtsgutsverletzung häufig bereits im Zeitpunkt des ersten tatbestandsmäßigen Erfolgseintritts bestimmt werden. Diejenigen Erfolge, die sich durch eine kontinuierliche oder eine sich im Zeitablauf steigernde Rechtsgutsverletzung auszeichnen, sind ohne zusätzliches Handlungsunrecht nicht geeignet, den Verjährungsbeginn entsprechend hinauszuzögern. Der Rückgriff auf den Abschluss der unrechtserheblichen Gesamttätigkeit ist weder unter dem Aspekt des Rechtsfriedens noch der Rechtssicherheit gerechtfertigt. (§ 2 VII. S. 95 ff.).

§ 2. VII. Das durch den Normverstoß beeinträchtigte Vertrauen in die Rechtsordnung wird weder durch bloße Folgewirkungen bzw. tatbestandslose Rechtsgutsverletzungen noch durch solches nachtatbestandliches Verhalten weiter beeinträchtigt, welches nicht den handlungsspezifischen Unwert des jeweiligen Tatbestands erfüllt (strenge Identitätstheorie). Nach Aufgabe der Figur der fortgesetzten Handlung sind die tatbestandsmäßigen Einzelakte nicht mehr als verjährungsrechtliche Einheit zu verklammern, sondern verjähren – soweit von einer nachtatbestandlichen Unterbrechungszäsur auszugehen ist – sukzessiv. Soweit ein Gesamtgeschehen daher mehrere tatbestandsmäßige Erfolge umfasst, beginnt die Verjährungsfrist nicht insgesamt mit dem Eintritt des Letzten, sondern sukzessive neu mit jeder einzelnen Verjährungseinheit. (§ 2. VII. S. 132 ff.).

§ 2. VII. Erst nach einer rechtsbereichsspezifischen Untersuchung und der Auseinandersetzung mit dem Telos derselben, ist der Tatbestand in einer zweiten Stufe auf seinen Unrechtsgehalt zu untersuchen. Nach Aufgabe eines allgemeingültigen Beendigungsbegriffs lässt sich der verjährungsrechtliche Terminus wie folgt beschreiben: Die Verjährung beginnt bei der Bewertungseinheit eines Nicht-Erfolgsdelikts nach § 78a S. 1 StGB, soweit das Handlungsunrecht der Tat vollständig vorliegt. Ist von einem Erfolgsdelikt nach § 78a S. 2 StGB auszugehen, beginnt die Verjährung zu laufen, sobald beide Komponenten (Handlungs- und Erfolgsunrecht) vollständig vorliegen. Erstreckt sich der Deliktsverlauf über einen längeren Zeitraum so ist zu differenzieren: Perpetuiert der Täter mit weiterem selbständigem Handlungsunrecht den Erfolg, so wird der Verjährungsbeginn der Tat hinausgeschoben. Vertieft sich der Erfolg jedoch insofern, als neben dem eigenständigen Handlungsunwert ein weiterer eigenständiger Erfolgsunwert hinzutritt, ist von einer neuen selbständig verjährbaren Tat auszugehen. (§ 2. VII. S. 142 ff.).

§ 3. I. Zumindest im verjährungsrechtlichen Kontext ist die Unterscheidung zwischen Anstellungs- und Rentenbetrug aufzugeben. Vor dem Hintergrund der strengen Identitätstheorie ist für die nachtatbestandliche Unrechtsphase zu eruieren, ob und inwieweit der Vermögensschaden bzw. der Irrtum in tatbestandsmäßiger Weise weiter perpetuiert oder vertieft werden. (§ 3. I. S. 157 ff.).

§ 3. IV. Die unterschiedliche Terminierung des Verjährungsbeginns bei den Gefährdungsdelikten des § 264 StGB und § 264a StGB gemäß der herrschenden Ansicht ist vor dem Hintergrund des Deliktscharakters wenig überzeugend. Mangels Erfordernis eines Vermögensschadens wird der Strafrechtsschutz bei diesen beiden Tatbeständen im Vergleich zum Grundtatbestand des § 263 StGB vorverlagert. Folgerichtig muss damit ein früherer Verjährungsbeginn korrespondieren, da etwaige Auszahlungen nicht mehr unter die Leseart eines tatbestandsmäßigen Erfolgs nach § 78a S. 2 StGB gefasst werden können. (§ 3. IV. S. 180).

§ 3. V. Die verjährungsrechtliche Nachzone des Untreuetatbestands weist einige Parallelen zur Vorschrift des § 263 StGB auf. Ähnlich wie beim Betrug wird in der Konstellation der Eingehungs- und Erfüllungsuntreue das Handlungsunrecht bereits vollständig zum Zeitpunkt der Vollendung vorliegen, sodass ohne zusätzliches Verhaltensunrecht dem Moment der Gefährdungsrealisation keine verjährungsverlängernde Bedeutung beizumessen ist. Wenn der Treunehmer dazu beauftragt wurde, das fremde Vermögen über einen längeren Zeitraum hin zu betreuen, ist in jenen Konstellationen das Phänomen einer sich im Zeitablauf wandelnden Pflicht zu problematisieren. (§ 3. V. S. 180 ff.).

§ 3. VI. Ausgehend vom tatbestandlichen Beendigungsbegriff kann der Rechtsprechung zum Verjährungsbeginn der Bestechungsdelikte nicht gefolgt werden. Selbst wenn die Vornahme der Diensthandlung in manchen Fällen das materielle Unrecht der Tat vertieft, ist diese nicht normativ verankert und kann daher den Verjährungsbeginn nicht beeinflussen. Häufig wird dieses Verhalten jedoch einen anderen Straftatbestand verwirklichen, für welchen naturgemäß eine eigenständige Verjährungsfrist zu laufen beginnt. Wird der Vorteil fortlaufend in Raten gezahlt, so ist eine sukzessive Verjährung der einzelnen Teilleistungen anzunehmen. (§ 3. VI. S. 195 ff.).

§ 3. VII. Der Bereich des Steuerstrafrechts bietet entgegen mancher Stimmen ebenfalls Raum für eine verjährungsrechtliche Nachzone. Für den Verjährungsbeginn sind unterschiedliche Faktoren maßgebend: die Steuerart, der jeweilige Gefährdungserfolg, die Verwirklichung im Wege des Tuns bzw. Unterlassens und der Verfahrensabschnitt. Etwaiges der Vollendung nachfolgendes Geschehen ist weniger an einer Konkurrenz- bzw. Tatbestandslösung als vielmehr am verjährungsrechtlichen Beendigungsbegriff zu messen. Die Auslegung des § 370 Abs. 1 Nr. 2 AO zeigt, dass diese Vorschrift kein Dauerdelikt im weiteren Sinne darstellt. (§ 3. VII. S. 202 ff.).

§ 3. VIII., IX. Während sich bei der leichtfertigen Kindergeldhinterziehung eine sich kontinuierlich wiederholende Pflichtverletzung über die monatliche Erklärungspflicht nach §§ 66 Abs. 2, 68 EStG zu begründen ist, kann das im Bereich des § 266a StGB nicht ausgemacht werden. Nur in den Fällen einer sich unmittelbar aus der Norm ergebenen fortwährenden Pflichtverletzung ist Raum für eine verjährungsrechtliche Nachzone. (§ 3. VIII, IX. S. 219 ff.).

## II. Ausblick

In dieser Arbeit wurde erstmalig der Weg beschritten, einen für den Bereich der Strafverfolgungsverjährung greifbaren Beendigungsbegriff zu formulieren und auf der Basis entsprechender Grundannahmen die Debatte über eine der Vollendung nachfolgende Deliktsphase weiter voranzutreiben. Die unterschiedlichen Einflussfaktoren lassen sich schematisch wie folgt darstellen:

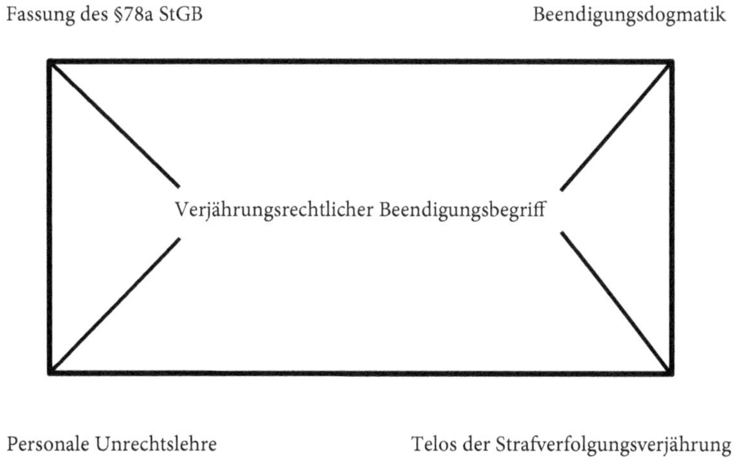


Mit Hilfe dieser Zusammenschau werden die Friktionen (Unterlaufen der Verjährungsvorschriften, Berücksichtigung tatbestandsexterner Faktoren bei der Konkretisierung des Verjährungsbeginns, unreflektierte Anwendung der Beendigungsdoktrin auf den Verjährungsbeginn) der herrschenden Meinung vermieden. Folgt man der hier vorgeschlagenen Auslegung des § 78a StGB können zeitlich gestreckte Deliktsverläufe auch ohne erneute gesetzgeberische Entscheidung einer sachgerechten Lösung zugeführt werden.

# Literaturverzeichnis


*Achenbach, Hans*: Strafprozessuale Ergänzungsklage und materielle Rechtskraft, ZStW 87 (1975), S. 74 ff.

*Achenbach, Hans; Ransiek, Andreas (Hrsg.)*: Handbuch Wirtschaftsstrafrecht (HWSt), 3. Auflage 2012 (zit.: *Bearbeiter*, in: Achenbach/Ransiek)

*Ahlberg, Hartwig; Götting, Horst-Peter*: Beck'scher Online-Kommentar Urheberrecht, Stand: 01.10.2016, Edition: 14 (zit.: *Bearbeiter*, in: BeckOK-UrhG)

*Allfeld, Philipp*: Lehrbuch des deutschen Strafrechts. Allgemeiner Teil, 9. Auflage 1978

*Androulakis, Nikolaos K.*: Studien zur Problematik der unechten Unterlassungsdelikte, 1963

*Arndt, Adolf*: Umwelt und Recht. – 1. Die Zeit im Recht (Zum Streit um die „Rückwirkung" von Gesetzen) – 2. Die verfassungsrechtliche Bedeutung der strafrechtlichen Verjährung, NJW 1961, S. 14 ff.

*Arndt, Adolf*: Zum Problem der strafrechtlichen Verjährung, JZ 1965, S. 145 ff.

*Asholt, Martin*: Verjährung im Strafrecht – Zu den theoretischen, historischen und dogmatischen Grundlagen des Verhältnisses von Bestrafung und Zeit in §§ 78 ff. StGB

*Bar, Ludwig von*: Gesetz und Schuld im Strafrecht, Band III: Die Befreiung von Schuld und Strafe durch das Strafgesetz, 1909

*Barton, Stephan*: Das Tatobjekt der Geldwäsche: Wann rührt ein Gegenstand aus einer der im Katalog des § 261 I Nr. 1–3 StGB bezeichneten Straftaten her?, NStZ 1993, S. 159 ff.

*Baumann, Jürgen*: Strafrecht, Allgemeiner Teil, 5. Auflage 1968

*Baumann, Jürgen; Weber, Ulrich; Mitsch, Wolfgang*: Strafrecht, Allgemeiner Teil, 11. Auflage 2003

*Beckemper, Katharina*: Steuerhinterziehung durch Erschleichen eines unrichtigen Feststellungsbescheids? NStZ 2002, S. 518 ff.

*Beling, Ernst von*: Die Lehre vom Verbrechen, 1906

*Bemmann, Günter*: Zur Frage der nachträglichen Verlängerung der Strafverfolgungsverjährung, JuS 1965, S. 333 ff.

*Benda, Ernst*: Verjährung und Rechtsstaat, 1965

*Bernsmann, Klaus*: Die Korruptionsdelikte (§§ 331 ff. StGB) – eine Zwischenbilanz, StV 2003, S. 521 ff.

ders.: Untreue und Korruption – der BGH auf Abwegen, GA 2009, S. 296 ff.

*Beseler, Georg*: Kommentar über das Strafgesetzbuch für die Preußischen Staaten, 1851

*Bilsdorfer, Peter*: Die Entwicklung des Steuerstraf- und Steuerordnungswidrigkeitenrechts, NJW 2012, S. 1413 ff.

*Binding, Karl*: Grundriss des deutschen Strafrechts, Allgemeiner Teil, 8. Auflage 1913

ders.: Handbuch des Strafrechts, Band I, 1885

ders.: Lehrbuch des gemeinen deutschen Strafrechts, Besonderer Teil Band 1, 2. Auflage 1902

*Birnbaum, Günter*: Stichwort „Churning", wistra 1991, S. 253 ff.

*Bittmann, Folker*: Insolvenzstrafrecht – Handbuch für die Praxis, 2004

ders.: Quantifizierung des Betrugsschadens und Untreuenachteils im Wege korrigierter ex-post-Betrachtung, NStZ 2013, S. 72 ff.

ders.: Risikogeschäft – Untreue – Bankenkrise, NStZ 2011, S. 361 ff.

ders.: Verschleifungsverbot, Quantifizierungsgebot (§§ 263, 266 StGB) und Pflichtwidrigkeit (§ 266 StGB), wistra 2013, S. 1 ff.

*Bittmann, Folker; Dreier, Dörte*: Bekämpfung der Wirtschaftskriminalität nach dem Ende der fortgesetzten Handlung, NStZ 1995, S. 105 ff.

*Bitzilekis, Nikolaos*: Über die strafrechtliche Bedeutung der Abgrenzung von Vollendung und Beendigung der Straftat, ZStW 99 (1987), S. 723 ff.

*Bloy, René*: Die dogmatische Bedeutung der Strafausschließungs- und Strafaufhebungsgründe, 1976

*Bock, Dennis; Gubitz, Michael*: Zum Tatbestandsmerkmal der „Verwendung gegen eine Verwendungsbeschränkung" i.S.v. § 264 I Nr. 2 StGB, StraFo 2011, S. 73 ff.

*Bockelmann, Paul*: Betrug verübt durch Stillschweigen, in: Festschrift für Eberhard Schmidt, 1961, S. 437 ff.

ders.: Niederschriften über die Sitzungen der Großen Strafrechtskommission, 2. Band, Allgemeiner Teil, 14. bis 25. Sitzung, 1958, S. 329 ff.

ders.: Zum Begriff des Vermögensschadens beim Betrug, JZ 1952, S. 461 ff.

*Boller, Emil*: Zur Frage der Verjährung der Nebenstrafen mit besonderer Berücksichtigung der schweizerischen Strafrechtsreform, 1920

*Bosch, Nikolaus*: Untreue durch Einrichtung und Nichtaufdeckung schwarzer Kassen, JA 2009, S. 233 ff.

*Böttger, Marcus*: Die Zeitraumvergrößerung bei der Verfolgungsverjährung von Bestechungsdelikten – Kollateralschäden bei der Korruptionsbekämpfung, in: Festschrift für Volkmar Mehle, 2009, S. 77 ff.

*Brand, Christian*: Anmerkung zum Urteil des BGH vom 27.08.2010 – 2 StR 111/09, NJW 2010, S. 3458 ff.

*Brenner, Karl*: Strafverfolgungsverjährung und ihre Unterbrechung bei Steuerdelikten, BB 1985, S. 2041 ff.

*Briel von, Olaf G.*: Der Beginn der Strafverfolgungsverjährung bei Steuerstraftaten und -ordnungswidrigkeiten, steueranwaltsmagazin 2006, S. 115 ff.

*Bringewat, Peter*: Sozialrechtliche Mitwirkungs „pflichten" und Sozial(leistungs) betrug, NStZ 2011, S. 131 ff.

*Brüning, Janique*: Beihilfe zum „Geheimnisverrat" durch Journalisten und die strafprozessualen Folgen – Der Fall „Cicero" -, NStZ 2006, S. 253 ff.

dies.: Vollendung und Verjährungsbeginn bei unrichtigen Feststellungsbescheiden im Steuerstrafrecht, in: Festschrift für Erich Samson, 2010, S. 537 ff.

*Bruns, Hans-Jürgen*: Gilt die Strafrechtsordnung auch für und gegen Verbrecher untereinander?, in: Festschrift für Edmund Mezger, 1954, S. 335 ff.

ders.: Strafzumessungsrecht, 1974

ders.: Wann beginnt die Verfolgungsverjährung beim unbewusst fahrlässigen Erfolgsdelikt?, NJW 1958, S. 1257 ff.

*Burkhard, Josef*: Verjährungsbeginn bei verspäteter Abgabe der Steuererklärung, DStZ 2004, S. 443 ff.

*Burmester, Barbara*: Festsetzungsfrist und Strafverfolgungsverjährung nach der AO 1977 unter besonderer Berücksichtigung des § 171 Abs. 7 AO, 1989

*Calvelli-Adorno, Franz*: Die Verlängerung der Verjährungsfrist für die Strafverfolgung von Verbrechen, die mit lebenslangem Zuchthaus bedroht sind, NJW 1965, S. 273 ff.

*Cordes, Malte*; *Sartorius, Matthias*: Der Verjährungsbeginn bei der Untreue – Notwendigkeit einer Neubestimmung, NJW 2013, S. 2635 ff.

*Cording, Sebastian*: Der Strafklageverbrauch bei Dauer- und Organisationsdelikten, 1993

*Dallmeyer, Jens*: Tatbeendigung und Verjährungsbeginn bei Steuerdelikten – Zugleich ein Beitrag zur Lehre vom nachtatbestandlichen Unrecht, ZStW 124 (2012), S. 711 ff.

*Dann, Matthias*: Anmerkung zum Urteil des BGH vom 19.06.2008 – 3 StR 90/08, NJW 2008, S. 3076 ff.

*Dannecker, Gerhard*: Die Verfolgungsverjährung bei Submissionsabsprachen und Aufsichtspflichtverletzungen in Betrieben und Unternehmen – Zugleich eine Anmerkung zu BGH, NJW 1984, 2372 = NStZ 1985, 77, NStZ 1985, S. 49 ff.

*Degener, Wilhelm*: Zu den Bedeutungen des Erfolgs im Strafrecht, ZStW 103 (1991), S. 357 ff.

*Dencker, Friedrich*: Zum Erfolg der Tötungsdelikte Besprechung des BGH-Urteils vom 12.2.1992 – 3 StR 481/81, NStZ 1992, S. 311 ff.

*Dietz, Gottfried*: Fahrlässige Dauerverfehlungen im Steuerordnungswidrigkeitenrecht, DStZ 1978, S. 274 ff.

*Eckhard, Horn*: Konkrete Gefährdungsdelikte, 1973

*Eisele, Jörg*: Die Regelbeispiele: Tatbestands- oder Strafzumessungslösung?, JA 2006, S. 309 ff.

Engelbert Rombach: Dauervergehen im Steuerstrafrecht, 1968

*Erb, Volker*: Überlegungen zu einer Neuordnung der Konkurrenzen, ZStW 117 (2005), S. 37 ff.

*v. Feuerbach, Paul Johann Anselm Ritter*: Lehrbuch des gemeinen in Deutschland gültigen peinlichen Rechts, 6. Auflage 1818

*Fischer, Hubert*: Die Strafverfolgungsverjährung im deutschen und schweizerischen Strafgesetzbuch, 1971

*Fischer, Thomas*: Strafgesetzbuch mit Nebengesetzen, 62. Auflage, 2015

*Floeth, Michael*: Anmerkung zum Beschluss des KG Berlin vom 27.07.2012 – 3 Ws 381/12 – 141 AR 303/12, NZS 2013, S. 186 ff.

*Flore, Ingo*; Tsambikakis, Michael: Steuerstrafrecht, 2. Auflage, 2015

*Franzen, Klaus*; Gast-de Haan, Brigitte; Joecks, Wolfgang: Steuerstrafrecht. Mit Zoll- und Verbrauchsteuerstrafrecht, 7. Auflage, 2009

*Freund, Georg*: Tatbestandsverwirklichung durch Tun und Unterlassen – Zur gesetzlichen Regelung begehungsgleichen Unterlassens und anderer Fälle der Tatbestandsverwirklichung im Allgemeinen Teil des StGB, in: Festschrift für Rolf Dietrich Herzberg, 2008, S. 225 ff.

*Frisch, Wolfgang*: Grundfragen der Täuschung und des Irrtums beim Betrug – Zum sogenannten Recht auf Wahrheit. In: Festschrift für Rolf Dietrich Herzberg, 2008, S. 729 ff.

ders.: Konkludentes Täuschen – Zur Normativität, Gesellschaftsbezogenheit und theoretischen Fundierung eines Begriffs. In: Festschrift für Günther Jakobs, 2007, S. 97 ff.

*Frisch, Wolfgang*: Vorsatz und Risiko, 1983

*Furtner, Georg*: Rechtliche Vollendung und tatsächliche Beendigung bei einer Straftat, JR 1966, S. 169 ff.

ders.: Verhältnis von Beihilfe und Begünstigung, MDR 1965, S. 431 ff.

*Gallandi, Volker*: Verjährung bei langfristig geplanter Wirtschaftskriminalität, wistra 1993, S. 255 ff.

*Gallas, Wilhelm*: Zum Begriff der „Falschheit" der eidlichen und uneidlichen Aussage, GA 1957, S. 315 ff.

ders.: Zur Struktur des strafrechtlichen Unrechtsbegriffs, in: Festschrift für Paul Bockelmann, 1979, S. 155 ff.

*Gaßner, Maximilian*; *Bonmann, Ingmar*: Zur Strafbarkeit wegen unterlassener Beitragssatzerhöhung nach § 266 StGB, NZS 2009, S. 15 ff.

*Gatzweiler, Norbert*: Entwicklungstendenzen in der höchstrichterlichen Rechtsprechung zur Verjährung in Wirtschaftsstrafsachen, in: Festschrift für Peter Riess, 2002, S. 677 ff.

*Gauger, Michael*: Die Dogmatik der konkludenten Täuschung, 2001

*Gelbert, Karl*: Vollendung und Beendigung von Straftaten, DStr 1943, S. 1 ff.

*Geppert, Klaus*: Zur straf- und verfahrensrechtlichen Bewältigung von Serienstraftaten nach Wegfall der Rechtsfigur der „fortgesetzten Handlung" – 1. Teil, NStZ 1996, S. 57 ff.

*Gillmeister, Ferdinand*: Strafzumessung aus verjährten und eingestellten Straftaten, NStZ 2000, S. 344 ff.

*Gleß, Sabine*: Zeitliche Differenz zwischen Handlung und Erfolg – insbesondere als Herausforderung für das Verjährungsrecht, GA 2006, S. 689 ff.

*Göggerle, Werner*: Zur Frage des geschützten Rechtsguts im Tatbestand der Steuerhinterziehung, BB 1982, S. 1851 ff.

*Göhler, Erich*: Ist die fortgesetzte Handlung mit der Entscheidung des Großen Senats in Strafsachen, wistra 1994, 185, auch in Bußgeldsachen praktisch verabschiedet?, wistra 1995, S. 300 ff.

*Gössel, Karl Heinz*: Bindung der Wiederaufnahme zuungunsten des Verurteilten an die Verjährungsfrist? – Zugleich eine Besprechung des Beschlusses des OLG Nürnberg vom 04.05.1988 –, NStZ 1988, S. 537 ff.

ders.: Sukzessive Mittäterschaft und Täterschaftstheorien, in: Festschrift für Hans-Heinrich Jescheck, 1985, S. 537 ff.

ders.: Über die Vollendung des Diebstahls, ZStW 85 (1973), S. 591 ff.

*Graf, Jürgen Peter*; *Jäger, Markus*; *Wittig, Petra* (2011): Wirtschafts- und Steuerstrafrecht, Kommentar, 2011 (zit.: *Bearbeiter*, in: Graf/Jäger/Wittig)

*Granderath, Reinhard*: Die Rechtspflicht zur Erfolgsabwendung aus einem vorangegangenen gefährdenden Verhalten bei den unechten Unterlassungsdelikten, 1961

*Gribbohm, Günter; Utech, Hans*: Probleme des allgemeinen Steuerstrafrechts, NStZ 1990, S. 209 ff.

*Grisch, Daniela*: Die strafrechtliche Verjährung der Wirtschaftskriminalität als Ausdruck von Klassenjustiz, 2006

*Groß, Bernd*: Steuerstrafrechtliche Beratung von Kreditinstituten im Zusammenhang mit Cum-ex-Trades, PStR 2013, S. 296 ff.

*Grünwald, Gerald*: Das unechte Unterlassungsdelikt, 1956

ders.: Die Teilrechtskraft im Strafverfahren, 1964

ders.: Zur verfassungsrechtlichen Problematik der rückwirkenden Änderung von Verjährungsvorschriften, MDR 1965, S. 521 ff.

*Guckelberger, Annette*: Die Verjährung im Öffentlichen Recht, 2004

*Güntge, Georg-Friedrich*: Untreueverhalten durch Unterlassen, wistra 1996, S. 84 ff.

*Hafkesbring, Paul Adalbert*: Das Dauerverbrechen, 1913

*Hälschner, Hugo*: Die Beurtheilung fortgesetzter und fortdauernder Verbrechen bei einem während ihrer Verübung erfolgten Wechsel in der Gesetzgebung, GA 1860, S. 441 ff.

*Hannich, Rolf*: Karlsruher Kommentar zur Strafprozessordnung mit GVG, EGGVG und EMRK, 7. Auflage 2013 (zit.: *Bearbeiter*, in: KK-StPO)

*Hassemer, Winfried*: Warum Strafe sein muss. Ein Plädoyer, 2009

*Hau, Helmut*: Die Beendigung der Straftat und ihre rechtlichen Wirkungen, 1974

*Hauschild, Winfried*: Die Unterbrechung der Strafverfolgungsverjährung als rechtspolitische Frage. Eine Untersuchung zur Neugestaltung der Vorschriften über die Strafverfolgungsverjährung, 1946

*Hefendehl, Roland*: Vermögensgefährdung und Exspektanzen, 1994

ders.: Vermögensgefährdung und Exspektanzen als Prüfsteine eines normativ-ökonomischen Vermögensbegriffs, in: *Bernd Schünemann* (Hrsg.) – Strafrechtssystem und Betrug, 2002, S. 185 ff.

*Hegler, August*: Die Merkmale des Verbrechens, ZStW 36 (1915), S. 19 ff.

*v. Heintschel-Heinegg, Bernd*: Beck'scher Online-Kommentar StGB, Stand: 01.09.2016, Edition: 32 (zit.: *Bearbeiter*, in: BeckOK-StGB)

*Helmrich, Jan*: Zum Beginn der Verfolgungsverjährung bei Bestechungsdelikten (§§ 299, 331 ff. StGB), wistra 2009, S. 10 ff.

*Henkel, Heinrich*: Strafverfahrensrecht, 2. Auflage 1968

*Henning, Albrecht*: Empfiehlt sich eine Neuregelung der Verjährung von Wirtschaftsstraftaten?, wistra 2000, S. 321 ff.

*Hentschel, Carsten*: Verjährt der Subventionsbetrug nach § 264 I Nr. 3 StGB nie, wenn er sich auf eine Subvention bezieht, für welche die AO entsprechend gilt?, wistra 2000, S. 81 ff.

*Herzberg, Rolf D.*: Bedingter Vorsatz und objektive Zurechnung beim Geschlechtsverkehr des Aids-Infizierten – AG München, NJW 1987, 2134, JuS 1987, S. 777 ff.

ders.: Das vollendete vorsätzliche Begehungsdelikt als qualifiziertes Versuchs-, Fahrlässigkeits- und Unterlassungsdelikt, JuS 1996, S. 377 ff.

ders.: Die Unterlassung im Strafrecht und das Garantenprinzip, 1972

*Herzog, Felix*: Geldwäschegesetz (GWG), 2010 (zit.: *Bearbeiter*, in: Herzog)

*Hettinger, Michael*: Das Strafrecht als Büttel? Fragmentarische Bemerkungen zum Entwurf eines Korruptionsbekämpfungsgesetzes des Bundesrats vom 03.11.1995, NJW 1996, S. 2263 ff.

*Hetzer, Wolfgang*: Der Geruch des Geldes – Ziel, Inhalt und Wirkung der Gesetze gegen Geldwäsche, NJW 1993, S. 3298 ff.

*Hillenkamp, Thomas*: Risikogeschäft und Untreue, NStZ 1981, S. 161 ff.

*Hippel, Robert von*: Deutsches Strafrecht, Zweiter Band, 1930

ders.: Lehrbuch des Strafrechts, 1932

*Hirschberg, Rudolf*: Der Vermögensbegriff im Strafrecht, 1934

*Hoffmann, Maike*: Anmerkung zum Urteil des BGH vom 27.08.2010 – 2 StR 111/09, GmbHR 2010, S. 1150 ff.

*Hohn, Kristian*: „Freie" und „unfreie" Verfügungen über das Vermögen, in: Festschrift für Ruth Rissing-van Saan, 2011, S. 259 ff.

*Höinghaus, Richard*: Das neue Strafgesetzbuch für den Norddeutschen Bund mit vollständigen amtlichen Motiven, 2. Auflage 1870

*Honig, Richard*: Studien zur juristischen und natürlichen Handlungseinheit, 1925

*Höpfner, Wilhelm*: Einheit und Mehrheit der Verbrechen, 2. Band, 1908

*Hoppenz, Rainer*: Die dogmatische Struktur des Betrugstatbestands, dargestellt an Hand der Fälle der Erschleichung von Aktien im Rahmen der Privatisierung von Bundesvermögen, 1968

*Hruschka, Joachim*: Anmerkung zum Urteil des BGH vom 23.08.1968 – 4 StR 310/68, JZ 1969, S. 607 ff.

ders.: Anmerkung zum Urteil des BGH vom 10.08.1982 – 1 StR 416/82, JZ 1983, S. 216 ff.

ders.: Die Dogmatik der Dauerstraftaten und das Problem der Tatbeendigung, GA 1968, S. 193 ff.

*Hsueh, Chih-Jen*: Abschied vom Begriff der Tatbeendigung im Strafrecht, 2013

Hubert Fischer: Die Strafverfolgungsverjährung im deutschen und schweizerischen Strafgesetzbuch, 1970

*Huggenberger, Ernst*: Die Verjährung im schweizerischen Strafrecht (StGB und MStG), 1949

*Isenbek, Helmut*: Beendigung der Tat bei Raub und Diebstahl, NJW 1965, S. 2326 ff.

*Jakobs, Günther*: Strafrecht, Allgemeiner Teil, Die Grundlagen und die Zurechnungslehre: Lehrbuch, 2. Auflage 1993

*Jauernig, Othmar*: Bürgerliches Gesetzbuch, Mit Allgemeinem Gleichbehandlungsgesetz (Auszug); Kommentar, 14. Auflage 2011

*Jescheck, Hans-Heinrich*: Wesen und rechtliche Bedeutung der Beendigung der Straftat, in: Festschrift für Hans Welzel, 1974, S. 683 ff.

*Jescheck, Hans-Heinrich*; Weigend, Thomas: Lehrbuch des Strafrechts, Allgemeiner Teil, 5. Auflage 1996

*Joecks, Wolfgang*; *Miebach, Klaus*: Münchener Kommentar zum Strafgesetzbuch

- Band 1: §§ 1–37, 2. Auflage 2011
- Band 2: §§ 38–79b, 2. Auflage 2012
- Band 3: §§ 80–184g, 2. Auflage 2012
- Band 4: §§ 185–262, 2. Auflage 2012
- Band 5: §§ 263–358, 2. Auflage 2014 (zit.: *Bearbeiter*, in: MK)

*Joerden, Jan C.*: Zur Versuchsstrafbarkeit beim Betrug und seinen Derivaten im Wirtschaftsstrafrecht, in: Gedächtnisschrift Wolfgang Blomeyer, 2004, S. 373 ff.

*Kallmann, Erich*: Der Beginn der Strafverfolgungsverjährung unt. bes. Berücks. d. Bankerottdelikte, 1922

*Kargl, Walter*: Offenbarungspflichten und Vermögensschaden beim Anstellungsbetrug – Der doppelte Rechtsreferendar, wistra 2008, S. 121 ff.

*Kaufmann, Armin*: Die Dogmatik der Unterlassungsdelikte, 1959

ders.: Zum Stande der Lehre vom personalen Unrecht, in: Festschrift für Hans Welzel, 1975, S. 393 ff.

*Kaufmann, Arthur*: Das Schuldprinzip: eine strafrechtlich-rechtsphilosophische Untersuchung, 2. Auflage 1976

*Kaufmann, Hilde*: Strafanspruch, Strafklagerecht, 1968

*Kiel, Roger*: Die Verjährung bei der vorsätzlichen Steuerverkürzung, 1989

*Kindhäuser, Urs*; Neumann, Ulfrid; Paeffgen, Hans-Ullrich: Strafgesetzbuch, 4. Auflage 2013 (zit.: *Bearbeiter*, in: K/N/P)

*Kitzinger, Friedrich*: Ort und Zeit der Handlung im Strafrecht. Zugleich eine Betrachtung der Erscheinungsformen des Delikts, 1902

*Klanten, Thomas*: Bankrecht: Strafrechtliche Untreue bei pflichtwidriger Kreditvergabe, DStR 2002, S. 1190 ff.

*Klawitter, Tim*: Die Grenzen des Betrugs durch Unterlassen, 1993

*Klein, Franz*: Abgabenordnung – einschließlich Steuerstrafrecht, 12. Auflage 2014 (zit.: *Bearbeiter*, in: Klein)

*Klug, Ulrich*: Die Verpflichtung des Rechtsstaats zur Verjährungsverlängerung, JZ 1965, S. 149 ff.

*Klumpe, Gerhard*: Probleme der Serienstraftat, 1998

*Knauer, Christoph*: Bildung verdeckter Kassen als Untreue – Fall Siemens, NStZ 2009, S. 151 ff.

*Kohler, Josef*: Begriff der fortgesetzten Missetat, GA 1906, S. 153 ff.

*Kohlhaas, Max*: Anmerkung zum Urteil des OLG Stuttgart vom 26.01.1951 – Ss 143/50, MDR 1951, S. 373 ff.

*Kohlmann, Günter*: Steuerstrafrecht mit Ordnungswidrigkeitenrecht und Verfahrensrecht, Kommentar, 37. Lieferung, Stand: 2007 (zit.: *Bearbeiter*, in: Kohlmann)

*Kohlrausch, Eduard*; Lange, Richard: Strafgesetzbuch mit Erläuterungen und Nebengesetzen, 43. Auflage 1961

*König, Herbert*: Die Unterscheidung von juristischer Vollendung und faktischer Beendigung und ihre Bedeutung für Teilnahme und Begünstigung, 1938

*König, Peter*: Zur Verfolgungsverjährung von SED-Unrechtstaten – Anmerkung zu OLG Frankfurt/M. vom 10.07.1991 – 2 Ws 88/91 (NStZ 1991, 585), NStZ 1991, S. 566 ff.

*Koopmann, Nicolaus*: Zur Lehre von der Verjährung im Strafrecht,1888

*Korte, Matthias*: Bekämpfung der Korruption und Schutz des freien Wettbewerbs mit den Mitteln des Strafrechts, NStZ 1997, S. 513 ff.

*Kraatz, Erik*: Anmerkung zum Beschluss des BGH vom 25.02.2010 – 5 StR 542/09, StV 2010, S. 630 ff.

*Krauß, Detlev*: Erfolgsunwert und Handlungsunwert im Unrecht, ZStW 76 (1964), S. 19 ff.

*Krey, Volker*: Gesetzestreue und Strafrecht: Schranken richterlicher Rechtsfortbildung, ZStW 101 (1989), S. 838 ff.

ders.: Grundzüge des Strafverfahrensrechts – Einführung (1. Teil), JA 1983, S. 233 ff.

ders.: Keine Strafe ohne Gesetz. Einführung in die Dogmengeschichte des Satzes „nullum crimen, nulla poena sine lege“, 1983

*Krümpelmann, Justus*: Die Bagatelldelikte, 1966

*Kühl, Kristian*: Die Beendigung des vollendeten Delikts, in: Festschrift für Claus Roxin, 2001. S. 665 ff.

ders.: Die Beendigung des vorsätzlichen Begehungsdelikts, 1974

ders.: Grundfälle zu „Vorbereitung, Versuch, Vollendung und Beendigung“, 10. Teil, JuS 1982, S. 189 ff.

ders.: Strafrecht, Allgemeiner Teil, 7. Auflage 2012

ders.: Vollendung und Beendigung bei den Eigentums- und Vermögensdelikten, JuS 2002, S. 729 ff.

ders.: Zum Verjährungsbeginn bei Anstellungs- und Rentenbetrug, JZ 1978, S. 549 ff.

*Küper, Wilfried*: „Sukzessive“ Tatbeteiligung vor und nach Raubvollendung – BGH, NJW 1985, 814, JuS 1986, S. 862 ff.

*Labsch, Karl Heinz*: Untreue (§ 266 StGB), 1983

*Lackner, Karl*; *Kühl, Kristian*: Strafgesetzbuch, 28. Auflage 2014 (zit.: *Bearbeiter*, in: Lackner/Kühl)

*Lackner, Karl*; *Maassen, Hermann*: Strafgesetzbuch, 5. Auflage 1969 (zit.: Bearbeiter, in: Lackner/Maassen)

*Lampe, Ernst-Joachim*: Ingerenz oder dolus subsequens?, ZStW 72 (1960), S. 93 ff.

*Laufhütte, Heinrich Wilhelm*; *Rissing-van Saan, Ruth*; *Tiedemann, Klaus*: Strafgesetzbuch. Leipziger Kommentar, 12. Auflage

– Erster Band: Einleitung; §§ 1 bis 31, 2007

– Zweiter Band: §§ 32 bis 55, 2006

– Dritter Band: §§ 56 bis 79b, 2008

– Neunter Band, 1. Teilband: §§ 263 bis 266b, 2012

– Dreizehnter Band: §§ 331 bis 358, 2009 (zit.: *Bearbeiter*, in: LK)

*Liszt, Franz van*; *Schmidt, Eberhard*: Lehrbuch des Deutschen Strafrechts. Erster Band, Einleitung und Allgemeiner Teil, 26. Auflage 1932

*Llewellyn, Karl N.*: The Normative, the Legal, and the Law-Jobs, Yale Law Journal 49 1939/40, S. 1355 ff.

*Loewenheim, Ulrich*: Handbuch des Urheberrechts, 2. Auflage 2010

*Lorenz, Max*: Die Verjährung in der deutschen Strafgesetzgebung, 1955

ders.: Über das Wesen der strafrechtlichen Verjährung, GA 1966, S. 371 ff.

*Lübke, Otto*: Die Verjährung im Strafrecht nach Reichsstrafgesetzbuch und den neuen Strafgesetzentwürfen, 1930

*Lüderssen, Klaus*: Die strafrechtsgestaltende Kraft des Beweisrechts, ZStW 85 (1973), S. 288 ff.

*Maaß, Wolfgang*: Betrug verübt durch Schweigen, 1982

*Maihofer, Werner*: Der Versuch beim Unterlassungsdelikt, GA 1958, S. 289 ff.

*Maiwald, Manfred*: Die natürliche Handlungseinheit, 1964

*Mansdörfer, Marco*: Zur Theorie des Wirtschaftsstrafrechts: zugleich eine Untersuchung zu funktionalen Steuerungs- und Verantwortlichkeitsstrukturen bei ökonomischem Handeln, 2011

*Martin, Klaus*: Zur Frage der Zurechnung bei sukzessiver Mittäterschaft, NJW 1953, S. 288 ff.

*Matt, Holger*: Missverständnisse zur Untreue – Eine Betrachtung auch zum Verhältnis von (Straf-)Recht und Moral -, NJW 2005, S. 389 ff.

*Maurach, Reinhart*: Deutsches Strafrecht. 4. Auflage 1971

*Maurach, Reinhart*; Gössel, Karl Heinz; Zipf, Heinz: Strafrecht Allgemeiner Teil. Teilband 2 Erscheinungsformen des Verbrechens und Rechtsfolgen der Tat, 7. Auflage 1989

*Maurach, Reinhart*; *Schroeder, Friedrich-Christian*; *Maiwald, Manfred*: Strafrecht Besonderer Teil. Teilband 2 Straftaten gegen Gemeinschaftswerte, 8. Auflage 1999

*Maurach, Reinhart*; Zipf, Heinz: Strafrecht Allgemeiner Teil. Teilband 1. Grundlehren des Strafrechts und Aufbau der Straftat, 7. Auflage 1987

*Merkel, Adolf*: Lehrbuch des Deutschen Strafrechts, 1889

*Metz, Jochen*: Aktuelle Rechtsprechung zum Vorenthalten und Veruntreuen von Arbeitsentgelt – 1. Teil, NStZ-RR 2013, S. 297 ff.

*Mezger, Edmund*: Strafrecht, Lehrbuch, 1931

ders.: Vollendung und Beendigung beim Betrug, JW 1938, S. 493 ff.

*Michalski, Lutz*: Kommentar zum Gesetz betreffend die Gesellschaften mit beschränkter Haftung (GmbH-Gesetz), 2. Auflage 2010 (zit.: *Bearbeiter*, in: Michalski)

*Mitsch, Wolfgang*: Verjährung von Bestechungsdelikten und Beendigung der Tat, Jura 2009, S. 534 ff.

*Mölter, Thomas*: Untreuestrafbarkeit von Anlageberatern unter spezieller Betrachtung der Vermögensbetreuungspflicht, wistra 2010, S. 53 ff.

*Moser, Karl*: Zur Frage der rechtlichen Natur der Strafverfolgungsverjährung, GA 1954, S. 301 ff.

*Müller-Gugenberger, Christian*; *Bieneck, Klaus*: Wirtschaftsstrafrecht. Handbuch des Wirtschaftsstraf- und -ordnungswidrigkeitenrechts. 5. Auflage 2011

*Nack, Armin*: Untreue im Bankbereich durch Vergabe von Großkrediten, NJW 1980, S. 1599 ff.

*Nagler, Johannes*: Bezugsscheine als Objekte von Vermögensverbrechen, ZAkDR 1941, S. 294 ff.

*Naucke, Wolfgang*: Zur Lehre vom strafbaren Betrug, 1964

*Nazarian, Esther*: Der Beginn der Strafverfolgungsverjährung – 78a StGB, 2010

*Nestler, Nina*: Churning – Strafbarkeit der Spesenschinderei nach deutschem Recht, 2009

dies.: Untreue („Schwarze Kassen"), in: Internal Investigations – Ermittlungen im Unternehmen, Knierim/Rübenstahl/Tsambikakis, 2013, S. 701 ff.

*Neye, Hans-Werner*: Untreue im öffentlichen Dienst, 1981

*Niu, Lulu*: Die objektive Bedingung der Strafbarkeit der §§ 283 ff. StGB, 2013

*Oehler, Dietrich*: Das objektive Zweckmoment in der rechtswidrigen Handlung, 1959

*Oetker, Hartmut*: Kommentar zum Handelsgesetzbuch (HGB), 2. Auflage 2011

*v. Olshausen, Justus*: Kommentar zum Strafgesetzbuch für das Deutsche Reich, 10. Auflage 1916

*Otto, Harro*: Die Struktur des strafrechtlichen Vermögensschutzes, 1970

ders.: Grundkurs Strafrecht. Allgemeine Strafrechtslehre, 7. Auflage 2004

ders.: Schadenseintritt und Verjährung, in: Festschrift für Karl Lackner 1987, S. 715 ff.

*Pahlke, Armin*; *Koenig, Ulrich*: Abgabenordnung, Kommentar, 2. Auflage 2009 (zit.: *Bearbeiter*, in: Pahlke/Koenig)

*Park, Tido*: Kapitalmarktstrafrecht, 3. Auflage 2013 (zit.: *Bearbeiter*, in: Park)

*Patzelt, Jutta*: Ungerechtfertigte Steuervorteile und Verlustabzug im Steuerstrafrecht, 1990

*Pawlik, Michael*: Das unerlaubte Verhalten beim Betrug, 1999

*Pawlowski, Martin*: Der Stand der rechtlichen Diskussion in der Frage der strafrechtlichen Verjährung, NJW 1969, S. 594 ff.

*Pelz, Christian*: Neuregelung der Verfolgungsverjährung für Steuerhinterziehung – Neue Herausforderungen für die Praxis, NJW 2009, S. 470 ff.

ders.: Wann verjährt die Beihilfe zur Steuerhinterziehung?, wistra 2001, S. 11 ff.

*Piekenbrock, Andreas*: Befristung, Verjährung, Verschweigung und Verwirkung, 2006

*Pröll, Rudolf*: Gewinnverteilung, Vermögensgefährdung und Vollstreckungsabwendung. Eine Untersuchung über die Vermögensbeschädigung beim strafbaren Betrug, GA 1919. S. 124 ff.

*Przybbyla, Sonja*: Das Verhältnis von Beihilfe und Begünstigung, 1999

*Pudor, M.*: Über die Verjährung der noch nicht verfolgbaren Delikte, GA 1909. S. 183 ff.

*Pufendorf, Samuel Freiherr von*: Jure naturae et gentium libri octo, 1704

*Quabeck, Ernst Otto*: Die Verjährung nach dem Reichsstrafgesetzbuch und den deutschen Strafgesetzentwürfen von 1909 bis 1927, 1930

*Radke, Marc*: Bestrafungshindernisse aufgrund des Zeitablaufs: Verjährungseintritt und Verfahrensüberlängen im Erwachsenen- und Jugendstrafrecht, 2001

*Ransiek, Andreas*: „Verstecktes" Parteivermögen und Untreue, NJW 2007, S. 1727 ff.

*Rehberg, Jörg*; Donatsch, Andreas: Grundriss Strafrecht I, Verbrechenslehre, 7. Auflage 2001

*Rehbinder, Manfred*: Rechtssoziologie, 7. Auflage 2009

*Rehr-Zimmermann, Michael*: Die Struktur des Unrechts in der Gegenwart der Strafrechtsdogmatik, 1994

*Reimer, Werner*: Verjährung, in Gürtner (Hrsg.): Das kommende deutsche Strafrecht, Allgemeiner Teil, 1934

*Rengier, Rudolf*: Strafrecht, Besonderer Teil I, 14. Auflage 2012

*Ricker, Reinhart*; *Weberling, Johannes*: Handbuch des Presserechts, 6. Auflage 2012

*Rieder, Joachim*: „Schießbefehl" und Verjährung – Zum Problem der Strafverfolgungsverjährung bei Schußwaffengebrauch an der Grenze der ehemaligen DDR-Grenze, DtZ 1992, S. 163 ff.

*Riemann, Thomas*: Vermögensgefährdung und Vermögensschaden, 1989

*Rivero, Carmen Gómez*: Zeitliche Dimension und objektive Zurechnung, GA 2001, S. 283 ff.

*Rolletschke, Stefan*: Steuerstrafrecht, 3. Auflage 2009

ders.: Steuerverkürzung auf Zeit/Steuerverkürzung auf Dauer – Anmerkung zum Beschluss des OLG Düsseldorf vom 04.04.2005 – III-2 Ss 139/04 – 6/05, DStZ 2006, S. 78 ff.

*Rolletschke, Stefan*; *Kemper, Martin*: Steuerverfehlungen. Kommentar zum Steuerstrafrecht – AO – UStG – ZollVG, 2013 (zit.: Rolletschke/Kemper/*Bearbeiter*)

*Rönnau, Thomas*: Untreue als Wirtschaftsdelikt, ZStW 119 (2007), S. 887 ff.

ders.: Untreue durch Einrichtung verdeckter Kassen – Bestechung im geschäftlichen Verkehr im Ausland – Bestechung ausländischer Amtsträger, Anmerkung zu Siemens-Urteil, StV 2009, S. 246 ff.

*Roxin, Claus*: Strafrecht Allgemeiner Teil Band I, 4. Auflage 2006

ders.: Strafrecht Allgemeiner Teil Band II, 2003

ders.: Strafverfahrensrecht, 24. Auflage 1995

ders.: Täterschaft und Tatherrschaft, 8.Auflage 2006

*Rudolphi, Hans-Joachim*: BGH, Urteil vom 26.02.1997 – 3 StR 525/96 (Stuttgart), NStZ 1997, S. 487 ff.

*Rudolphi/Samson/Hoyer/Rogall/Sinn/Wolter/Horn/Günther/Jäger/Schall/Stein/Wolters/Zöller*: Systematischer Kommentar zum StGB, 8. Auflage, 147. Lieferung Stand November 2014 (zit.: *Bearbeiter*, in: SK-StGB)

*Rund, Victor*: Die Verjährung der Strafansprüche gegen den Anstifter und den Gehilfen, 1911

*Rüping, Hinrich*: Beendigung der Tat und Beginn der Verjährung, GA 1985, S. 437 ff.

*Saliger, Frank*: Parteiengesetz und Strafrecht, Zur Strafbarkeit von Verstößen gegen das Parteiengesetz insbesondere wegen Untreue gemäß § 266 StGB, 2005

ders.: Parteienuntreue durch schwarze Kassen und unrichtige Rechenschaftsberichte, NStZ 2007, S. 545 ff.

*Salomon, Richard*: Der Beginn der Verfolgungs-Verjährung, 1904

*Samson, Erich*: Strafbefreiende Fremdanzeige (§ 371 Abs. 4 AO) und Berichtigungspflicht (§ 153 Abs. 1 AO), wistra 1990, S. 245 ff.

*Satzger, Helmut*: Die Verjährung im Strafrecht, Jura 2012, S. 433 ff.

*Satzger, Helmut*; Schluckebier, Wilhelm; Widmaier, Gunter: StGB – Strafgesetzbuch, 2. Auflage 2014 (zit.: *Bearbeiter*, in: S/W/S)

*Sauer, Wilhelm*: Grundlagen des Prozessrechts, 2. Auflage 1970

*Schäfer, Gerhard*; *Sander, Günther M.*; *van Gemmern, Gerhard*: Praxis der Strafzumessung, 5. Auflage 2012

*Schäfer, Karl*: Niederschriften über die Sitzungen der Großen Strafrechtskommission, 2. Band, Allgemeiner Teil, 14. bis 25. Sitzung, 1958, S. 332 ff.

*Schaffstein, Friedrich*: Die Vollendung der Unterlassung, in: Festschrift für Eduard Dreher, 1977, S. 147 ff.

ders.: Handlungsunwert, Erfolgsunwert und Rechtfertigung bei den Fahrlässigkeitsdelikten, in: Festschrift für Hans Welzel, 1974, S. 557 ff.

*Schafheutle, Joseph*: Niederschriften über die Sitzungen der Großen Strafrechtskommission, 2. Band, Allgemeiner Teil, 14. bis 25. Sitzung, 1958, S. 327 ff.

*Scheufele, Hans-Jürgen*: Formelle Vollendung und tatsächliche Beendigung von Straftaten, 1971

*Schillhorn, Ulf*: Hinterziehung von Körperschaftssteuer, 2001

*Schlehofer, Horst*: Risikovorsatz und zeitliche Reichweite der Zurechnung beim ungeschützten Geschlechtsverkehr des HIV-Infizierten, NJW 1989, S. 2017 ff.

*Schlüchter, Ellen*: Anmerkung zum Urteil des BGH vom 01.02.1989 – 3 StR 450/88: Fortgesetzte Steuerhinterziehung durch Gesellschafter einer Abschreibungsgesellschaft, NStZ 1990, S. 180 ff.

*Schlüchter, Ellen*; *Duttge, Gunnar*: Anmerkung zum Urteil des BGH vom 28.11.1997 – 3 StR 114/97: Beteiligung an DDR-Spionage – Fall Wienand, NStZ 1998, S. 618 ff.

*Schlüchter, Ellen*; *Duttge, Gunnar*; *Klumpe, Gerhard*: Verjährung eines tatbestandlichen Handlungskomplexes am Beispiel geheimdienstlicher Agententätigkeit, JZ 1997, S. 995 ff.

*Schmalz, Herbert*: Die Steuerhinterziehung im Sinne des § 359 Absatz 1 – 4 der Reichsabgabenordnung, 1926

*Schmidhäuser, Eberhard*: Strafrecht, Allgemeiner Teil, 1970

ders.: Zur Frage nach dem Ziel des Strafprozesses, in: Festschrift für Eberhard Schmidt, 1971, S. 511 ff.

*Schmidt, Heiner Christian*: Die zweckwidrige Verwendung von Fremdgeldern durch einen Rechtsanwalt, NStZ 2013, S. 498 ff.

*Schmidt, Ludwig*: Beginn der Verjährung der Strafverfolgung bei unechten Unterlassungsdelikten im Steuerstrafrecht, JR 1966, S. 127 ff.

*Schmidt-Salzer, Joachim*: Strafrechtliche Produktverantwortung – Das Lederspray-Urteil des BGH, NJW 1990, S. 2966 ff.

*Schmitz, Roland*: Der Beginn der Verjährungsfrist nach § 78a StGB bei der Hinterziehung von Einkommensteuer durch Unterlassen, wistra 1993, S. 248 ff.

ders.: Unrecht und Zeit. Unrechtsquantifizierung durch zeitlich gestreckte Rechtsgutsverletzung, 2001

ders.: Versuchsbeginn, Vollendung und Beginn der Verfolgungsverjährung bei ausgebliebener Steuerfestsetzung, Festschrift für Günter Kohlmann, 2003, S. 517 ff.

*Schneiders, Uwe*: Die Regelungen über das materielle Strafrecht im Einigungsvertrag. In: MDR 1990, S. 1049 ff.

*Schönke, Adolf*; *Schröder, Horst*: Strafgesetzbuch, 29. Auflage 2014 (zit.: *Bearbeiter*, in: S/S)

*Schreiber, Wolfgang*: Die Strafverfolgungsverjährung in der neueren höchstrichterlichen Rechtsprechung, §§ 66–69 StGB, 1961

*Schröder, Christian*: Untreue durch Investitionen in ABS-Anleihen, NJW 2010, S. 1169 ff.

*Schröder, Horst*: Anmerkung zum Beschluss des BGH vom 18.12.1957 - 4 StR 106/57, JZ 1959, S. 30 f.

ders.: Die sogenannte Rückkehrpflicht bei § 142 StGB, NJW 1966, S. 1001 ff.

ders.: Probleme strafrechtlicher Verjährung, in: Festschrift für Wilhelm Gallas, 1973, S. 329 ff.

ders.: Zum Vermögensbegriff bei Betrug und Erpressung, JZ 1965, S. 513.

*Schroth, Ulrich*: Strafrechtliche und strafprozessuale Konsequenzen aus der Überlänge von Strafverfahren, NJW 1990, S. 29 ff.

*Schulz, Lorenz*: Strafrechtliche Produkthaftung bei Holzschutzmitteln, ZUR 1994, S. 26 ff.

*Schumann, Heribert*: Fortgesetzte Tat, Verjährungsbeginn und Art. 103 Abs. 2 GG, StV 1992, S. 392 ff.

*Schünemann, Bernd*: Der Begriff des Vermögensschadens als archimedischer Punkt des Untreuetatbestandes (Teil 1), StraFo 2010, S. 1 ff.

ders.: Kritische Anmerkungen zur geistigen Situation der deutschen Strafrechtswissenschaft, GA 1995, S. 201 ff.

*Seier, Jürgen*: Die Handlungseinheit von Dauerdelikten im Straßenverkehr, NZV 1990, S. 129 ff.

*Senge, Lothar*: Karlsruher Kommentar zum Gesetz über Ordnungswidrigkeiten, 4. Auflage 2014 (zit.: *Bearbeiter*, in: K/K)

*Sorgenfrei, Ulrich*: Steuerhinterziehung in mittelbarer Täterschaft bei Publikumsgesellschaften, wistra 2006, S. 370 ff.

*Spindler, Gerald*; *Schuster, Fabian*: Recht der elektronischen Medien, 2. Auflage 2011 (zit.: *Bearbeiter*, in: Spindler/Schuster)

*Stackelberg, Curt Freiherr von*: Verjährung und Verwirkung des Rechts auf Strafverfolgung, in: Festschrift für Paul Bockelmann, 1979, S. 759 ff.

*Staudinger, Julis von*: Kommentar zum Bürgerlichen Gesetzbuch mit Einführungsgesetz und Nebengesetzen, Buch 1, Allgemeiner Teil, §§ 164–240, 2009 (zit.: *Bearbeiter*, in: Staudinger)

*Stratenwerth, Günter*: Anmerkung zum Urteil des OLG Hamm vom 23.05.1960 – 2 Ss 148/60, JZ 1961, S. 94 ff.

ders.: Strafrecht, Allgemeiner Teil I, 3. Auflage 1981

*Stree, Walter*: Objektive Bedingungen der Strafbarkeit, JuS 1965, S. 465 ff.

*Strelczyk, Christoph*: Die Strafbarkeit der Bildung schwarzer Kassen – Eine Untersuchung zur schadensgleichen Vermögensgefährdung sowie zur objektiven Zurechnung finanzieller Sanktionen infolge schwarzer Kassen als Vermögensnachteil i. S. d. § 266 StGB, 2008

*Struensee, Eberhard*: Die Konkurrenz bei Unterlassungsdelikten, 1971

*Stumm, Ocka*: Welche Auswirkung hätte die Anknüpfung an die steuerrechtliche Verjährungsfrist für die Selbstanzeige?, BB 2014, S. 412 ff.

*Suhr, Christian*: Rechtsgut der Steuerhinterziehung und Steuerverkürzung im Festsetzungsverfahren, 1989

*Tiedemann, Klaus*: Grundfragen bei der Anwendung des neuen § 283 StGB, NJW 1977, S. 777 ff.

*Tondorf, Günter*: Einstellung des Düsseldorfer Flughafen-Brand-Verfahrens, StV 2002, S. 53 f.

*Trachsel, Elisabeth*: Die Verjährung gemäß den Art. 70–75 des schweizerischen Strafgesetzbuches, 1990

*Tsagkaraki, Eirini*: Die Bildung der sog. „schwarzen Kasse“ als strafbare Untreue gemäß § 266 StGB, 2013

*Ulsenheimer, Klaus*: Anmerkung zum Urteil des BGH vom 29.02.1972 – 5 StR 400/71, JZ 1973, S. 63 ff.

*Vierhaus, Hans-Peter*: Die Reform des Umweltstrafrechts durch das 2. Gesetz zur Bekämpfung der Umweltkriminalität, ZRP 1992, 161 ff.

*Vogler, Theo*: Funktion und Grenzen der Gesetzeseinheit, in: Festschrift für Paul Bockelmann, 1979, S. 715 ff.

*Volk, Klaus*: Prozessvoraussetzungen im Strafrecht. Zum Verhältnis von materiellem Recht u. Prozessrecht, 1978

*Vormbaum, Thomas*: Der strafrechtliche Schutz des Strafurteils, 1987

*Voßmeyer, Klaus*: Von der Weitsicht eines Bankers – Bemerkungen zur Tragweite des Gehilfenvorsatzes, DStr 1998, S. 842 ff.

*Wabnitz, Heinz-Bernd*; *Janovsky, Thomas*: Handbuch des Wirtschafts- und Steuerstrafrechts, 4. Auflage 2014 (zit.: *Bearbeiter*, in: Wabnitz/Janovsky)

*Wahlen, Hans*: Der Beginn der Strafverfolgungs-Verjährung, 1904

*Walther, Susanne*: Vollendungsprobleme beim Tötungsdelikt – Mittäterschaft, Mordqualifikation, Rücktritt – nach Vornahme einer unumkehrbar tödlichen Handlung?, NStZ 2005, S. 657 ff.

*Wandtke, Artur-Axel*; *Bullinger, Winfried*: Praxiskommentar zum Urheberrecht, 4. Auflage 2014 (zit.: *Bearbeiter*, in: W/B)

*Weber, Hubert*; *Weber, Christine*: Zur Nachhaltigkeit einer Umweltgefährdung – Anmerkung zu OLG Zweibrücken vom 12.08.1991 – 1 Ss 104/90, NJW 1994, S. 36

*Weimann, Thomas*: Die Strafbarkeit der Bildung sog. schwarzer Kassen gem. § 266 StGB (Untreue), 1996

*Welp, Jürgen*: Vorangegangenes Tun als Grundlage einer Handlungsäquivalenz der Unterlassung, 1968

*Welzel, Hans*: Das Deutsche Strafrecht, 11. Auflage 1969

*Wen Tsun, Shao*: Die Verjährung im Entwurf (1927) des deutschen Strafgesetzbuches, 1932

*Wentzell, Stefanie*: Zur Tatbestandsproblematik der §§ 331, 332, StGB: unter besonderer Berücksichtigung des Drittvorteils, 2004

*Wessel, Daniela*: Die Anstellungserschleichung in strafrechtlicher Sicht, 2005

*Wessels, Johannes*; *Beulke, Werner*: Strafrecht Allgemeiner Teil, 43. Auflage 2013

*Wessels, Johannes*; *Hillenkamp, Thomas*: Strafrecht, Besonderer Teil/2, 35. Auflage 2012

*Wessing, Jürgen*: Untreue durch Kreditvergabe (WestLB/Boxclever) – zugleich Anmerkung zu BGH, Urt. v. 13.8.2009 – 3 StR 576/08, BKR 2010, S. 159 ff.

*Wicke, Hartmut*: Gesetz betreffend die Gesellschaften mit beschränkter Haftung (GmbHG) – Kommentar, 2. Auflage 2011 (zit.: *Bearbeiter*, in: Wicke)

*Winkler, Günter*: Vollendung und Beendigung des vorsätzlichen Verbrechens, 1965

*Witte, Sabine*: Gibt es eine Steuerhinterziehung nach einer vollendeten Steuerhinterziehung?, 2004

*Witten, Ulrich von*: Zur Strafbarkeit der Verletzung der Anzeigepflicht nach § 165e AbgO, NJW 1963, S. 567 ff.

*Wittig, Petra*: Wirtschaftsstrafrecht, 3. Auflage 2014

*Wolff, Ernst Amadeus*: Der Handlungsbegriff in der Lehre vom Verbrechen, 1964

*Wolter, Jürgen*: Objektive und personale Zurechnung von Verhalten, Gefahr und Verletzung in einem funktionalen Straftatsystem, 1981

*Wolters, Gereon*; *Beckschäfer, Sebastian*: Zeitliches Auseinanderfallen von Handlung und Erfolg – ein Problem der Zurechnungslehre, in: Festschrift für Rolf Dietrich Herzberg, 2008. S. 146 ff.

*Wulf, Martin*: Strafrechtliche und steuerliche Verjährung im Steuerfahndungsverfahren, Stbg 2008, S. 445 ff.

ders.: Systematische Grundlagen und praktische Anwendungsfälle der „Steuerhinterziehung auf Zeit", Stbg 2011, S. 445 ff.

ders.: Unrichtige Feststellungsbescheide als Taterfolg der Steuerhinterziehung?, Stbg 2011, S. 418 ff.

*Würtenberger, Thomas*: Urteilsanmerkung, ZAkDR 1941, S. 401 f.

*Zehetgruber, Christoph*: Anmerkung zum Beschluss des KG Berlin vom 27.07.2012 – 3 Ws 381/12 – 141 AR 303/12, NZWiSt 2014, S. 116 ff.

*Zeisig, Jörg*: Rechtsfrieden durch Vergleich? – Voraussetzungen und Wirksamkeit von Prozessvergleichen, JZ 2011, S. 353 ff.

*Zielinski, Diethart*: Handlungs- und Erfolgsunwert im Unrechtsbegriff. Untersuchungen zur Struktur von Unrechtsbegründung und Unrechtsauschluß, 1973

*Zieschang, Frank*: Der Kapitalanlagebetrug gemäß § 264a StGB – eine überflüssige Vorschrift?, GA 2012, S. 607 ff.

*Zimmerl, Leopold*: Zur Lehre vom Tatbestand, 1928

*Zimmermann, Gernot*: Anmerkung zum Beschluss des OLG Rostock vom 17.01.2012 – I Ws 404/11, BeckRS 2012, 03289.

*Zschockelt, Alfons*: Die praktische Handhabung nach dem Beschluß des Großen Senats für Strafsachen zur fortgesetzten Handlung, NStZ 1994, S. 361 ff.

www.ingramcontent.com/pod-product-compliance
Ingram Content Group UK Ltd.
Pitfield, Milton Keynes, MK11 3LW, UK
UKHW021934290926
8980IPUK00016B/1623

9 783631 782101